雄安·容城考古与历史文化研究文辑

张丽 主编

科学出版社
北京

内 容 简 介

本书是容城县文物事业历史上第一部专业书籍。共收录文物考古调查、发掘等学术报告16篇，文化、文物研究16篇，附录3篇。旨在全方面反映文物考古工作者几十年来所取得的研究成果，并为历史研究人员查找相关资料提供便利，促进文物考古及容城历史文化研究工作的开展。适用于考古学、文物学、博物馆学等相关学科人员阅读参考。

图书在版编目（CIP）数据

雄安·容城考古与历史文化研究文辑 / 张丽主编. —北京：科学出版社，2022.4

ISBN 978-7-03-072039-9

Ⅰ. ①雄… Ⅱ. ①张… Ⅲ. ①文物—考古—容城县—文集 Ⅳ. ① K872.224-53

中国版本图书馆CIP数据核字（2022）第059641号

责任编辑：张睿洋 / 责任校对：张亚丹

责任印制：肖　兴 / 封面设计：金舵手世纪

科学出版社 出版

北京东黄城根北街16号

邮政编码：100717

http: //www.sciencep.com

北京汇瑞嘉合文化发展有限公司 印刷

科学出版社发行　各地新华书店经销

*

2022年4月第　一　版　开本：889×1194　1/16

2022年4月第一次印刷　印张：19 3/4

字数：565 000

定价：198.00 元

（如有印装质量问题，我社负责调换）

《雄安·容城考古与历史文化研究文辑》
编辑委员会

序

2017年4月1日，中共中央、国务院印发通知，决定设立国家级新区河北雄安新区，到今天已经近五周年了。几年来，每次到雄安新区，都切身感受到雄安新区日新月异的变化，高速公路、高铁和机场连接线、地下管网、村镇拆迁、生活居住区、商住建设区、白洋淀水环境治理、公园绿化等工程建设如火如荼，应接不暇。伴随着雄安新区建设工程迅速推进的步伐，是文物工作者忙碌的身影，为贯彻落实习近平总书记关于在雄安新区建设中坚持“保护弘扬中华优秀传统文化、延续历史文脉”的重要指示，国家文物局宋新潮副局长于2017年4月16日至17日带队赴雄安新区现场调研，部署推进雄安新区建设中的文物保护和考古工作。此后，宋新潮副局长于2017年5月28日、2019年5月22日、2021年5月19日三次到雄安新区调研指导文物保护与考古工作，体现出国家文物局对雄安新区文化遗产保护和传承工作的高度重视。为落实国家文物局工作部署，河北省文物局于2017年4月28日，正式启动雄安新区文物资源调查工作。在省文物局的组织协调下，5月28日，河北省文物研究所、故宫博物院、中国国家博物馆、中国社会科学院考古研究所等10余家考古科研单位组成河北雄安新区联合考古队，分9支调查组，采用先进的调查技术手段，对雄安新区全境33个乡镇、640个行政村总共约2000平方千米区域进行了系统的考古调查（复查）工作。同期，还开展了机载激光测绘调查、航空遥感、白洋淀环境考古等多项工作，均取得丰硕成果。在此基础上，完成了《雄安新区中期发展区文物保护专题报告》。这些前期工作为雄安新区建设规划的编制奠定了坚实基础，有效保护了雄安新区历史文化遗产，保障了雄安新区建设顺利进行。与此同时，南阳遗址考古发掘工作持续推进，基本厘清了城址的范围、布局结构和文化内涵；对60余处文物遗存点进行勘察，弄清了文物埋藏状况；举办“雄安新区出土文物展览”，展示雄安新区悠久的历史文化；对雄安新区14处地面文物保护单位进行数字化技术信息采集，建立雄安新区文物建筑数据信息库和文字、图片、影像等资料信息共享平台。省文化和旅游厅还对雄安新区非物质文化遗产进行了普查登记，实行分级保护。除国家和省文化、文物部门开展文物保护和考古工作以外，雄安新区党工委、管委会开展了“记得住乡愁专项行动计划”，对雄安新区乡土文化进行普查登记，将历史记忆建档“存根”。凡此种种，这些实质性的历史文化遗产保护措施对弘扬中华优秀传统文化、延续雄安历史文脉发挥了巨大作用。正如首任雄安新区党工委书记、管委会主任陈刚所说：“无文化传承，无雄安未来”。然而，我们在深入挖掘和弘扬雄安历史文化进程中，不能忽略雄安三县（包括任丘、高阳部分区域）的历史文献归纳、整理和阐释工作，否则，传承雄安历史文化将缺乏坚实的理论基础。好在，雄安新区党工委、管委会和雄安三县的领导们充分认识到这项工作的重要性和紧迫性，启动了雄安三县历史文献归纳整理工作，在此基础上《雄安・容城考古与历史文化研究文辑》便应运而生了。

《雄安・容城考古与历史文化研究文辑》收录了雄安新区容城县考古调查、发掘报告（简报）16篇，燕国都城研究文章5篇，综述或器物研究类文章11篇。在“考古报告”部分中，集中反映了容城县新石器时代中、晚期的考古调查、发掘和研究成果，其中以容城上坡、北城村、午方遗址最为重要，它们基本建立起容城县上迄8000年前新石器时代中期，晚至4000年前新石器时代末期的历史文化发展序列。容城上坡一期文化遗存是20世纪继磁山文化发现之后，在冀中地区又一重要考古发现，将冀中地区人类活动历史上溯到距今8000年前，它与冀南地区磁山文化存在许多共性特征，又包含较为明显的地方文化元素，为探索二者的关系以及农业起源提供了重要资料。北城村遗址距今约6500年，时代处于新石器时代中期向晚期过渡阶段。该类文化遗存在容城北庄、安新留村、易县北福地、北京镇江营以及冀南地区均有发现，说明此时冀中南地区已经形成一个文化面貌较为统一的文化圈。相较前一阶段，生产力较为发达，社会发展相对稳定，为其后形成强势的后冈一期文化奠定了坚实基础。午方遗址距今约4500年，文化内涵与豫北冀南的大司空类型有许多相同之处。同时，一些器型和纹饰与辽西地区小河沿文化有密切联系，一些器物纹饰方面又有山东大汶口文化元素。该遗址呈现出南北文化碰撞、东西文化交融、文化多样性特征。午方遗址最晚阶段文化遗存延续到了新石器时代末期——龙山时期。

在“文物、文化研究”部分，主要收录了三方面内容。一是对燕国都城的研究成果，其中，燕国初都北京房山琉璃河董家林已经被琉璃河考古发掘出土郾（燕）侯铭文铜器所证实。燕国并蓟后，以蓟为都，是为上都，证据亦较为充分。易县燕下都为燕国之下都，史载较为详实。然而，北京窦店之燕中都，“燕桓侯徙临易”之都“临易”，“燕文公徙易”之“易”都位于何处，学者们莫衷一是。1981年，容城县文物保管所在西北阳村征集到刻有“西宫”“右征尹”铭文铜壶和“左征”“右征尹”铭文铜器盖及铜鼎等器物，掀起了一股探索燕都“临易”和“易”的学术热潮，多数学者将二者分别指向了出土铜器的容城晾马台遗址以及与之距离较近的南阳遗址和古贤村城址，并结合历史文献进行考证。结果，终因缺乏考古实证资料，没有形成定论。此后，探索燕中都、临易和易都所在地域成为考古界关注的焦点课题。雄安新区的设立，为该课题研究，提供了千载难逢的契机。如今，南阳遗址考古工作得以开展，城址的范围、城墙结构及城内文化内涵已基本清晰。晾马台遗址考古调查、勘探工作也取得了丰硕成果。北京市考古机构也开始了董家林遗址、窦店古城的勘察工作。相信在不久的将来，燕都考古研究将会取得突破性进展。二是对白洋淀区域古地理环境和历史文化进行综述，探索该地历史文化发展与地理环境的相互关系。雄安新区成立后的三篇综述性文章通过对雄安新区历史文化发展序列进行梳理，阐释设立雄安新区、弘扬传承雄安历史文化的重要意义和保护雄安历史文化遗产的迫切性。三是集中反映容城县文物部门抢救性清理或征集到的出土文物，其中，有刻“西宫”“右征尹”铭文铜壶，刻“左征”“右征尹”铭文铜器盖，铜鼎，“燕侯载之萃锯”铜戈，燕国铜刀币等。这些文物燕文化特征十分突出，具有重要的历史和科学研究价值，为燕文化研究提供了重要实物资料。

综上所述，《雄安·容城考古与历史文化研究文辑》综合了容城的考古文献资料和研究成果，基本上反映了雄安新区的先秦时期历史文化格局，为雄安新区考古发掘和燕文化研究工作指明了方向。该书对于凝练雄安新区历史文化，探索中华民族多元一体化进程，弘扬传承中华优秀传统文化也必将发挥重要作用。

容城县文物保管所张丽所长是我的同行，从1993年12月调入容城县文物保管所工作至今，参加了20余项容城县考古调查、勘探和发掘工作。参与了数十期国家、省、市组织的文物保护、文物勘探、档案整理、法律法规学习等各种形式、各种内容的培训班，并获得多项资格证书。完成了容城县库藏文物建档立卡以及文物保护单位“四有”工作。参与多项容城县文化遗产宣传推介活动。发表文章10余篇。获得河北省文化、文物、旅游系统先进工作者荣誉称号、保定市文物系统先进个人称号，并多次受到容城县政府嘉奖。取得文博馆员资格。张丽所长30余年职业生涯，兢兢业业，勤勤恳恳，为容城县文物保护管理事业做出了大量富有成效的基础性工作。即使在她即将退休之际，仍然肩负重任，不辞辛劳，编辑出版《雄安·容城考古与历史文化研究文辑》一书，对其敬业精神极为感佩！今为之序，倍感荣幸之至！

张文瑞

2022年1月29日

目　录

其　他

概　　述

张　丽

容城县是雄安新区的重要组成部分，地处冀中平原河北省中部，京、津、保腹地，海河流域、大清河水系冲积扇上。其地理位置是东经115°46″～116°06″，北纬38°59″～39°08″，海拔高度7.9～19.5米，地势呈斜坡状，由西北向东南平缓下降，为缓斜平原，土层深厚，地形开阔。县界西部与徐水县接壤，北部、东部各以南拒马河、大清河为界，分别与定兴县、高碑店和雄县接壤，南部与安新县相邻。全县境内有萍河、瀑河、南拒马河、白沟引河四条河流。土地面积314平方千米。白洋淀是华北平原现存最大的常年积水湖泊。白洋淀流域主要是指环白洋淀水域周围的平原地区，主要涉及容城、雄县、安新、徐水和任丘等县域。白洋淀流域孕育并影响着白洋淀文化区，白洋淀地区成为河北古文化遗存分布最密集的文化区之一，具有浓厚的文化特性。

一

容城历史悠久。容城县之名，始见于汉代。但在其地名容城之前，就已有了行政建制。据《容城县志》记载，唐尧之世，今容城地属冀州。舜禹时属幽州。夏商时仍属冀州。周朝，武王封召公奭于蓟，是为燕国，容城为燕之南陲。春秋战国时期，先后属北燕、燕。周桓王二十三年（前697年），燕桓侯即位，受山戎之侵逼，由上都（今北京琉璃河附近）徙建别都于今县城东南阳一带，名为临易。秦朝，始皇帝二十六年（前221年），实行郡县制，分天下三十六郡，属上谷郡，县名为“宜家”，治地在今安新县三台村。西汉初分封诸侯，容城最初的侯国名为深泽，县治在今县城西北。汉高祖六年（前201年），封董渫为成侯于深泽地，是为成侯国。高祖十二年（前195年），在今沓村一带建易县。景帝中元三年（前147年），以匈奴降王徐卢封容城侯，是为容城侯国，旧《容城县志》载“汉封降王有容氏于此，置容城县。”容城一名的由来，盖从“有容氏”与“成侯国”各取一字，“成”衍变为“城”连缀而成。

二

从考古发现可知，容城地下埋藏着丰富的文化遗存。容城先民自8000年前的新石器时代开始，就在这片土地上栖息、繁衍、生息，世世代代自强不息，孕育和创造出了光辉灿烂的历史文化，也为我们留下了许多各具特色的文化遗物和众多五光十色、工艺精湛的文物珍品。

距今8000多年的上坡遗址，是原始社会时期容城境内最早最具代表性的文化遗存之一。上坡遗址位于容城县上坡村（现已被民房占压），保护面积2000平方米，1981年4月～1982年5月，省、市、县三级文物工作者对上坡遗址进行了抢救性发掘，发掘面积988平方米，文化层堆积一般在1～3米，发现了磁山文化层、龙山文化层、二里头文化层和商代文化层等诸多时期的文化遗存。磁山文化层出土了陶盂、陶支脚、带坑窝石器、石磨盘、石磨棒等器物，龙山文化层出土了陶罐、蓝纹陶片、黑褐陶罐等器物，二里头文化层出土了尖足鬲、折腹豆等器物，商代文化层中出土了陶罐、陶簋、陶盆等器物，尤其是以陶盂为主要特征的新石器时代早期遗存的发现，引起整个考古学界极为广泛的关注，是继我省邯郸武安县磁山村遗址发掘以后首次在冀南以外的地区发现类似磁山文化的遗存，于是便将上坡遗址的新石器时代早期遗存归入磁山文化系统。在当时保定地区尚属首次发现，它把整个保定地区的历史又向前推进了3000年。

仰韶、龙山时期有东牛东庄遗址、午方遗址、沟西遗址、东牛北庄遗址、白龙遗址、北城遗址、晾马台遗址。1984年春季文物普查时在东牛北庄村东“阴顶子”处，发现一处古文化遗存，经省、市、县等文物部门多次勘察，采集到石磨盘、石磨棒、石斧、带坑窝石器、骨器、乳丁红陶釜、褐陶釜、红顶碗、陶支脚、红顶钵等遗物，由此可推断东牛北庄遗址的年代距今约有5000～6000年的历史，它与仰韶文化后冈类型有一定的文化联系，属后冈一期文化，但又有自己独特的文化面貌，它的发现能看出后冈一期文化是在磁山文化基础上发展起来的。

东牛东庄遗址，2014年4～7月，由河北省文物研究所和容城县文物保管所联合对该遗址进行了考古发掘。该遗址位于容城县容城镇东牛东庄村东北200米处，东北距午方村200米。发掘面积1850平方米。出土遗物以陶器为主，种类有斜腹盆、筒腹罐、鼓腹钵、壶、支脚、纺轮、豆、筒瓦、瓮、釜等；石器有石铲、石斧、石壁、刮削器、箭镞等；骨器有骨角等。其文化内涵为新石器时代—汉代文化遗存。东牛东庄遗址新石器时代文化遗存与容城上坡遗址二期、易县北福地三期、昌平雪山一期等类型文化面貌基本一致，这些文化遗存具有自身独特的文化特色，陶器中夹砂陶明显多于泥质陶，以红、褐色为主，流行素面陶，彩陶图案有横条纹、垂带纹、吊环纹、弧线三角形纹等；容器绝大多数为平底，极少带圈足，不见三足器，相对年代为仰韶文化晚期。东牛东庄遗址五座半地穴式房址是冀中地区仰韶文化晚期首次发现的古人类生活居址，南北排列成三排，与其周围灰坑形成一个相对独立的古人类生活聚落，是研究冀中地区史前时代房屋筑造技术、房屋结构的演变以及聚落周围生态环境的重要的实物资料，同时为研究冀中地区古白洋淀区域环境的演变以及古人类生活方式与生态环境的互动关系提供科学依据。

北城遗址位于容城县容城镇（县城）北偏东约2千米，北城村南1.4千米，容城镇至北城村一条简易公路的东侧。2006年4～7月为配合河北省南水北调中线天津干渠工程建设，内蒙古文物考古研究所、涿州市文物保管所及中央民族大学民族学与社会学学院博物馆学专业合作，对北城遗址进行了考古发掘。发掘到包括新石器时代中期遗迹与遗物在内的一批重要的考古文化遗存。共发现新石器时代和金元明时期两个阶段的文化遗存，其中新石器时代文化遗存最为丰富。本次发掘共发现107个遗迹单位，属金、元等时期的有井3口、沟4条和墓葬1座，属新石器时代的有房址15座、灰坑82个、沟2条。出土遗物5000余件。石磨盘、石磨棒、石斧居多，其次有石杵、石镰、石锥、石球、石叶、砍砸器等；陶器基本上是生活用具。陶质以泥质陶为主，器型有支脚、釜、鼎、罐、小口瓶、壶、盆、碗、钵等。北城遗址地层关系总体上比较清晰，主要包含新石器时代和金元明时期两个阶段的文化遗存。这两个阶段之间时代的地层缺失，说明这一地区环境可能发生过变化，或者人类活动可能曾有过一段时期的中断。新石器时代文化遗存的发现，为冀中平原乃至华北地区新石器时代早期、中期文化发展演变提供了新的材料。与本地区其他新石器时代中、早期文化比较，虽然距离容城上坡遗址只有几千米远，但二者相关因素并不明显。北城村新石器遗存中与上坡新石器早期遗存最接近的是陶支脚，但二者形制完全不同，因此二者之间应不属于同一文化系统。由于其还显示出包含有多种文化因素，将有助于推进这一地区早期不同文化之间相互关系的研究。

白龙遗址位于容城县容城镇白龙村西约0.5千米处，1986年11月，省、市、县联合考古队对该遗址进行了复查和试掘，开2米×5米探沟一条，清理灰坑3个。出土遗物主要为陶器。器型有鬲、甗、罐、盆、豆、尊、瓮等。陶器以泥质陶为主，夹砂陶较少。黑色和褐色陶较多，灰色陶较少。磨光和素面陶占比例很大，纹饰以细绳纹为主，有些器物上施附加堆纹交错绳纹、弦纹等。白龙遗址出土的陶器，与分布在太行山脉东麓漳河流域称为先商文化的陶器相比，器物的形态和组合基本一致。白龙遗址应为龙山时期文化遗存。为研究中原文化与北方文化的交流以及分布于保北地区的考古学文化与周邻地区文化的关系提供了线索。

商周春秋战国时期有南阳遗址、晾马台遗址、黑龙口燕长城遗址等。南阳遗址最早被发现于1981年春，位于容城县晾马台镇南阳村南的一块台地上，台地北高南低，平均比地表高出1米左右。遗址四周均有古河道，即“南河”“后河”“东河”“西河子”。总面积42万平方米。2006年6月确定为全国重点文物保护单位，也是雄安新区三处全国重点文物保护单位之一。2017年5月28日，河北雄安新区文物保护与考古工作站在此揭牌，由中国社会科学院、中国国家博物馆、故宫博物院、中国文化遗产研究院、河北省文物研究所、河北省古代建筑研究所、河北省文物保护中心、保定市文物管理所及雄安三县文物保管所等单位，共同组建雄安新区联合考古队，对整个雄安新区进行了考古调查，对南阳遗址及周边地区进行了重点文物勘探，发现了以南阳遗址为中心的面积约18平方千米的东周至汉代遗址群，为确定南阳遗址性质和文化内涵提供了重要资料。在过去的几十年间，在南阳遗址及附近区域先后出土过带有铭文的“燕王职戈”、“西宫”铜壶、“左征”铜壶盖、“燕侯载之萃锯”铜戈、“易市”陶罐等一批重要文物，直到公元前346年之后的燕昭王时依然有国政剧辛在此驻防（晾马台西一千米的剧村，有燕国大将剧辛墓）。雄安新区设立后，经过对南阳遗址近三年的考古发掘，基本确定南阳遗址主体文化遗存应是东周时期燕文化，主要文化内涵为一座战国、汉代城址。发现的战国中晚期城址西北折角及发现的“易市”陶文陶片，为探索东周时期燕国南部城邑“易”实现重大突破，基本确定南阳遗址为东周时期燕国南部区域政治、经济、文化中心，该遗址为了解燕国疆域演变及城址历史沿革提供了重要考古学资料，对研究先秦时期北方地区城市化进程和燕文化的形成和发展提供了重要实物载体和范例。南阳遗址文化遗存年代自战汉时期延续至金元，文化遗存时间跨度长，发展连贯，并且发现战国城址，内涵丰富，是雄安新区最重要的遗址之一，是雄安新区发展建设的重要文化资源。科学的考古发掘工作，对探索该遗址的性质、聚落演变生态环境互动过程、生业发展模式等课题至关重要，这些研究内容对雄安新区规划建设发展具有重要意义，同时为弘扬新区优秀传统文化，延续新区历史文脉，服务于新区建设、发展提供了有力支撑。无文化传承，无雄安未来。

2018年8月10日～2018年12月10日，河北省文物研究所南阳遗址考古队对晾马台遗址及周边区域进行文物考古调查，行程50余千米，调查区域面积10余平方千米，共发现晾马台遗址、马槽地遗址墓地2处文化遗存，时代分属新石器时代、商周时期、东周时期，为了解南阳遗址东周时期城市聚落产生、孕育提供重要实物资料。晾马台遗址位于容城县晾马台镇晾马台村西。遗址所处台地北高南低，遗址南北约200米，东西约170米，面积约3.4万平方米，南距南阳遗址约4000米。2018年12月，河北省文物研究所南阳遗址考古队对遗址进行试掘，揭露面积16平方米，清理灰坑22座，出土陶质、骨质、蚌质、铜质小件和可复原标本 16 件；文化遗存年代为龙山、晚商、西周时期。此次考古调查发现晾马台遗址、马槽地遗址墓地2处文化遗存，均分布于南阳遗址北部区域，时代为新石器、晚商、西周、东周时期，基本摸清该区域的先秦时期文化遗存的分布状况、文化内涵和文化面貌，尤其晾马台遗址西周时期文化遗存的发现，填补了雄安新区考古学空白，基本构建保北白洋淀地区大清河流域先秦时期考古学文化年代序列，为进一步完善太行山东麓中部区域考古学文化的谱系编年和时空框架提供了珍贵的实物资料。

汉代至唐宋时期有东小里—白龙西南汉墓群、城子汉墓群及陈阳庄宋代城堡等。

东小里—白龙西南墓地位于雄安新区容城县小里镇东小里村东南800米，东距白龙村约550米，北距容小公路约200米。墓地所在地势平坦，现地表种植玉米等农作物。墓地分布面积约50万平方米。2018年10月～2019年12月，河北省文物研究所、容城县文物保管所联合对东小里—白龙西南墓地进行考古勘探和考古发掘。实际勘探面积29.5万平方米，发掘揭露面积1050平方米，清理墓葬64座，出土器物360余件。通过考古勘探，基本明确了东小里—白龙西南墓地的大致分布范围和墓葬数量，通过考古发掘进一步了解了墓地的墓葬形制、墓地性质及埋葬习俗。东小里—白龙西南墓地分布面积广，墓葬数量多，出土器物较为丰富，以陶质明器为主，如釜、灯、灶、楼、井、磨、案、圈厕、俑、仓及动物模型等。时代为西汉晚期至东汉晚期。东小里—白龙西南墓地是雄安新区为数不多的大型汉代墓群之一，对研究该地区汉代平民的物质生活、埋葬风俗及两汉时期墓葬形制的演变具有重要意义。

三

容城的文物遗存非常丰富，考古成果积累引人注目，在河北乃至中国考古学领域占有重要的位置。文物是有形的历史文化载体，是人类智慧的结晶和历史发展的标志，文物从不同侧面和领域揭示一定的历史内涵，体现先民的思想道德和科学文化水平，具有历史、艺术和科学价值，具有永恒的文化性，是昨天的文明。随着历史向前发展，先民们给我们留下了众多的文物古迹，地上、地下文物极为丰富。

2017年4月1日，中共中央、国务院印发通知，正式设立河北雄安新区，规划范围涵盖河北省雄县、容城、安新三县及周边部分区域。成立雄安新区，这是以习近平同志为核心的党中央做出的一项历史性战略选择，是继深圳经济特区和上海浦东新区之后又一具有全国意义的新区，是千年大计、国家大事！“无文化传承，无雄安未来”，“千年大计，文物先行”。

2017年5月28日，河北雄安新区文物保护与考古工作站在容城县南阳村揭牌，由中国社会科学院、中国国家博物馆、故宫博物院、中国文化遗产研究院、河北省文物研究所、河北省古代建筑研究所、河北省文物保护中心、保定市文物管理所及雄安三县文物保管所等单位，共同组建雄安新区联合考古队，对整个雄安新区进行了考古调查，经调查，我县共有文物遗址119处，其中国家级文物保护单位1处（南阳遗址），省级文物保护单位3处（上坡遗址、晾马台遗址、黑龙口燕长城），县级文物保护单位9处，未定级文物保护单位106处，其中古遗址102处，古墓葬14 处。每处古代文化遗存都是一座完整的博物馆，涵有一定历史时期遗迹、遗物。如经科学发掘、整理、研究，便能准确地了解我县的历史发展进程，补充和修订历史文献资料的不足。

几十年来，文物工作者为研究和探索容城古代文化面貌及成就，进行了艰苦细致的考古调查、勘探和发掘工作，获取了大量的考古信息和丰富的实物资料，并做了全面深入的科学研究和报道。然而由于时间年代跨度较大，资料及报道较分散，不少资料已难以查找，为了全面反映文物考古工作者几十年来取得的研究成果，并为历史考古研究人员查找相关资料提供便利，同时促进文物考古及容城古代历史文化研究工作的开展。只有把这些历史资料挖掘整理出来，流传给后人，才不愧历史赋予我们的使命，保护历史文化遗产就是保护中华民族根基，维系中华民族血脉，弘扬中华民族精神。

这就是编写《雄安·容城考古与历史文化研究文辑》的目的及意义之所在。

雄安·容城

考古与历史文化研究文辑

考古报告

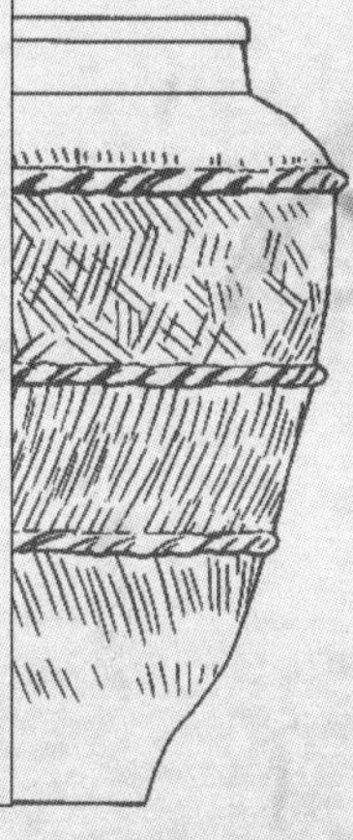

河北容城县上坡遗址发掘简报

河北省文物研究所　保定市文物管理处　容城县文物保管所

上坡遗址位于容城县城南0.5千米处上坡村南的一座高岗上。1981～1982年，河北省文物研究所对该遗址进行了抢救性发掘，发现了新石器时代、先商期和商代等诸多时期的文化遗存。尤其是以陶盂为主要特征的新石器时代早期遗存的发现，引起学术界的广泛注意。本文即对此次发掘的主要收获作一简单介绍。

一、地层堆积

遗址文化层堆积厚薄不均，现以T3西壁剖面为例加以说明（图一）。

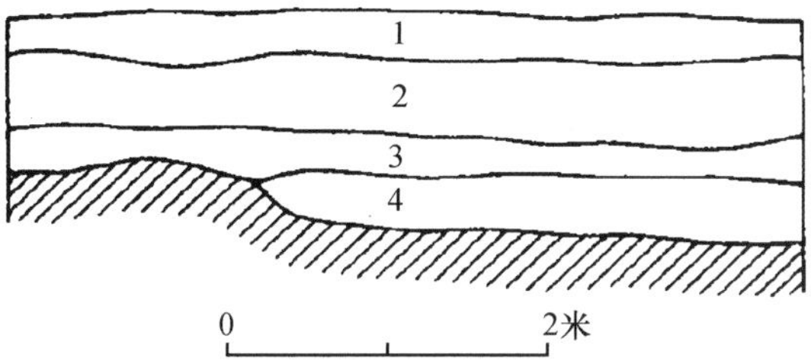

图一　T3西壁剖面图
1. 耕土　2. 灰黄色土　3. 灰褐色土　4. 红褐色土

第1层：耕土层，厚20～30厘米。

第2层：灰黄色土，厚50～70厘米。出土遗物有绳纹袋足鬲等。该层为晚商文化层。

第3层：灰褐色土，厚20～40厘米。出土遗物有细绳纹锥足鬲等。该层为先商期文化层。

第4层：红褐色土，厚50厘米。出土遗物有陶盂等。该层为新石器时代早期文化层。

第4层以下为生土。

上述三个时期的地层堆积比较普遍，但亦存在不连贯现象，如T48仅有晚商时期的地层堆积，而无先商期和新石器时代早期的地层堆积。另外，少数探方在晚商或先商期文化层之下，发现少量仰韶文化晚期的灰坑，出土彩陶钵残片等遗物，反映了遗址堆积形成过程中的复杂性。

二、新石器时代早期遗存

（一）遗迹

遗迹现象仅见灰坑一种。形状有圆形、椭圆形、圆角长方形和不规则形等。出土遗物有石器和陶片等。

（二）遗物

1. 石器分打制石器和磨制石器两种。器类主要有斧、镰、带坑窝石器、磨盘、磨棒、铲和凿等。

斧　9件。T49④：732，器身琢制。近方形，断面呈椭圆形，平顶，弧刃。长8厘米，宽7.8厘米（图二，1）。T35④：540，长梯形，弧顶，弧刃，刃口有使用痕迹。长10厘米，宽5厘米，厚1.8厘米（图二，8）。

带坑窝石器　16件。多用扁平的天然石块制成，在较平的一面或略作修整的平面上钻出密布的坑窝。坑窝数量不等，多则20余个，少则三四个。可能是一种有特殊用途的砺石或研磨器具。采：014，不规则圆形，钻有坑窝19个。长12.4厘米，宽11.8厘米，厚3.1厘米（图二，4）。

铲　6件。T32④：462，通体磨光。长舌形，体薄，顶残，弧刃。残长9.4厘米，宽7.6厘米，厚1.8厘米（图二，7）。

镰　3件。拱背，弧刃。T3④：627，体扁长，前端尖状。长13.8厘米，宽3.8厘米（图二，5）。T44④：694，前后端均残。残长13厘米，宽4.5厘米（图二，6）。

磨盘　3件。系砂岩琢制而成。平面呈长椭圆形，平底，无足。采：01，磨面因使用呈凹窝状。长45厘米，宽27厘米，厚4厘米（图二，2）。

磨棒　11件。长圆柱体，断面呈圆形或椭圆形。T3④：104，断面呈椭圆形，两端稍粗，磨面凹平。长37.5厘米，直径5.9厘米（图二，3）。

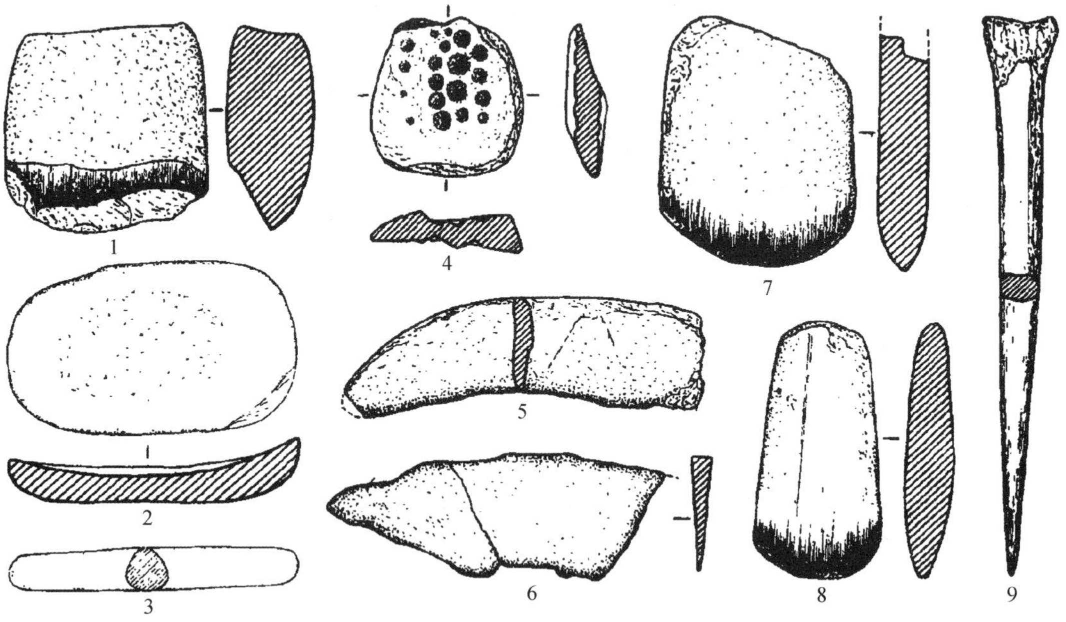

图二　新石器时代早期石骨器

1、8. 石斧（T49④：732、T35④：540）2. 石磨盘（采：01）　3. 石磨棒（T3④：104）　4. 带坑窝石器（采：014）　5、6. 石镰（T3④：627、T44④：694）　7. 石铲（T32④：462）　9. 骨锥（H74：512）（2约1/13，3约1/11，4约1/7，余约1/3）

2. 骨器　仅发现骨锥和加工骨器的骨料。

锥　2件。H74：512，利用动物长骨削磨制成，表面光滑。长22厘米（图二，9）。

3. 陶器　均为夹砂陶，未发现泥质陶。陶色以红褐和灰褐为主，器表颜色多不纯正，杂有灰斑或黑斑。器型以盂和支脚为主。纹饰施法最常见的是压印和刻划两种，内容以几何形图案为主，如斜线和折线等。

盂　76件。直口或微敛口，方唇，斜直壁，平底。口沿下一般均有纹饰，腹部为素面。T34④：586，夹砂红褐陶，腹部杂灰斑。口沿下饰一周斜排三角形坑点纹。口径30.4厘米，底径26厘米，通高22.8厘米（图三，1）。T44④：756，夹砂红褐陶，杂有灰斑。敛口，口径小于底径。口沿下饰压印短斜线纹。口径16.5厘米，底径20.3厘米，通高11.5厘米（图三，6）。T2④：336，夹砂褐陶。口沿下饰三周压印楔状坑点纹。口径约38厘米（图三，4）。另外，还发现较多的口沿残片，饰压印或刻划的折线纹（图三，7）、斜线纹（图三，2）、楔形纹（图三，3）、小三角形坑点纹（图三，5）和指甲印状纹（图三，8）等。陶盂的形体大小不一，其功用可能也不尽一致，推测可作为炊器、食器和盛储器等。

支脚　30件。平顶，圆锥形空心厚圈足。足部一般装饰镂孔。表面多饰压印或刻划纹饰，内容与陶盂上的基本相同。T44④：692，顶面尖桃形，足部残，装饰四个椭圆形镂孔。顶面沿下饰一周压印浅坑点纹。顶面长9.5厘米，宽5.8厘米（图三，9）。采：017，顶面和足部残。顶面饰浅坑点纹（图三，10）。支脚无论从陶质、陶色，还是从纹饰风格上，均与陶盂一致。两者相配，可能作炊器使用。

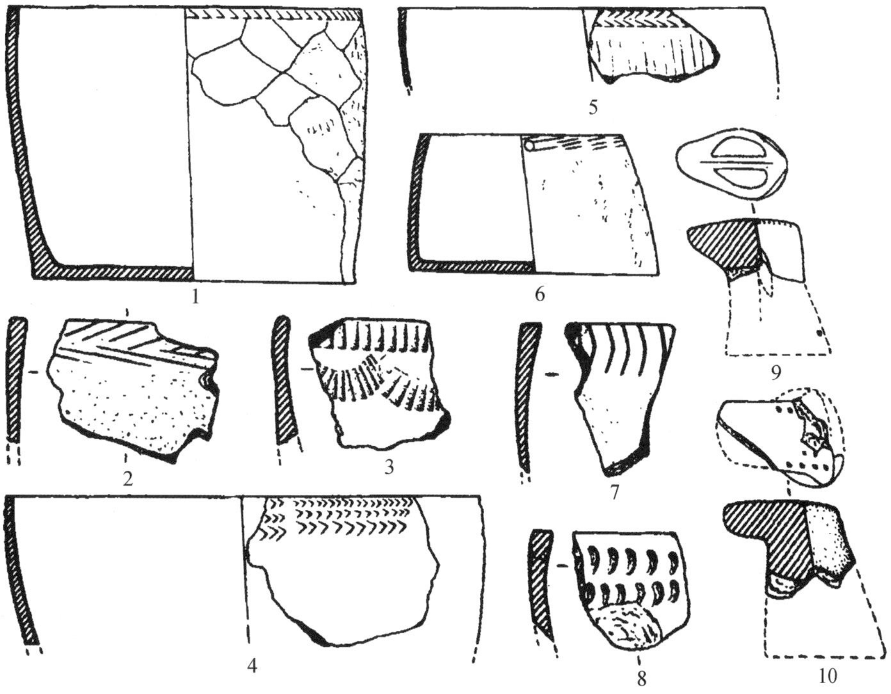

图三　新石器时代早期陶器

1～8. 陶盂（T34④：586、T4G1：118、T44④：18、T2④：336、T44④：27、756、15、37）

9、10. 支脚（T44④：692、采：017）（3、7、8约1/3，余约1/7）

三、仰韶文化晚期遗存

未见完整的地层堆积，仅发现3座残存的灰坑。出土遗物主要是陶器。陶质分夹砂夹云母陶和泥质陶两种。陶色为红褐或灰褐色，颜色不均匀。器表以素面为主，还有少量彩陶，均为残片。器型主要有罐、钵、盆等。

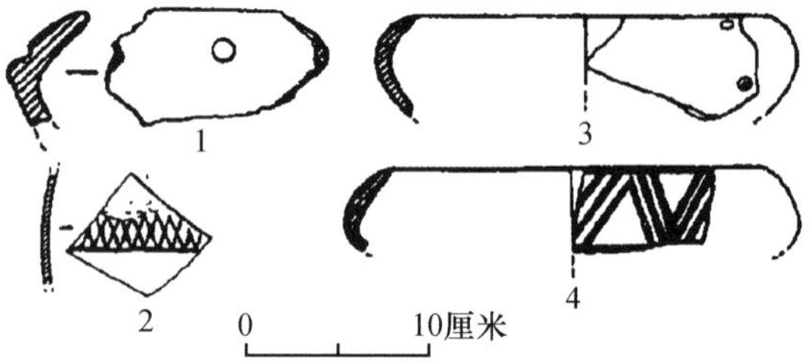

图四　仰韶文化晚期陶器
1、3、4. 敛口钵（H79：3、H88：5、H96：1）
2. 彩陶片（H96：2）

敛口钵　已残。圆唇，敛口。H79：3，夹砂夹云母灰褐陶。沿下残存一突起，上有一小坑窝。素面磨光（图四，1）。H88：5，夹砂夹云母灰褐陶。沿下残存有两个小钻孔。素面磨光（图四，3）。H96：1，泥质红陶。沿下饰紫红色彩，图案为多组三条平行斜线组成的纹饰带（图四，4）。

彩陶片　H96：2泥质磨光红陶。饰黑彩网格纹（图四，2）。

四、先商期文化遗存

（一）遗迹

发现有房址、灰坑和兽骨坑等。

1. 房址1座（F1）。为方形半地穴式，斜坡式门道。南北长2.05米，东西宽2米。室内中央偏北处有一柱洞。居住面经过加工，平整坚硬。室内东北角和东南角各设有一灶。

2. 灰坑发现较多，形状有圆形、椭圆形、圆角长方形和不规则形等几种，以椭圆形者居多。坑内填土呈灰色，内含陶器、石器和骨器等遗物。

3. 兽骨坑1座。内葬一牛骨架。

（二）遗物

1. 石器磨制，少数石器边缘经过打制修整。器型有斧、锛、镰、刀、矛等。

斧　6件。通体磨光。断面呈椭圆形，双面刃。T32③：464，长梯形，弧顶近平，斜刃，刃口有使用痕迹。长10.5厘米，宽6.2厘米，厚2.5厘米（图五，4）。

锛　1件（T25③：374）。通体磨光。近长方形，体形瘦长，弧顶，平刃。长9.8厘米，宽4.6厘米，厚2.5厘米（图五，2）。

刀　5件。T28③：378，通体磨光。长方形，穿两孔，单面平刃。残长8.2厘米，宽4.4厘米，厚0.3厘米（图五，1）。

镰　10件。通体磨光。体薄，拱背，平刃或弧刃，前端尖状。T29③：433，前端残，弧刃。残长13.5厘米，宽5.5厘米，厚0.8厘米（图五，3）。

2. 骨角器　器类较少，只发现骨笄和鹿角器两种。

骨笄　利用动物长骨磨制而成。圆柱形，顶端有一小穿孔，有的带有笄帽。

鹿角器　利用长鹿角加工制成。形状似锤，可能是作锤击用的锤子。

3. 陶器　分夹砂陶和泥质陶两种。夹砂陶以灰褐陶、灰陶和灰黑陶等为主，器表颜色多不纯正，杂有灰黑色或褐色斑块。泥质陶以灰陶和黑陶为主，其中黑陶多磨光。器表纹饰以绳纹为主，其次为素面和磨光。器型主要有鬲、豆、罐、盆、钵等。

鬲　复原4件。圆唇，卷沿，侈口，高档，尖锥足。器表饰绳纹。H34：37，夹砂灰褐陶。束颈较高，鼓腹，袋足粗肥，微外撇。器表饰细绳纹，颈部绳纹被抹去。袋足部分在绳纹上覆抹一层黄泥，经烧烤后成灰褐色。器高略大于器宽。口径17.4厘米，通高23.8厘米（图六，3）。

豆　复原3件。T40③：754，泥质黑陶。圆唇外卷，敞口，浅盘，细高柄，柄残，喇叭形圈足。素面磨光。口径20.3厘米，残高16.5厘米（图六，2）。

深腹罐　复原1件（T41③：738），夹砂灰褐陶。器形制作不太规整。器形瘦高，圆唇，侈口，深腹，腹壁近直，下腹内收，小平底。器表饰交错细绳纹。口径15.6厘米，通高20厘米（图六，1）。

盆　复原1件（T40③：594），泥质灰褐陶。尖圆唇，敞口，短颈微束，微鼓腹，下腹斜收，小平底。颈以下饰绳纹，模糊不清。口径16厘米，底径9.2厘米，通高9.2厘米（图六，4）。

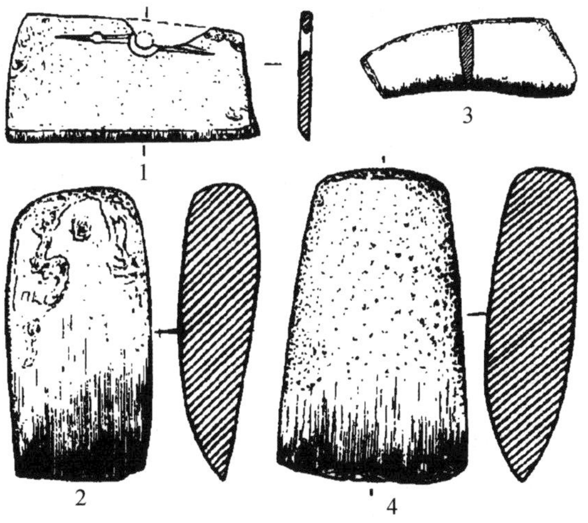

图五　先商期文化石器

1. 刀（T28③：378）　2. 锛（T25③：374）

3. 镰（T29③：433）　4. 斧（T32③：464）

（3约1/5，余约1/3）

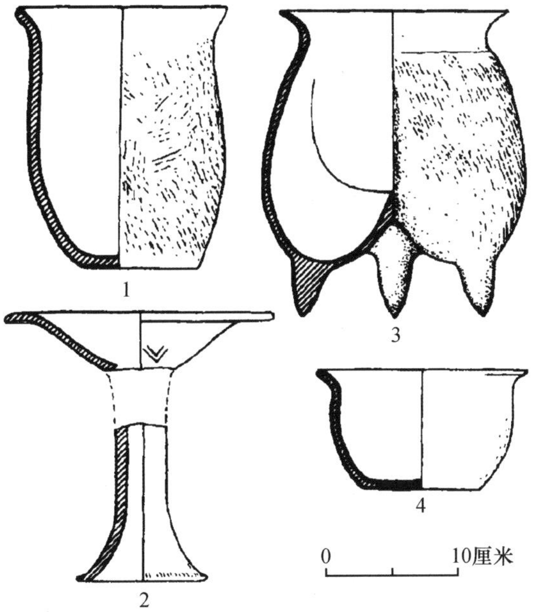

图六　先商期文化陶器

1. 深腹罐（T41③：738）　2. 豆（T40③：754）

3. 鬲（H34：37）　4. 盆（T40③：594）

五、晚商文化遗存

（一）遗迹

遗迹现象仅见灶址和灰坑两种。灰坑形状有圆形、椭圆形、圆角长方形和不规则形，其中椭圆形数量较多。内填灰土，出土遗物有陶器、石器、骨器和卜骨等。

（二）遗物

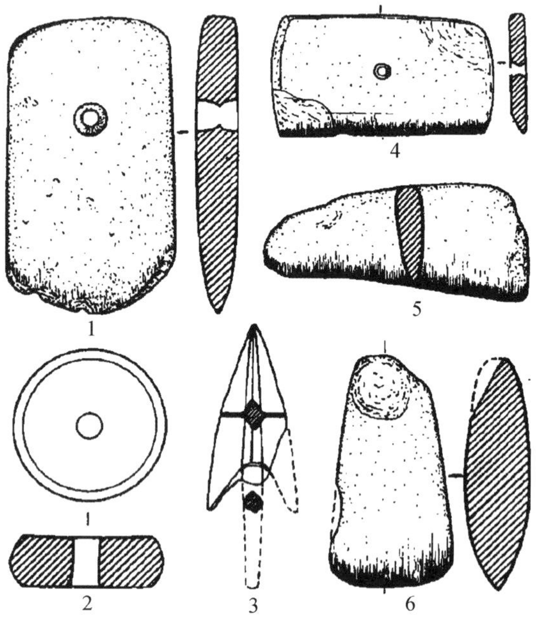

图七　晚商文化石、陶、铜器

1. 石铲（H62：500）　2. 陶纺轮（T21②：328）　3. 铜镞（H11：347）　4. 石刀（T25②：347）　5. 石镰（T12②：180）　6. 石斧（T29②：345）（3为7/10，余约1/3）

1. 石器磨制。器型有斧、铲、凿、镰、刀等。

斧　7件。通体磨光。长梯形，断面呈椭圆形，双面刃。T29②：345，尖弧顶，弧刃。长10.1厘米，宽5.2厘米，厚2.8厘米（图七，6）。

铲　2件。通体磨光。长方形，断面呈扁长方形，上部有穿孔。H62：500，弧顶，弧刃，刃口厚钝，有使用痕。长12.8厘米，宽7.3厘米，厚1.8厘米（图七，1）。

刀　7件。通体磨光。长方形，穿一孔，单面刃。T25②：347，平刃。长9.2厘米，宽5.2厘米，厚0.6厘米（图七，4）。

镰　10件。通体磨光。体薄，拱背，弧刃。T12②：180，斜弧刃。长11厘米，宽4.8厘米，厚0.8厘米（图七，5）。

2. 骨器　器类有锥、笄、刀等。

3. 铜器　仅发现小型工具或武器，器类有刀、镞、钩等。

镞　7件。双翼，有脊，扁圆铤。H11：347，一翼残。残长4厘米（图七，3）。

4. 陶器　分夹砂陶和泥质陶两种。夹砂陶有灰陶、灰黑陶和褐陶等几种，部分陶器颜色不纯，杂有其他颜色的斑块。泥质陶以灰陶为主，另有少量黑陶和灰黑陶。器表纹饰以绳纹为主，有少量的刻划纹和附加堆纹，素面陶很少。器型以鬲为主，其次有瓮、簋、盆、钵和罐等。

鬲　复原16件。依形制可分A、B两型，以A型鬲最为常见，数量最多。

A型：器形粗矮，口径均大于高，多数口径略大于腹径。方唇，折沿，沿面常见一周浅凹槽，矮裆，肥袋足，足尖近平。器表饰粗绳纹。H70：28，夹砂褐陶，杂有灰黑色斑块。口径20.8厘米，通高15.2厘米（图八，1）。采：0346，夹砂灰黑陶。口径18.8厘米，通高13.6厘米（图八，2）。

B型：均为残片。T47②：782，夹砂灰黑陶或灰褐陶。圆唇，侈口，束颈较高，颈部有双竖耳，肥袋足。颈部饰一周链条状附加堆纹，器表饰细绳纹。口径14厘米，残高13厘米（图八，3）。

簋　复原4件。T30②：29，泥质灰陶。厚方唇，侈口，沿微外折，弧腹内收，圜底，圈足外撇。器表饰绳纹，折沿处有一周凹弦纹，颈下饰两周凹弦纹，腹部饰三角状划纹。口径27厘米，通高18厘米（图八，4）。

盆　复原2件。T45②：766，泥质灰陶。方唇，斜平折沿，弧腹，下腹斜收，平底。器表饰绳纹，颈下饰一周宽条附加堆纹。口径32.5厘米，底径14.5厘米，通高21.3厘米（图八，5）。

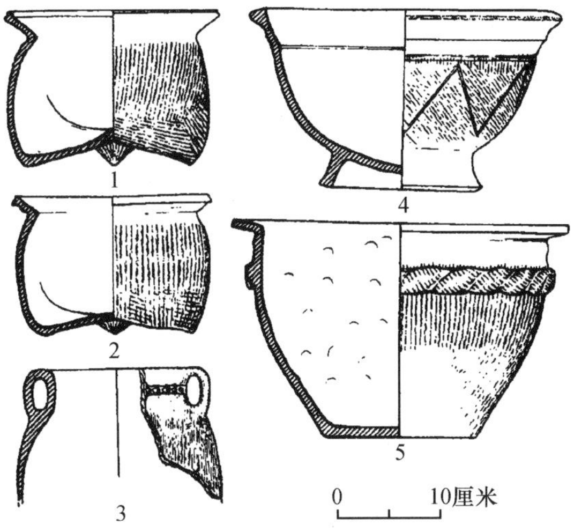

图八　晚商文化陶器
1～3. 鬲（H70：28、采：0346、T47②：782）
4. 簋（T30②：29）　5. 盆（T45②：766）

纺轮　10件。T21②：328，泥质灰陶。厚圆饼形，弧形边缘。素面抹光。直径6.3厘米（图七，2）。

六、结　语

上坡遗址内涵丰富，延续时间长，是保定地区重要的遗址之一，为建立本区域周代以前考古学文化序列提供了重要依据。现就对该遗址的初步认识简述如下。

1. 以陶盂和支脚为特征的上坡一期遗存的发现，是上坡遗址发掘最重要的收获。这是继磁山遗址发掘以后，首次在冀南以外的地区发现类似磁山文化的遗存，因此有人便将上坡遗址的新石器时代早期遗存归入“磁山文化系统”①。然而，经过认真分析，可知两者的陶器群虽有不少相似之处，但它们之间的差别也是明显的。

第一，上坡陶器群器型单一，除盂和支脚外，未发现其他类型的陶器（即使考虑到因发掘面积的限制等因素，也至少说明上坡陶器群中盂和支脚占绝对优势），而磁山文化陶器群器型除盂和支脚外，还大量存在罐、壶和三足钵等。

第二，两者共有的器型为盂和支脚，在形制特征及纹饰风格上存在着差异。磁山文化的盂除素面外，施纹饰者多为绳纹，次为篦纹、附加堆纹和划纹等，而上坡的盂均饰有刻划或压印的几何形纹饰，未见绳纹。磁山文化盂的口沿形制多样，有直口、敛口和侈口，唇部有方唇、圆唇和尖圆唇之分，而上坡盂的口沿为直口或敛口，唇部均为削割而成的方唇，有许多盂的唇厚大于器壁。

第三，陶器群以外的主要文化内涵石磨盘和石磨棒，两地之间也存在较大差异，如上坡的磨盘无足，形制也不太规整，不见磁山的三足或四足式磨盘。

---

① 安志敏：《略论华北的早期新石器文化》，《考古》1984年第10期。

上述差异的存在，使得上坡一期遗存属磁山文化之笼统说法还须再作细究。两者之间或因地域或因时间所形成的差别，基本上构成了可视上坡一期遗存为一相对独立类型的条件，即上坡类型遗存，其年代与磁山文化大致相当。

易县北福地一期乙类遗存与上坡一期遗存非常相似①，以釜为特征的甲类遗存略晚于乙类遗存而早于仰韶文化②。目前将上坡一期遗存和北福地一期乙类遗存暂视作一相对独立的文化类型较为适宜。

2. 仰韶文化晚期遗存与大司空类型遗存相似，同时又与北京地区的雪山一期遗存有不少相似之处，这反映了保定地区古文化对南北方文化都兼收并蓄的特点。

3. 先商期文化遗存的发现是本次发掘的又一重大收获。该遗址的先商期文化遗存与邯郸涧沟③、磁县下七垣④、永年何庄⑤等同时期遗存有很多相似之处，如卷沿细绳纹袋足鬲与涧沟，何庄的同类器相似，侈口鼓腹平底罐与下七垣T7③：954相同，敞口鼓腹平底盆、浅盘高柄豆分别与何庄T13②：2和T9②：2相似，无孔石镰、穿孔石刀等亦与下七垣、何庄等处所出同类器相同。但同时，它们之间又存在着明显的区别，如上坡缺乏冀南地区常见的花边口沿深腹罐、鼎和弦纹盆等。与上坡先商期遗存相似的遗址在冀中地区有较广泛的发现，其中以易县下岳各庄遗址出土遗物较丰富⑥。以下岳各庄、上坡等遗址为代表的冀中地区先商期遗存，很有可能是区别于冀南地区先商文化的另一种系统的考古学文化。

4. 晚商文化遗存与安阳殷墟同类遗存相似，如A型鬲与苗圃PNT3B④：27鬲相同；三角划纹簋与苗圃PNT3B④：287和后冈圆形祭祀坑H10：26簋相似。因此，其时代亦应相同，约相当于殷墟第四期⑦。但该期以B型鬲为代表的遗存不见于殷墟，而与围坊三期文化有密切的关系，这反映了晚商时期本地考古学文化的复杂性。

附记：先后参加上坡遗址发掘的人员有孙德海、张羽、张金茹、韩林太、孙继安等。本文由刘缀生绘图。

执笔者：段宏振　孙继安　张　丽

（原载于《考古》1999年第7期）

① 拒马河考古队：《河北易县涞水古遗址试掘报告》，《考古学报》1988年第4期。

② 段宏振：《太行山东麓地区新石器时代早期文化的新认识》，《文物春秋》1992年第3期。

③ 北京大学、河北省文化局邯郸考古发掘队：《1957年邯郸发掘简报》，《考古》1959年第10期。

④ 河北省文物管理处：《磁县下七垣遗址发掘报告》，《考古学报》1979年第2期。

⑤ 邯郸地区文物保管所、永年县文物保管所：《河北省永年县何庄遗址发掘简报》，《华夏考古》1992年第4期。

⑥ 拒马河考古队：《河北易县涞水古遗址试掘报告》，《考古学报》1988年第4期。

⑦ 中国社会科学院考古研究所：《殷墟发掘报告》，文物出版社，1987年。

容城上坡遗址的发掘

段宏振

说　明

1980年，容城上坡遗址因砖厂取土被意外发现。1981～1982年，河北省文物研究所组织考古队对遗址进行了发掘，其中早期遗存出土了类似磁山的陶盂（直腹盆），因此是个非常重要且及时的发现，对研究磁山文化的分布这一当时考古界热切关心的课题极有帮助。但此后由于种种原因，此次发掘的资料未能及时整理与公布。简单的一篇报道曾载于保定地区文物管理处1981年编辑的一本内部资料《保定地区文物资料汇编》。但学术界通过种种渠道已对该遗址有所注意，如安志敏在1984年的《考古》杂志上发文将上坡遗址的新石器早期遗存纳入磁山文化系统①。1997年，河北省文物研究所组织考古人员在保定地区进行新石器时代考古调查和试掘工作。根据保定地区当时的考古发现线索，与磁山遗存有某些相似文化因素的重要遗址有两处，即北福地与上坡。鉴于上坡遗址的重要性，由段宏振带领一支考古队准备对上坡遗址再次发掘，以求搞清其与磁山遗存的关系及其本身的确切内涵。但事与愿违，由于上坡遗址紧靠县城，多年的城镇建设已将遗址区全部覆盖。考古队在街区的缝隙中探查，试图寻找一片可发掘之地，但最终没有成功。在容城县文物保管所的一间落满灰尘的仓库里，堆放着1981～1982年发掘出土的部分遗物。于是考古队转而对这批资料进行整理，以弥补未能发掘的遗憾（期间还发掘了东牛新石器时代遗址）。但整理面临着许多无法解决的问题与困难：发掘记录原始资料因当年主要发掘者的去世而难以清晰；发掘所获的大量陶片已经处理，只余下复原的完整器物。所幸的是上坡遗址最重要的新石器早期遗存的陶片基本上保留完整，而且更为幸运的是当年参加发掘的县文物保管所干部孙继安还保存着他自己记录的一本工地日记、少数几张地层图和遗迹平面图纸。尽管这本记录的许多地方语焉不详，但它毕竟是唯一的原始记录资料。经过两个月的整理，编写出一篇近似于考古报告的发掘纪要——《容城上坡遗址的发掘》。1999年，这篇纪要的主要内容曾在《考古》杂志公布②。2005年，在编写北福地遗址考古报告的过

---

① 安志敏：《略论华北的早期新石器文化》，《考古》1984年第10期。

② 河北省文物研究所等：《河北容城县上坡遗址发掘简报》，《考古》1999年第7期。

程中，我们认识到北福地一期与上坡一期的内涵基本相同，而且在分布地域上同属宏观的易水流域，因此决定将《容城上坡遗址的发掘》全文附录于北福地报告的后面，以利于学术界比较研究。需要特别说明的是，由于编写者未曾参加田野发掘，出土遗物及记录资料均已缺乏原始完整性，因此文中难免存在一些欠妥欠详之处，敬请读者理解。

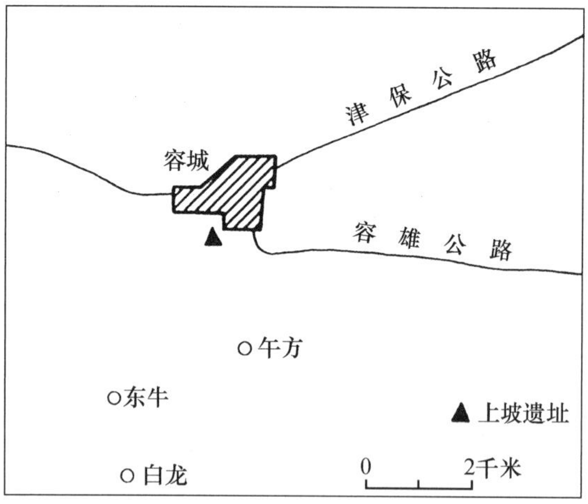

图一　上坡遗址地理位置图

上坡遗址在20世纪80年代时，位于容城县城南0.5千米处的上坡村南（图一），处于一高土岗上，现存高度高出附近地面1～1.5米，面积约3万平方米。遗址地处河北平原北部，地势平坦，南距白洋淀水域仅12千米。1980年秋，县砖厂在遗址区取土时发现石斧、石铲等文化遗物，由此发现了该遗址。1981～1982年，由河北省文物研究所会同保定地区和容城县文物部门联合组成考古队，对该遗址进行了抢救性发掘，共布设5米×5米探方（沟）51个，发掘总面积1150平方米。发现新石器时代和商代的灰坑90座、房址1座、墓葬67座，出土陶器、石器和骨器等文化遗物600余件。先后参加考古发掘的人员有孙德海、张羽、张金茹、韩林太、孙继安等。资料整理者有河北省文物研究所的段宏振、容城县文物保管所的孙继安和张丽。绘图刘缀生。器物摄影段宏振。

一、地层堆积与遗址分期

遗址文化层堆积厚薄不均，北部堆积较厚，最厚处近2.5米；南部堆积较薄，最薄处仅0.5米。

大部地区的文化层厚度在1～2米之间，依土质土色可分若干层次，所含文化遗存亦分属不同时期。现以T3（扩方）西壁剖面为例，说明地层堆积情况（图二）。

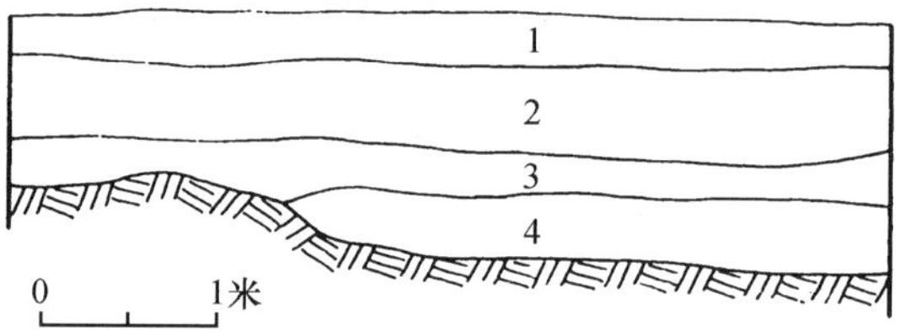

图二　T3西壁剖面图

第1层：耕土层，厚20～30厘米。

第2层：灰黄土层，厚50～70厘米，内含烧土块，出土遗物有石器、绳纹袋足鬲等。此层应属晚商期堆积。

第3层：灰褐土层，厚20～40厘米，出土细绳纹锥足鬲和磨光黑陶豆等陶器。此层应属先商期堆积。

第4层：红褐土层，厚50厘米，出土石磨棒、陶直腹盆、陶支脚等遗物。此层应属新石器文化堆积层。

第4层以下为黄生土层，深150～200厘米，坚硬，纯净。

T3的地层堆积情形是整个遗址地层堆积情况的典型代表，大多数探方同时包含有上述三个文化层的堆积。新石器遗存、先商期遗存和晚商期遗存，是该遗址文化内涵的主体部分。

遗址北部少数探方如T48，仅有相当于T3第2层的晚商期堆积，而无第3、4层堆积。有些探方有第2、4堆积，而缺乏第3层堆积。总的来看，第2、4层堆积分布比较广泛，而第3层堆积相对而言时断时续，分布不太连贯，可能是被晚商期堆积破坏所致。

另外，在遗址东部少数探方的第3层堆积中，发现少量彩陶钵、双耳罐和红陶敛口钵等仰韶晚期遗物，但只含有这一时期遗物的单纯地层并未发现，大概是先商期或晚商期堆积将这一时期的地层破坏殆尽。

综合所有探方地层堆积情况和出土遗物特征分析，遗址内涵至少应包括四个时期的文化遗存，即：

第一期文化遗存：第4层堆积，属新石器时代较早期。

第二期文化遗存：个别探方第3层或出土仰韶遗物的少量灰坑，属仰韶晚期。

第三期文化遗存：第3层堆积，属先商期。

第四期文化遗存：第2层堆积，属晚商期。

灰坑、房址等遗迹现象依地层关系和包含遗物特征，归入相应各期文化遗存之中。

二、第一期文化遗存

（一）遗迹

只发现灰坑一种，13个。平面有圆形、椭圆形、圆角长方形和不规则形等几种。填土深灰色，有的坑内杂有红烧土块。包含物有石斧、石铲、陶直腹盆、陶支脚等。以H74为例说明。

H74　发现于T35第3层下。平面椭圆形，南北长225厘米，东西宽170厘米，深95厘米，圜底。内填灰土和红烧土块。出土遗物有石斧、石铲、骨锥、骨料和夹云母红褐陶直腹盆残片等。

（二）遗物

1. 石器

依制法，可分为打制石器和磨制石器两种。

（1）打制石器

利用打击石块或石片加工制成，有的选用天然石块加工而成。器型有斧、砍砸器、尖状器、刮削器、石镞、带坑窝石器、磨盘和磨棒等。

斧　2件。

T49④：732，近方形，器身琢制，平顶，打制弧刃，断面椭圆形。长8厘米，宽7.8厘米（图三，1）。

H41：520，长梯形，一面较平，一面起脊，断面三角形，弧顶，刃残，刃部磨光（图三，2）。

砍砸器　1件。

T42④：623，利用扁圆河卵石制成，一面保留原石皮，另一面打制略平，周边打击成厚钝的刃口。长8.5厘米，宽7厘米，厚3.5厘米。

尖状器　1件。

T50④：19，利用石片单面加工而成，两侧比较对称，横断面呈扁三角形。长4.2厘米，宽2.8厘米，厚0.4厘米（图三，3）。

刮削器　2件。

T45④：695，双刃，一侧刃口微凸，另一侧微凹。长4.5厘米，宽2.1厘米，厚0.5厘米。

T44④：677，三刃，利用石核加工制成。长4厘米，宽3厘米（图三，4）。

石镞　2件。

T31④：93，锋呈半圆形，锋铤分界较明显，铤断面呈菱形。长2.7厘米，宽2厘米（图三，5）。

T7④：135，器身细长，呈长菱形，横断面亦呈菱形。长3.8厘米，宽1.6厘米（图三，6）。

带坑窝石器　16件。

多采用扁平的天然石块或河卵石为料，在较平的一面或略作修整的平面上钻出密布的坑窝，有的在两面均钻有坑窝，坑窝直径多在1～1.5厘米之间，深1厘米左右。每件石器上的坑窝数量依石料大小数量不等，多则20余个，少者三四个。其功能是一种特殊用途的砺石或研磨器具。

标本采：014，利用扁平石块制成，呈不规则圆形。一面有坑窝19个，另一面5个。长12.8厘米，宽11.8厘米，厚3.1厘米（图三，7）。

标本采：056，利用扁平河卵石制成，椭圆形。一面有坑窝10个，另一面6个。长14.5厘米，宽12厘米，厚5.6厘米。

标本T34④：501，利用扁平石块制成，近梯形。一面有坑窝15个。长16.8厘米，宽17.2厘米，厚8厘米（图三，8）。

标本T34④：349，利用扁平石块制成，呈不规则圆形。一面有坑窝8个，另一面有坑窝浅痕。长16.8厘米，宽10.4厘米，厚2.4厘米（图三，9）。

标本T35④：81，利用扁平石块制成，近方形。一面有明显坑窝4个。长8.8厘米，宽9.2厘米，厚5.2厘米（图三，10）。

标本T6④：517，利用扁平石块制成，近三角形。一面有明显坑窝3个。长11.6厘米，宽8.8厘米，厚2.4厘米（图三，11）。

标本采：012，利用扁平河卵石制成，椭圆形。一面有坑窝10个。长16.4厘米，宽14.4厘米，厚6.4厘米（图三，12）。

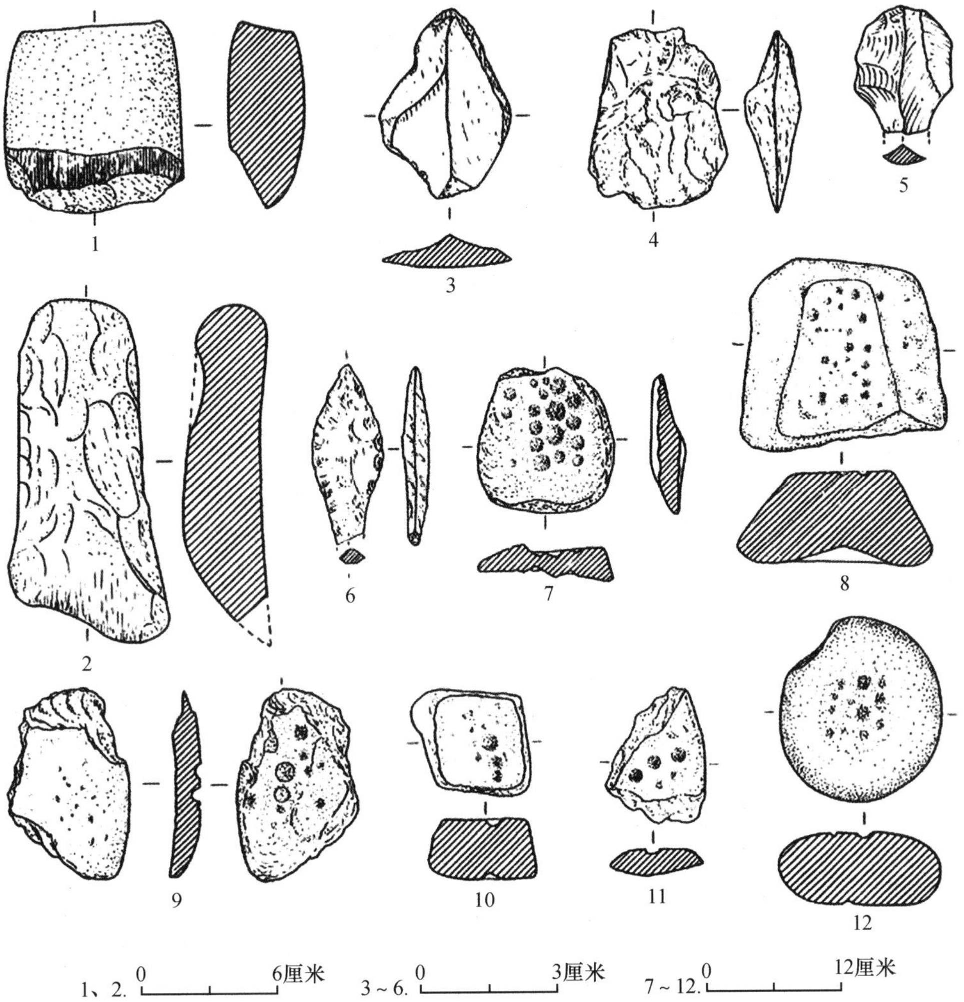

图三 第一期打制石器——斧、尖状器、刮削器、石镞、带坑窝石器

1. 斧T49④：732 2. 斧H41：520 3. 尖状器T50④：19 4. 刮削器T44④：677 5. 石镞T31④：93 6. 石镞T7④：135 7. 带坑窝石器采：014 8. 带坑窝石器T34④：501 9. 带坑窝石器T34④：349 10. 带坑窝石器T35④：81 11. 带坑窝石器T6④：517 12. 带坑窝石器采：012

磨盘 3件。

利用砂岩琢制而成，平面长椭圆形，平底，无足。个别的采用天然的薄平石块，稍做加工亦作磨盘用。

采：01，平面长椭圆形，两端略上翘，平底，磨面因使用呈凹窝状。长45厘米，宽27厘米，厚4～9.7厘米（图四，1）。

采：02，残块，仅存一端，推测其平面为两端稍尖的长椭圆形。磨面因使用下凹。残长19.5厘米，宽17厘米，厚2.8厘米（图四，2）。

采：03，利用天然薄平的石块制成，平面略呈梯形，平底，磨面略凹。长28厘米，宽28厘米，厚6厘米（图四，3）。

磨棒 11件。

形制一般呈长圆柱体，断面圆形或椭圆形。有的因长期使用两端较粗，中间磨面较细而平。

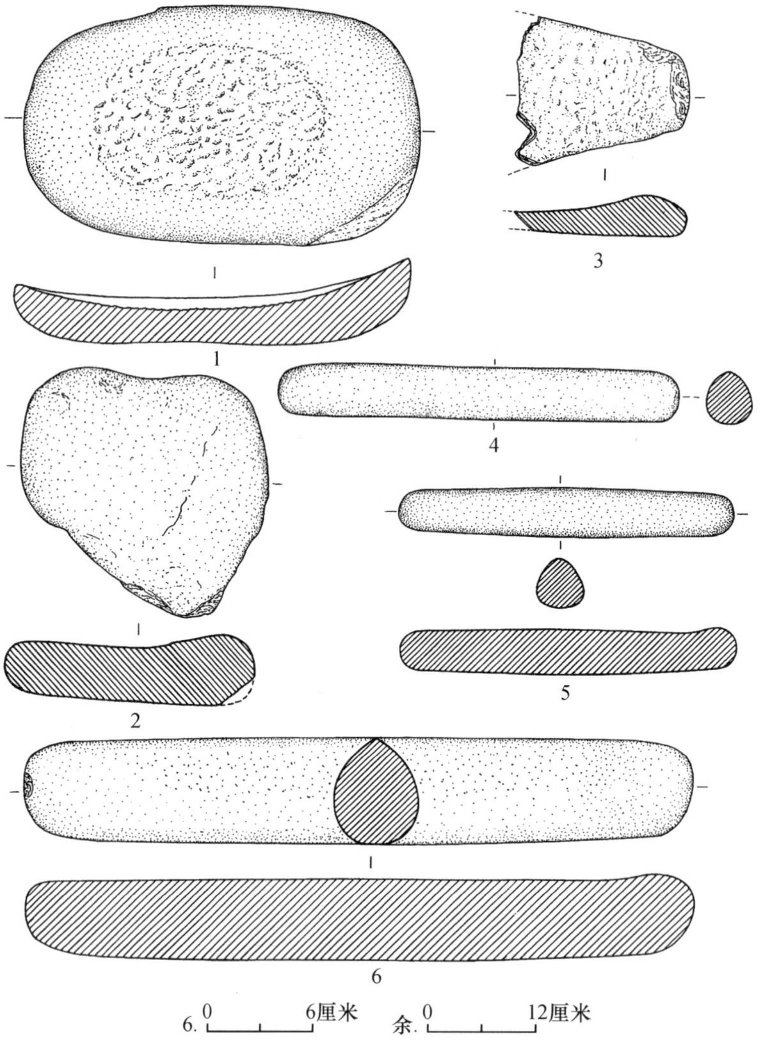

图四　第一期打制石器——磨盘、磨棒

1. 磨盘采：01　2. 磨盘采：02　3. 磨盘采：03　4. 磨棒T3④：94　5. 磨棒T3④：104　6. 磨棒采：04

T3④：94，断面椭圆形，背面圆鼓，磨面略平。长44厘米，直径6厘米（图四，4）。

T3④：104，两端稍粗，背面圆鼓磨面凹平，断面椭圆形。长37.5厘米，直径5.9厘米（图四，5）。

采：04，横断面近椭圆形，长37.3厘米，直径5.7厘米（图四，6）。

（2）磨制石器

器型有斧、铲、镰、凿等。

斧　6件。

通体磨光，双面刃。横断面椭圆形。依外形特征，分A、B、C三型。

A型　3件。长梯形。

T35④：540，弧顶，弧刃，刃口有使用痕迹。长9.8厘米，宽5厘米，厚1.8厘米（图五，1）。

T25④：343，顶残，弧刃。残长8.2厘米，宽6厘米，厚2.4厘米（图五，2）。

T50④：747，上部残，弧刃。残长6.5厘米，宽7.2厘米，厚2.4厘米（图五，3）。

B型 2件。长方形，形体瘦长。

T13④：252，上部残，弧刃。残长8厘米，宽4.3厘米，厚2.6厘米（图五，4）。

T36④：525，上部残，弧刃。残长5.3厘米，宽4厘米，厚2.1厘米（图五，10）。

C型 1件。

H74：551，通体磨光，刃部残，中央有一对钻的漏斗状孔。穿孔石斧残长7厘米，宽5.8厘米，厚2厘米。

铲 7件。

长舌形，通体磨光，形体较薄，厚薄均匀，弧形双面刃。

标本T32④：462，顶残，弧刃。残长9.8厘米，宽7.8厘米，厚1.8厘米（图五，5）。

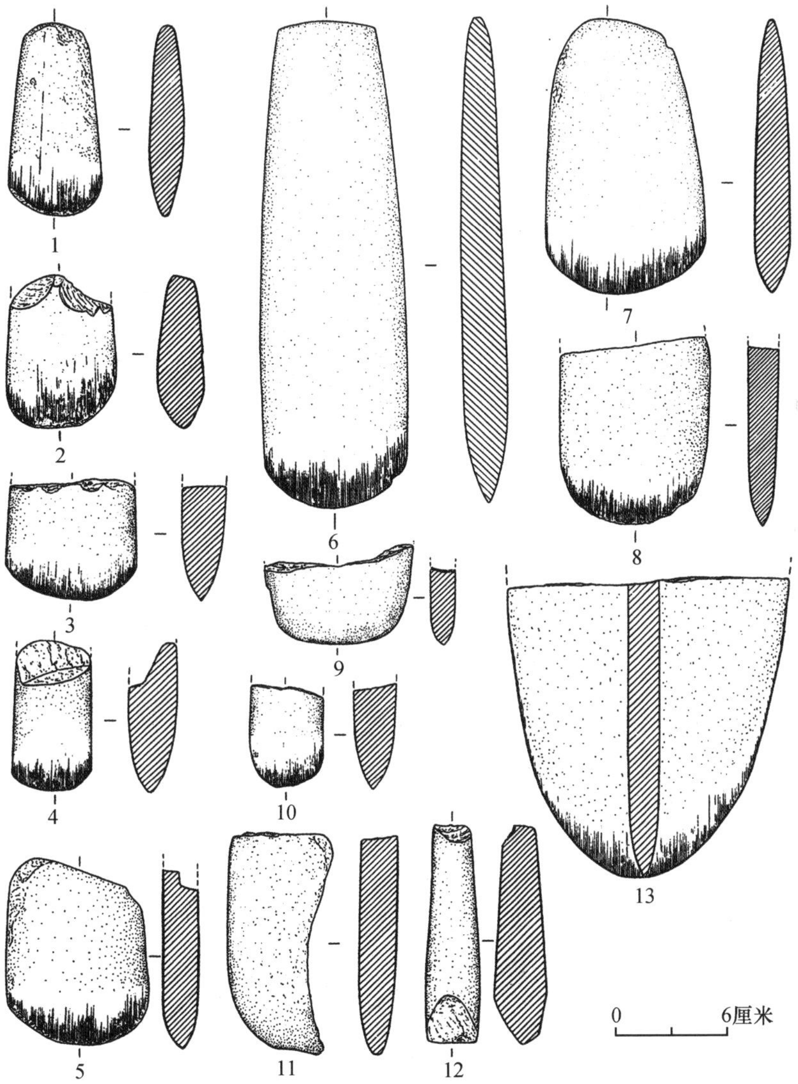

图五 第一期磨制石器——斧、铲、凿、耜

1. A型斧T35④：540 2. A型斧T25④：343 3. A型斧T50④：747 4. B型斧T13④：252 5. 铲T32④：462 6. 铲采：039 7. 铲采：06 8. 铲H74：528 9. 铲T36④：527 10. B型斧T36④：525 11. 铲T35④：561 12. 凿T40④：603 13. 耜采：05

标本采：039，灰黑色，长条形，弧顶，制作精致。长25.7厘米，宽5.6 ~ 7.4厘米，厚2.2厘米（图五，6）。

标本采：06，弧顶，制作精致。长15厘米，宽8.7厘米，厚2.1厘米（图五，7）。

标本H74：528，顶残，残长10厘米，宽8厘米，厚1.6厘米（图五，8）。

标本T36④：527，上部残，弧刃。残长5.5厘米，宽7.8厘米，厚1.4厘米（图五，9）。

标本T35④：561，一侧与顶部残。残长11.6厘米，厚2厘米（图五，11）。

凿

标本T40④：603，体呈圆柱状，顶残。单面刃，刃部因使用变得厚钝。残长11.6厘米（图五，12）。

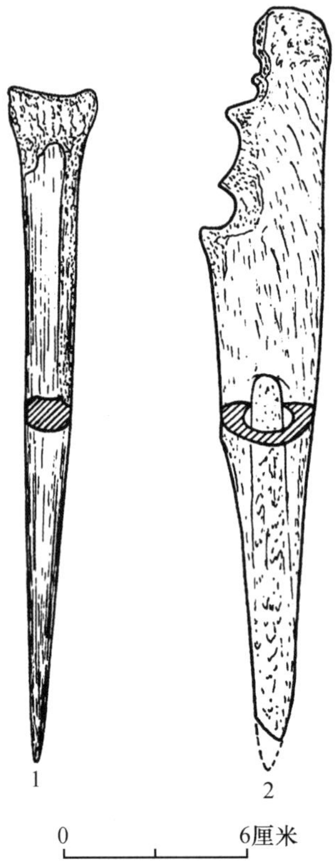

图六　第一期骨器——骨锥
1. H74：512　2. T12④：144

耜

标本采：05，顶残，仅存刃部，尖弧刃，灰黑色，通体磨光，残长15.6厘米，宽15.2厘米，厚1.8厘米（图五，13）。

2. 骨器

骨锥　2件。

H74：512，利用动物肢骨削磨制成，磨制光滑。长22.5厘米（图六，1）。

T12④：144，利用动物肢骨削割制成，扁体状。长24.5厘米（图六，2）。

骨料　1件。

H74：511，动物肩胛骨，上有切割痕迹。长12厘米，宽9.3厘米。

3. 陶器

陶质均为夹云母陶，没有发现泥质陶。陶色以红褐色为主，有少量灰黑色和黑色陶器。陶色一般不纯，如红褐色陶器上杂有灰斑或灰黑色陶器上杂有褐斑等。器型只发现陶直腹盆和支脚两种，未发现其他器形。直腹盆的口沿下一般均施有纹饰，腹部一般为素面。纹饰施法最常见是压印和刻划两种，都是用一种坚硬的工具在陶器烧制前施加于器坯之上。纹饰内容以几何形图案为主，较常见的是一种由上下两行短斜线组合成的纹饰带，形状似叶脉，另有一种由短竖线纵列组成的纹饰也很常见。其次还有坑点纹、网格纹、指甲状纹等。直腹盆形体大小不一，其用途可能也多样，不尽一致，可作炊器、食器、水器和盛储器等。支脚表面一般也施有纹饰，其施法与内容基本与陶直腹盆相同。

直腹盆形体大小不一，其用途可能也多样，不尽一致，炊器、食器、水器和盛储器等。

直腹盆　76件。

直口或微敛口，方唇，唇部绝大多数系削割而成，规整齐平，斜直壁，平底。沿下压印或刻划一周纹饰带，窄者仅一周小坑点纹，宽者可达 6 厘米。腹部为素面。口径一般略大于底径。根据口径大小，可分为A、B、C三型。

A型 22件。形体较大，口径25厘米以上。

T2④：450，红褐陶。沿下施指甲状纹。唇厚1.4厘米，壁厚0.6厘米，口径约36厘米（图七，1）。

T33④：577，红褐陶。有灰黑斑块。沿下饰一周横“人”字形纹饰带。唇厚1.1厘米，壁厚0.6厘米，口径约44厘米。

T50④：33，灰黑陶。沿下饰两排压印的竖点纹。唇厚0.9厘米，壁厚0.5厘米，口径约30厘米（图七，2）。

T32④：484，红褐色。沿下饰一周横“人”字形纹饰带。唇厚1.4厘米，壁厚0.6厘米，口径约36厘米（图七，3）。

T46④：16，灰黑陶。杂有褐斑。沿下饰压印小块菱形组成的图案，似枝叶或谷穗状。唇厚1厘米，壁厚0.6厘米，口径约32厘米（图七，4）。

T34④：587，红褐陶。杂有灰斑。斜直腹。沿下饰一周斜排坑点纹。唇厚0.9厘米，口径38.4厘米，通高18厘米（图七，5）。

T34④：586，红褐陶。腹下有灰斑。斜直腹。沿下饰一周斜排坑点纹。唇厚0.9厘米，口径30.4厘米，通高23.4厘米，底径25.5厘米（图七，6）。

T44④：27，褐陶。杂有灰斑。沿下饰压印的楔状坑点纹组成的纹饰带。唇厚0.6厘米，口径约32厘米（图七，7）。

T2④：336，褐陶。沿下饰三周压印楔状坑点纹。唇部厚度小于壁厚。唇厚0.5厘米，壁厚1厘米，口径约36.6厘米（图七，8）。

T40④：35，褐陶。沿下饰压印坑点纹组成的近横“人”字形的纹饰带。唇厚0.7厘米，口径约35.6厘米，残高5.1厘米（图七，9）。

T51④：38，褐陶。沿下饰两行平行戳印齿状坑点纹。唇厚1.1厘米，口径约36厘米，残高5.8厘米（图七，10）。

T44④：61，灰褐陶。沿下饰压印横“人”字形纹。唇厚0.9厘米，口径约32厘米，残高2.9厘米（图七，11）。

T31④：55，黑褐陶。沿下饰压印弧线纹。唇厚0.7厘米，口径约30厘米，残高6.9厘米（图七，12）。

H68：522，灰褐陶。沿下饰两行压印指甲状弧线纹。唇厚0.8厘米，口径约36厘米，残高6.8厘米（图七，13）。

T44④：71，灰褐陶。沿下饰压印横“人”字形纹。唇厚0.8厘米，口径约34厘米，残高4.4厘米（图七，14）。

T21④：287，灰褐陶。沿下施三排压印短竖线纹。唇厚1.5厘米，壁厚0.6厘米，口径约52厘米（图八，1）。

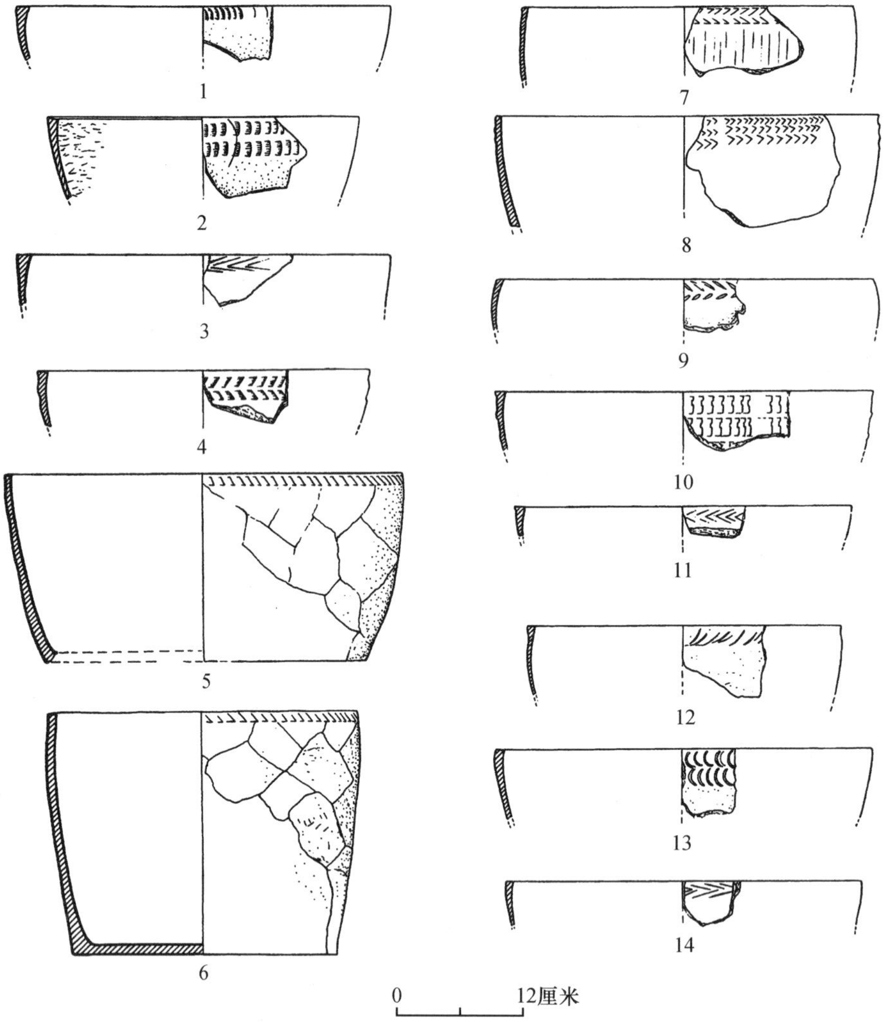

图七　第一期陶器——A型直腹盆

1. T2④：450　2. T50④：33　3. T32④：484　4. T46④：16　5. T34④：587　6. T34④：586　7. T44④：27　8. T2④：336　9. T40④：35　10. T51④：38　11. T44④：61　12. T31④：55　13. H68：522　14. T44④：71

T44④：67，褐陶。沿下饰压印短斜线组成的叶脉状纹饰。唇厚1厘米，壁厚0.7厘米，口径约46厘米（图八，2）。

T44④：42，褐陶。沿下饰凹弦纹和平行竖线纹。唇厚0.6厘米，口径约56厘米（图八，3）。

T51④：26，褐陶。沿下饰压印平行弧线纹。唇厚0.9厘米，口径约44厘米，残高4.8厘米（图八，4）。

T18④：280，灰褐陶。沿下饰两行平行楔状坑点纹。唇厚0.8厘米，口径约51厘米，残高7.2厘米（图八，5）。

T44④：65，灰褐陶。沿下饰压印横“人”字形纹。唇厚1厘米，口径约39厘米，残高6.4厘米（图八，6）。

T44④：29，褐陶。沿下饰两行压印横“人”字形纹，并存一圆形穿孔。唇厚0.8厘米，口径约38厘米，残高5.1厘米（图八，7）。

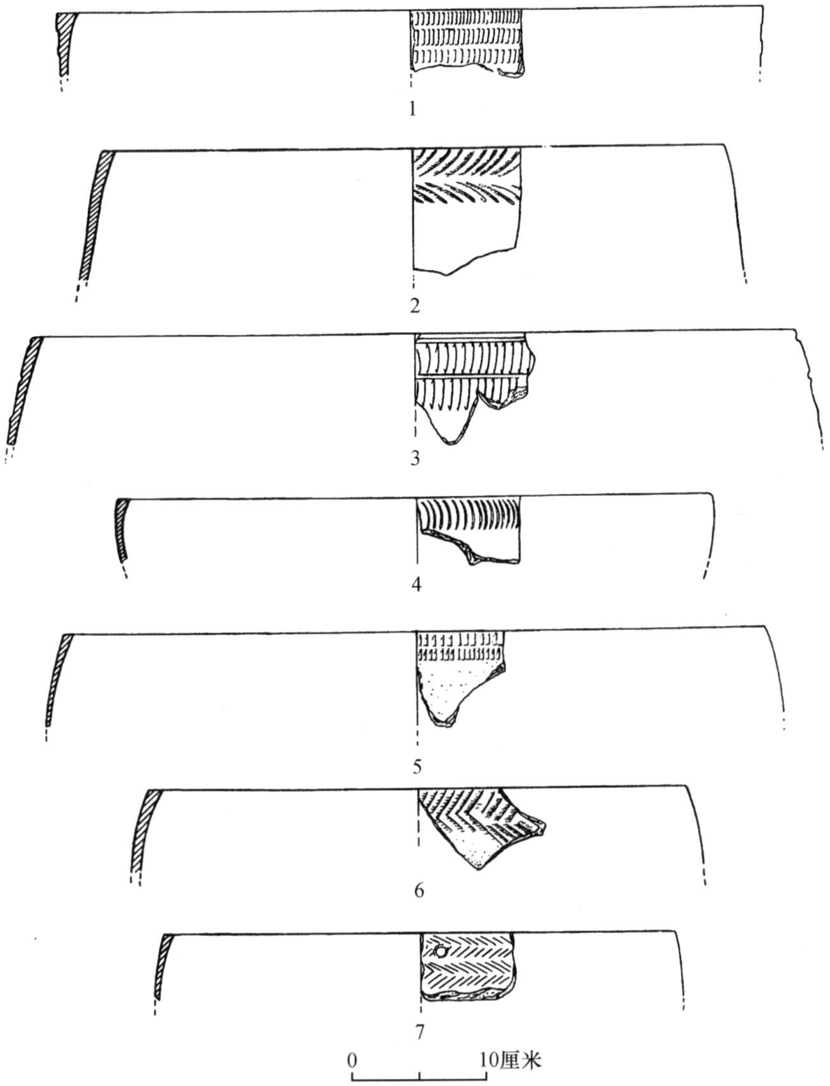

图八　第一期陶器——A型直腹盆

1. T21④：287　2. T44④：67　3. T44④：42　4. T51④：26　5. T18④：280　6. T44④：65　7. T44④：29

B型　6件。形体中等，口径15～25厘米之间。

T44④：756，红褐陶。杂有灰斑。敛口，口径小于底径，微鼓腹。沿下饰压印短斜线纹。唇厚0.5厘米，口径16.5厘米，底径20.3厘米，通高11.5厘米（图九，1）。

T44④：710，灰褐陶。口径大于底径，微鼓腹。沿下饰压印短斜线纹。唇厚0.5厘米，口径24厘米，底径16.5厘米，通高9.6厘米（图九，2）。

T21④：334，褐陶。腹部近底处有两个圆形穿孔。底部残片。底厚1.2厘米，底径21.6厘米，残高3.7厘米（图九，3）。

T15④：243，黑褐陶。沿下存三行戳印楔状坑点纹，并存一圆形穿孔。唇厚1厘米，口径约20厘米，残高4.1厘米（图九，4）。

T44④：11，灰褐陶。沿下饰三行戳印楔状坑点纹。唇厚0.8厘米，口径约24厘米，残高7.6厘米（图九，5）。

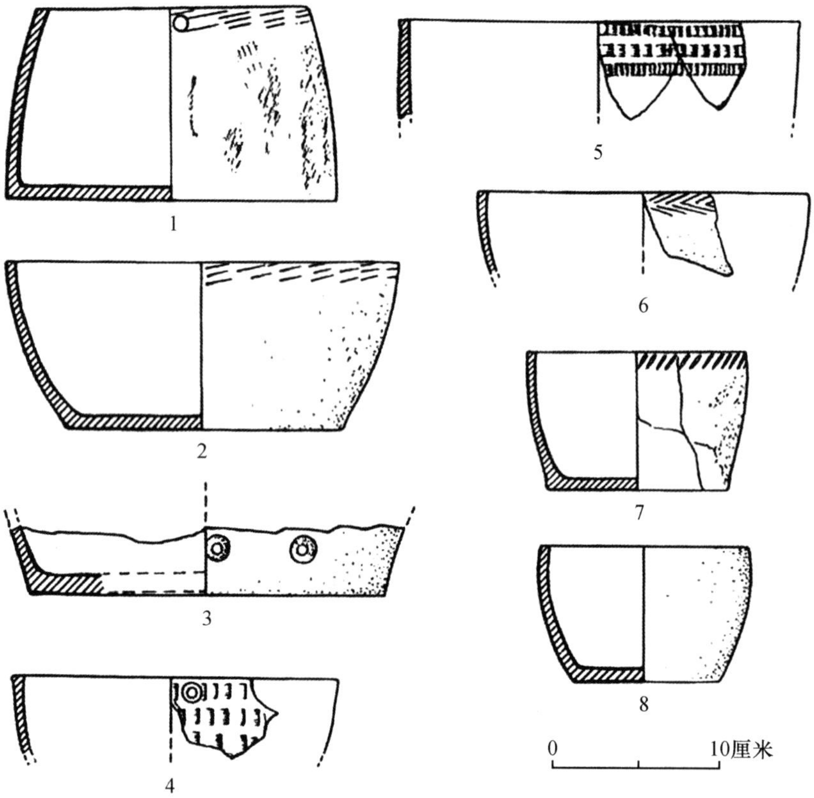

图九　第一期陶器——直腹盆

1. B型T44④：756　2. B型T44④：710　3. B型T21④：334　4. B型T15④：243
5. B型T44④：11　6. B型T44④：58　7. C型T3④：26　8. C型H74：589

T44④：58，黑褐陶。沿下饰压印横“人”字形纹。唇厚0.7厘米，口径约20厘米，残高5.2厘米（图九，6）。

C型　2件。形体较小，口径在15厘米以下。

T3④：26，灰黑陶。口径大于底径，微鼓腹。沿下饰一周压印斜排条状坑点纹。唇厚0.5厘米，口径12.8厘米，底径10.5厘米，通高8.4厘米（图九，7）。

H74：589，灰褐陶。口径大于底径，微鼓腹。沿下无纹饰带。唇厚0.5厘米，口径12.1厘米，底径9厘米，通高8.3厘米（图九，8）。

口沿残片　46件。

标本T50④：66，灰褐陶。沿下饰压印横“人”字形纹。唇厚0.9厘米，残高6.6厘米（图一〇，1）。

标本T5④：98，褐陶。沿下饰压印横“人”字形纹。唇厚0.7厘米，残高5.1厘米（图一〇，2）。

标本T14④：198，黑褐陶。沿下饰多行戳印楔状坑点纹。唇厚0.7厘米，残高4.3厘米（图一〇，3）。

标本T44④：62，褐陶。沿下饰压印横“人”字形纹。唇厚1.1厘米，残高3.4厘米（图一〇，4）。

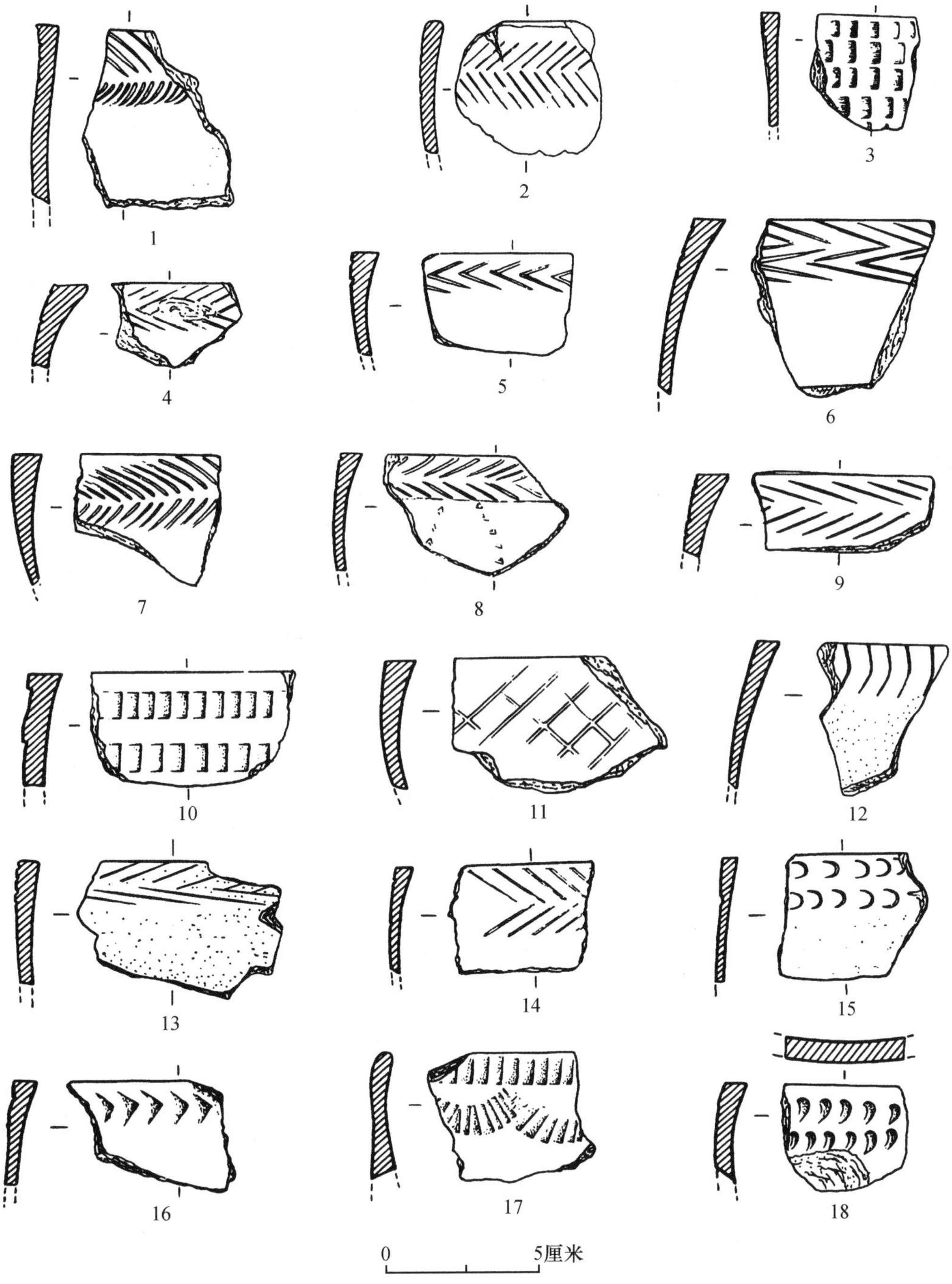

图一〇　第一期陶器——直腹盆口沿残片

1. T50④：66　2. T5④：98　3. T14④：198　4. T44④：62　5. T9④：109　6. T44④：24　7. H41：255　8. T41④：54　9. T49④：66　10. T16④：40　11. T50④：21　12. T44④：15　13. G1：118　14. T23④：337　15. T45④：34　16. T44④：20　17. T44④：18　18. T44④：37

标本T9④：109，黑褐陶。沿下饰压印横“人”字形纹。唇厚0.8厘米，残高4厘米（图一〇，5）。

标本T44④：24，褐陶。沿下饰复合式压印横“人”字形纹。唇厚0.9厘米，残高6.6厘米（图一〇，6）。

标本H41：255，灰褐陶。沿下饰压印横“人”字形纹，近似叶脉状。唇厚1厘米，残高4.7厘米（图一〇，7）。

标本T41④：54，黑褐陶。沿下饰压印横“人”字形纹，其下有小坑点组成的弧线形纹。唇厚0.7厘米，残高4.5厘米（图一〇，8）。

标本T49④：66，褐陶。沿下饰压印横“人”字形纹。唇厚1厘米，残高3.1厘米（图一〇，9）。

标本T16④：40，褐陶。沿下饰两行戳印楔状坑点纹。唇厚1.1厘米，残高4.5厘米（图一〇，10）。

标本T50④：21，褐陶。沿下饰压印网格纹。唇厚1厘米，残高5.2厘米（图一〇，11）。

标本T44④：15，灰褐陶。沿下饰压印弧折线纹。唇厚0.8厘米，残高5.6厘米（图一〇，12）。

标本G1：118，褐陶。沿下饰压印横“人”字形纹。唇厚0.8厘米，残高5.1厘米（图一〇，13）。

标本T23④：337，黑褐陶。沿下饰压印横“人”字形纹。唇厚0.6厘米，残高4.3厘米（图一〇，14）。

标本T45④：34，黑褐陶。沿下饰戳印指甲形弧线纹。唇厚0.5厘米，残高4.7厘米（图一〇，15）。

标本T44④：20，黑褐陶。沿下饰压印横“人”字形纹。唇厚0.7厘米，残高4.2厘米（图一〇，16）。

标本T44④：18，黑褐陶。沿下饰戳印楔状坑点纹。唇厚0.6厘米，残高4.8厘米（图一〇，17）。

标本T44④：37，褐陶。沿下饰戳印弧状坑点纹，唇面饰压印斜线纹。唇厚0.7厘米，残高4厘米（图一〇，18）。

支脚　30件。

多为残块。均为夹云母陶，以红褐色为主，另有少量灰黑色。平顶，圆锥形空心厚圈足。足部一般装饰镂孔，形状有竖长方形、椭圆形、三角形、圆形和菱形等。表面一般饰压印或刻划的纹饰，内容与陶直腹盆上的基本相同。

标本T44④：692，褐陶。顶面尖桃形。足部残，装饰四个椭圆形镂孔，顶面沿下饰一周压印坑点纹。顶面长9.5厘米，宽5.8厘米，残高4.8厘米（图一一，1）。

标本T37④：506，褐陶。有灰色斑块。顶面前端弧形，后端残，顶后部两侧有两个凸起，致使支脚顶部似兽头形。足部残，装饰圆形镂孔，表饰刻划短斜线组成的折线纹。顶面残长12.8厘米，宽10.5厘米，残高8厘米（图一一，2）。

标本采：17，红褐陶。顶部前端圆弧形，后端残，后部两侧有个凸起。足部残，残存三个镂孔痕迹。素面。顶面残长9.3厘米，宽5.5厘米，残高6.5厘米（图一一，3）。

标本T16④：247，褐陶。顶部前后端均残，后部残存一个凸起。足部残。顶面残长9.5厘米，残高4.5厘米（图一一，4）。

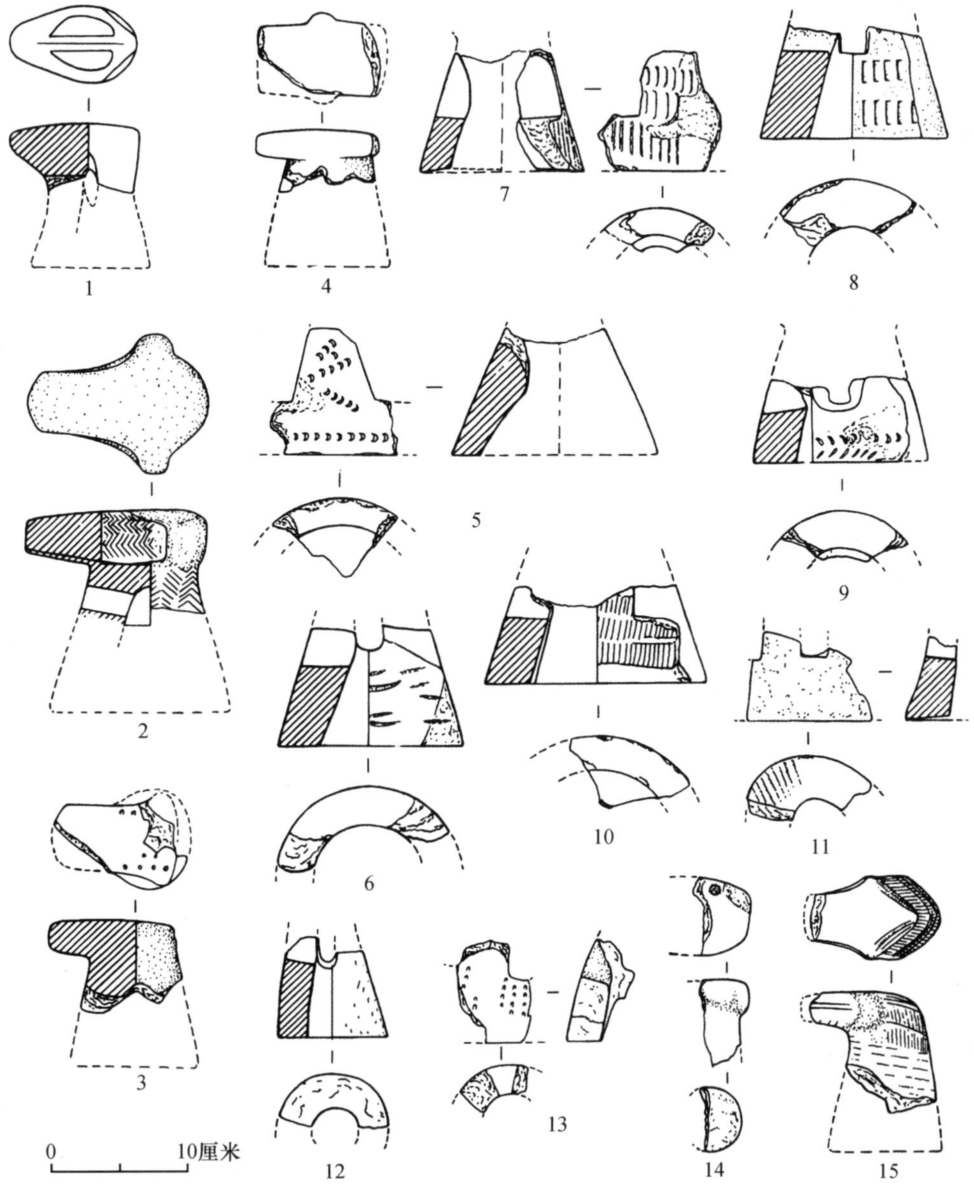

图一一　第一期陶器——支脚

1. T44④：692　2. T37④：506　3. 采：17　4. T16④：247　5. T29④：482　6. T37④：614　7. T6④：238　8. T7④：389　9. T44④：691　10.采：10　11. T41④：616　12. T3④：185　13. T51④：778　14. T44④：302　15. T37④：613

T29④：482，仅存圈足部分。灰黑陶。内壁红褐色。表饰压印坑点纹，残存两个镂孔痕迹。壁厚2.3厘米，残高9厘米（图一一，5）。

T37④：614，仅存圈足部分。褐陶。表饰刻划条纹，残存两个镂孔痕迹。壁厚3.2厘米，残高9厘米（图一一，6）。

T6④：238，仅存圈足部分。褐陶。表饰压印短竖线纹，残存一个镂孔痕迹，可能是三角形镂孔。壁厚2厘米，残高9厘米（图一一，7）。

T7④：389，仅存圈足部分。灰褐陶。表饰压印长条形坑窝纹，残存一个镂孔痕迹。壁厚

3.8厘米，残高8厘米（图一一，8）。

T44 ④：691，仅存圈足部分。灰褐陶。表饰压印坑点纹，残存一椭圆镂孔。壁厚3.5厘米，残高6.5厘米（图一一，9）。

采：10，仅存圈足部分。灰褐陶。表饰压印短竖线纹，残存一方形镂孔。壁厚3.5厘米，底径16.4厘米，残高7.6厘米（图一一，10）。

T41④：616，仅存圈足部分。灰褐陶。素面，残存一方形镂孔。壁厚3.9厘米，残高6.6厘米（图一一，11）。

T3④：185，仅存圈足部分。灰褐陶。素面，残存一椭圆镂孔。壁厚2.6厘米，底径8.5厘米，残高7.4厘米（图一一，12）。

T51④：778，仅存圈足部分。灰褐陶。表饰小坑点纹，残存一椭圆镂孔。壁厚2.5厘米，残高7.7厘米。（图一一，13）。

T44④：302，仅存顶部部分。褐陶。素面。顶残长3.5厘米，宽5.7厘米，残高6.4厘米（图一一，14）。

T37④：613，红褐陶。顶部前端残，后部两侧有两个凸起，后端呈钝三角状。足部残，残存镂孔沟痕。表饰刻划叶脉状纹饰。顶面残长8厘米，宽6.5厘米，残高9厘米（图一一，15）。

三、第二期文化遗存

未发现完整的地层堆积，仅发现三个残存灰坑。遗物主要是陶器，出土于少数探方的第3层及上述三个灰坑中。陶质分夹云母陶和泥质陶两种。陶色红褐色或灰褐色，颜色不均匀。器表以素面为主，有少量彩陶。器型主要有双耳罐、敛口钵、盆等。

双耳罐　1件。

T23 ③：36，夹云母褐陶。颜色不均匀，有灰黑色斑块。素面。手制。腹部有补接陶器裂缝的锔孔。圆唇，卷沿，上腹内收，腹中部微缓折，双竖耳下腹斜收，小平底。口径26.2厘米，底径12厘米，通高29.2厘米（图一二，1）。

敛口钵　5件。

圆唇，敛口，素面磨光。

T26③：339，夹云母灰褐陶。杂有黑色斑块。口径16厘米（图一二，2）。

T9③：361，夹云母灰褐陶。杂有黑色斑块。口径20.5厘米（图一二，3）。

H88：5，夹云母灰褐陶。沿下两个小钻孔（图一二，4）。

H79：3，夹云母灰褐陶。沿下残存一凸起，上有一小坑窝（图一二，5）。

T3③：385，夹云母灰胎黄褐陶（图一二，6）。

盆　1件。

T9③：361，泥质褐陶。素面磨光。圆唇，侈口，上腹内束，腹中部有凸棱。底残。口径26厘米。

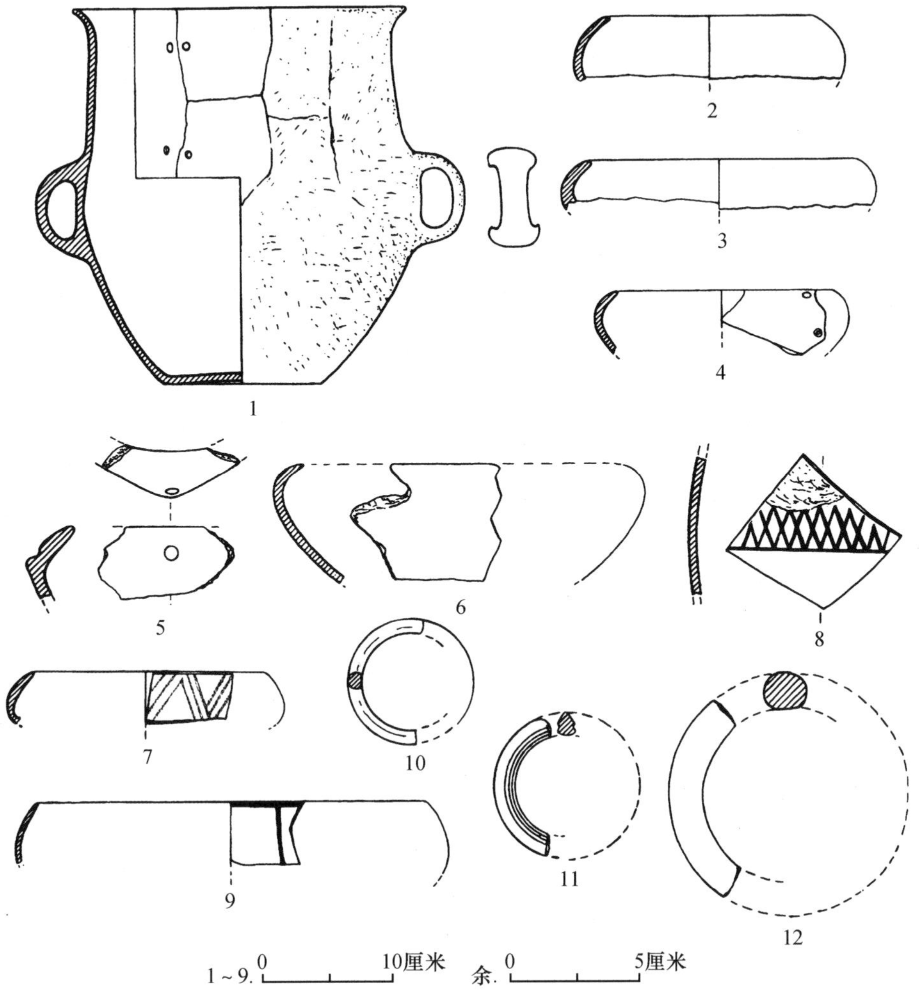

图一二　第二期陶器——双耳罐、敛口钵、彩陶片、陶环

1. 双耳罐T23③：36　2. 敛口钵T26③：339　3. 敛口钵T9③：361　4. 敛口钵H88：5　5. 敛口钵H79：3　6. 敛口钵T3③：385　7. 彩陶片H96：1　8. 彩陶片H96：2　9. 彩陶片T31③：578　10. 陶环T28③：325　11. 陶环T42③：657　12. 陶环T28③：396

彩陶片　3件。

H96：1，敛口钵口沿。泥质红陶。沿下饰紫红色彩，图案多组，为三条平行斜线组成的纹饰带（图一二，7）。

H96：2，泥质磨光红陶。饰黑彩网格纹（图一二，8）。

T31③：578，泥质灰陶钵口沿。缘外饰一周窄带纹，其下饰竖条纹，黑彩（图一二，9）。

陶环　3件。

T28③：325，泥质灰陶。断面近桃形（图一二，10）。

T42③：657，泥质灰陶。环面有一周凹弦纹，断面三角形（图一二，11）。

T28③：396，泥质灰褐陶。断面椭圆形（图一二，12）。

四、第三期文化遗存

（一）遗迹

发现有灰坑32个。形状有圆形、椭圆形、圆角长方形和不规则形，以椭圆形者居多。

1. H34

位于T11第2层下，距地表76厘米。椭圆形。长190厘米，宽110厘米，深85厘米。坑壁较直，圜底。坑内填土深灰色，杂有红烧土块。出土遗物有尖锥足鬲残片。

2. H62

位于T30第2层下，距地表70厘米。平面不规则形，东西长380厘米，南北宽260厘米，深80厘米。坑内填土深灰色，出土遗物有砺石、骨匕、鹿角。

（二）遗物

1. 石器

均为磨制石器，少数石器边缘为打制修整。器型有斧、镰、刀、矛等。

斧　6件。

通体磨光，双面刃，断面椭圆形。依形体特征，分A、B两型。

A型　2件。长梯形。

T32③：464，弧顶近平，斜刃，刃口有使用痕迹。长10.5厘米，宽6.2厘米，厚2.5厘米（图一三，1）。

T28③：377，残存一侧。残长9.3厘米，厚2.5厘米（图一三，2）。

B型　4件。长方形，体形瘦长。

T35③：447，顶残，斜弧刃。残长9.5厘米，宽5.3厘米，厚3厘米（图一三，3）。

T44③：689，平顶，刃口因使用变得厚钝，断面长方形。长6.5厘米，宽2.8厘米，厚1.8厘米（图一三，4）。

采：097，顶残，残存一穿孔痕迹，弧刃。残长7.3厘米，宽3.6厘米，厚1.8厘米（图一三，5）。

T32③：463，顶残，弧刃，刃口有使用崩疤。残长4.6厘米，宽3.5厘米，厚1.2厘米（图一三，9）。

锛　1件。

T25③：374，近长方形，体形瘦长。弧顶，平刃。通体磨光。长9.8厘米，宽4.6厘米，厚2.5厘米（图一三，6）。

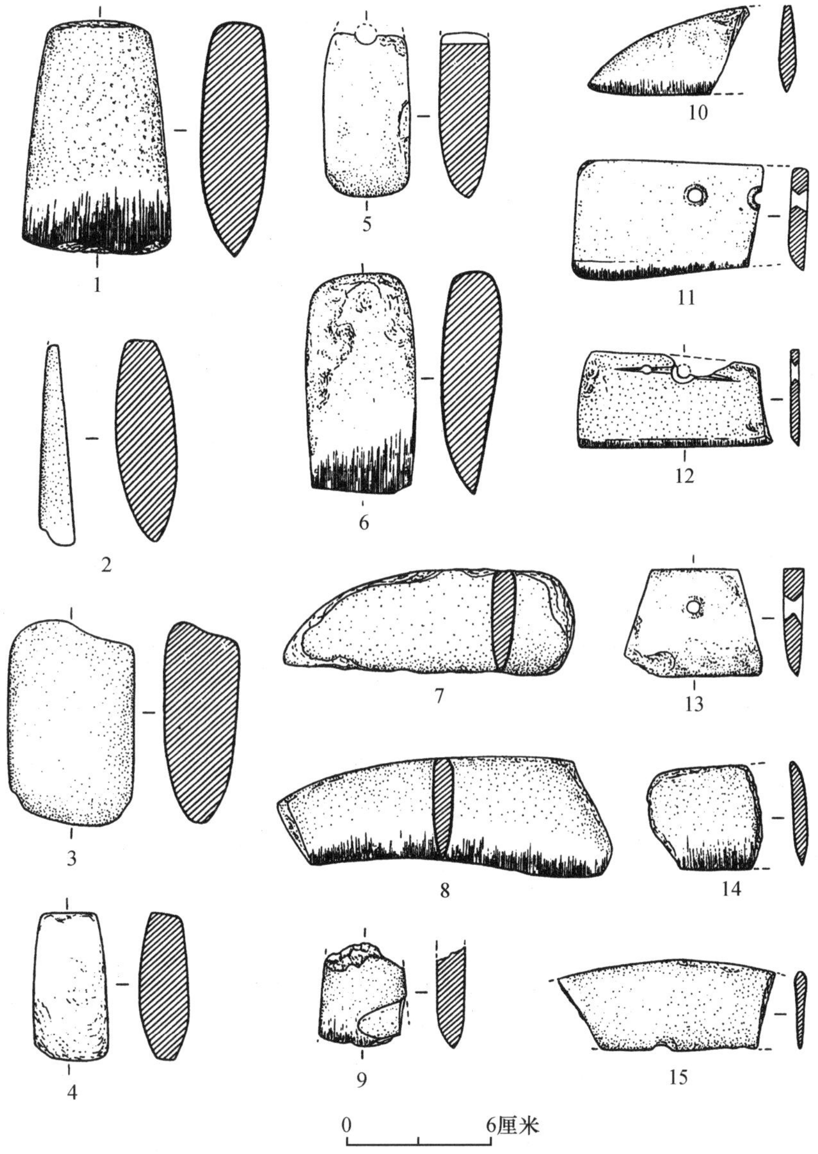

图一三 第三期磨制石器——斧、锛、镰、刀

1. A型斧T32③：464 2. A型斧T28③：377 3. B型斧T35③：447 4. B型斧T44③：689 5. B型斧采：097 6. 锛T25③：374 7. 镰T21③：318 8. 镰T29③：433 9. B型斧T32③：463 10. 镰T32③：457 11. A型刀T32③：465 12. A型刀T28③：378 13. B型刀T28③：386 14. C型刀T46③：101 15. 镰T28③：506

镰 10件。

拱背，平刃或弧刃。前端尖状。体薄，通体磨光，有的背部系打制修整。

标本T21③：318，平刃，背部打制修整。长12厘米，宽5厘米，厚1厘米（图一三，7）。

标本T29③：433，前端残，弧刃。制作精致。残长13.5厘米，宽5.5厘米，厚0.8厘米（图一三，8）。

标本T2③：124，前端残，弧刃。残长8厘米，宽3.7厘米，厚0.4厘米。

标本T32③：457，后部残。残长6.5厘米，厚0.6厘米（图一三，10）。

标本T28③：506，前后端均残，平刃。残长9厘米，宽4厘米，厚0.5厘米（图一三，15）。

标本T28③：387，前端残。残长7.8厘米，宽3.8厘米，厚0.8厘米。

刀　5件。

依形制分三型。

A型　2件。长方形，近背处有穿孔，通体磨光，单面刃。

T32③：465，一端残，两穿孔。刃部因使用呈内弧状。残长7.5厘米，宽5.5厘米，厚0.7厘米（图一三，11）。

T28③：378，一端残，残存一穿孔。平刃。残长8.2厘米，宽4.4厘米，厚0.3厘米（图一三，12）。

B型　1件。梯形。

T28③：386，穿一孔。刃口厚钝。刃长6厘米，背长3.5厘米，宽4.8厘米，厚0.7厘米（图一三，13）。

C型　2件。长方形，无穿孔。

T46③：101，一端残，背部系打制修整。残长4.5厘米，宽4.9厘米，厚0.6厘米（图一三，14）。

T28③：383，一端残，背部及两端经打制修整。残长6.3厘米，宽7.5厘米，厚0.6厘米。

石铲　1件。

H62：500，弧顶，弧刃，刃口因使用致使厚钝。长12.8厘米，宽7.3厘米，厚1.5厘米。

2. 骨、角器

只发现鹿角器和骨簪两种器型。

鹿角器（锤）　1件。

T2③：591，利用鹿角加工制成，可能是作锤击用的锤子。长46.5厘米（图一四，1）。

骨簪　4件。利用动物长骨磨制而成，圆柱形。顶端有一小穿孔。

T29③：421，带簪帽，圆锥形，底边上有两个小穿孔。簪身弯曲，尖端残。簪身残长14厘米，簪帽高1.9厘米，直径2.6厘米（图一四，2）。

T28③：400，器身较直，尖端残。残长20厘米（图一四，3）。

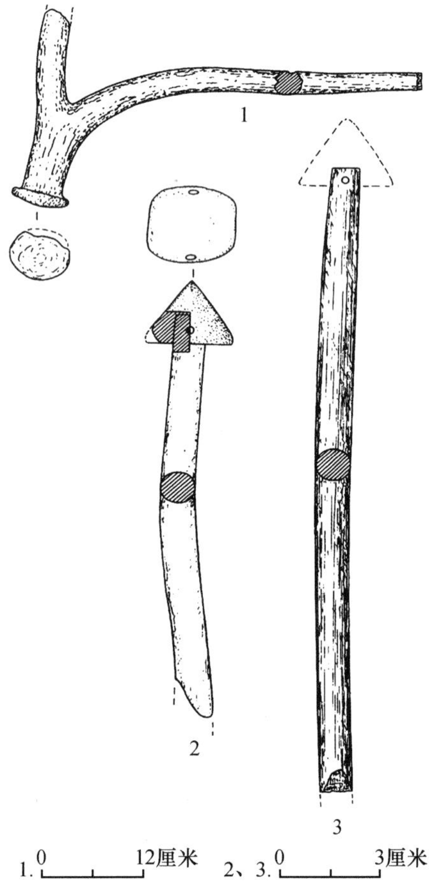

图一四　第三期骨、角器——鹿角器（锤）、骨簪

1. 鹿角器（锤）T2③：591　2. 骨簪T29③：421　3. 骨簪T28③：400

3. 陶器

陶质分夹砂陶和泥质陶两种。夹砂陶颜色有灰褐色、灰色和灰黑色等几种，相当多数量的陶器颜色不

纯，杂有灰黑色或褐色斑块。泥质陶颜色以灰色和黑色常见，后者多系磨光陶。器表纹饰以绳纹为主，次为素面和磨光。器型主要有鬲、豆、罐、盆、钵等。

鬲 复原4件。

圆唇，卷沿，侈口。高裆，尖锥足。表饰绳纹。依形制可分为四型。

A型 1件。

T40③：595，夹砂灰褐陶。领部较高，微束颈，袋足较瘦，腹微鼓。口径、腹径大致相等，器高大于宽。表饰较细绳纹。口径15厘米，腹径16厘米，通高19.8厘米（图一五，1）。

B型 1件。

H34：37，夹砂灰褐陶。尖圆唇，领部较高，束颈，三足微外撇，袋足粗肥，腹外鼓。表饰细绳纹。颈部绳纹抹去，仅留痕迹。袋足部分在绳纹上覆抹一层泥，经火烧烤成灰褐色。口腹径大致相等，器高略大于器宽。口径17.4厘米，腹径20厘米，通高23.8厘米（图一五，2）。

C型 1件。

T41③：611，夹砂灰褐陶。矮领，束颈。三足外撇，袋足粗肥，腹外鼓较甚。表饰绳纹，绳纹上覆抹一层厚泥，纹饰模糊不清。口径小于腹径，器高与器宽大致相等。口径13.5厘米，腹径20厘米，通高20.8厘米（图一五，3）。

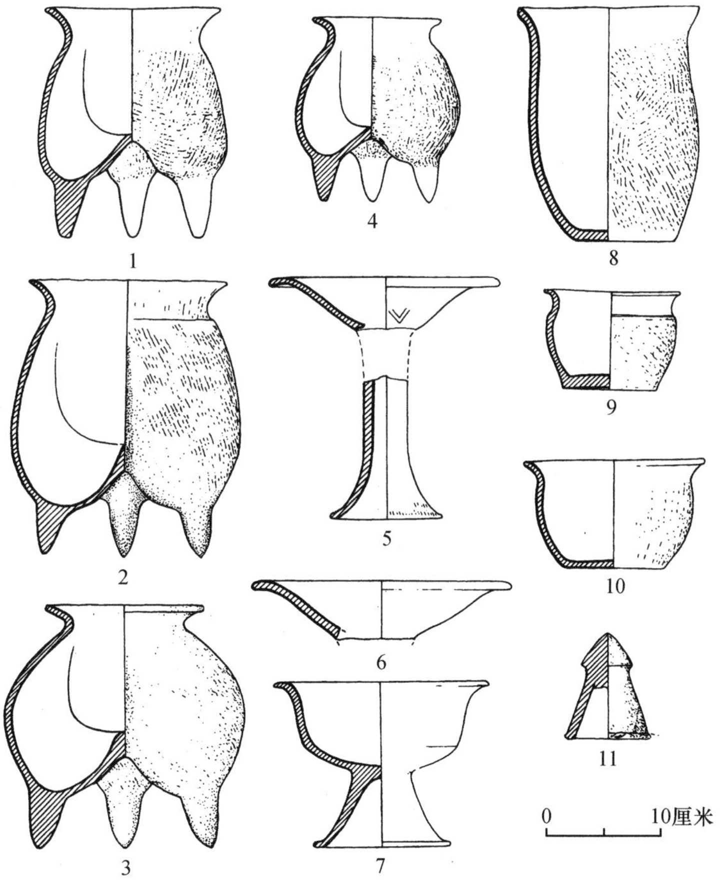

图一五 第三期陶器——鬲、豆、罐、盆、器纽

1. A型鬲T40③：595 2. B型鬲H34：37 3. C型鬲T41③：611 4. D型鬲采：11 5. A型豆T40③：754 6. A型豆T40③：88 7. B型豆T42③：758 8. 深腹罐T41③：738 9. 小罐T42③：643 10. 盆T40③：594 11. 器纽T12③：259

D型　1件。

采：11，夹砂灰黑陶。尖圆唇，矮领，束颈。袋足较瘦，腹微鼓。表饰细绳纹。口腹径大体相等，器高大于器宽。口径11.2厘米，通高16厘米，腹径12.5厘米（图一五，4）。

豆　3件。

依形制可分A、B两型。

A型　2件。泥质黑陶，素面磨光。圆唇外卷，敞口，浅盘，细高柄，喇叭口圈足。

T40③：754，柄部残断。口径20.3厘米，圈足径10.3厘米，残高16.5厘米（图一五，5）。

T40③：88，豆盘残片。口径23厘米（图一五，6）。

B型　1件。

T42③：758，泥质灰陶，素面磨光。尖圆唇，敞口，深腹，下腹缓折，短粗柄，喇叭口圈足。口径19.5厘米，圈足径11.7厘米，通高14.3厘米（图一五，7）。

深腹罐　复原1件。

T41③：738，夹砂灰褐陶。器形制作不太规整。圆唇，侈口，深腹，腹壁近直，下腹内收，小平底。体型瘦高。口径大于腹径。表饰交错绳纹。口径15.6厘米，通高20厘米，底径10.5厘米（图一五，8）。

小罐　1件。

T42③：643，泥质灰褐陶。尖圆唇，侈口，矮领，束颈。微鼓腹，下腹斜收，平底。表饰稀疏模糊的绳纹。口径11.6厘米，底径8.5厘米，通高8.7厘米（图一五，9）。

盆　1件。

T40③：594，泥质灰褐陶。尖圆唇，敞口，短颈，微束。微鼓腹，下腹斜收，小平底。颈以下饰绳纹，又抹去，模糊不清。口径16厘米，底径8厘米，通高9厘米（图一五，10）。

钵　1件。

T38③：590，泥质黑陶，素面抹光。圆唇，敛口，鼓腹，平底。口径15厘米，底径9厘米，通高10厘米。

器纽　1件。

T12③：259，泥质磨光黑陶。蘑菇状捉手。高8.5厘米（图一五，11）。

五、第四期文化遗存

（一）遗迹

发现有房址、灶址和灰坑等。

1. 房址

发现1座，编号F1。

位于T4第2层下，坐西向东。半地穴式带斜坡门道，门向东。现存深度50～80厘米，平面近方形，南北长205厘米，东西宽200厘米。门道长115厘米，宽47厘米。门道内有一条高15厘米，宽18厘米的黄土门槛。室内中央偏北处有一柱洞，椭圆形，直径40厘米，深38厘米。洞底垫有礓石炭渣儿。居住面经过加工，先铺一层黄沙，其上覆抹泥土，厚2厘米左右，然后经火烧烤坚硬。室内东北角（北灶）和东南角（南灶）各设有一灶。北灶凸出于房外，灶台南北宽57厘米，东西长58厘米。高出居住面28厘米，上设圆形圜底灶坑，直径26厘米。灶门部分破坏，残存烧土面。灶台上面及灶下有三块不规则形的石块，可能为炊事用的垫石。烟道设于灶台东北角，椭圆形，直径18厘米。南灶设于室内，灶台高出居住面16厘米。灶坑长方形，东西长39厘米，南北宽27厘米，东南角设有烟道通往室外。

2. 灶址

发现3处。

其一位于T13第2层下。平面椭圆形，东西长50厘米，南北宽39厘米，灶坑深18厘米。坑壁系红烧土，东南部有圆形烟道，直径17厘米。出土遗物有绳纹袋足鬲和鱼骨。

另外两处位于T12第2层下，两灶东西并列，平面勺形，东西相距仅40厘米。形制、规模、方向基本相同。以西灶为例，西灶南北长80厘米，灶口宽13厘米。灶坑圆形，口径40厘米，深20厘米，圜底。坑壁系坚硬红烧土，灶坑北端有一石块，可能为垫石。两灶北面50厘米处有一条东西长150厘米，深30厘米的残坑壁，可能是房址残壁。推测两灶应为房址内灶址。

3. 灰坑

45个。大多数叠压于耕土层之下。平面有圆形、椭圆形、圆角长方形和不规则形等几种，其中以椭圆形数量较多。

（1）H10

位于T4第2层下。圆角长方形，南北长240厘米，东西宽180厘米，深70厘米，圜底。内填灰土，出土遗物有袋足鬲、附加堆纹盆、鹿角等。

（2）H86

位于T44第2层下。椭圆形，口径最长处175厘米，深120厘米。坑壁较直，底较平。内填灰黑土，出土遗物有袋足鬲、罐、盆、石刀和纺轮等。

4. 兽骨坑

1座。位于T21第2层下，距地表11米。平面椭圆形，东西长165厘米，深20厘米。内葬一牛骨架，蜷曲侧卧，头向南，四腿弯曲向西。

（二）遗物

1. 石器

均为磨制石器。器型有斧、铲、凿、镰、刀等。

斧　8件。长梯形，断面椭圆形。通体磨光。双面刃。

A型　4件。器形较大。

H35：137，顶及一面残，弧刃。残长10.5厘米，宽6.5厘米，厚2.5厘米（图一六，1）。

T29②：345，尖弧顶，弧刃。长10.1厘米，宽5.2厘米，厚2.8厘米（图一六，2）。

T31②：436，顶残，弧刃。残长6.8厘米，宽6.1厘米，厚2.5厘米（图一六，3）。

T6②：60，仅存刃部，圆弧刃，刃口两侧残。残长5厘米，宽6.5厘米，厚2.5厘米（图一六，4）。

B型　4件。器形较小。

H51：262，器形较小。弧顶，平刃。断面扁长方形。长6.7厘米，宽3.7厘米，厚1.2厘米（图一六，5）。

H18：346，弧顶，弧刃。长5.3厘米，宽3.9厘米，厚0.9厘米（图一六，6）。

H81：552，尖弧顶，弧刃。长4.8厘米，宽3.4厘米，厚1.3厘米（图一六，7）。

T31②：456，弧顶，斜刃，长4.6厘米，宽3.7厘米，厚0.8厘米（图一六，8）。

铲　2件。

长方形，上部有穿孔，通体磨光，断面扁长方形。

T12②：175，刃部残，平顶。残长4.7厘米，宽5.6厘米，厚1.6厘米（图一六，9）。

H62：500，弧顶，弧刃，刃口厚钝有使用痕迹。通体磨光。长12.8厘米，宽7.3厘米，厚1.8 厘米（图一六，10）。

凿　1件。

H82：542，长方柱形，断面近方，弧顶，斜双面刃。通体磨光。长12厘米，宽3.6厘米，厚3.3厘米（图一六，11）。

刀　7件。

依形制分A、B、C三型。

A型　3件。长方形，两个或一个穿孔。单面刃。通体磨光。

T25②：347，穿一孔，平刃。长9.2厘米，宽5.2厘米，厚0.4厘米（图一六，12）。

T13②：246，一端残，穿两孔，刃内弧。残长6.6厘米，宽5.1厘米，厚0.55厘米（图一六，13）。

T28②：308，一端残，穿两孔，一孔仅存痕迹，平刃。长8.8厘米，宽4.2厘米，厚0.5厘米（图一六，14）。

B型　1件。

T35②：538，长方形，一端残，弧顶，刃内弧。残长6.9厘米，宽4.6厘米，厚0.55厘米（图一六，15）。

C型　2件。形似石斧，但器形很小。

H10：14，梯形，弧顶，平刃，横断面近椭圆形。长3.6厘米，宽2.1厘米，厚0.6厘米。

T31②：382，高三角形，尖顶，平刃，横断面扁椭圆形。长6.1厘米，宽3.2厘米，厚0.7厘米（图一六，16）。

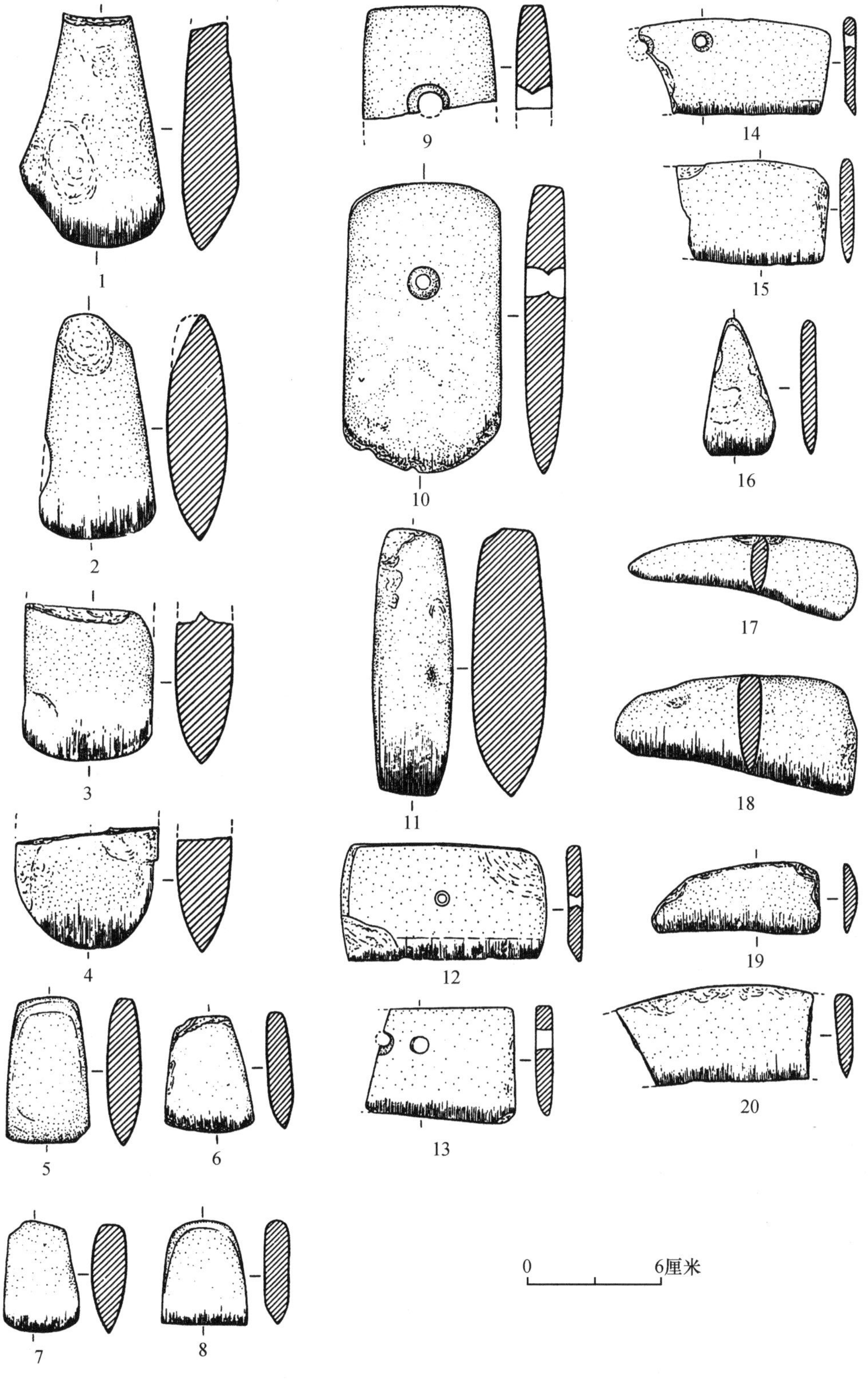

图一六　第四期石器——斧、铲、凿、刀、镰

1. A型斧H35：137　2. A型斧T29②：345　3. A型斧T31②：436　4. A型斧T6②：60　5. B型斧H51：262　6. B型斧H18：346　7. B型斧H81：552　8. B型斧T31②：456　9. 铲T12②：175　10. 铲H62：500　11. 凿H82：542　12. A型刀T25②：347　13. A型刀T13②：246　14. A型刀T28②：308　15. B型刀T35②：538　16. C型刀T31②：382　17. 镰T16②：269　18. 镰T12②：180　19. 镰H1：547　20. 镰T18②：250

镰　10件。

拱背弧刃，体薄，通体磨光，少数背部系打制修整。

标本T16②：269，前端尖状。长10.6厘米，宽3.3厘米，厚0.7厘米（图一六，17）。

标本T12②：180，斜弧刃。长11厘米，宽4.8厘米，厚0.8厘米（图一六，18）。

标本H1：547，器形较短。长7.7厘米，宽3.3厘米，厚0.4厘米（图一六，19）。

标本T30②：379，前端残，残长7.2厘米，宽4.1厘米，厚0.6厘米。

标本T18②：250，前后端均残。残长9厘米，宽4.3厘米，厚0.8厘米（图一六，20）。

2. 骨器

种类有锥、簪、刀、卜骨等。

锥　2件。

H71：485，利用动物肢骨劈片制成，扁体，尖端磨光。长13.3厘米（图一七，1）。

T29②：321，利用薄骨片制成。长12.3厘米，宽1.2厘米，厚0.15厘米（图一七，2）。

簪　1件。

H40：536，利用动物长骨磨制而成，断面圆形。顶端有一小穿孔。长31.5厘米（图一七，10）。

刀　1件。

H46：323，顶端残。利用薄骨片磨制而成，穿两孔，两侧有刃。残长10.7厘米，宽1.7厘米，厚0.15厘米（图一七，3）。

卜骨　1件。

H68：532，残片，有钻有凿，有灼。残长9.6厘米，残宽4.3厘米（图一七，4）。

3. 铜器

种类有刀、镞、钩等。

刀　1件。

T42②：640，锈蚀严重。长弧刃，短柄。通长25厘米，刃长17.2厘米，柄宽2.2厘米，厚0.3厘米（图一七，5）。

镞　7件。

双翼，有脊，扁圆铤。

标本T49②：271，长5.6厘米（图一七，6）。

标本T42②：272，长5.5厘米（图一七，7）。标本H11：347，残长4厘米（图一七，8）。

钩　1件。

T45②：275，钩尖有倒锋。长7.7厘米（图一七，9）。

4. 陶器

陶质分夹砂陶和泥质陶两种。夹砂陶颜色有灰色、灰黑色和褐色等几种，部分陶器颜色不纯，杂有其他颜色斑块。泥质陶颜色以灰色为主，另有少量黑陶和灰黑陶。器表纹饰以绳纹

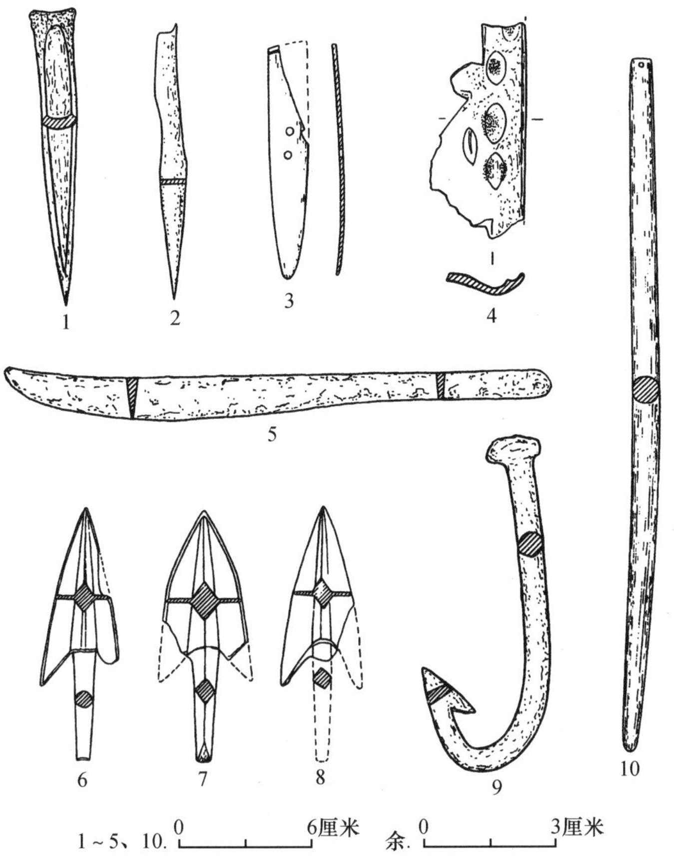

图一七　第四期骨、铜器——骨锥、簪、刀、卜骨、铜刀、镞、钩

1. 骨锥H71：485　2. 骨锥T29②：321　3. 骨刀H46：323　4. 卜骨H68：532　5. 铜刀T42②：640
6. 铜镞T49②：271　7. 铜镞T42②：272　8. 铜镞H11：347　9. 铜钩T45②：275　10. 骨簪H40：536

为主，有少量的刻划纹和附加堆纹，素面陶很少。器型以鬲的数量最多，其次有瓮、簋、盆、钵、罐等。

鬲　依形制可分A、B两型。以A型最为常见，数量最多。

A型　复原16件。方唇。折沿，唇内侧沿面上常见一周浅凹槽，肥袋足，矮裆，足尖近平。形体矮宽，口径均大于通高，多数口径略大于腹径。表饰粗绳纹。分二式。

Ⅰ式　10件。裆部较高，足尖较明显。

标本H70：28，夹砂褐陶，杂灰黑斑块。口径20.8厘米，通高15.6厘米，裆高2.9厘米（图一八，1）。

标本T44②：711，夹砂褐陶，杂有灰黑色斑块。口径23.6厘米，通高16厘米，裆高2.7厘米（图一八，2）。

标本T13②：39，夹砂灰黑陶，饰粗深绳纹。口径22厘米，通高15.3厘米，裆高2.9厘米（图一八，3）。

标本采：346，夹砂灰黑陶。口径22.3厘米，通高16厘米，裆高3.2厘米（图一八，4）。

标本T36②：27，夹砂灰褐陶。口径21.6厘米，通高15.3厘米（图一八，5）。

标本T44②：758，夹砂灰陶。口径22.3厘米，通高16.6厘米，裆高3厘米（图一八，6）。

Ⅱ式　6件。裆部较低，足尖近平。

标本T33②：64，夹砂灰陶，口沿较宽。口径20.4厘米，通高13.3厘米，裆高1.6厘米（图一八，7）。

标本T3②：660，夹砂灰陶。口径22厘米，通高13.5厘米，裆高1.8厘米（图一八，8）。

标本采：0348，夹砂灰褐陶。口径19厘米，通高13.5厘米，裆高1.2厘米（图一八，9）。

标本T42②：653，夹砂灰黑陶。口径16.5厘米，通高9.8厘米（图一八，10）。

B型　4件。均为口沿残片。夹砂灰黑陶或灰褐陶。圆唇，侈口，高领，领部存一竖耳，束颈，肥袋足。颈部饰一周链条状附加堆纹。表饰细密绳纹。因未发现完整口沿，故不知此器物原为单耳还是双耳，这里暂作双耳复原。

T21 ②：336，夹砂灰黑陶。口径约16厘米（图一八，11）。

T33②：548，夹砂灰黑陶。口径8厘米（图一八，12）。

T47②：782，夹砂灰褐陶，饰纤细而密的绳纹。口径约14厘米（图一八，13）。

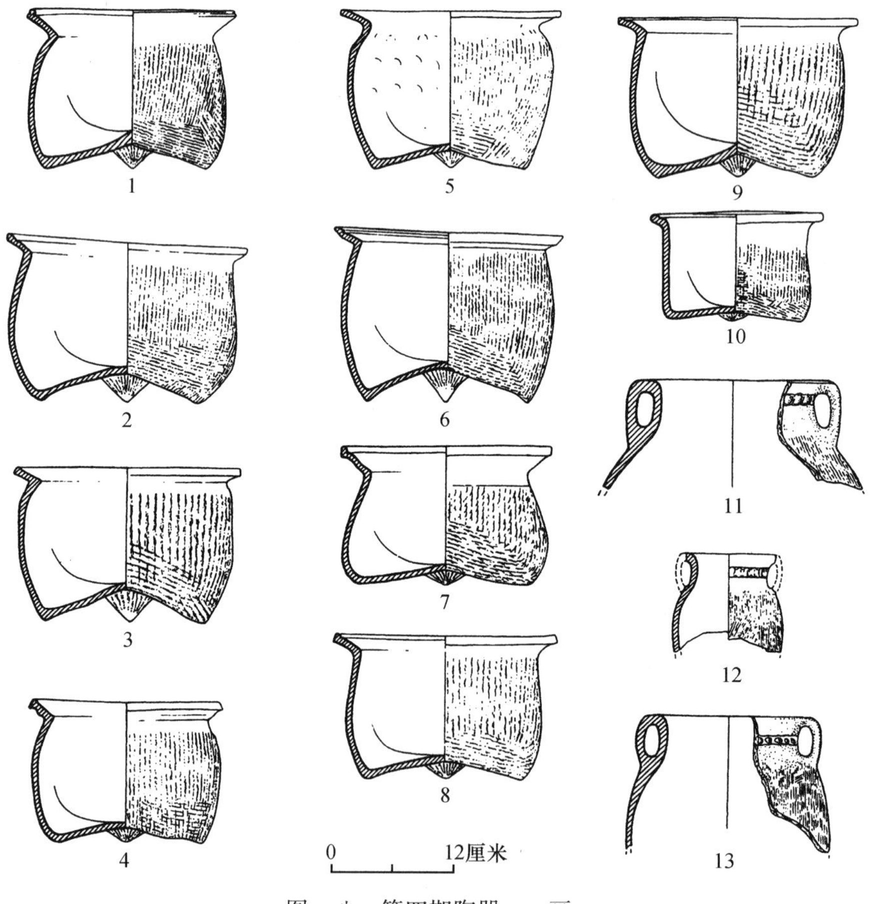

图一八　第四期陶器——鬲

1. A型Ⅰ式H70：28　2. A型Ⅰ式T44②：711　3. A型Ⅰ式T13②：39　4. A型Ⅰ式采：346　5. A型Ⅰ式T36②：27　6. A型Ⅰ式T44②：758　7. A型Ⅱ式T33②：64　8. A型Ⅱ式T3②：660　9. A型Ⅱ式采：0348　10. A型Ⅱ式T42②：653　11. B型T21②：336　12. B型T33②：548　13. B型T47②：782

H81：545，夹砂灰黑陶。

簋　4件。

依形制分A、B两型。

A型　3件。形体较大，分二式。

Ⅰ式　1件。

H18：32，泥质磨光灰陶。素面。圆唇外侈，微束颈，腹略鼓，弧腹缓收，底残，圈足。口径24.5厘米，通高18.8厘米（图一九，1）。

Ⅱ式　2件。泥质灰陶。厚方唇，侈口。沿微外折，内壁有一周凹弦纹折线。弧腹内收，圜底，圈足外撇。表及圜底均饰绳纹，颈下两周凹弦纹，腹部饰三角状划纹。

T30②：29，口径27厘米，通高18.5厘米（图一九，2）。

T31②：65，腹部三角划纹内的绳纹抹去。口径26厘米，通高16厘米（图一九，3）。

B型　1件。形体较小。

H52：30，泥质灰陶。圆唇，束颈，弧腹内收，平底，圈足微外撇。口径16.8厘米，通高14厘米（图一九，7）。

深腹盆　2件。

T45②：766，泥质灰陶。圆唇，斜平折沿，弧腹，下腹斜收，平底。表饰绳纹，颈下一周宽条附加堆纹。口径32.5厘米，底径14.5厘米，通高21.3厘米（图一九，4）。

T46②：32，泥质灰陶。圆唇，卷沿，沿内侧一周凹弦纹。弧腹，平底。腹饰绳纹，底饰向心状绳纹。口径31.4厘米，底径14.5厘米，通高19.3厘米（图一九，5）。

浅腹盆　1件。

T9②：40，泥质灰陶。方唇，斜折沿，斜腹内收，平底。唇内侧沿面上一周浅凹槽。腹及底部饰绳纹，颈下一周附加堆纹。口径37.6厘米，底径15.5厘米，通高13厘米（图一九，6）。

小盆　1件。

H50：588，泥质灰黑陶。圆唇，侈口，束颈，斜腹，底残。腹饰绳纹，领部磨光。口径16厘米，通高9厘米。

敛口钵　4件。泥质灰陶。敛口，折肩，斜腹，平底。

标本H15：359，方唇，肩部抹光，腹中部饰竖绳纹。口径12.5厘米，通高8厘米（图一九，8）。

标本T39②：66，圆唇。沿以下饰竖绳纹。口径12.2厘米，底径8.8厘米，通高9厘米（图一九，9）。

标本T21②：33，圆唇，素面。口径12.6厘米，通高8.5厘米，底径9.5厘米（图一九，10）。

甗　仅发现腰部。

标本T7②：43，夹砂灰黑陶，甗腰，内有托。饰绳纹和附加堆纹（图一九，11）。

敛口罐　1件。

采：223，泥质灰陶。圆唇，敛口，无沿，弧腹外鼓，平底。表饰细绳纹。口径10.9厘

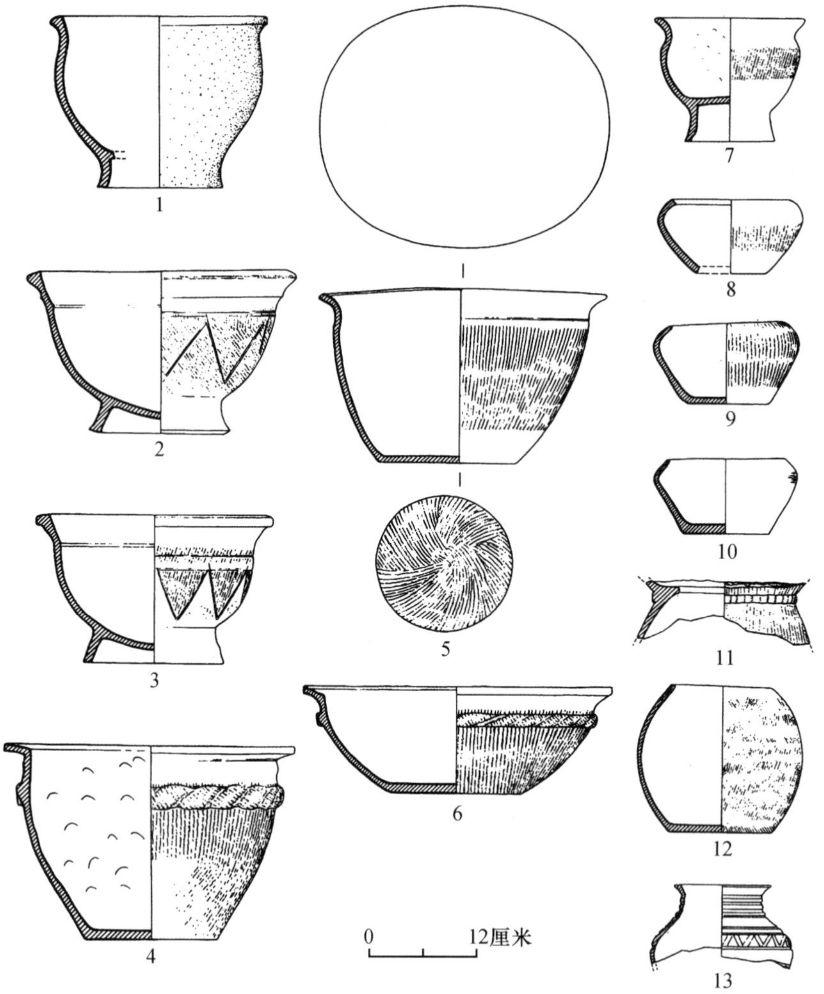

图一九　第四期陶器——簋、盆、钵、甗、罐

1. A型Ⅰ式簋H18：32　2. A型Ⅱ式簋T30②：29　3. A型Ⅱ式簋T31②：65　4. 深腹盆T45②：766　5. 深腹盆T46②：32　6. 浅腹盆T9②：40　7. B型簋H52：30　8. 敛口钵H15：359　9. 敛口钵T39②：66　10. 敛口钵T21②：33　11. 甗T7②：43　12. 敛口罐采：223　13. 高领小罐H18：34

米，底径11.5厘米，通高16厘米（图一九，12）。

高领小罐　1件。

H18：34，泥质灰陶，磨光。方唇，侈口，高领，束颈，斜肩，腹部残。饰多道凹弦纹和三角状刻划纹。口径10.5厘米，残高8.6厘米（图一九，13）。

小口瓮　6件。

泥质灰褐陶或灰陶。小口，高直领，广肩，鼓腹，下腹斜收，小平底。表饰交错绳纹。

T44②：755，泥质灰褐陶。方唇，侈口。腹最大径在近肩处。口径16厘米，腹最大径32厘米，底径12厘米，通高37厘米（图二〇，1）。

T51②：774，泥质灰褐陶。方唇，敞口，斜直领。腹最大径在中腹部。表饰粗绳纹。口径15厘米，底径11.5厘米，腹大径27.8厘米，通高32.5厘米（图二〇，2）。

T47②：753，泥质灰褐陶。方唇，侈口。腹大径在近肩处。口径15.5厘米，底径11厘米，腹径28.8厘米，通高31厘米（图二〇，3）。

T49②：776，泥质灰褐陶。方唇，侈口。腹大径在腹中部。口径17厘米，底径15.4厘米，腹径30厘米，通高35.3厘米（图二〇，4）。

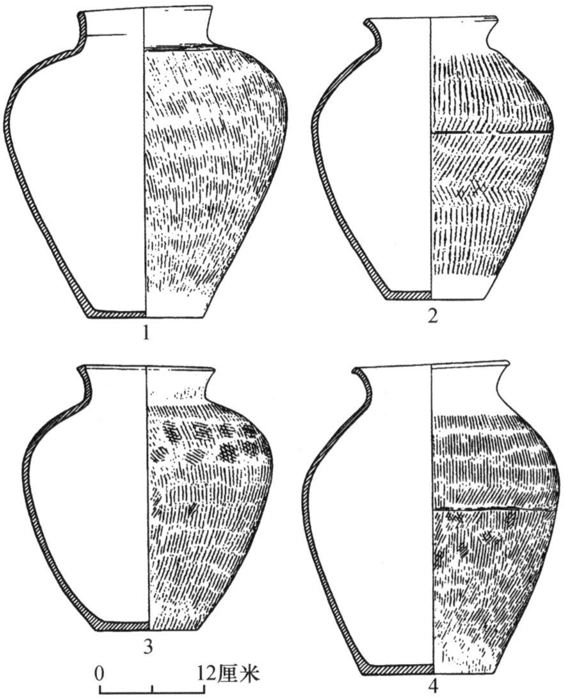

图二〇　第四期陶器——小口瓮

1. T44②：755　2. T51②：774　3. T47②：753　4. T49②：776

纺轮

依形制分A、B两型。

A型　10件。泥质灰陶或褐陶，厚圆饼形，弧形边缘。素面抹光。

T28②：303，直径6.8厘米，厚2.2厘米（图二一，1）。

T21②：328，直径6.3厘米，厚2厘米（图二一，2）。

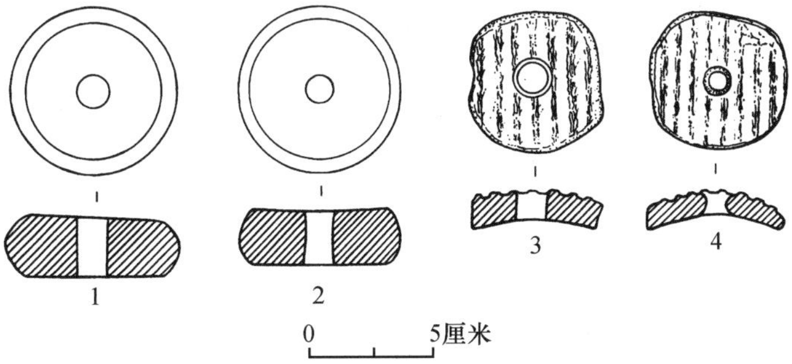

图二一　第四期陶器——纺轮

1. A型T28②：303　2. A型T21②：328　3. B型T42②：633　4. B型T42②：632

B型　3件。系用夹砂粗绳纹陶片制成，薄圆饼形。

T42②：633，不太规则。直径6厘米，厚1厘米（图二一，3）。

T42②：632，直径5.5厘米，厚0.8厘米（图二一，4）。

六、总　结

上坡遗址文化层堆积较厚，可分为四个发展时期，因此成为保定地区具有编年标尺性的重要遗址之一。第一期遗存与北福地一期文化的内涵基本相同，除上坡遗址未发现面具及玉器等器物外，两者出土遗物基本均互见于对方，且形制特征也基本一致，因此，上坡一期遗存属于北福地一期文化系统。两者之间也存在一些细微的差异，如在直腹盆的纹饰内容方面，上坡一期的纹饰内容似乎更丰富一些，有些纹饰类型不见于北福地，如谷穗状纹、指甲纹等。上坡二期遗存与北福地三期有较大的相似性，尤其是上坡发现一件基本完整的典型陶器双耳罐，可弥补北福地三期未见同类复原器物的缺憾。上坡三期遗存以鬲为典型陶器，与本区域的下岳各庄遗存等较为相似，同时又与南部的下七垣文化具有不少相似因素①。上坡四期遗存应属较典型的商文化，但又包含有北方文化的因素，对研究商文化在北方地域的分布及特点具有重要意义。

（原载于《北福地易水流域史前遗址》，文物出版社，2007年）

① 拒马河考古队：《河北易县涞水古遗址试掘报告》，《考古学报》1988年第4期。

河北容城县北庄遗址调查报告

容城县文物保管所

1984年春季文物普查时，在东牛乡北庄村东“阴顶子”处，发现一处古代文化遗址（图一）。后来经省、地文物部门和邯郸地区文管处等同志的多次勘察，对此遗址有了初步认识，现将调查情况简报如下：北庄遗址地处平原，因该遗址地势略高，过去曾是阴家的地，当地群众故称此处为“阴顶子”。遗址东侧有条西南—东北方向的故河道，土质为黄黏土，种植作物有：小麦、玉米、棉花、蔬菜等。据踏察看，地面遗物暴露不多，遗址面积东西约400米，南北约300米，计有12万平方米。1986年秋季，交通部门在遗址东侧修容城至小里公路时，挖路基时发现这里乃是遗址区，路基两侧取土沟内暴露出遗迹、遗物很多，发现文化层厚约0.6～1.2米，以下报告的遗迹遗物，除少数文物采集于地表面外，多数来源于此文化层中。

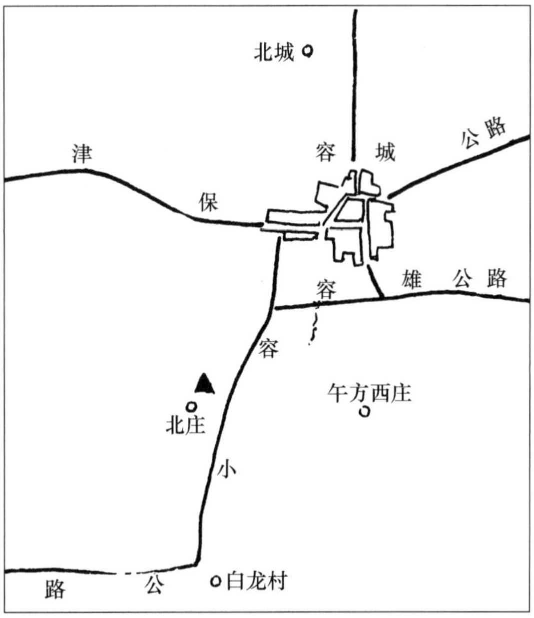

图一　北庄遗址平面示意图

一、遗　　迹

公路两侧取土沟暴露出灰坑很多，我们只清理了一个。此灰坑上开口距地表面0.35米，口径1.9米，深1.2米，圜底，灰坑底部炭灰很厚，东北角有片红烧土，有一残破的夹砂褐陶釜，陶釜烧制火候较小，质地松散。釜下有泥质红陶垫圈，厚3厘米，直径15厘米，残碎严重。釜旁有2件。

长方形红陶“饼”，一件黄褐陶盆。不远处有一蒸煮过的鹿头，鹿头骨质油光发黄，出土时较完整，后经干燥散架。从以上情况表面，此灰坑是一处居住址，可惜修公路时部分已遭破坏。

二、遗　　物

通过几次调查，共在北庄遗址内采集

标本416件（片），下面介绍主要器物。

石器以残磨棒为多，在采集的15件石器中，就有6件石磨棒，5件残缺，1件完整。除石磨棒外，还有磨盘、石斧、石刀、带坑窝石器等。

磨棒　青石质，琢制，呈圆柱形。由于使用之故，两端较粗，中间呈扁平，长28厘米，径4厘米（图二，13）。

磨盘　花岗岩石质，扁平，长椭圆形，两端稍窄，由于使用缘故中间下凹两端上翘，平底、残缺。

石斧　青石质，磨制，长方梯形，顶圆下扁，有刃。长口，顶宽12厘米，刃宽7厘米（图二，14）。

石刀　青灰石质，磨制，前锋较钝，使用痕迹明显，刃部锋利，近刀背部中间有两个穿孔。长15厘米，宽5.5厘米（图二，15）。

带坑窝石器　不规则形，灰石质，底面磨平光滑，面上钻有3个紧挨的坑窝，厚4厘米，长9厘米，宽5.5厘米。有的残磨棒上也有钻坑。

骨器只发现骨针和骨锥两件。

骨针　系兽骨磨制而成，完整。针孔部位扁平，针尖锋利，长11.8厘米（图二，8）。

骨锥　系鹿角磨制，可惜已断，锥尖使用痕迹明显。长15厘米。

陶器有泥质陶，夹砂陶两种。根据色彩又分红陶、褐陶、灰陶等。其中以泥质红陶为主，夹砂灰、褐陶都较少。夹砂陶的掺和料有石英、粗砂、蚌末等，有蚌末掺和料的陶色灰白泛亮，手感光滑；夹石英、粗砂的陶色发红，手感发涩。夹砂陶主要是炊具，有些陶釜烧制火候较低，易碎，陶片较小，尤其是加蚌末的陶釜，更是显得突出。陶器纹饰有乳钉纹、指甲纹、线纹、剔甲纹（用指甲剔去部分泥留下的纹饰）、麻纹、凸弦纹、划纹、绳纹加弦纹等。还在两件陶器口沿处，发现刻有“十”“个”的符号（图三）。在采集的陶器中，可辨认出器型的有陶釜、陶支架、双耳壶、碗、钵、盆、陶铿、陶饼、垫圈、鬲、鼎、豆等。早期陶器以红顶器为主，均手制，有些器物系泥条盘筑法制成，器内有明显的泥条盘旋痕迹。有器足的器物，器足是硬按上去的，采集到的器足多数按痕明显，致使器足大多是个体，与主体器物分离。

乳钉红陶釜　夹石英碎颗粒，敞口，圆唇，口沿下有对称的四个小乳钉纹，腹略鼓，圜底，近底处有层黑色烟炱。口径24厘米，高16厘米（图二，19）。还有件小乳丁纹红陶釜，器形与上件基本相似，只是口沿稍大，向外硬折（图二，20）。

指甲纹红陶釜　口沿装饰一周指甲纹的占多数，有的是在沿下压印两周，还有的压印几组，口沿外撇更较明显，底残，口径23厘米（图二，5；图三，6）。

褐陶釜　素面，夹蚌末褐陶，器表光滑，呈灰白色泛亮，敞口，圆唇，鼓腹底残。口径28厘米（图二，18）。

陶支架　在采集标本中有56件残陶支架，都因烧制火候较低多为碎块，只有一件较完整。此件为泥质红陶，通体呈“倒靴状”，“靴”尖上翘，中间有椭圆形通孔，底平。“靴底”长9厘米，宽12厘米，“靴尖”高17厘米，跟部高14.5厘米（图二，3）。

另有一件残陶支架下部，也是泥质红陶，底部略成方形，中间通孔略大，上刻几何纹饰（图三，1）。

黄褐陶盆　细泥黄褐陶，质地较坚硬，口沿处刮削出一周“叠唇”，腹壁稍鼓，小平底。口径39.6厘米，高14厘米，底径9.5厘米（图二，1）。

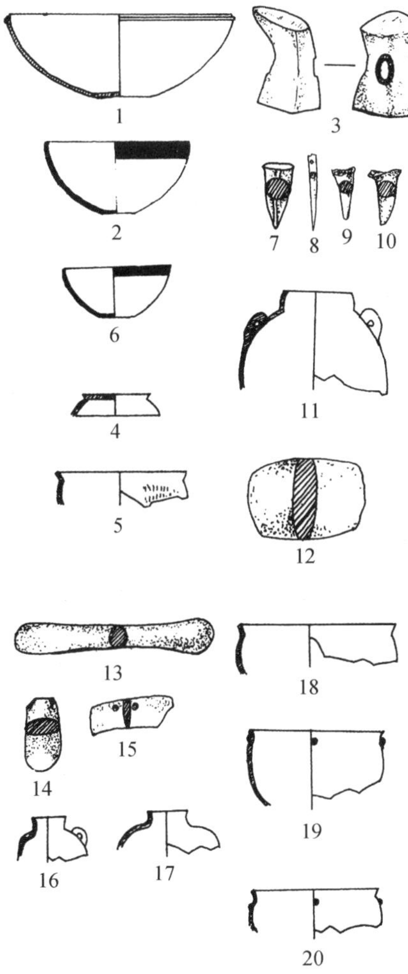

图二　北庄遗址器物图

1. 黄褐陶盆　2. 红顶钵　3. 陶支架　4. 器盖　5. 红陶釜　6. 红顶碗　7、9、10. 器足　8. 骨针　11. 双耳壶　12. 陶饼　13. 石磨棒　14. 石斧　15. 石刀　16、17. 小口壶　18、19、20. 陶釜

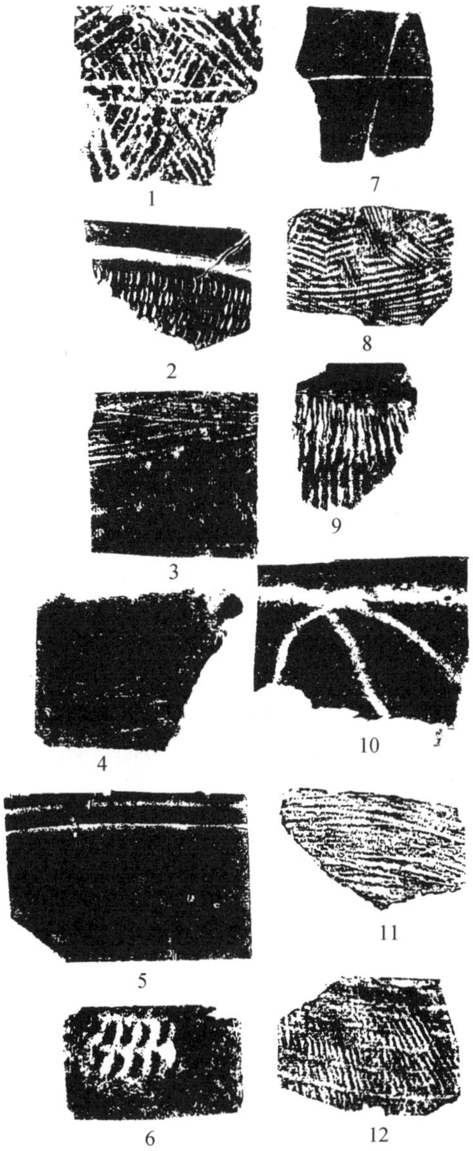

图三　北庄遗址器物纹饰拓片

1. 几何划纹　2.剔甲纹　3. 蓆纹　4. 乳丁纹　5. 凸弦纹　6. 指甲纹　7. “十”刻划符号　8. 划纹（器内壁）　9. 绳纹　10. “个”刻划符号　11. 线纹　12. 绳纹加弦纹

红顶碗　细泥灰陶，口微内收，鼓腹，胎较薄，沿下有一周红色彩带，小平底。口径20厘米，器高8.4厘米，底径5.5厘米（图二，6）。

红顶钵　泥质灰陶，敞口，口沿处一周有用刀刮削留下的凸起的“叠唇”，腹上部至口沿有红色的彩带，腹内也刮削过，小平底，通体呈半球状，口径27.5厘米，器高14厘米，底径7厘米（图二，2）。

双耳小口壶　泥质红陶，高颈，口稍外撇，鼓腹，肩有对称的双耳，耳外较尖，内壁泥条盘筑纹清晰，腹下残口径6厘米（图二，16）。

小口壶　泥质红陶，高颈外撇，无耳，鼓腹。口径7厘米（图二，17）。

器足　均夹砂红陶，分Ⅲ式。Ⅰ式器扁条柱形，足尖外撇，四周刻划粗竖条纹，有的条纹上钻有小坑。高10厘米，径3.2厘米（图二，7）。Ⅱ式足圆锥形，素面，个体较小。高8厘米（图二，9）。Ⅲ式圆锥形，足尖外撇，内外有两条划槽。高10厘米（图二，10）。

器盖　泥质红陶，敞口，尖唇，平底，器壁较厚。口径15.5厘米，底径12厘米，高3.8厘米（图二，4）。

陶饼　泥质褐陶，长方形，中间微凸，一端略宽，素面，长18厘米，宽12厘米，厚3.5厘米（图二，12）。

陶垫圈　泥质褐陶，圆圈状，扁平，似是放置陶釜所用，已残为碎块。厚3厘米，直径15厘米。

三、结　语

北庄遗址从地理位置来看，处于故河道两岸的高地上，与新石器时代遗址的分布特点一致。顺此故河道，往北还发现了同类型的北城遗址；往南有安新县的留村遗址。安新县的梁庄遗址与北庄遗址虽相距较远，但其主要文化特征相互类似[①]。

该遗址时代，西部较晚，有商周时期遗存。东部时代较早，约在新石器时代中期。该遗址东部泥质红陶占多数，约占总陶数的百分之七十，夹砂灰褐陶占百分之二十左右，没有发现彩陶。从陶质、器形、陶色等方面看，有“豫北冀南”的后冈文化因素，如敛口平底“红顶”碗，叠唇平底“红顶”钵等主要器物，刻槽纹器足也见于后冈类型遗址中[②]。但也不完全同于后冈类型，有些器物特征表现出磁山文化因素。后冈类型遗址“红顶”器与彩陶同出，但北庄遗址内没有发现彩陶，还没有发现过后冈类型中的主要纹饰锥刺纹。器形也不全似后冈遗址，并有磁山文化因素。如夹砂红陶釜不但陶质一样，而且对称的四个乳丁纹饰也像安新县梁庄磁山文化层中出土的陶盂一样，只不过梁庄出土的陶盂直口平底，北庄遗址出土的陶釜口沿稍敞，圜底，北庄遗址内也发现了直口陶器口沿，因陶片太小，看不清是罐还是盂沿。在发现的

① 保北考古队：《河北安新县考古调查报告》，《文物春秋》1990年第4期。

② 濮阳市文物管理委员会、濮阳市博物馆、濮阳市文物工作队：《河南濮阳西水坡遗址发掘简报》，《文物》1988年第3期。

众多的陶支架残件中，有的也像磁山文化层中的，如图二，3。底部呈方形，器身纹饰几何划纹，其他因残缺严重，不能复原。修复的这件完整陶支架，“靴尖”上翘，正好与圜底釜相配。这类器物很容易看出，是在磁山文化基础上继承下来的。陶釜口沿装饰指甲纹，陶盂口沿的指甲纹也很多。其陶器烧制火候，陶质，有些也似磁山文化层中所有的，但总的看陶器火候还是略高于磁山文化，与仰韶文化接近。小口双耳罐器物发现不少，其器形又与裴李岗文化的双耳壶近似，如图二，16小口壶近似1979年裴李岗遗址M67：6号双耳壶，所以说北庄遗址又有裴李岗文化因素。但北庄遗址的器物组合为釜、支架、小口壶、红顶碗、钵等相配套，这类遗存在保定北部发现很多，除容城、安新县外，在徐水、易县、定兴、涞水等县也发现了此类遗址，它与仰韶文化彩陶遗址（大司空类型）共存，其距离相互较近。如上述故河道对岸，同类型的北城遗址西一千米有沟西彩陶文化遗址；北庄遗址东1.5千米有午方遗址等①。

综上所述，保定北部这类遗址的时代，据我们看其早期遗址有磁山文化因素，多数在磁山文化之后，距今约有五六千年左右，它与仰韶文化后冈类型有一定的文化联系，属前后冈一期文化，但又有自己独特的文化面貌。它的发现，能看出前后冈一期文化是在磁山文化基础上发展起来的。

先后参加北庄遗址勘察的有：孙德海、张羽、张金茹、刘勇、杨永贺、徐浩生、尚友萍。

执笔：孙继安　王亚飞

拓片：张　丽

制图：张吉星

（原载于《文物春秋》1996年第2期）

① 《考古学集刊》1988年（第5集），中国社会科学出版社，1988年，第61页。

河北容城县午方新石器时代遗址试掘

河北省文物研究所

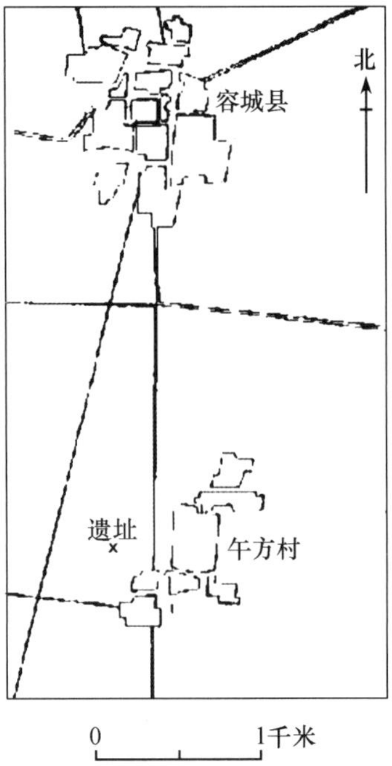

图一　午方遗址位置图

午方遗址位于容城县城南1.5千米的午方村西耕地上，面积大约有十万平方米（图一）。

1982年秋，为配合农田基本建设，我们对遗址进行了试掘，计开5米×5米探方13个，揭露面积325平方米。参加试掘的有县文化馆孙继安；省文研所韩林太、文启明等同志。试掘中得到了容城县人民政府、县文教局、文化馆的多方协助，特此表示谢意。

一、文化层堆积

经探查，遗址现存的文化层厚度和层次变化不尽相同。从时代看，主要包含有新石器时代晚期的遗存，以及少量商以后遗存和战国时期墓葬。现将遗址文化层堆积情况简介如下（以T1的西壁为例）。

第一层：耕土层，为黄褐色，质松软，深0.4米。此层下发现龙山时期水井一眼。

第二层：灰黑土，土质较硬，深0.4～1.1米，厚约0.4～0.75米，最厚处达1米左右。出土遗物主要有红陶筒状罐、灰陶小口罐、灰陶豆、彩陶钵、平底碗和个别的甑底以及残石器、残骨器。遗物地方特征明显，从时间看，相当于仰韶向龙山过渡阶段。

第三层：从土质土色上又可分为黑褐、灰黄、黄花、浅灰等四小层，但从各小层出土器物特征看并无区别，应属同一时期遗存，所以将其划为一层，深0.8～1.75米，厚0.6～0.9米。主要遗物有刮条纹筒状罐、敛口折腹钵、平底碗、长颈壶。从时间看，相当于仰韶文化的晚期。

以下为生土（图二）。

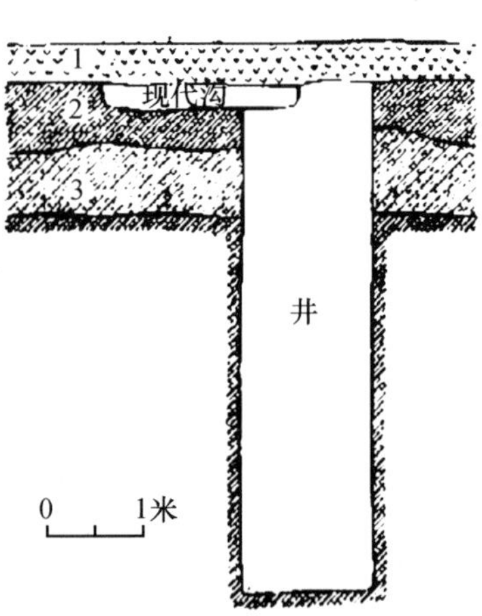

图二　T1西壁剖面图

二、遗址和遗物

（一）仰韶晚期遗存（第三层）

遗物可分为陶器，石器和骨、角器三种。

陶器　主要是陶片。基本分为夹砂红陶、泥质红陶、泥质灰陶、夹砂褐陶、夹砂灰陶、夹砂黑（灰）陶等六种陶系。以红陶为主，次为灰陶和褐陶，最少为黑灰陶。制法为手制，多采用泥条盘筑法。仅口部经轮修或刮抹修整。造型全为平底器。主要器型有敞口斜壁筒状罐、敛口折腹钵、敞口平底碗、大口平底盆、长颈广肩壶。器表以素面磨光为主，主要纹饰是用手指或圆头器具抹划成的不规则形条状纹，我们称之为刮条纹，此外还有少量蓝纹、绳纹、弦纹、划纹、方格纹、锥刺纹和彩绘。彩绘以红、赭红色为主，少见黑彩，多为单彩，个别见复彩。一般为外彩，但也有部分内彩。少量陶器在绘彩前还涂以乳白色，杏红色陶衣。彩绘图案单纯，形式固定。基本以直线、曲线、三角为元素，以不同的排列形式组成横带、并列的竖条和斜条，或纵横相交的三角、疏网以及三角重环等图案（图三）。现按器型标本分述如下。

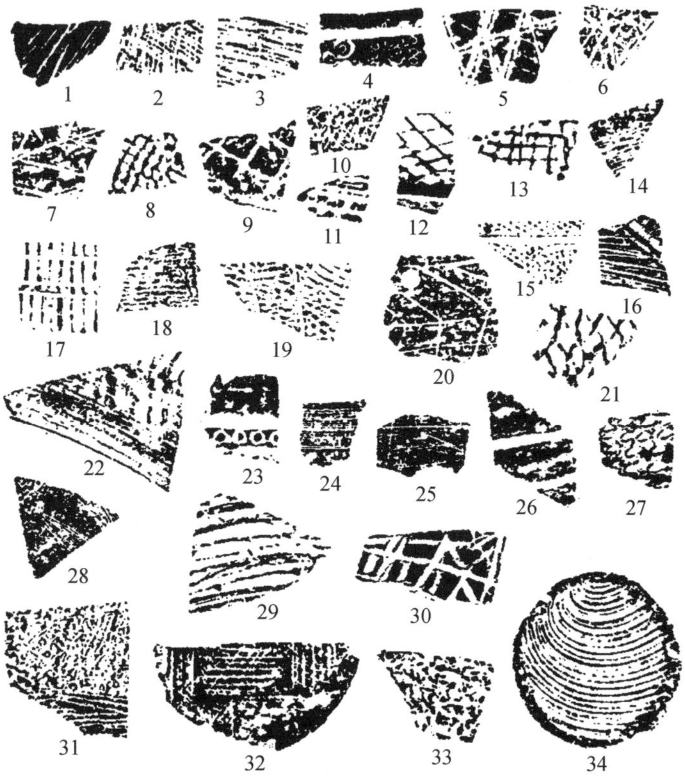

图三　残片纹饰拓本

钵　可分为三式。Ⅰ式，微敛口，尖唇，曲腹。标本T11③：302，残，细泥红陶。口沿下饰一周红彩狭带纹。口径21.2厘米，高8.4厘米（图四，18）。Ⅱ式，敛口，折腹，小平底。标本T5③：273，细泥灰陶。内外口沿均饰一周红彩狭带纹，外腹饰红彩并列竖条纹。口径15.2厘米，底径5.6厘米，高6.8厘米（图四，25）。Ⅲ式，微敛口，厚胎，深腹，平底不规整，外沿突出。标本T2③：291，夹砂黑灰陶。素面，口径10.6厘米，底径8.4厘米，高7厘米（图四，1）。

碗　复原器很多。均为敞口，平底，素面。按器形可分四式。Ⅰ式，尖圆唇，底向外扩。标本T1③：383，夹砂褐陶。口径13.1厘米，底径9.2厘米，高4.8厘米（图四，2）。Ⅱ式3件，方唇，底外扩比较突出。标本T1③：384，夹砂红陶。口径15.4厘米，底径9.8厘米，高4.6厘米（图四，4）。Ⅲ式，圆唇，底边捏有花牙子。标本T3③：375，夹砂红陶。口径12.8厘米，底径8.6厘米，高4厘米（图四，3）。Ⅳ式2件，圆唇，厚胎，深腹，花牙子底。标本T4③：373，夹砂褐陶。口径13.2厘米，底径8.2厘米，高6.8厘米（图四，5）。

盆　均为残片，可分三式。Ⅰ式，敞口，圆唇，曲腹，双耳。标本T5③：760，细泥红陶。口沿饰一周红彩狭带纹，内口沿饰一周红彩三角纹。口径26厘米（图四，17）。Ⅱ式，微敛口，平折沿，腹中部内折。标本T12③：400，仅存口部。细泥红陶。器表饰红彩，为并列竖条对称三角纹（图四，12）。Ⅲ式，敞口，尖唇，口沿上饰一周凹弦纹，双耳。标本T4③：399，夹砂红陶。素面。口径33.6厘米。

壶　均为颈部和肩部残片。一般形状为高领，广肩。细泥红陶，器表饰红彩。标本T4③：402，为壶的颈部，上饰红彩平行横条纹；标本T10③：403，为颈的肩部，器表饰红彩。为网格棋盘格和平行斜线相组合的图案（图四，16）。

罐　是陶器中的主要器型。可分五式。Ⅰ式，大口，斜壁，深腹呈筒状，平底。是罐的主体形式。均泥质红陶，器表饰刮条纹。标本T6③：407，是罐的上腹。口径19.8厘米（图四，26）。Ⅱ式1件，标本T2③：419，圆唇，束颈，鼓腹，厚胎。泥质黑陶，素面。口径8.2厘米（图四，15）。Ⅲ式，敞口，圆唇，腹部略有弧度。标本T2③：420，泥质黑陶，素面。口径12.8厘米，底径6.6厘米，高10.5厘米（图四，14）。Ⅳ式，标本T2③：840，折沿，圆唇，深鼓腹，小平底。夹砂褐陶。器表饰绳纹。口径25厘米，底径8.4厘米，高27.5厘米。残（图四，19）。Ⅴ式1件，T4③：873，敛口，折肩。夹砂褐陶。素面（图四，8）。

甑　均为底部残片。标本T3③：450，圆底，上残留穿孔四个。泥质红陶（图四，10）。

漏孔器（？）　3件。其中复原一件。形似杯，但体小，口部呈圆角长方形，腹壁较直，平底有穿。均细泥红陶制成，不知何用。标本T1③：435，器表原有红彩，但已脱落不清。口径5～6.4厘米，底径4～5.6厘米，高7厘米（图四，11）。

器座　6件，均呈滑轮状，标本T6③：461，夹砂红陶。直径10厘米，高4.7厘米（图四，28）。

器耳　数量极多，可分三式。Ⅰ式，桥形，标本T4③：457，夹砂褐陶（图四，20）。Ⅱ式，鸟啄形，标本T3③：459，夹砂褐陶（图四，23）。Ⅲ式，三角形，标本T4③：460，夹砂褐陶（图四，13）。

器盖（？）　2件。标本T9③：761，覆碗状。夹砂红陶，素面，口径11.8厘米，底径6.8厘米，高3厘米（图四，6）。标本T6③：752，礼帽状，泥质红陶，素面，口径12.6厘米，底径9.4厘米，高4.5厘米（图四，7）。

纺轮　3件。球形，标本T6③：469，夹砂灰陶。直径1.8厘米（图四，24）。

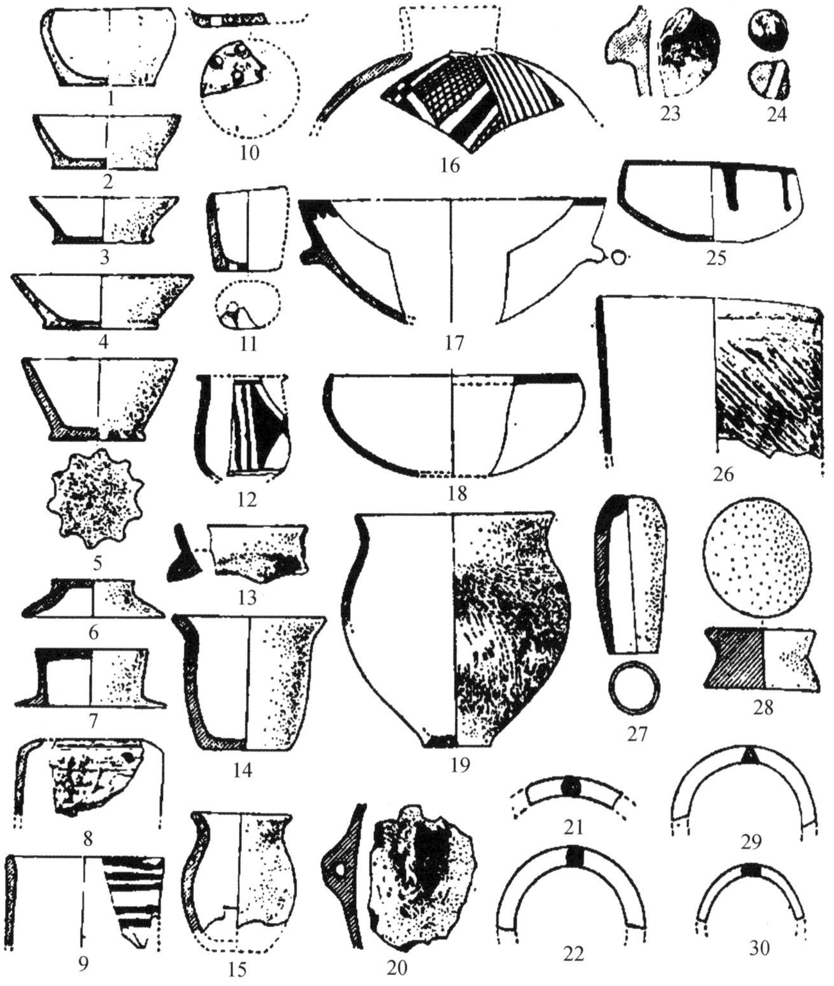

图四　陶器

1. Ⅲ式钵（T2③：291）　2. Ⅰ式碗（T1③：383）　3. Ⅲ式碗（T3③：375）　4. Ⅱ式碗（T1③：384）　5. Ⅳ式碗（T4③：373）　6、7. 器盖（T9③：761、T6③：752）　8. Ⅴ式罐（T4③：873）　9. 壶（T4③：402）　10. 甑（T3③：450）　11. 漏孔器（T1③：435）　12. Ⅱ式盆（T12③：400）　13. Ⅲ式器耳（T4③：460）　14. Ⅲ式罐（T2③：420）　15. Ⅱ式罐（T2③：419）　16. 壶（T10③：403）　17. Ⅰ式盆（T5③：760）　18. Ⅰ式钵（T11③：302）　19. Ⅳ式罐（T2③：840）　20. Ⅰ式器耳（T4③：457）　21. Ⅰ式环（T3③：569）　22. Ⅲ式环（T10③：554）　23. Ⅰ式器耳（T3③：459）　24. 纺轮（T6③：469）　25. Ⅱ式钵（T5③：273）　26. Ⅰ式罐（T6③：407）　27. 网坠（T4③：471）　28. 器座（T6③：461）　29. Ⅱ式环（T5③：552）　30. Ⅳ式环（T4③：549）　（19、26约1/8，21、22、29、30约1/2，余1/5）

网坠　4件。均呈橄榄形。标本T4③：471，夹砂红陶。高12.6厘米（图四，27）。

环　77件。均残断，按横断面形状可分四式。Ⅰ式59件，横断面作圆形。标本T3③：569，细泥红陶（图四，21）。Ⅱ式8件，横断面作三角形。标本T5③：552，细泥红陶（图四，29）。Ⅲ式6件，横断面作椭圆形。标本T10③：554，细泥灰陶（图四，22）。Ⅳ式1件，横断面作长方形，T4③：549，细泥灰陶（图四，30）。

加工陶片　均圆形。标本T5③：477，泥质红陶。直径6.8厘米。

石器

斧　21件。可分五式。Ⅰ式17件，形体较小，圆弧刃，窄圆顶。横断面作椭圆形。标本

T3③：27，长8.2厘米，中径2.3～3厘米，残（图五，3）。Ⅱ式1件，T6③：47，斜刃，横断面作椭圆形。长12.2厘米，中径4.1～6厘米。Ⅲ式1件，T4③：52，宽体，圆弧顶，斜刃。横断面作矩形。长6.8厘米，中宽3.8厘米，宽1.8厘米（图五，2）。Ⅳ式1件，T9③：23，宽体平刃，顶部断失，横断面做矩形，长5.9厘米，中宽6厘米，厚1.9厘米（图五，1）。Ⅴ式1件，T3③：60，长体，弧刃，横断面作椭圆形。长8.9厘米，中径2.3～3厘米，残（图五，4）。

锤（？）　2件，T6③：59，横断面作椭圆形。长6.1厘米，中径1.6～3.7厘米（图五，5）。

锛　4件，可分二式。Ⅰ式1件，T2③：70，尖顶，平刃，形似有段石锛。长4.7厘米，中宽2.8厘米，厚1.8厘米（图五，6）。Ⅱ式3件，标本T2③：73，平顶平刃，制作极精致，横断面作矩形。长4.2厘米，中宽2.3厘米，厚1.1厘米，完整（图五，7）。

镞　2件。标本T10③：76，仅存尖部，边锋锐利。残长2.9厘米，宽1.8厘米，厚0.5厘米（图五，9）。标本T2③：83，仅存铤部，中间起脊。残长3.8厘米，宽1.2厘米，厚0.3厘米（图五，8）。

纺轮　1件。T1③：103，直径8厘米，厚1.4厘米。残。

磨盘　2件。标本T6③：121，残长8.7厘米，宽7.1厘米，厚4.4厘米。

磨棒　1件。T9③：117，横断面作长方形。中径4.9～5.3厘米（图五，12）。

犁（？）　1件。T12③：119，系半成品，尾部残缺，刃部三角形，打制后的边缘未经磨光，残长14.1厘米，宽10.5厘米，厚4厘米。

环　1件。T1③：101，横断面作三角形。

骨、角器

角锥　1件。T5③：165，长10.5厘米（图五，10）。

笄　1件。采：154，横断面作长方形。残长9.6厘米（图五，11）。

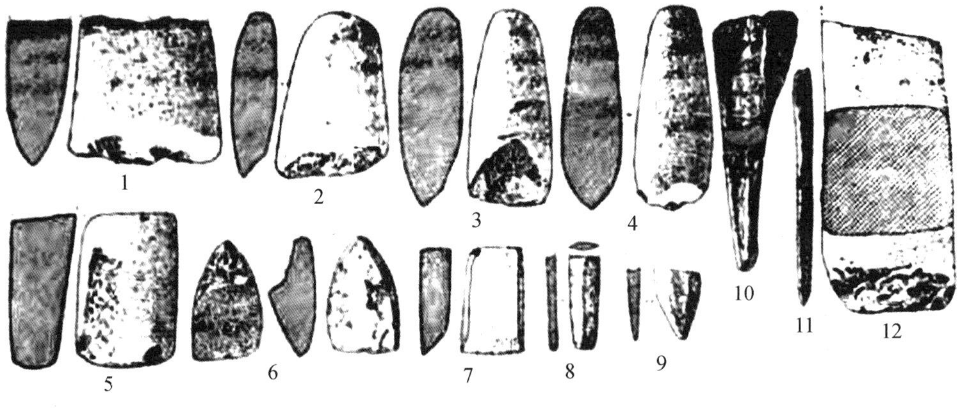

图五　石器及骨、角器

1. Ⅳ式斧（T9③：23）　2. Ⅲ式斧（T4③：52）　3. Ⅰ式斧（T3③：27）　4. Ⅴ式斧（T3③：60）　5. 锤（T6③：59）　6. Ⅰ式锛（T2③：70）　7. Ⅱ式锛（T2③：73）　8、9. 镞（T2③：83　T10③：76）　10. 角锥（T5③：165）　11. 骨笄（采：154）　12. 磨棒（T9③：117）（均1/3）

（二）仰韶向龙山过渡时期遗存（第二层）

遗迹　灰坑1个，编号H1，位于T2的第三层，为口大底小的锅底形。坑口东西长4.3米，南北宽3.7米，深1.8米。坑壁齐整。坑内填以胶结很硬的黑灰土和松软的黄褐土，内含许多炭屑及红烧土块。出土大量陶片及鹿角、骨锥及残石器。

遗物 主要是陶器、石器和骨器。

陶器可分泥质红陶、泥质灰陶、夹砂红陶、夹砂褐陶、夹砂灰陶、泥质黑陶、夹砂黑灰陶和泥质白陶八种陶系。制法仍以手制为主，但轮修成份增大。造型除平底器外，还有少数圈足器。主要器型与纹饰种类基本与前期相同，而略有变化。例如器型中出现了少量豆和甑，纹饰中有少量的指甲纹、弦纹、乳钉纹和附加堆纹。彩绘图案中增添了S纹和连弧三角纹（图三）。现按器型分述如下。

钵 可分八式。Ⅰ式，敛口，圆唇，曲腹，小平底。标本T6②：276，细泥红陶。腹部饰一周红彩叠人字纹。口径13.4厘米，底径4.4厘米，高6厘米。残（图六，8）。Ⅱ式1件，T5②：274，微敛口，尖唇，曲腹，小平底。细泥灰陶器。器表饰黑彩。花纹为上下对称的半重环纹，组与组之间界以平行四条斜线纹。口径21厘米，底径4.4厘米，高11.2厘米（图六，3）。Ⅲ式1件，T5②：275，微侈口，曲腹，平底。细泥灰陶。口沿下饰一周红彩狭带纹和并列竖条纹。口径23.2厘米。残缺（图六，2）。Ⅳ式1件，T12②：270，敛口，折腹，小腹内凹，小平底，细泥灰陶。口沿下饰黑彩狭带纹一周，其下为每组二条并列竖条纹。内口沿亦饰有黑彩短条纹一周。口径18.8厘米，底径3.6厘米，高8.2厘米（图六，4）。Ⅴ式1件，T5②：271，敛口，鼓腹。细泥灰陶。上腹饰黑彩，图案为四条平行斜线组成正反空心三角纹。口径22.8厘米，底径9.4厘米，高7.8厘米（图六，5）。Ⅵ式1件，T6②：287，敛口，折肩突出，肩与腹相交处形成一道折棱。细泥红陶，器表原饰红彩，花纹不清。口径15.2厘米（图六，9）。Ⅶ式1件，T12②：282，敛口，尖唇，浅腹，大平底，口沿上有一周凹弦纹。制作粗糙，夹砂红陶，素面。口径11.6厘米，底径8.3厘米，高3.6厘米（图七，7）。Ⅷ式1件，T9②：307，微敛口，深腹。细泥红陶。红彩，花纹为上下斜对的半重环纹。口径24.8厘米（图六，1）。

碗 数量最多，均敞口，素面。可分六式。Ⅰ式59件，尖唇斜壁，近底部腹壁较直，平底外扩。标本T10②：313，夹砂褐陶。口径15.4厘米，底径11.2厘米，高6厘米（图七，1）。标本T6②：312，夹砂褐陶。口径15.8厘米，底径12.8厘米，高5厘米（图七，3）。Ⅱ式1件，T5②：314，圆唇，腹壁斜收，小平底。夹砂褐陶。口径15.6厘米，底径5.2厘米，高6厘米（图七，4）。Ⅲ式1件，T1②：315，圆唇，大平底，曲腹。夹砂红陶。口径11.2厘米，底径7.6厘米，高4.6厘米（图七，5）。Ⅳ式1件，T6②：747，大敞口，腹壁微曲，似有假圈足。夹砂红陶，口径19.6厘米，底径9厘米，高6厘米（图七，2）。Ⅴ式2件，敞口，尖唇，腹壁斜直，微有弧度，小圈足。标本T1②：748，夹砂褐陶，口径16.2厘米，底径6.8厘米，高5厘米（图七，6）。Ⅵ式1件，T2②：421，侈口，平唇，底中部凸出一圆饼。夹砂灰陶，素面。口径8.7厘米，底径6.8厘米，高6.1厘米（图七，8）。

罐 可分九式。Ⅰ式，为数量最多的筒状罐。标本T2②：404，为罐的下腹残片。底径13.8厘米，残高22厘米（图六，18）。标本T6②：405，为罐的上腹残片，标本T5②：880，为罐的下腹残片（图六，12）。Ⅱ式1件，T1②：411，敛口，卷沿，折肩。泥质灰陶，素面。

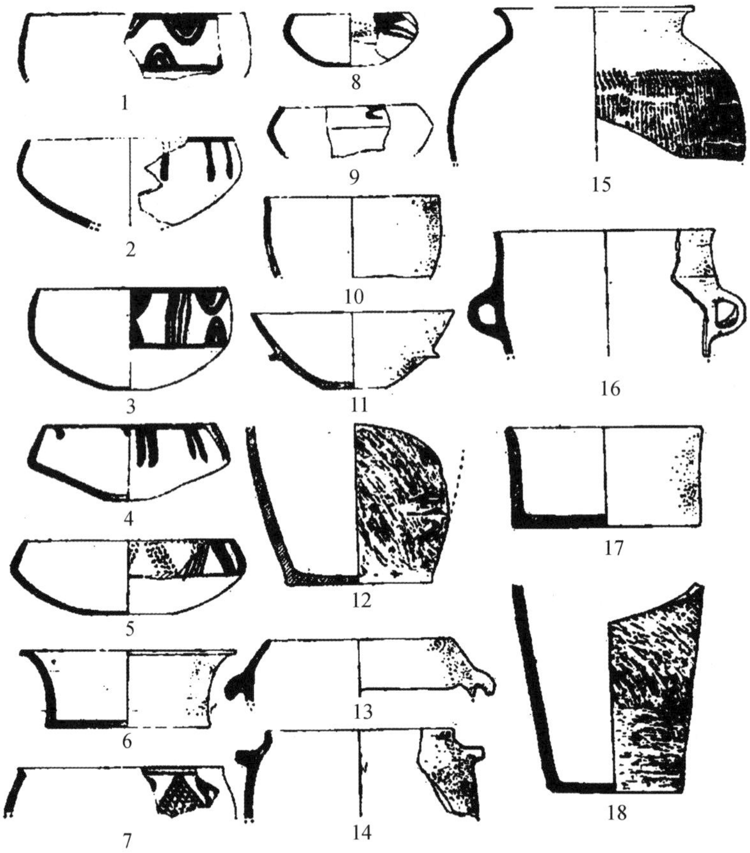

图六　陶器

1. Ⅷ式钵（T9②：307）　2. Ⅲ式钵（T5②：275）　3. Ⅱ式钵（T5②：274）　4. Ⅳ式钵（T12②：270）　5. Ⅴ式钵（T5②：271）　6. Ⅱ式盆（T12②：396）　7. Ⅳ式盆（T6②：401）　8. Ⅰ式钵（T6②：276）　9. Ⅵ式钵（T6②：287）　10. Ⅵ式罐（T11②：417）　11. Ⅰ式盆（T6②：395）　12. Ⅰ式罐（T5②：880）13. Ⅴ式罐（T13②：416）　14. Ⅳ式罐（T2②：415）　15. Ⅸ式罐（T8②：422）　16. Ⅲ式罐（T10②：412）　17. 盂（T12②：397）　18. Ⅰ式罐（T2②：404）（11为1/10，余均1/7）

口径14厘米（图七，12）。Ⅲ式1件，T10②：412，敞口，深腹微鼓，两侧附桥状耳。夹砂褐陶，素面，口径23.9厘米（图六，16）。Ⅳ式，短颈，鼓腹，肩部有耳突。标本T6②：414，夹砂褐陶。素面。口径14.2厘米（图七，16）。标本T2②：415，口径20厘米。Ⅴ式，敛口，圆腹，口沿下附双耳。标本T13②：416，夹砂褐陶，素面。口径20厘米（图六，13）。Ⅵ式，直口，颈部微收，曲腹。标本T11②：417，夹砂褐陶，素面。口径19.8厘米（图六，10）。Ⅶ式，敛口，卷沿，圆唇鼓腹。标本T11②：418，夹砂褐陶，素面。口径10厘米（图七，14）。Ⅷ式，1件，T9②：915，高颈较直，鼓腹，两侧附双耳。夹砂褐陶，素面。口径11.2厘米（图七，17）。Ⅸ式1件，T8②：422，敛口，短颈，鼓肩。泥质灰陶，器表饰竖条篮纹，上压数周弦状纹。口径22厘米（图六，15）。

盆　可分四式。Ⅰ式，是主体形式。敞口，圆唇，斜壁略鼓，两侧附对称耳突，小平底。标本T6②：395，泥质红陶，素面。口径34.2厘米，底径10.2厘米，高12.7厘米。残（图六，11）。Ⅱ式1件，T 12②：396，敞口，圆唇曲腹，大平底。细泥黑陶，素面。口径23.4厘米，底径17.4厘米，高8厘米。残（图六，6）。Ⅲ式1件，T1②：398，敞口，卷沿，圆折肩，平底。泥质灰陶，素面。口径16.4厘米，底径7.2厘米，高9.2厘米。残（图七，13）。Ⅳ式1件，T6②：401，微敛口，折沿，圆唇。细泥红陶。腹部饰红彩网格纹和菱形纹。口径22厘米（图六，7）。

盂　1件。T12②：397，侈口，深腹，腹中内收，大平底。夹砂黑陶，素面。口径20.9厘米，底径19.8厘米，高10.8厘米。残（图六，17）。

豆　4件。均残片。T6②：423，残豆盘。夹砂黑陶，素面（图七，19）。T2②：425，为豆的高柄圈足，上饰二周凹弦纹。泥质灰陶（图七，9）。

器盖（？）　9件。可分二式。Ⅰ式为覆碗形，捉手顶部有手捏的堆形饰。标本T6②：426，泥质红陶。素面。口径10.4厘米，高4.4厘米（图七，11）。Ⅱ式，为圜底钵形。标本T12②：427，薄胎，夹砂黑陶，素面。口径17.8厘米（图七，20）。

盘　均为底部残片。标本T2②：428，仅存圈足。泥质黑陶，素面（图七，18）。

杯（？）　1件。T7②：432，直口，口沿上似有一柄。夹砂黑陶，素面。口径9.9厘米（图七，15）。

漏孔器　7件。均为残片，细泥红陶，素面，可分二式。Ⅰ式，标本T9②：434，直腹。Ⅱ式，标本T5②：433，腹部内凹。

甑　5件。均为底部残片。标本T2②：449，泥质灰陶，底部残存七个穿孔，直径12厘米。

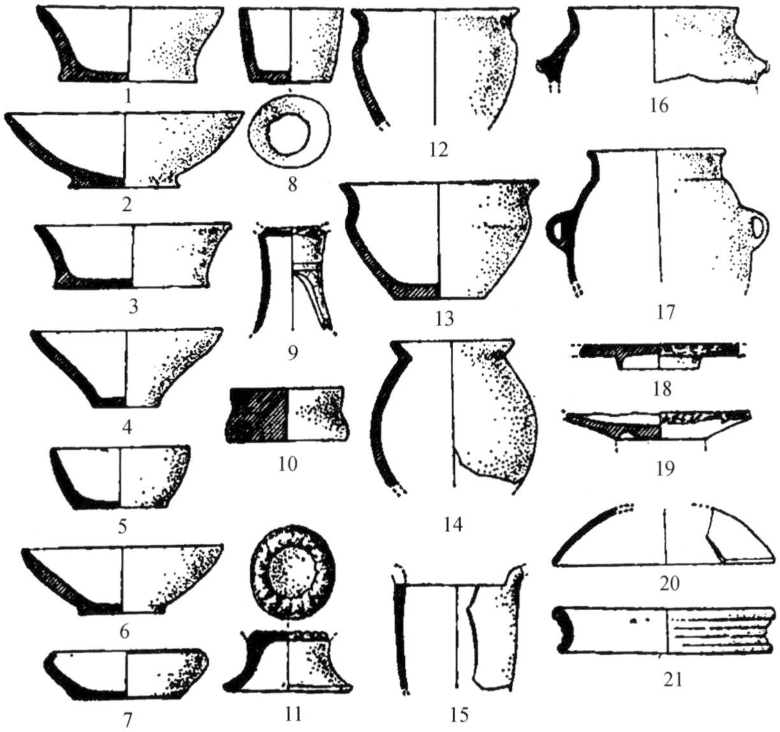

图七　陶器

1. Ⅰ式碗（T10②：313）　2. Ⅳ式碗（T6②：747）　3. Ⅰ式碗（T6②：312）　4. Ⅱ式碗（T5②：314）　5. Ⅲ式碗（T1②：315）　6. Ⅴ式碗（T1②：748）　7. Ⅶ式钵（T12②：282）　8. Ⅵ式碗（T2②：421）　9. 豆（T2②：425）　10. Ⅱ式器座（T8②：464）　11. Ⅰ式器盖（T6②：426）　12. Ⅱ式罐（T1②：411）　13. Ⅲ式盆（T1②：398）　14. Ⅶ式罐（T11②：418）　15. 杯（T7②：432）　16. Ⅳ式罐（T6②：414）　17. Ⅷ式罐（T9②：915）　18. 盘（T2②：428）　19. 豆（T6②：423）　20. Ⅱ式器盖（T12②：427）　21. Ⅰ式器座（T2②：463）（均1/5）

瓮　仅存口部残片，敛口，素面。标本T12②：916，夹砂红陶。口径29.6厘米。

器座　4件。可分二式。Ⅰ式1件，T2②：463，圆环形，表面饰凸弦纹三周。直径17厘米，高3.2厘米（图七，21）。Ⅱ式3件，均呈滑轮状。标本T8②：464，夹砂灰陶，素面。直径10厘米，高4厘米（图七，10）。标本T2②：762，夹砂灰陶，座上有孔。直径8厘米，残高2.8厘米。

器耳　数量极多，可分三式。Ⅰ式，拱桥形，标本T8②：453，夹砂灰陶。Ⅱ式，鸡冠形，标本T8②：455，夹砂灰陶。Ⅲ式，元宝形，标本T1②：456，夹砂红陶。

纺轮　3件。可分二式。Ⅰ式2件，算珠形。标本T5②：465，夹砂灰陶。素面。直径5.4厘米，高3.6厘米。Ⅱ式1件，圆球状，T5②：892，夹砂褐陶，素面。直径4.7厘米，高1.7厘米。

网坠　3件。均圆柱形。标本T2②：470，夹砂灰陶。长8.8厘米，中径3.4厘米；标本T2②：474，泥质红陶，长5.6厘米，中径2.8厘米。

环　160件。除一件带花牙外，其余表面光平。按横断面形状可分六式。Ⅰ式146件，断面作圆形。标本T5②：534，细泥红陶（图八，18）。Ⅱ式8件，断面作三角形。标本T2②：545，细泥红陶（图八，17）。Ⅲ式3件，断面作多棱形。标本T13②：536，细泥白陶（图八，11）。Ⅳ式1件，断面作扁方形。T6②：537，细泥灰陶（图八，19）。Ⅴ式1件，断面作椭圆形。T6②：533，细泥灰陶（图八，20）。Ⅵ式1件，T10②：538，夹砂灰陶，外沿尖状凸出呈齿轮形，内沿压有印纹（图八，23）。

加工陶片　4件。可分二式。Ⅰ式，圆形，标本T4②：475，泥质灰陶，直径2.3厘米，厚0.3厘米。Ⅱ式，椭圆形，标本T5②：476，夹砂红陶。直径2.6～3.6厘米，厚0.6厘米。

石器　96件。制法上可分磨制、打制、琢制三种。

磨制石器　80件。

斧　41件。可分七式。Ⅰ式7件，长身，弧顶，刃崩损。横断面作椭圆形。标本T9②：32，长10.8厘米，中径2.4～3.6厘米。残（图八，12）。Ⅱ式16件，平面作梯形，圆弧刃，两侧略加工，横断面作圆角长方形。标本T2②：39，长9.8厘米，中宽4.3厘米，厚2.7厘米。残（图八，14）。Ⅲ式5件，窄弧顶，宽弧刃，横断面作椭圆形。标本T9②：29，长8.6厘米，中径1.9～2.7厘米。残（图八，10）。Ⅳ式2件，长身，弧刃，两侧磨平，横断面作矩形。标本T1②：42，残长6.7厘米，中宽3.9厘米，厚1.6厘米（图八，8）。Ⅴ式2件，长柱形，平顶平刃，横断面作椭圆形。标本T1②：33，长11.7厘米，中径2.8～3.3厘米。完整（图八，13）。Ⅵ式7件，尖顶，横断面作椭圆形。标本T3②：4，残长9厘米，中径2.8～4.5厘米。Ⅶ式2件，宽体，弧刃。横断面作扁圆形。标本T9②：21，长10.8厘米，中径2.9～7.2厘米。完整。

镰　2件。均弧背，直刃。标本T2②：236，长9.5厘米，宽3.6厘米，厚0.7厘米。完整（图八，6）。

铲　2件。标本T5②：55，仅存柄部，制作粗糙，表面留有清晰的打击痕。长8.9厘米，中宽5厘米，厚1.3厘米（图八，16）。标本T12②：75，仅存刃部，磨制精致。

锛　6件。可分四式。Ⅰ式2件，平顶平刃，两侧磨平，平面作梯形，标本T5②：68，刃部崩损，长5.7厘米，宽3.2厘米，厚1.2厘米（图八，4）。Ⅱ式1件，H1：918，形同Ⅰ式，只是较矮。高3.8厘米，中宽3.7厘米，厚0.7厘米（图八，5）。Ⅲ式2件，凸顶平刃，一面磨平。标本T13②：69，长5.7厘米，中宽厚1.1厘米（图八，9）。Ⅳ式1件，T2②：66，形体较长，残长5.7厘米，中宽2.5厘米，厚1.4厘米（图八，3）。

镞　5件。均中部起脊，两锋锐利。标本1，T12②：79，长6.1厘米，宽1.6厘米，厚0.4厘米。完整（图八，2）；标本2，T2②：80，长4.5厘米，宽1.4厘米，厚0.3厘米。完整（图八，1）。

磨棒　2件。均已断截，横断面作圆形。标本T9②：116，残长5.3厘米，直径4厘米（图八，7）。

磨盘　2件。均残片。标本T4②：122，残长21.6厘米，宽13.8厘米，厚3.6厘米。

石球　1件。T11②：114，直径5.2厘米。

环　15件。从横断面看可分五式。Ⅰ式，断面作正方形。标本T5②：89（图八，21）。Ⅱ式，断面作扁圆形。标本T13②：91（图八，22）。Ⅲ式，断面作扁方形。标本T2②：93。Ⅳ式，断面作扁方形，外沿较尖，标本T2②：96（图一〇，14）。Ⅴ式2件，断面作三角形。标本1，T6②：100（图八，24）；标本2，T4②：97，上有穿孔（图一〇，13）。

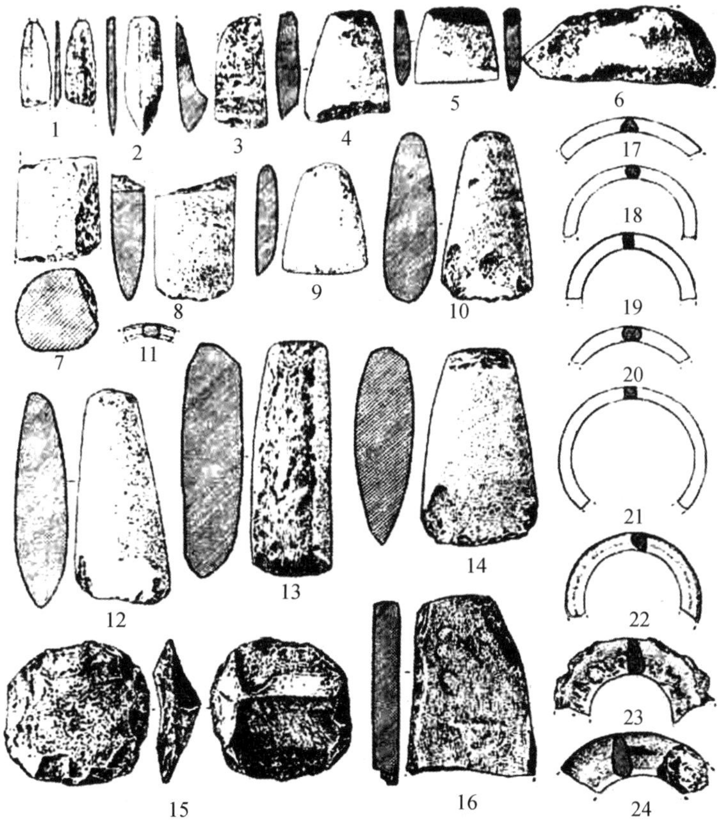

图八　石器和陶器

1、2. 镞（T2②：80、T12②：79）　3. Ⅳ式锛（T2②：66）　4. Ⅰ式锛（T5②：68）　5. Ⅱ式锛（H1：918）　6. 镰（T2②：236）　7. 磨棒（T9②：116）　8. Ⅳ式斧（T1②：42）　9. Ⅲ式锛（T13②：69）　10. Ⅲ式斧（T9②：29）　11. Ⅲ式陶环（T13②：536）　12. Ⅰ式斧（T9②：32）　13. Ⅴ式斧（T1②：33）　14. Ⅱ式斧（T2②：39）　15. 砍砸器（T6②：147）　16. 铲（T5②：55）　17. Ⅱ式陶环（T2②：545）　18. Ⅰ式陶环（T5②：534）　19. Ⅳ式陶环（T6②：537）　20. Ⅴ式陶环（T6②：533）　21. Ⅰ式石环（T5②：89）　22. Ⅱ式石环（T13②：91）　23. Ⅵ式陶环（T10②：538）　24. Ⅴ式石环（T6②：100）

（1～16为1/3，17、18约1/7，余均1/3）

纺轮　2件。圆形，中间穿孔，孔由两面钻成。标本T1②：102，直径7厘米，厚0.8厘米，残。

穿孔残石器　2件，可能是穿孔石斧的上半部。标本T6②：105，长4.5厘米，宽2.9厘米，厚1.6厘米。

打制及琢制石器　17件。

细石器　均用燧石、玛瑙为原料制成，共15件。

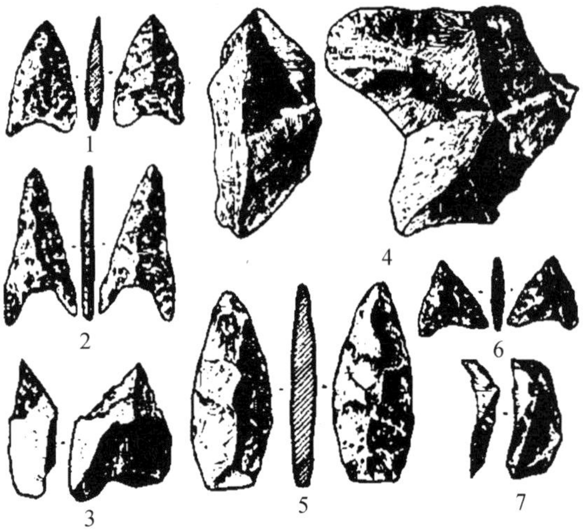

图九　细石器

1、2、6. Ⅱ式镞（T4②：86、85，采87）　3. 尖状器（T2②：145）　4. 石核（T1②：135）　5. Ⅰ式镞（T4②：84）　7. 石片（H1：126）（均7/10）

石镞　4件。可分二式。Ⅰ式1件，T4②：84，桂叶形。长3.6厘米，宽1.5厘米，厚0.25厘米。完整（图九，5）。Ⅱ式3件，标本T4②：85，凹底三角形，长2.8厘米，宽1.5厘米，厚0.2厘米。完整（图九，2）。标本T4②：86，形制基本同于前件，但底凹度较小，双峰较短。长2.1厘米，宽1.3厘米，厚0.3厘米。完整（图九，1）。标本采集：87，器身扁宽，体型较小。长1.3厘米，宽1厘米，厚0.2厘米。完整（图九，6）。

尖状器　2件。标本T2②：145，长2.5厘米，宽2厘米，厚0.4厘米。完整（图九，3）。

石核　7件。均为不规则形。标本T1②：135，长4.2厘米，宽4厘米，厚1.9厘米（图九，4）。

石片　2件。H1：126，长2.1厘米，宽0.8厘米，厚0.3厘米（图九，7）。

砍砸器　2件。打制石块的周边使之成为不规则圆形。标本T6②：147，直径6.5～6.7厘米，厚1.9厘米（图八，15）。

骨、角器

角锥　12件。均用鹿角磨制成。可分六式。Ⅰ式2件，标本T11②：167，长16厘米，宽2.2厘米，厚1厘米（图一〇，1）。Ⅱ式2件，横断面作椭圆形。标本T5②：171，长7.8厘米，直径1厘米（图一〇，2）。Ⅲ式1件，T11②：172，横断面作半圆形。长7.3厘米，厚0.15厘米（图一〇，4）。Ⅳ式2件，标本T6②：221，长8.2厘米，宽1厘米，厚0.3厘米（图一〇，5）。Ⅴ式1件，T6②：174，长7.4厘米，宽2.3厘米，厚0.5厘米（图一〇，3）。Ⅵ式4件，标本T5②：170，长11厘米（图一〇，6）。

角铲　1件。T6②：157，长27.8厘米，刃宽6.5厘米，厚1.2厘米。残（图一〇，7）。

笄　1件。T6②：162，长9厘米，直径0.8厘米。残（图一〇，9）。

梳（？）　1件。T6②：164，长5厘米，宽2.6厘米，厚0.5厘米，残（图一〇，11）。

针　4件。标本T8②：152，仅存尖部，长7厘米，直径0.5厘米（图一〇，16）。标本T12②：151，下端残缺，长5厘米（图一〇，15）。

尖状器　1件。T6②：158，长23.6厘米，宽4厘米，厚3.8厘米。残（图一〇，8）。

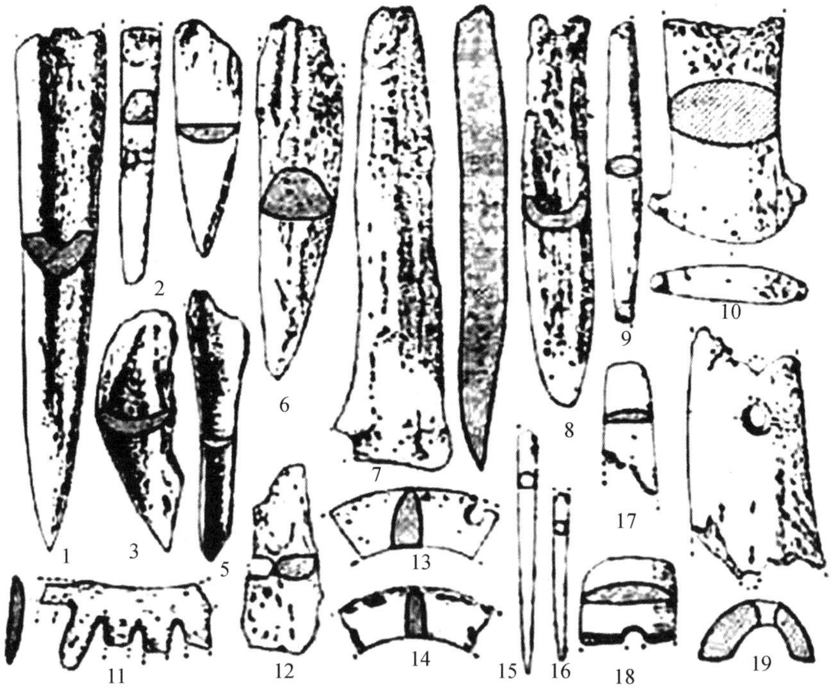

图一〇　骨、角器

1～6. Ⅰ～Ⅵ式角锥（T11②：161、T5②：171、T6②：174、T11②：172、T6②：221、T5②：170）　7. 角铲（T6②：157）　8. 尖状器（T6②：158）　9. 骨笄（T6②：162）　10、19. 残骨器（T5②：159、160）　11. 骨梳（T6②：164）　12、18. 加工鹿角（T6②：177、T5②：163）　13. Ⅴ式石环（T4②：99）　14. Ⅳ式石环（T2②：96）　15、16. 骨针（T12②：151、T8②：152）　17. 骨匕（T11②：168）（7、8为1/6，余均1/3）

骨匕　1件。T11②：168，残长3.7厘米，宽1.5厘米（图一〇，17）。

鱼漂（？）　1件。用鹿角制成，呈圆柱形，T9②：176，长7厘米，直径3.7厘米。残。

残骨器　2件。T5②：159，长6.9厘米，宽3.5厘米（图一〇，10）。T5②：160，长7.3厘米，宽3.7厘米（图一〇，19）。

加工鹿角　T5②：163，长2.5厘米，宽2.7厘米，厚0.6厘米（图一〇，18）。T6②：177，长5.6厘米，宽2.2厘米，厚0.7厘米（图一〇，12）。

（三）龙山时期遗存（主要是水井及井底遗物）

遗迹

路面土　1处。发现在T1西部水井周围。为灰绿色的脏灰土，厚8厘米。内含少许红烧土渣、木炭屑及残碎陶片。

水井（jl）　1眼。位于T1西部，耕土层下即露出井口，为圆角长方形。东西长2.36米，南北宽1.54米。井口至底深5.3米。井壁光滑平整。填土为灰黑色，内里夹杂许多草木灰，红烧土块以及大量陶片。自井口深4.3米处露出木质井盘。盘系十层圆木搭成，结构是东西两根叠压南北两根，呈“井”字状。为固定井盘，在井盘的四个内角处各插有并列的两根细木桩，木桩外，井盘第三层和第六层圆木下的内角相交处还分别加有短横木一根，以固定木桩。井盘圆木

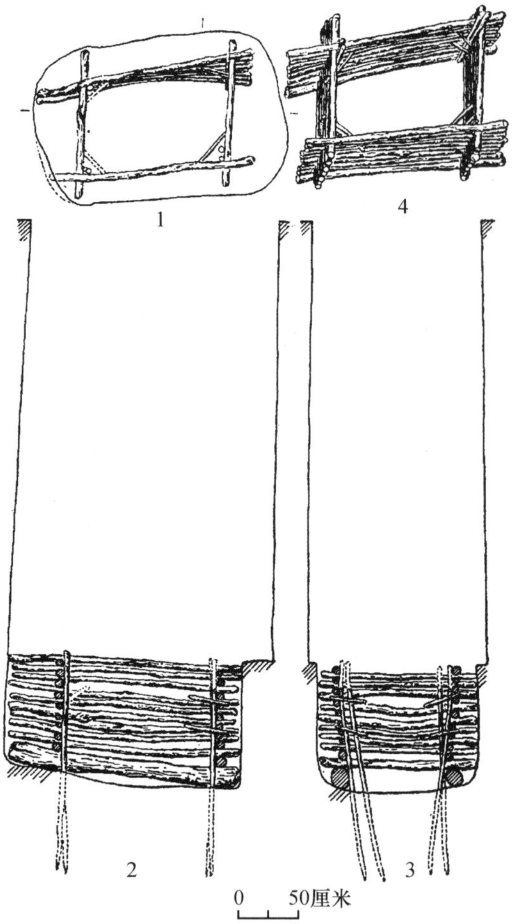

图一一　水井平、剖面图
1. 平面图　2、3. 木架结构（北、东）剖面图
4. “井”字形木结构复原示意图

粗细不等，一般直径为4～6厘米，最底一层圆木最粗，直径16厘米。木桩直径约4厘米，高1.8米，插地一端削尖。无论圆木、木桩都未曾削皮，只在两端稍做加工（图一一）。

在接近井盘四角处的井壁上还残留着烟熏火燎痕迹，疑为当初凿井时所留。井盘内黑色淤泥中出有陶质汲水罐32件，其中可复原21件，另有可复原陶豆1件。

现按器型分述如后。

罐　除原有的筒形罐外，主要是井底出土的汲水罐，可分十式。

Ⅰ式16件。敞口，卷沿，圆唇，鼓腹，平底。器表饰绳纹。标本j1：247，夹砂灰陶。口径17.1厘米，底径9厘米，高27.3厘米。残（图一二，1）。Ⅱ式1件。j1：250，口微敞，较直，腹较Ⅰ式鼓，制作不匀称。夹砂红陶，器表饰绳纹。口径14.4厘米，底径9厘米，高21厘米。残（图一二，2）。Ⅲ式1件。j1：255，口较敞。泥质灰陶。器表饰绳纹。出土时颈部还留有井绳（横缠六周，竖绕四道）。口径12厘米，底径3.8厘米，高15.4厘米。完整（图一二，3）。Ⅳ式2件。敛口，圆唇，器身较矮小，腹较圆，平底。标本j1：257，泥质灰陶。磨光。口径8.4厘米，底径6.9厘米，高15厘米（图一二，5）。Ⅴ式1件。j1：258，小口，直颈鼓腹，底部微内凹，器表饰绳纹，夹砂灰陶。口径12.3厘米，底径10.2厘米，高20.1厘米。完整（图一二，12）。Ⅵ式5件。小口，颈微敞，鼓腹呈扁圆形，平底，肩部磨光，腹部饰绳纹。j1：259，泥质黑陶。口径15.6厘米，底径10.8厘米，高20.1厘米。完整（图一二，10）。Ⅶ式3件。口部残缺，腹中部有折棱，标本j1：265，下部饰绳纹。泥质黑陶。口残，底径10厘米，残高19.5厘米（图一二，15）。Ⅷ式1件。j1：267，口部凹凸不平，腹上部似有圆肩。肩部磨光，腹部饰绳纹。夹砂灰陶。口径16.2厘米，底径9.9厘米，高24厘米。完整（图一二，13）。Ⅸ式1件。j1：268，口微敞较直，腹中部有圆棱，腹下部作反弧形内收，小平底，饰绳纹。口径15.3厘米，底径9.3厘米，高18.3厘米。残（图一二，11）。Ⅹ式1件。j1：269，形体较小，腹上部折棱不突出。素面，夹砂灰陶。口径9.2厘米，底径6.2厘米，高8厘米。残缺（图一二，6）。

豆　可分矮座浅盘和高座深盘两种。浅盘喇叭状圈足豆，标本j1：844，泥质灰陶。盘底印有少许绳纹。盘径15厘米，高10厘米（图一二，4）。标本j1：845，圈足。泥质黑陶。素面。残高6厘米。深盘豆，标本j1：847，泥质黑陶，磨光。口径16.6厘米（图一二，14）。标

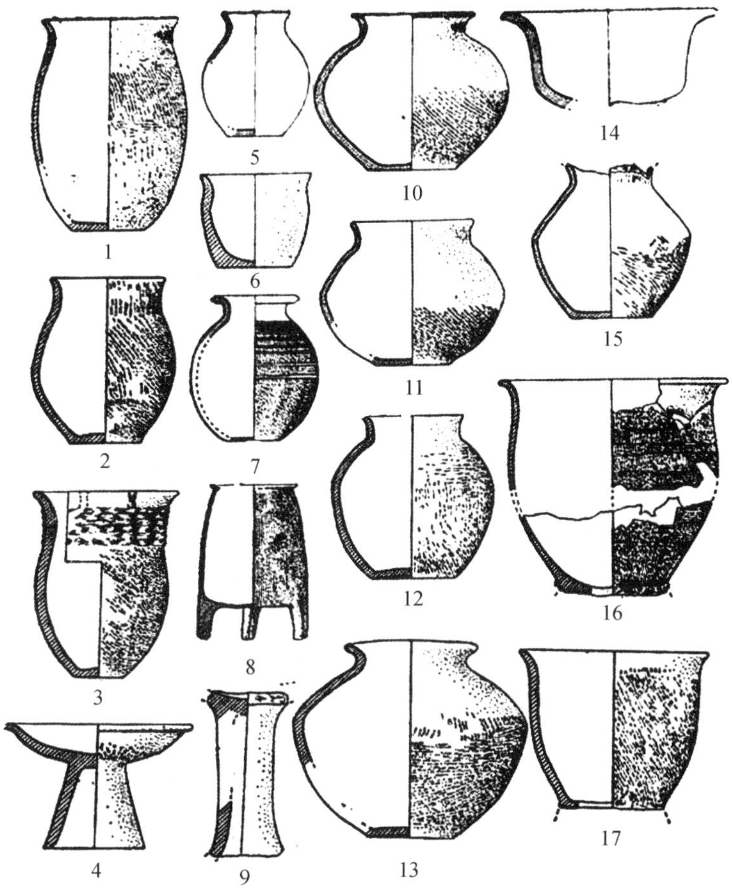

图一二　水井及战国墓中出土陶器

1. Ⅰ式罐（j1：247）　2. Ⅱ式罐（j1：250）　3. Ⅲ式罐（j1：255）　4. 豆（j1：844）　5. Ⅳ式罐（j1：257）　6. X式罐（j1：269）　7. 罐（M9：3）　8. 鬲（M4：1）　9. 豆把（j1：849）　10. Ⅵ式罐（j1：259）　11. Ⅸ式罐（j1：268）　12. Ⅴ式罐（j1：258）　13. Ⅷ式罐（j1：267）　14. 豆（j1：847）　15. Ⅶ式罐（j1：265）　16. Ⅰ式甗（j1：447）　17. Ⅱ式甗（j1：449）（1、2、5、10、12、13、15～17约1/7，3、4、6、9、11、14为1/5，7、8为1/10）

本j1：849，细高柄。泥质灰陶。素面。残高13.2厘米（图一二，9）。

盆　均敞口，翻沿，圆唇，平底。可分二式。

Ⅰ式，敞口，曲腹。标本j1：841，泥质黑陶。腹部饰绳纹。口径34.8厘米（图一三，1）。Ⅱ式，敞口，折腹。j1：842，泥质灰陶，素面。口径33厘米（图一三，2）。

（四）先商时期遗存

在j1填土中发现几件晚于龙山水井的遗物，现介绍如下。

瓮　数量不多。标本j1：850，敛口，圆唇。下部断失。泥质灰陶，素面。口径24厘米（图一三，3）。

甗　2件。均为上腹及腰部残片。可分二式。

Ⅰ式1件，j1：447，敞口，翻沿圆唇，鼓腹，束颈，腰部饰一周附加堆纹，器表饰绳纹，上压数周划纹，夹砂灰陶。口径27.9厘米（图一二，16）。Ⅱ式1件，j1：449，大口，鼓腹，器表饰绳纹。夹砂红陶。口径22.5厘米（图一二，17）。

甑　均为底部残片。标本j1：851，圆形，泥质灰陶，底部残留四个穿孔，素面。

土坯砖　1件。j1：928，为长方形，残长20厘米，宽19厘米，厚6厘米。经观察坯土中混有麦秸之类的植物茎秆，其质料形制与现在当地群众打制的土坯很相似，只是经火焙烧成砖形，因此为研究我国建筑材料——砖的起源提供了实物资料。土坯是在距井口深1.6米的填土中发现的。出土时它与一件残陶甗，一件陶碗集中放在一堆草木灰烬上，其旁还有一个烧焦的狗头骨，从迹象看，j1废弃后曾作过灰坑使用。

（五）战国时期遗存

仅发现战国小墓5座（编号M1、M4、M5、M9、M10）。除M1为瓮棺葬外，均为简陋的土坑竖穴墓。一般长2～3厘米，宽0.8～1.4厘米，深0.2～1.4米。葬式为仰身直肢。葬具只见板灰痕迹。随葬品大多放在墓室两侧，个别（M4）放置于头前壁龛里。随葬品共有铜器3件，陶器4件，装饰器2件。

铜带钩　1件。M9：1，长8厘米，宽1.5厘米。

铜镞　1件。M10：1，为三棱式。长3.6厘米。

铜环　1件。M5：1，直径2.85厘米。

陶鬲　2件。形制及大小相同。均敛口，平沿，深腹，夹砂红陶。器表饰绳纹。M4：1，高27厘米（图一二，8）。

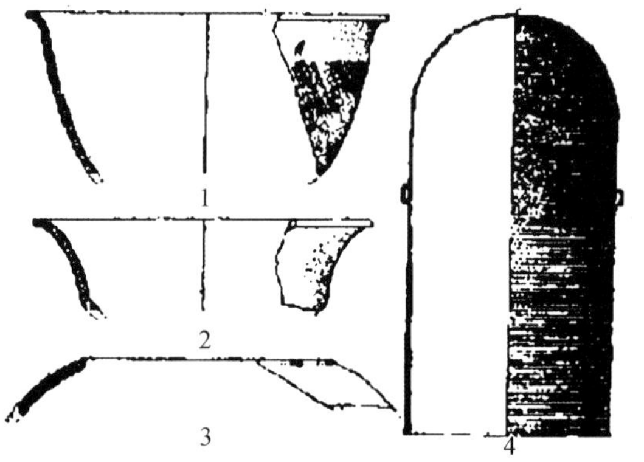

图一三　陶器

1. Ⅰ式盆（j1：841）　2. Ⅱ式盆（j1：842）　3. 瓮（j1：850）　4. 瓮棺（M1：1）（1～3为1/3，4约1/7）

陶罐　1件。M9：3，小口，鼓腹。泥质灰陶。器表饰绳弦纹。口径14.5厘米，底径11厘米，高24.5厘米（图一二，7）。

陶瓮棺　1套。系由两个圜底筒形瓮对合而成。泥质灰陶。器表饰绳弦纹。每个瓮径0.5厘米，高1厘米，厚0.01米（图一三，4）。

骨饰　1件。M5：2，系用182颗骨质细腻洁白的骨管组成。每个管长约0.5～1厘米，径0.5厘米。

石珠　1件。M9：6，算珠形，直径1.1厘米，高0.7厘米。

三、小　　结

试掘表明午方遗址基本以相当于仰韶晚期的遗存为主。从出土陶钵的质料、形制及彩绘作风看，与冀南豫北仰韶文化大司空类型和豫中豫西秦王寨类型相接近，估计三者的年代大体同时。例如带“S”纹的彩陶片曾见于秦王寨类型的大河村三期和王湾二期，大河村三期的C^{14}测定数据为距今5040±100年和4500±100年，王湾二期则被考古界公认为是仰韶向龙山的过渡层，显然，午方的二、三层的年代大体与仰韶晚期同时，只在时间上略有早晚[①]。而午方龙山遗存从水井中出土的深鼓腹绳纹罐，篮纹罐的形制纹饰特征看与冀南地区涧沟、台口等龙山遗存的深鼓腹罐很相似，估计在年代上也很接近[②]。从出土器物看也应与下潘汪、洛阳王湾三期、后冈二期的年代相当，基本属于河南龙山文化晚期[③]。

午方仰韶晚期遗存，是目前发现的内含大司空类型仰韶文化因素的最北部的一个点，因而对深入探讨大司空类型的分区研究很有裨益。值得注意的是午方仰韶晚期遗存中还含有辽西地区小河沿文化的一些因素，如陶器中多见平底筒状罐、炊具多用平底罐，不见三足的鼎和鬲，陶钵的质料、形制与彩绘花纹都比较相似，以及磨制石器与打制的细石器相共存等等，都显示出它们之间的内在联系[④]。容城县所在保定地区是古代中原华夏民族与北方少数民族频繁交往的地区，遗存文化内涵的复杂性，正是这个地区历史上南北文化相互影响的具体反映。此外，午方仰韶遗存还有一些因素（例如陶器中有细泥磨光黑陶，细泥白陶，石器中有段石锛）与山东大汶口文化比较相近，从有段石锛看又与东南沿海等地同时期遗存也有某种联系，这一点也很值得注意[⑤]。

水井是这次试掘中比较重要的发现，从井内出土遗物特征来看，午方水井是迄今为止我国所知保存最为完好的水井之一。近些年来，我国考古工作者先后在邯郸涧沟、洛阳锉李、汤阴白营、浙江河姆渡等遗址中都发现过早期的水井[⑥]，其中白营木构井与午方井的构造基本相同，所以，午方这眼结构复杂，保存完好的古井，为研究我国古代凿井技术和地下水源的利用增添了新的实物例证。

特征独具的午方遗址的发现，不但丰富了河北省新石器时代的考古内容，在时间上填补了冀中地区原始文化发展序列上的空白，同时也为深入研究和探讨中原文化与辽西地区以及东部和南部沿海地区的原始文化之间的相互关系，提供了新资料和新线索。

执笔者：文启明

（原载于《考古学集刊》1987年第5期）

① 郑州市博物馆：《郑州大河村遗址发掘报告》，《考古学报》1979年第3期；北大考古实习队：《洛阳王湾遗址发掘简报》，《考古》1961年第4期。

② 河北省文管处：《河北省出土文物选集》，《磁县下潘汪遗址发掘报告》，《考古学报》1975年第1期。

③ 下潘汪数据为距今4050±95年；洛阳王湾三期距今3950±95年；后冈二期距今3910±90年，参见《考古》1977年第4期。

④ 刘观民等：《辽河流域新石器时代考古发现与认识》，《中国考古学会第一次年会论文集》；李恭笃等：《试论小河沿文化》，《中国考古学会第二次年会论文集》；以及辽宁、内蒙古等省自治区的有关资料。

⑤ 山东省文物管理处等：《大汶口——新石器时代墓葬发掘报告》；林惠祥《中国东南区新石器文化特征之一，有段石锛》，《考古学报》1958年第3期。

⑥ 洛阳博物馆：《洛阳锉李遗址试掘简报》，《考古》1978年第1期；安阳地区文管会：《汤阴白营发现一处龙山文化晚期聚落遗址》，《河南文博通讯》1977年第1期；又见浙江河姆渡有关资料，《考古学报》1978年第1期；邹衡：《夏商周考古学论文集》，第六篇。

河北省容城县白龙遗址试掘简报

保北考古队

1986年秋季，由河北省文物研究所、保定地区文物管理所及有关各县文物管理所联合组成“保北考古队”，在保定以北地区的徐水、定兴、涞水、安新、容城五县进行了考古调查与试掘。田野工作到1987年7月结束，获得了一批不同时期和不同考古学文化的考古资料。本简报只报道容城县白龙遗址的试掘情况，其他遗址的工作情况将另文发表。

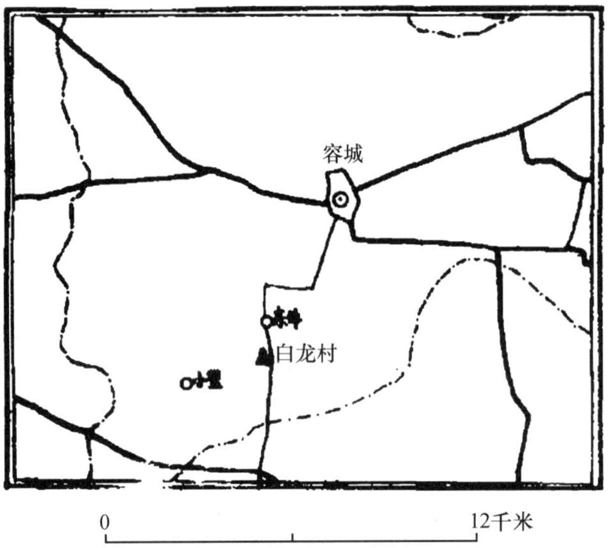

图一　遗址位置图

白龙村位于容城县城西南约5.5千米，属东牛乡。遗址在村西约0.5千米处（图一）。白龙遗址是由保定地区文物管理所和容城县文物管理所在文物普查中发现的。1986年11月，保北考古队对遗址进行了复查，之后便进行了试掘和清理。开2米×5米深沟一条，编号为86RBT1。在T1以外的地方又清理了灰坑三个。

一、地层堆积

白龙遗址遭到严重破坏，仅个别地方保存有文化层的堆积，由于当地群众取土，许多灰坑暴露在地表。探沟的地层堆积如下。

第一层　耕土层。厚约0.2米。

第二层　褐色。土质坚硬，胶性强，系淤积而成。所含陶片不多。厚约0.5米。H4开口于此层下。

第三层即为生土。

二、遗　　迹

这次对白龙遗址的试掘和清理，发现的遗迹只有灰坑一种，除H4发现在探沟中以外，其余三个灰坑分布在距探沟东约30米远的地方，并均遭到破坏，暴露于地面。

H1　平面呈不规则椭圆形，圆底。最大直径为1.6米，最小直径为1.2米，深0.28米。坑内堆积为灰色土，底部有一层黄色沙土铺垫。出土有较多的陶片，器型有罐、豆等。H1打破H2（图二）。

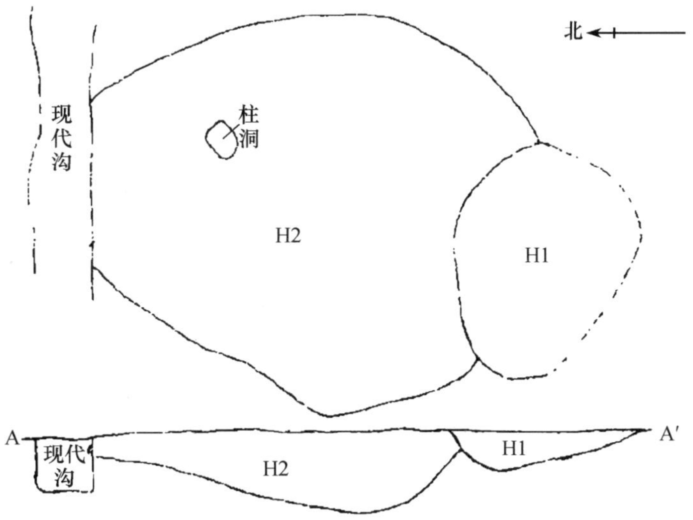

图二　容城白龙H1、H2平、剖面图

H2　平面为椭圆形。最小直径2.76米，深0.55米，圆底。北部被现代沟破坏，南部被H1打破。靠近中心部位有一圆角方形柱洞。坑内堆积为灰色土。出土陶片较多，器型有鬲、罐、盆、豆等。

H3　破坏殆尽，出土陶片甚少。

三、遗　　物

出土遗物主要是陶器。陶器以泥质陶为主，夹砂陶比较少。黑色和褐色陶较多，灰色陶不发达。磨光和素面陶所占比例很大，纹饰以细绳纹为主，有些器物上施附加堆纹、交错绳纹、弦纹等，数量不多（表一）。陶器的制法以手制为主，一器兼用几种制法的现象也比较普遍。如鬲的袋足部分多为模制、实足跟用泥片包制而成，口部与肩部接茬明显，鬲领往往还经过慢轮修整。一般器壁较厚，内壁刮、磨、刷等修整痕迹比较常见，器型有鬲、甗、罐、盆、豆、瓮、尊等。

表一　H2陶片统计表

陶质陶色 纹饰		绳纹	弦断绳纹	交错绳纹	磨光	素面	总计	百分比（%）
夹砂	褐陶	11	3	1		12	27	12.98
	黑陶	22	11	4			37	17.79
泥质	红陶	5				8	13	6.25
	褐陶	16		1	33	6	56	26.92
	灰陶	——		2	2		4	1.92
	黑陶	19		4	46	2	71	34.13
总计		73	14	12	81	28	208	
百分比（%）		35.1	6.73	5.77	38.94	13.46		100

1. 夹砂陶

夹砂陶中，器型主要是鬲、甗、罐。

鬲　多数为褐色陶，胎较厚，颈、袋足、足跟预先分别制成，然后拼合成器。器外表饰细绳纹，个别器物表面被抹过。0：19，侈口，翻缘，尖圆唇。器表饰细绳纹，颈部被抹平，但尚留有绳纹痕迹（图三，1）。口径16厘米。0：3，侈口，翻缘，圆唇，领部较高，腹部饰细绳纹，领部抹平。口径18厘米（图三，2）。H2：30，腹部饰交错细绳纹，曾被抹过。口径18厘米（图三，3）。H2：6，圆锥状足跟，外表饰细绳纹，被抹过（图三，4）。H2：1，上部残，分裆，实足跟，足尖已残，外表饰交错细绳纹，被抹过，胎厚约1厘米（图三，5）。

甗　多见腰部。可分为腰部有附加堆纹和无附加堆纹两种，前者较多。H2：2，褐陶，为甗的下部，分裆，袋足，圆锥状实足跟。素面（图三，6）。H4：3，黑陶。甗腰，外饰附加堆纹一周，上部饰弦断绳纹。腰径约10厘米（图三，8）。H4：21，灰陶。甗腰。外饰细绳纹，箅托甚长（图三，7）。

罐　H4：9，侈口，卷沿，圆唇，鼓腹。腹部饰斜向细绳纹，灰褐陶。口径24厘米（图三，11）。0：18，侈口，卷沿，器形较瘦，腹部饰细绳纹。口径11.2厘米（图三，9）。H4：11，褐陶。器形矮胖。外表饰斜向细绳纹。口径10厘米（图三，10）。

2. 泥质陶

泥质陶一般器物皆为手制，用泥条盘筑。器型有罐、盆、豆、尊、瓮、圈足器等。

罐　H1：4，黑陶。高领，圆唇。领与肩界限明显。外表磨光。口径8厘米（图四，7）。H2：32，黑灰陶。侈口，卷沿，尖唇，束领，鼓腹。领与腹分别制成后黏接而成。颈部有被抹过的绳纹痕迹，腹部素面，口径24厘米（图四，10）。H3：4，褐陶。侈口，卷沿，圆鼓腹，外表饰斜向绳纹。口径31.8厘米（图四，8）。H4：19，灰陶。侈口，卷沿，圆唇，鼓腹，腹部有被抹过的痕迹。口径30厘米（图四，9）。T1②：4，黑陶。侈口，翻缘，尖唇，腹微鼓。素面。口径12厘米（图四，11）。

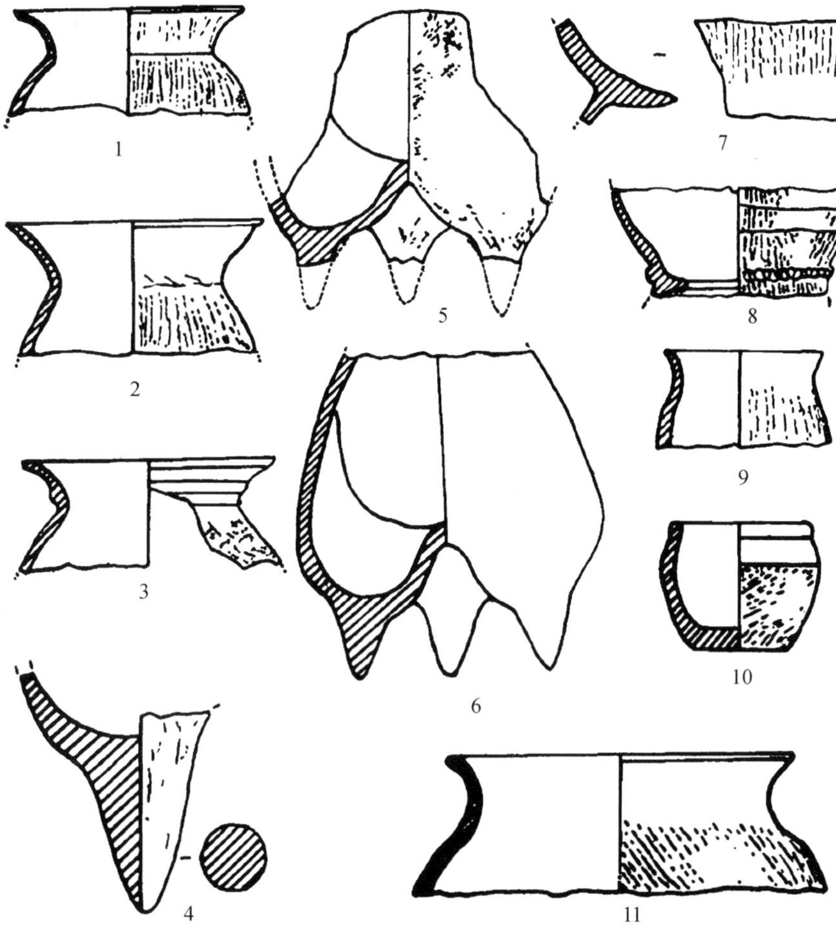

图三　陶器

1～5. 鬲（0：19、3，H 2：30、6、1）　6～8.（H2：2，H4：21、3）

9～11. 罐（0：18，H4：11、9）（4、7为1/2，余均1/4）

盆　可分为绳纹和素面盆两种。

绳纹盆　H4：10，红陶。敞口，宽沿，折腹平底，圆唇。口径大于腹径。腹部饰斜绳纹，经抹过，口径26.4厘米，高9厘米（图四，1）。0：6，口微侈，宽沿，圆唇，腹微鼓。口径大于腹径。器表饰斜向细绳纹。口径27厘米（图四，3）。H2：9，口径略大于肩部直径。外表饰斜向细绳纹，经抹过。口径33.5厘米（图四，2）。

素面盆　H2：14，灰陶。口径大于腹径、腹微鼓。口径15.6厘米（图四，5）。H2：13，褐色陶。口径略大于腹径，鼓腹。口径16厘米（图四，4）。H4：7，黑陶，敞口，折腹（图四，6）。

豆　绝大多数为黑皮陶，个别为黑灰或褐陶。素面者比例较大。均为浅盘。根据豆盘形态不同可分为盘内有凸棱和无凸棱两种。H2：23，敞口，平沿，圆唇，素面。口径18厘米（图四，12）。0：20，敞口，卷沿，圆唇。外表饰绳纹。口径18厘米（图四，14）。H1：3，敞口，平沿，圆唇，盘内有凸棱一周。素面，口径16厘米（图四，16）。H2：12，盘内有凸棱一周。素面，口径18厘米（图四，17）。豆把为细把，下部为喇叭口座。H2：29和

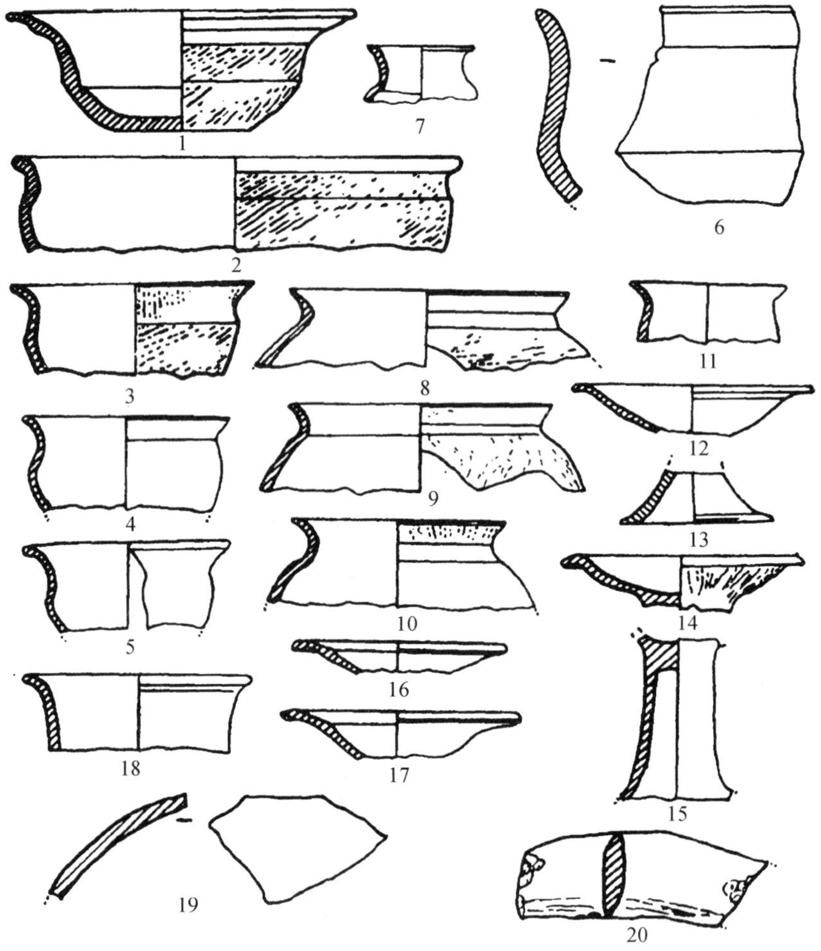

图四　陶器、石器

1～6. 盆（H4：10、H2：9、0：6、H2：13、14、H4：7）　7～11. 罐（H1：4、H3：4、H4：19、H2：32、T1②：4）　12～17. 豆（H2：23、H4：17、0：20、H2：29、H1：3、H2：12）　18. 尊（H4：6）　19. 瓮（0：2）　20. 石镰（0：21）（3、8～10为1/6　6、11为1/2，余均1/4）

H4：17（图四，15；图四，13）。

瓮　数量很少，0：2，敛口，鼓腹，方唇。素面（图四，19）。

尊　数量很少。H4：6，黑陶，敞口，圆唇，素面。口径17.2厘米（图四，18）。

圈足器　仅发现一圈足，H2：8，泥质灰陶，底径12厘米。

另外，还采集到一件石镰。0：21，弧背，曲刃。磨制而成（图四，20）。

四、结　　语

通过这次试掘，我们对白龙遗址的文化面貌有了一定的了解。这里的陶器，夹砂陶占较小的比例，而泥质陶却占大宗，黑陶最多，其中有不少黑皮褐胎者，褐陶次之，红陶和灰陶很少。纹饰简单，主要为绳纹，其中有少量的弦断绳纹和交错绳纹，绳纹细而浅，部分绳纹斜施。磨光和素面陶占一半以上。有些器物施绳纹后，又将之抹去。器物多为手制，泥质陶器大部分是泥条盘筑，器物内壁留有修整痕迹。器型有鬲、甗、罐、盆、豆、瓮、尊等。

类似的文化遗存在保定以北的易县下岳各庄[①]、容城午方[②]也曾发现过。从出土的陶器，特别是鬲、甗、罐来看，白龙遗址的陶器与下岳各庄第一期遗存中第一类陶鬲为代表的遗存具有较大的共性。因此，白龙遗存与下岳各庄第一期遗存的年代应大体一致[③]，相当或略晚于蔚县夏商期第二段遗存的年代[④]。

白龙遗址中出土的陶器，与分布在太行山脉东麓漳河流域称为先商文化的陶器相比，不仅同类器物的形态相近，而且在器物的组合上也基本一致。比如，这里发现的鬲，虽然没有复原完整器物，但从口沿来看，与磁县界段营H8：35鬲形制相同或相似[⑤]，均为侈口，翻缘，沿较宽，沿面卷曲不甚。足部都具有较长的圆锥状实足跟。鬲的表面都饰细绳纹，在器物的组合方面，界段营H8有鬲、甗、盆和夹砂罐，邯郸涧沟[⑥]除此以外还有豆和泥质鼓腹盆。与白龙遗址中所出陶器的组合基本一致，需要指出的是，白龙遗址的陶器中，黑皮褐胎陶和为数极少的尊，与涞水县庞家河遗址出土的遗物相似[⑦]。另外，白龙遗址中的盘内有凸棱的豆与分布于山东一带的岳石文化的豆相似[⑧]。多种文化因素的共存，是保北地区夏商时期遗存的一个特点。这主要因为保北地区是连接中原地区与北方地区的纽带，是不同考古学文化分布的交错地带，所以形成了文化间的渗透和影响。尽管如此，但还是可以看出，白龙遗址的文化面貌与分布在漳河流域的先商文化之面貌是相近的，关系是紧密的。

与白龙遗址类似的遗存，在保北地区虽有发现，但都因发掘面积所限，或陶系、或器类不全，所以，白龙遗址的试掘，为这一类遗存的研究提供了新的资料，同时也为研究中原文化与北方文化的交流以及分布于保北地区的考古学文化与周邻地区文化的关系提供了线索。

北京大学考古学系研究生沈勇在实习中参加了试掘和整理，做了大量的工作。参加调查和试掘的有李伯谦、徐浩生、李文龙、孙继安、方华和吴东风。

执笔：吴东风　徐浩生
绘图：沈　勇　佀庆琪

（原载于《文物春秋》1989年第3期）

① 拒马河考古队：《河北易县涞水古遗址试掘报告》，《考古学报》1988年第4期。

② 《河北容城县午方新石器时代遗址试掘》，《考古学集刊》第5集，中国社会科学出版社，1985年。

③ 拒马河考古队：《河北易县涞水古遗址试掘报告》，《考古学报》1988年第4期。

④ 张家口考古队：《蔚县夏商时期考古的主要收获》，《考古与文物》1984年第1期。

⑤ 河北省文物管理处：《磁县界段营发掘简报》，《考古》1974年第6期。

⑥ 北京大学、河北省文化局邯郸考古发掘队：《1957年邯郸发掘简报》，《考古》1959年第10期。

⑦ 拒马河考古队：《河北易县涞水古遗址试掘报告》，《考古学报》1988年第4期。

⑧ 山东大学历史系考古专业、济宁地区文物科泗水县文化馆：《泗水尹家城遗址第二、三次发掘简报》，《考古》1985年第7期。

河北容城县沙河遗址汉墓发掘简报

山西大学历史文化学院　保定市文物管理所　容城县文物管理所

沙河遗址位于河北省保定市容城县南张镇沙河村南侧，遗址范围为东经115°48′16.2″～115°48′31.2″，北纬39°03′59.5″～39°04′01.2″，海拔高程13.1～14.7米（图一）。

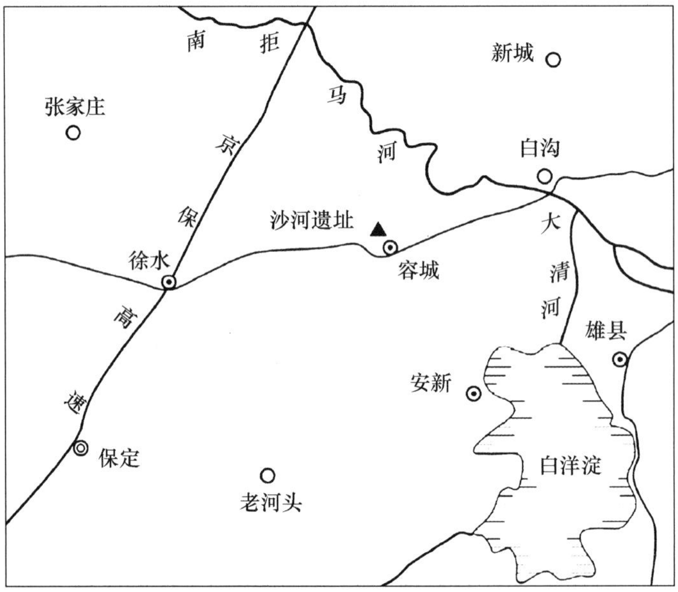

图一　遗址位置图

该遗址在“南水北调”沿线文物普查工作中被发现，2006年5月9日～8月10日，山西大学历史文化学院考古系、保定市文物管理所与容城县文物管理所等单位联合对遗址进行了考古发掘，发掘面积总计3133.5平方米，发现了从战国至明清时期的丰富遗存，其中包括汉代墓葬12座，为研究冀中地区汉代墓葬补充了重要资料。

一、地层堆积

绝大部分汉代墓葬发现在沙河遗址Ⅱ区，该发掘区的地层堆积以ⅡT0201北壁剖面（图二）为例进行说明。

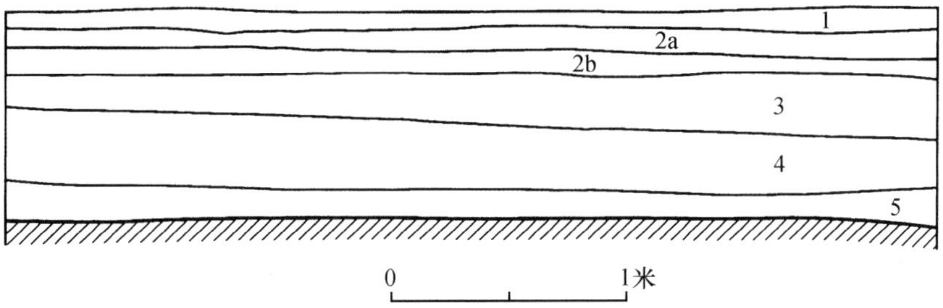

图二 Ⅱ T0201北壁剖面图

1. 灰褐色土 2a. 黄褐色黏土 2b. 红褐色黏土 3. 黑褐色黏土 4. 褐色黏土 5. 黄色沙土

第1层：灰褐色土，土质疏松，含有细沙，厚8～13厘米，包含近现代陶瓷碎片等。

第2a层：黄褐色黏土，土质疏松，含有细沙，厚10～20厘米，出土青花瓷片、砖瓦碎片等。

第2b层：红褐色黏土，土质较致密，夹杂块状、条状黄沙，厚5～10厘米，未见文化遗物。

第3层：黑褐色黏土，土质致密，夹杂较多炭粒，厚15～27厘米，出土大量泥质灰陶片、夹砂灰陶片等。

第4层：褐色黏土，土质较致密，夹杂较多炭粒和红烧土颗粒等，厚28～35厘米，出土大量泥质灰陶片、夹砂灰陶片等。

第5层：黄色沙土，土质疏松，厚10～20厘米，出土少量夹砂红陶片等。

第5层以下为生土层。

根据地层的包含物以及遗迹的叠压打破关系，沙河遗址的文化堆积大致可以划分为三个阶段，第2a、2b层属于明清时期，第3、4层属于两汉时期，第5层属于战国时期。已发掘的汉代墓葬，除个别墓葬开口层位被现代取土坑破坏外，均开口于第2b层下并打破第3层。

二、墓葬概况

沙河遗址的古代文化层在历代平整田地活动中遭到了严重破坏，此次发掘的汉代墓葬均被严重盗扰，大部分墓葬仅残存墓底铺砖，顶部和四壁的砖几乎全部被后代盗挖取用。已发掘的12座汉墓分布较为集中，除位于Ⅲ区的M21之外，其余11座墓葬可以分为北、南二群，相距约25米。北群有4座墓葬，分为三排分布，间距3～5米。最北一排为M11，中间一排为M12和M7，最南一排为M10。南群有7座墓葬，也可以分为三排，间距5～10米。最北一排为M4、M5、M22和M23，中间一排为M3，最南一排为M9和M14，每排墓葬的墓向都基本一致，东西间距一般不超过5米，显示出较为明显的规划性。墓葬方向均为南北向，其中M3、M11为北向，其余为南向。墓葬均为砖室墓，根据墓道形制，可分为“凸”字形砖室墓和刀把形砖室墓等（图三）。

图三　Ⅱ区汉代墓葬分布图

（一）“凸”字形砖室墓

共发现11座。墓圹平面形状多呈“凸”字形，个别墓葬的墓道宽度与墓室宽度近同，墓圹平面形状近似长方形。墓葬一般由墓道、墓室两部分组成。墓道位于墓壁中央，多为斜坡状，个别为一段斜坡状，一段平底。墓门一般用方砖砌封。墓室形状均为长方形，人骨保存状况普遍较差。

M3　位于Ⅱ区T0401和T0501内，墓向352°，被严重扰乱。墓口距地表深0.25米。墓道位于墓室北壁中央，坡长2.2米，宽1.6～1.8米。墓室底部距地表深2.55米，墓室长5.1米，宽2.15米。墓顶部及四壁多已被破坏，墓内未发现人骨。墓室中部出土陶盘口罐、大口罐，以及五铢钱和骨针等。

M4　位于Ⅱ区T0701和T0801内，墓向188°，被严重扰乱。墓口距地面深0.25米。墓道位于墓室南壁中央，坡长2.4米，宽1.25～1.3米。墓室底部距地面深1.55米，墓室长3.7米，宽1.35～1.65米。墓顶部及四壁多已被破坏，墓内未发现人骨。墓室中部出土陶盘口罐、灰陶罐口沿等。

M5　位于Ⅱ区T0602和T0702内，墓向173°，被严重扰乱。墓口距地表深1.28米。墓道位于墓室南壁中央，坡长1.6米，宽1.1～1.2米。墓室底部距地面深1.53米，墓室长3.48米，宽1.4米。墓顶及四壁多已被破坏。墓室中部发现零星人骨，葬式应为仰身直肢，头向北。另外，墓室中还出土骨质发饰等。

M7　位于Ⅱ区T1602、T1702和T1802内，是此次发掘墓葬中规模最大的一座，墓向188°，被严重扰乱。墓口距地表深0.15米。墓道位于墓室南壁中央，坡长4.7米，宽2.85～2.9米。墓室底部距地表深1.75米，墓室长5.3米，宽3～3.1米。墓顶部及四壁多已被破坏。墓室东、西两壁各有二壁龛，分别距墓门0.9米，3.3米。壁龛长0.65～0.7米，宽0.40～0.45米，高0.4米，龛底距墓底1.2米。龛内残存墓砖，应是修建券顶时挖的。墓室中部发现零星人骨，葬式、头向不明。另外，墓室中部还出土灰陶罐等（图四）。

M9　位于Ⅱ区T0101内，墓向162°，被严重扰乱。墓口距地表深0.43米。墓道位于墓室南壁中央。墓室底部距地面深2.1米，墓室长5.34米，宽1.78米。墓顶部及四壁多已被破坏。墓室南侧发现1具人骨，仅存下半身，葬式为仰身直肢。墓室中部出土泥质灰陶罐、夹砂灰陶罐、夹砂红陶盆和骨质扳指等。

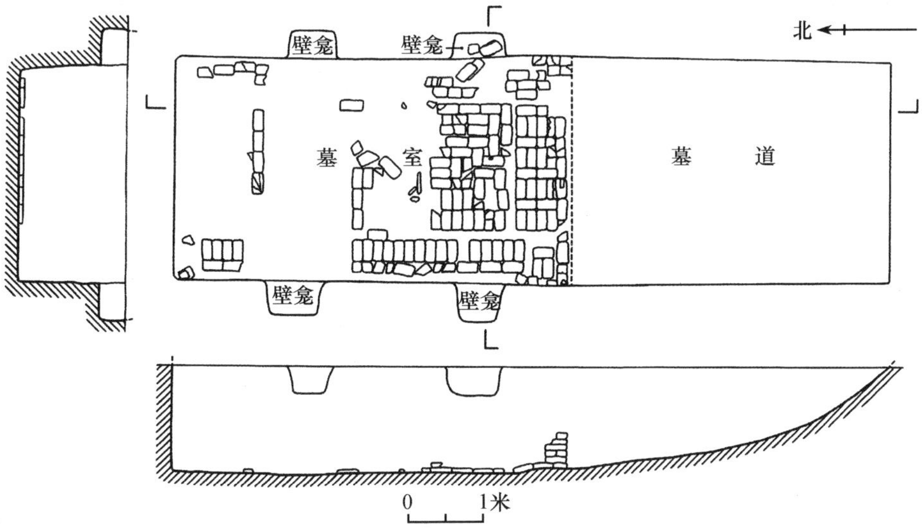

图四　M7平、剖面视图

M10　位于Ⅱ区T1301和T1401内，墓向190°，被严重扰乱。墓口距地表深0.2米。墓道位于墓室南壁中央，坡长2.6米，宽1.3～1.4米。墓室底部距地面深1.4米，墓室长4.3米，宽1.6米。墓顶部及四壁多已被破坏。墓室中部发现零星人骨，葬式、头向不明。墓室中部出土泥质灰陶仓、泥质灰陶罐、夹砂红陶盆以及灰陶罐口沿等。

M12　位于Ⅱ区T1701内，墓向190°，被严重扰乱。墓口距地表深0.24米。墓道位于墓室南壁中央，坡长1.77米，宽0.98～1.49米。墓室底部距地面深1.4米，墓室长4米，宽2.4米。墓顶部及四壁多已被破坏。墓室中部出土1具人骨，保存较差，葬式为仰身直肢，头向北。随葬品较为丰富，铜器有铃、盖弓帽、兽面车饰、五铢钱等，陶器有盘口罐、大口罐等。

M14　位于Ⅱ区T0101内，墓向172°，被严重扰乱。墓口距地表深0.5米。墓道位于墓室南壁中央，坡长2.4米，宽1.3～1.44米。墓室底部距地面深2.1米，墓室长5.4米，宽1.6米。墓顶部及四壁均已被破坏。墓内未发现人骨。墓室中部出土五铢钱等。

M21　位于Ⅲ区T0203和T0303内，墓向352°，被严重扰乱。墓口距地表深1.5米。墓道位于墓室南壁中央，坡长4.6米，宽2.9米。墓室底部距地表深3.1米，墓室长4.97米，宽2.96米。墓门东、西两侧各挖一壁龛。壁龛长0.32米，宽0.26米，高0.22米，龛底距墓底深1.3米。龛内残存墓砖，应为修建墓门时所挖。墓室中部发现零星人骨，葬式、头向不明。墓室中部出土灰陶罐、铜镞及五铢钱等。

M22　位于Ⅱ区T0703内，墓向193°，被严重扰乱。墓口距地表深0.55米。墓道位于墓室南壁中央，坡长2米，宽0.9～1.1米。墓室底部距地表深1.7米，墓室长3.8米，宽1.4米。墓顶部及四壁均已被破坏。墓内未发现人骨。墓室中部出土夹砂红陶盆等。

M23　位于Ⅱ区T0703内，墓向190°。墓口距地表深0.15米，墓口长4.2米，宽1.46米。墓道位于墓室南壁中央，未清理。墓室底部距地面深1.3米，墓室长4.2米，宽1.38米。墓内未发现人骨。墓室中部出土泥质灰陶仓、泥质灰陶罐和铁管等。

（二）刀把形砖室墓

仅发现1座（M11），位于Ⅱ区T1801和T1901内，墓向352°，被严重扰乱。墓口距地表深0.26米。墓道位于墓室北壁东侧，坡长2.4米，宽1.3～1.44米。墓室底部距地面深1.22米，墓室长3.36米，宽2.46米。墓顶部及四壁多已被破坏。墓室中部出土2具人骨，保存一般，葬式均为仰身直肢，头向南，面向东。随葬品较为丰富，铜器有戟、弩机、车马饰、轙、衔镳、軎、环、铃、衡末及轭首饰、兽面车饰、盖弓帽和五铢钱等，陶器有盘口罐、大口罐等，此外还有铁器、蚌器、石器等（图五）。

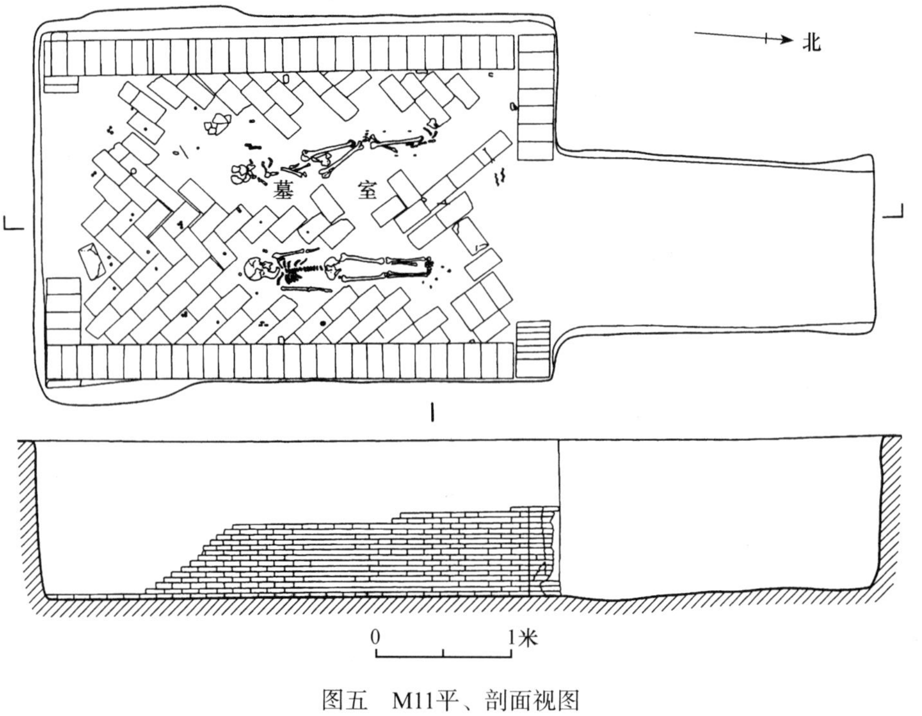

图五　M11平、剖面视图

三、出土遗物

此次发掘的汉代墓葬共出土各类遗物近百件，包括铜器、陶器、铁器、骨器、石器、蚌器等。

（一）铜器

共有27件（组），主要有衔镳、軎、轙、盖柄铜箍、盖弓帽、衡末饰、轭首饰等车马器，戟、弩机、镞等兵器，以及梳刷等生活用器。车马器和大部分兵器尺寸微缩，无法实用，应属模型明器。

戟　1件（M11：7）。阑上有三穿。长10.2厘米，援长3.7厘米（图六，10）。

弩机　1件（M11：1）。略残。弩床长4.4厘米，宽1.2厘米，牙长2厘米，望山长1厘米（图六，9）。

镞　1件（M21：2）。横截面均为三棱形。长8厘米，锋长2.8厘米，铤长5.3厘米（图六，2）。

衔镳　1组（M11：2、4）。镳2件（M11：2），略呈“S”形，中部有二穿。两端饰卷云纹。长10.7厘米（图六，3）。衔1件（M11：4），已残断。长衔、短衔以铜环相扣。长衔长4.2厘米，短衔长2厘米（图六，12）。

兽面车饰　2件。通体扁平，正面饰兽面纹。M11：8，长2.6厘米，宽2.6厘米（图六，11）。M12：2，下部伸出一舌状弯曲部分。长4.7厘米，宽3厘米。

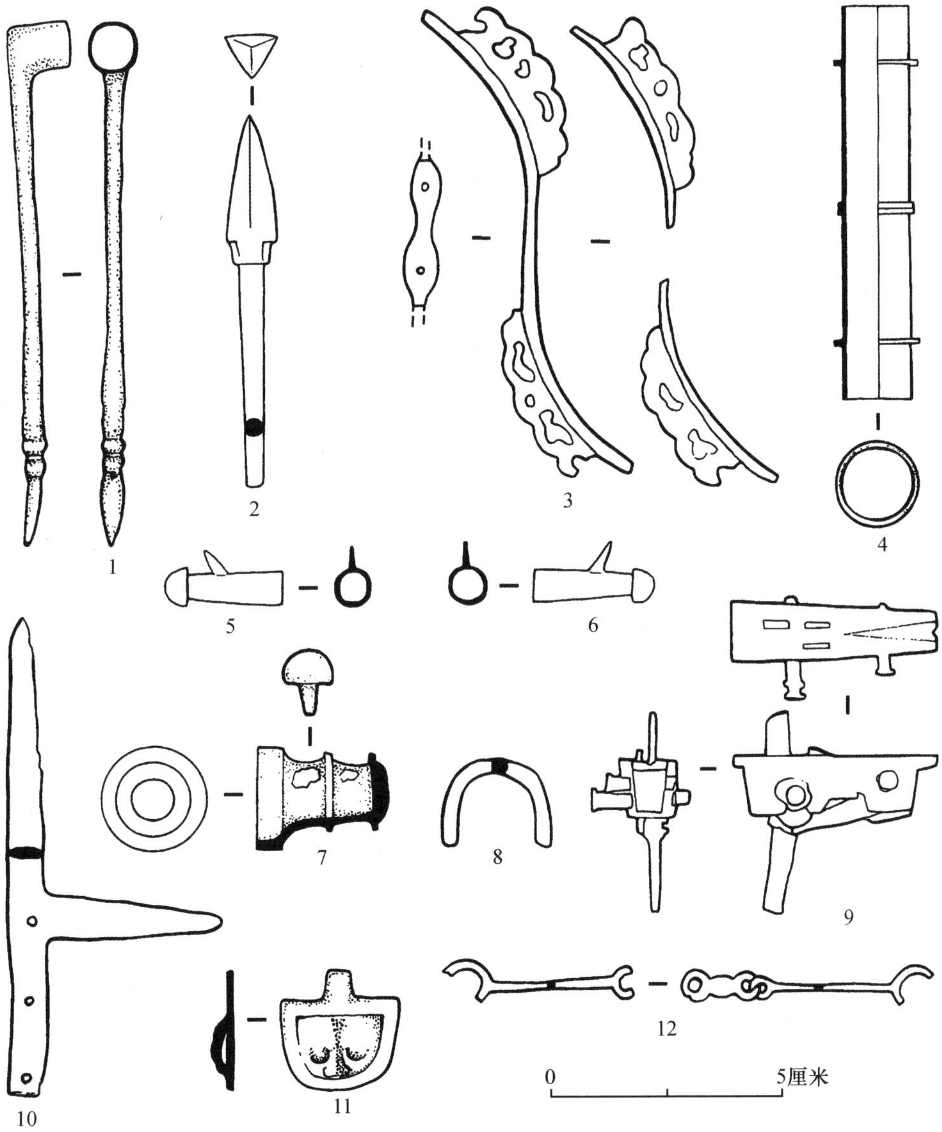

图六　出土铜器

1. 梳刷（M11：26）　2. 镞（M21：2）　3、12. 衔镳（M11：2、M11：4）　4. 盖柄铜箍（M11：19）　5、6. 盖弓帽（M11：9-1、2）　7. 軎（M11：5）　8. 轙（M11：3）　9. 弩机（M11：1）　10. 戟（M11：7）　11. 兽面车饰（M11：8）

輚　1件（M11：3）。器形为半环状，截面呈圆形。长2厘米（图六，8）。

軎　1件（M11：5）。軎上饰三道弦纹。軎长2.8厘米，辖长1.4厘米（图六，7）。

盖柄铜箍　1件（M11：19）。通体呈圆柱形。在两端和中央各饰一周弦纹。直径1.6厘米，长8.3厘米（图六，4）。

环　1件（M11：20）。外径3.1厘米，内径2.3厘米。

铃　1件（M12：4）。剖面呈梯形，中空，顶部有一穿。口径1.5厘米，高0.9厘米。

盖弓帽　8件。整体近似圆柱形，中空，一侧有钩状突起。M11：9-1、2，口径0.6厘米，高2.6厘米（图六，5；图六，6）。

衡末及轭首饰　7件。截面分别呈圆形和棱形。M11：10，长1.5厘米。M12：3，长1.4厘米。

梳刷　1件（M11：26）。器身细长，一端尖锐，一端为圆柱形小窝。长11.3厘米（图六，1）。

此外，还出土五铢钱109枚，其中M11出土77枚。

（二）陶器

共50余件，陶质以泥质灰陶为主，夹砂灰陶、夹砂红陶次之。器型有盘口罐、大口罐、盆、仓等，尤以前二种器型数量最多。

盘口罐　14件。均为泥质灰陶。束颈，溜肩，肩部及上腹部饰多周弦纹，下腹部及底部饰篮纹。根据底部形态差异，可分为两型。

A型　8件。圜底。根据腹及底部形态差异，可分为两个亚型。

Aa型　4件。斜弧腹，底较尖，器身最宽处位于肩部。M7：4，口径15厘米，肩径19厘米，高29厘米（图七，7）。M11：25，口径15厘米，肩径21厘米，高27厘米。M21：3，口径16厘米，肩径21.6厘米，高29厘米。M21：4，口径16厘米，肩径22厘米，高28厘米。

Ab型　4件。鼓腹，底较圆，器身最宽处位于腹部。M7：1，口径15厘米，腹径21厘米，高27厘米。M10：2，口径13.5厘米，腹径21.5厘米，高26厘米（图七，5）。M11：29，底残。口径16厘米，腹径23厘米，残高25.3厘米。M12：8，口径14厘米，腹径20厘米，高30厘米。

B型　6件。小平底。根据腹部形态差异，可分为两个亚型。

Ba型　4件。斜弧腹，器身最宽处位于肩部。M3：4，口径15厘米，肩径20厘米，底径4厘米，高27厘米。M4：5，口径15厘米，肩径23厘米，底径7厘米，高31厘米。M7：2，口径15厘米，肩径23厘米，底径8厘米，高29.5厘米（图七，8）。M12：7，口残。肩径19厘米，底径6厘米，残高27厘米。

Bb型　2件。鼓腹，器身最宽处位于腹部。M9：1，口径10.5厘米，腹径17厘米，底径5.3厘米，高19厘米（图七，4）。M9：4，口径13厘米，腹径21厘米，底径6厘米，高24厘米。

大口罐　9件。均为夹砂灰陶。方唇，短颈，溜肩，圜底。根据腹部形态差异，可分为两型。

A型　5件。鼓腹。M3：3，口沿下饰弦纹一周，肩部、上腹部和下腹部各饰一组间断绳纹。口径28厘米，腹径42厘米，高48厘米（图七，1）。M7：3，口沿与肩部间饰弦纹一周。口径27厘米，腹径40厘米，高46厘米。M9：3，口径30厘米，腹径41厘米，高46厘米。

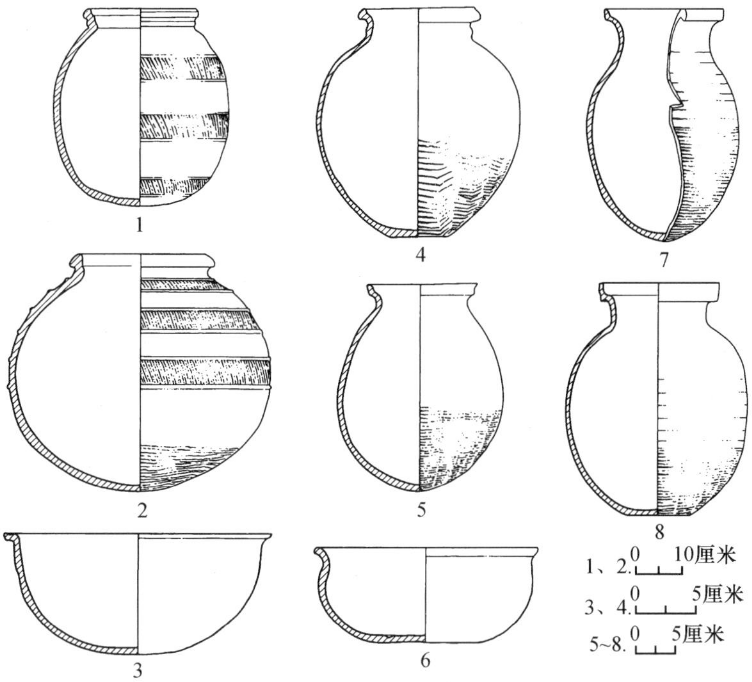

图七 出土陶器

1. A型大口罐（M3：3） 2. B型大口罐（M11：36） 3. B型盆（M10：5） 4. Bb型盘口罐（M9：1）
5. Ab型盘口罐（M10：2） 6. A型盆（M9：2） 7. Aa型盘口罐（M7：4） 8. Ba型盘口罐（M7：2）

M12：5，底残。口径30厘米，残高38.5厘米。M23：3，口径11厘米，腹径18厘米，高17.5厘米。

B型 4件。球腹。M3：1，下腹部和底部饰篮纹。口径17.5厘米，腹径30厘米，高30厘米。M11：36，口沿下至上腹部饰三组间断绳纹，下腹部饰篮纹。口径22.5厘米，腹径44厘米，高41.5厘米（图七，2）。M12：6，底残。口径23厘米，腹径33厘米，残高28厘米。M12：9，底残。肩部饰弦纹和波浪纹。口径19.5厘米，残高21厘米。

盆 3件。均为夹砂红陶。根据腹及底部差异，可分为两型。

A型 2件。敞口，沿外撇，鼓腹，平底。口沿下饰弦纹一周。M9：2，口径28厘米，底径13厘米，高12厘米（图七，6）。M22：1，口径20厘米，底径9厘米，高8.6厘米。

B型 1件（M10：5）。敞口，平折沿，鼓腹，圜底。口径22.5厘米，高10厘米（图七，3）。

仓 2件。均为泥质灰陶，肩部有二穿。根据颈部差异，可分为两型。

A型 1件（M10：1）。敛口，束颈，折肩，直腹，平底。腹部饰多道不甚明显的弦纹。口径15厘米，底径16厘米，高16厘米。

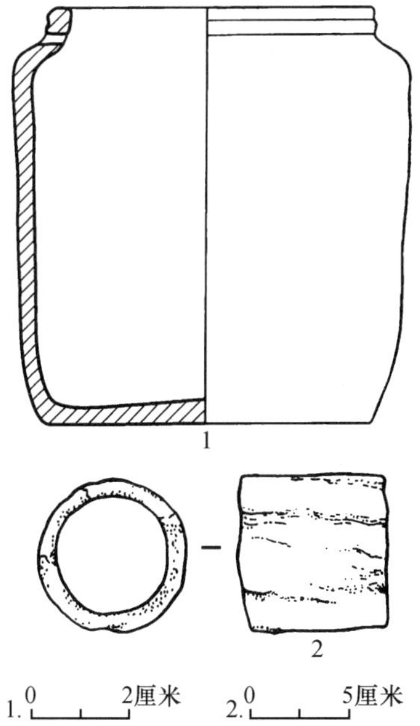

图八 出土遗物

1. B型陶仓（M23：1）
2. 骨扳指（M9：5）

B型　1件（M23：1）。敛口，折肩，直腹，平底。口径13.5厘米，底径14.5厘米，高16厘米（图八，1）。

（三）铁器

共2件，器型有管、铃等，均锈蚀严重。

管　1件（M23：2）。器身细长，中空，用铁片锻卷而成。直径1.8厘米，残长21.2厘米。

铃　1件（M11：23）。残长3.1厘米。

（四）骨器

共3件，器型有扳指、针、发饰等。

扳指　1件（M9：5）。圆柱形，中空。外径3厘米，内径2.6厘米，高3厘米（图八，2）。

针　1件（M3：6）。器身细长，一端斜削成尖。长6.6厘米。

发饰　1件（M5：1）。长方形薄片。长0.7厘米，宽0.6厘米。

四、结　　语

沙河遗址已发掘的汉代墓葬形制均为带斜坡墓道的长方形砖室墓，有单人葬和二人合葬两种，葬式以仰身直肢为主。随葬品多为陶器，有盘口罐、大口罐、盆、仓等，个别墓葬随葬铜明器，如戟、弩机、车马器等。M3、M4、M7、M9～M12、M21等出土的盘口罐以及M3、M7、M9、M11、M12、M23等出土的大口罐，与河北任丘东关竖穴砖圹墓①、涉县索堡M2②等出土的罐、壶、瓮等形制相似；M11等出土的青铜车马构件与河北沙河兴固汉墓③、涉县索堡汉墓④、阳原三汾沟M9⑤出土的同类器物形制相似；M9、M10和M22等出土的陶盆与河北隆尧双碑遗址⑥出土的陶盆形制相近。再结合所有墓葬均未出土陶俑的现象，模型明器又仅有2件陶仓，由此初步推断墓葬的时代应为东汉早期，个别墓葬可能略早或略晚。

值得注意的是，此次发掘的墓葬在分布上呈现出明显的规划性，应该属于一处经过整体规划并沿用了一段时间的墓地。墓地中有多组墓葬方向一致、形制相同、规模相近且随葬品组合也类似，如M4与M5、M9与M14、M22与M23等，存在“并穴合葬”的可能。遗憾的是，因

① 天津市文化局考古发掘队：《河北任丘东关汉墓清理简报》，《考古学报》1965年第2期。

② 邯郸市文物管理处、涉县文物保管所：《河北涉县索堡汉墓》，《文物春秋》1996年第1期。

③ 河北省文物研究所、邢台地区文物管理所：《河北沙河兴固汉墓》，《文物》1992年第9期。

④ 邯郸市文物管理处、涉县文物保管所：《河北涉县索堡汉墓》，《文物春秋》1996年第1期。

⑤ 河北省文物研究所、张家口地区文化局：《河北阳原三汾沟汉墓群发掘报告》，《文物》1990年第1期。

⑥ 河北省文物研究所、隆尧县文物管理所：《隆尧县双碑遗址发掘报告》，《河北省考古文集》，东方出版社，1998年。

为墓葬普遍遭到严重盗扰，或未出土人骨或出土人骨保存不佳，“合葬”的具体性质还有待研究。幽燕地区此前发现的东汉早期墓葬数量相对较少①，这批墓葬的发掘补充了重要资料，为研究这一时期的墓葬制度等问题提供了重要线索。

我们在遗址范围内进行了大面积的钻探，在遗址周边进行了大范围的踏查，发现的各类遗存主要集中于汉代及汉代以前，少数遗存属于汉代以降。在墓葬区以西发现战国晚期至汉代的遗址，在墓葬区以东发现汉代的窑址群，这些发现共同构成了沙河遗址的丰富内涵，为研究汉代一般性聚落的布局、结构等问题提供了新资料。

附记：本次发掘领队为郎保利，参加发掘的人员有郎保利、赵瑞民、赵杰、王炜、乔文杰、张丽、郇四清、渠传祥，山西大学历史文化学院考古系2004级研究生郭智勇、宋洋、刘斌、师焕英、杨丽萍等以及博物馆专业2003级本科生尚珩、武俊华、杜建星、贺省军、薛哲、陈小三、柏宇亮、田伟、何培、王晓娟、郝丽君、郭艳、王潇慧、秦艳兰、王科宇、景闻等。文中插图由张永正、刘辉绘制。

执笔者：王　炜　赵　杰　张　丽

（原载于《考古学集刊》第22期）

① 中国社会科学院考古研究所：《中国考古学·秦汉卷》，中国社会科学出版社，2010年。

容城县北城村遗址发掘收获

肖小勇　史殿海　方　清　杨卫东　黄涿生

北城村遗址位于河北省容城县容城镇（县城）北偏东约2千米，北城村南约1.4千米，容城镇至北城村一条简易公路的东侧（图一）。2006年4～7月，为配合河北省南水北调中线天津干渠工程建设，内蒙古文物考古研究所、涿州市文物保管所及中央民族大学民族学与社会学学院博物馆学专业合作，对北城村遗址进行了发掘。发掘工作历时3个月余，发掘到包括新石器时代中期遗迹与遗物在内的一批重要考古文化遗存。本文择要介绍这次发掘的主要收获。

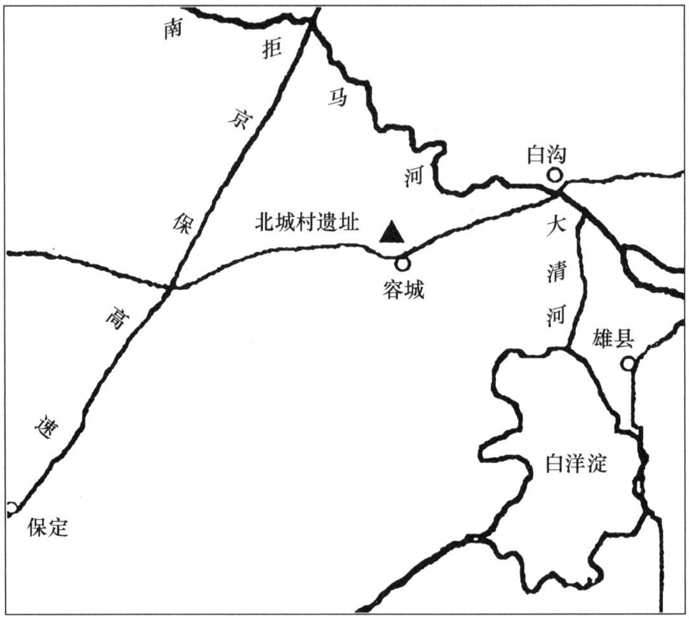

图一　遗址位置示意图

北城村遗址地处容城县中部。容城县位于冀中平原中部大清河冲积扇上。冲积扇西起太行山麓，北、东、南三面分别为南拒马河、大清河、白洋淀及萍河环绕，海拔7.5～19.5米，地势平缓，地下水丰富，自然条件较好，距今7500年前，人类就已经在这里生息繁衍。据北城村遗址仅约3千米的上坡遗址，发现有属新石器时代早期的磁山文化遗存。

这次发掘采用GPS定位仪对遗址进行了定位，测得地理坐标为N39°04′10.0″，

E115°51′43.8″，海拔13.2米。发掘工作开始前，对遗址进行了全面调查、勘探，其分布范围大致为南北宽约120米，东西长约160米，面积约19000平方米（图二）。

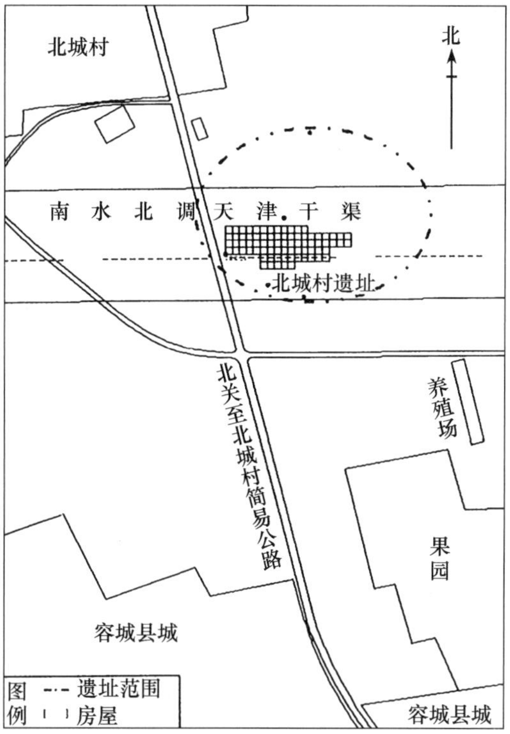

图二　遗址范围示意图

原计划发掘面积1400平方米。发掘中发现遗址包含有十分重要的新石器时代文化层，且文化层堆积较厚，其丰富的遗迹、遗物显示出富有特色的文化面貌。考虑到可能具有重要的学术价值，经河北省文物局批准，增加发掘面积600平方米。因此，实际发掘面积共2000平方米。

这次发掘获得了该遗址的准确地层及遗迹与地层间的层位关系，除第一层耕土层外，共含有4个文化层。根据地层及遗迹、遗物特征，可以确定北城村遗址主要包括两个阶段的文化遗存。第一阶段的文化遗存位于第2层，是金、元及其以后时期的文化遗存。第二阶段的文化遗存分布在第3～5层，属于新石器时代文化层。

本次发掘共发现107个遗迹单位，属金、元等时期的有井3口、沟4条和墓葬1座，属新石器时代的有房址15座、灰坑82个、沟2条。出土遗物5000余件，其中绝大部分为新石器时代的石器和陶片。新石器时代文化遗存是本次发掘最重要的发现，从遗迹、遗物特征判断，其时代似当新石器时代中早期，文化面貌与后冈一期文化较接近，可能属于向后冈一期文化过渡的阶段。

通过地面调查、钻探及发掘，以及对所出文物的研究，可以对北城村遗址形成一个比较准确的认识。

一、地层堆积

遗址地表为农耕地，总体上平坦开阔，但也可见到处分布着因生活取土而挖掘形成的一处处洼地。这种挖掘已对遗址文化堆积造成一定破坏，挖掘较浅的地方以及现代耕种，已使得遗址范围内部分地域的晚期地层遭到扰乱甚至不存，挖掘较深的地方，则全部文化堆积被完全挖掉，文化遗迹已荡然无存。

发掘区位于遗址的西南部，是遗迹、遗物分布最集中的地方。正中有一条大致呈南北向的约50厘米高的陡坡，以此陡坡为界，发掘区被分成东、西两部分，两个部分地表均近乎水平，但二者之间存在明显高差，即东部比西部地势高约50厘米。东部因地势较高，保存的文化堆积也较厚，平均厚约1.15米，划分有5个大的地层。西部地表因低于原地面，即上部被挖掉而使地表降低，因此文化堆积也较薄，除少数探方保存有3个文化层外，基本上都仅存2个文化层，即位于文化堆积顶部的金、元等文化层及少量上部新石器时代文化层已不存，揭去耕土层后，即进入新石器时代文化层。

耕土层厚约0.2米，耕土层之下即为文化层。东部文化层厚约0.95米，西部文化层厚约0.5米。地层的具体分布为：第1层为耕土层（包括扰土层），2层以下为文化层，其中第2层仅分布于东部，第3层仅分布在西部5个探方，第4、5层东、西两区均匀分布。5层下为生土。总体上看，发掘区各部分文化层分布较均匀。现以能同时反映发掘区东、西两部分地层堆积情况的T0111南壁剖面为例，对地层堆积情况具体说明如下（图三）。

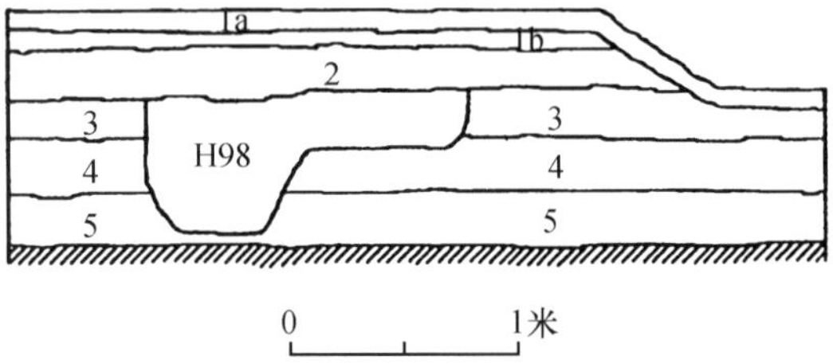

图三　T0111南壁剖面图
1a. 耕土层　1b. 扰土层　2～5. 文化层

第1层　包括1a和1b层。1a层为耕土层。灰褐色混合土，土质疏松，内含植物根须，少量陶瓷片等。厚约10厘米。1b层为扰土层。灰褐色土，较1a层纯净，土质略细密，包含的植物根须减少，有少量陶瓷片等遗物。厚约10厘米。此层下开口现代井1口、现代窖穴3个和大量现代扰坑、扰沟，以及1条废弃的现代马车路。

第2层　金、元及明清文化层。浅暖褐色土，土质较疏松，内含碎青砖渣和青砖块。遗物较多，出土大量青、白黑、酱黄、青花瓷片和釉陶片，以及个别青铜、玉和石器等。厚约30～40厘米。此层下开口沟4条、井2口、灰坑4个、墓葬1座，其中沟、井和墓葬属元明时期。

第3层　新石器时代文化层。红褐色土，较致密，东部高台上各探方均匀分布，西半部仅5个探方有少量分布。包含有稀疏的炭渣、草木灰和烧土粒等，出土少量泥质红、灰陶，夹砂红、灰陶残片。厚约15厘米。此层下开口房址11个、沟1条、灰坑33个。

第4层　新石器时代文化层。暗褐色土，致密，夹炭渣、草木灰、烧土粒，各探方均分布。出土泥质灰陶、红陶，夹砂灰陶、红陶，夹云母红陶陶片。厚约20～25厘米。此层下开口房址4个、沟1条、灰坑45个。

第5层　新石器时代文化层。浅褐色土略呈灰色，土质致密，夹较多白色颗粒，包含少量烧土粒及炭渣，各探方均分布。遗物极少。厚约25厘米。此层下为灰白色夹礓石、质密坚硬的生土。

二、遗　迹

包括房址、灰坑、沟、井、墓葬五类（图四）。

1. 房址

15座（编号F1～F15），其中，11座（F2～F9、F12、F13、F15）开口于第3层下，4座

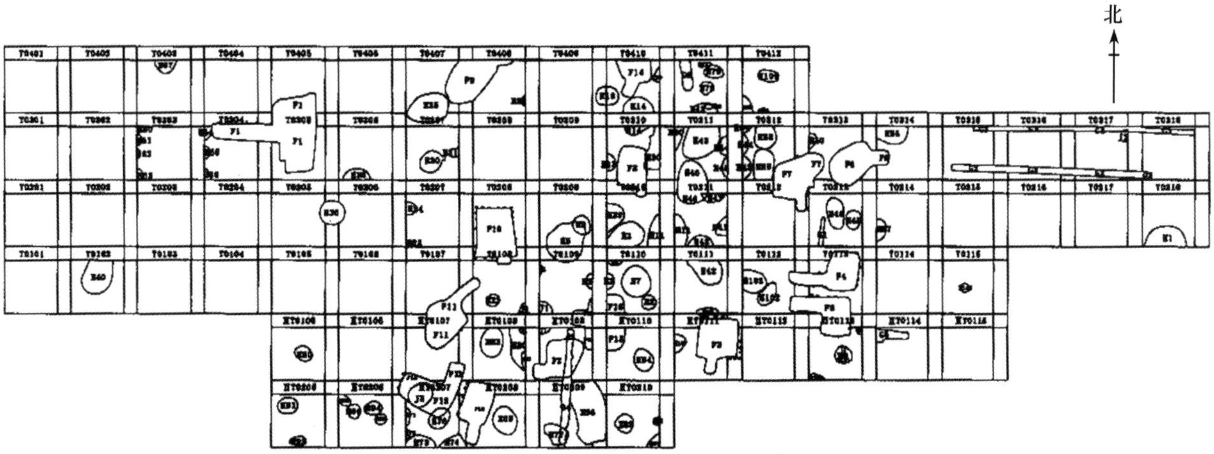

图四　遗迹总平面图

（F1、F10、F11、F14）开口于第4层下。均为半地穴式，长方形或不规则长方形。门道有三种，即斜坡式、阶梯式和竖穴式。门道的方向不一致，但大致多朝西、南或东，个别朝东北方向。房址大小一般长约3.5米，宽约2～2.5米，地穴深0.6～0.9米。门道宽约0.7米。现以F1、F2和F3为例，说明如下。

F1　位于遗址西部，开口于第4层下，打破第5层和生土。为半地穴式，平面略呈“凸”字形。房室大致呈长方形，不很规整，长约5.8米，宽约3.15米，地穴深0.9米。门向270度。房间正中略偏东南分布有很厚的灰烬层、烧土及陶支座，当为火塘所在。火塘位置略低于周围地面。室内南部有5个柱洞。东面和北面有平台，平台上有9个柱洞。门道位于房西壁中部偏北，朝西开，为长条形斜坡式，门道北壁有6个柱洞。门道长4.9米，宽1～1.3米（图五）。

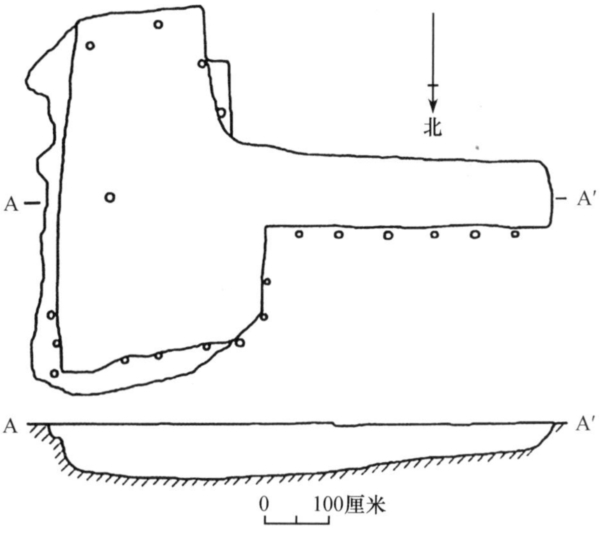

图五　F1平、剖面图

F2　位于发掘区中部偏南，开口于第3层下，打破第4、5层和生土。半地穴式，平面略呈刀形。房室略呈圆角方形，但不规则，长约2.7米，宽2.6米，地穴深0.75米。门向西偏南。室内东南部较低，堆积较厚的灰烬和烧土，出土陶支座一个，为火塘处；西北部较高，呈台状。门道位于房子西南角，朝向西略偏南，为阶梯式，共有3级台阶。门道长1.2米，宽1米。出土陶支座1件、石锥1件、复原红顶盆2件及大量陶片（图六）。

F3　位于发掘区东南部，开口于第3层下，打破第4、5层和生土，东北角被一座现代窖穴打破。半地穴式，平面略呈“凸”字形。房室近似方形，南头略大，长2.6～3.05米，宽2.75米，地穴深0.6～0.75米。门向南略偏西。室内东北部堆积深厚的灰烬和烧土，内含大量陶片，当为火塘；西部形成一条土台，高约15厘米。房四周当有密集的柱洞，沿西、北、东三面及南壁东半部共发现柱洞12个，柱洞平面均为圆形，直径约13～20厘米，深约40厘米。门道位于房南壁正中，竖穴式，长0.7米，宽0.65米，深0.6米（图七、图八）。

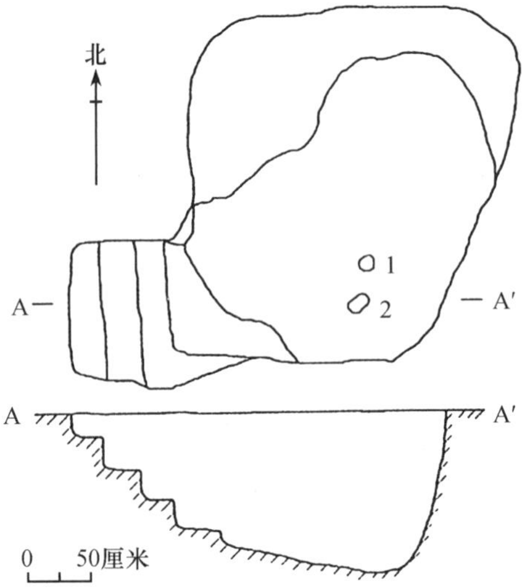

图六　F2平、剖面图

1、2. 陶支座

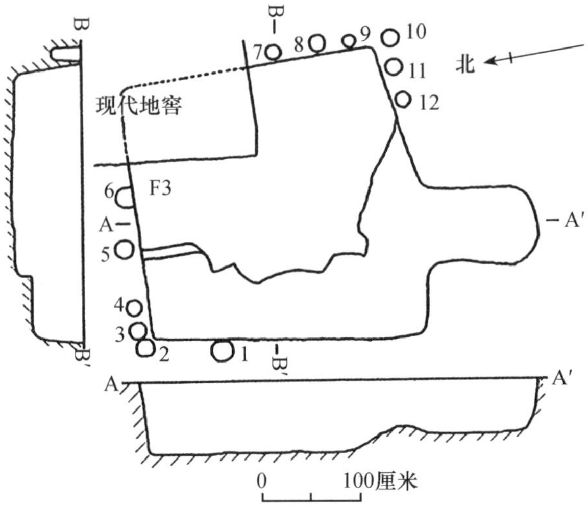

图七　F3平、剖面图

1～12. 柱洞

图八　F3

2. 灰坑

82个（编号H1～H3、H6～H9、H11、H13、H14、H16、H19、H20、H22、H24、H25、H30～H32、H35、H36、H38～H50、H54、H56～H69、H71～H74、H76～H80、H82、H84～H107），其中4个（H96～H99）开口于第2层下，33个（H1～H3、H6～H9、H30～H32、H35、H36、H38、H39、H50、H56、H57、H67～H69、H71～H74、H76、H77、H84、H85、H88、H89、H100、H101、H107）开口于第3层下，45个（H11、H13、H14、H16、H19、H20、H22、H24、H25、H40～H49、H54、H58～H66、H78～H80、H82、H86、H87、H90～H95、H102～H104、H106）开口于第4层下。灰坑平面多为圆形或椭圆形，少量形状不很规则。坑壁分直壁、斜壁或弧壁两类。坑底多为圜底，少量平底。灰坑填土多含红烧土、炭渣和较多的草木灰，土色呈灰黑色，土质较疏松。坑内包含遗物丰富，主要是泥质、夹云母红陶、灰陶和褐陶片。现以H14、H22、H31、H46和H106为例，说明如下。

H14　位于发掘区中北部，开口于第4层下，打破第5层和生土。坑口平面呈圆形，直壁，平底。填土暗灰色，包含有草木灰和炭渣，遗物较少，仅少量红陶片。口径2.25米，坑深0.6米（图九）。

H22　位于发掘区中部，开口于第4层下，打破第5层和生土。坑口平面呈椭圆形，斜弧壁，圜底较平。填土呈灰褐色，较致密，含红烧土块、炭渣。出土大量陶片，主要为泥质、夹砂红陶，也有少量夹云母红陶和泥质灰陶。器类有釜、盆、钵等。坑口长径1米，短径0.85米，深0.45米（图一〇）。

H31　位于发掘区西部，开口于第3层下，打破第4、5层。坑口平面大致呈椭圆形，坑壁较直，平底。填土为灰褐色硬胶土，包含有红烧土块、草木灰和炭渣，仅出土少量夹云母灰陶片。坑口长径0.9米，短径0.6米，深0.45米（图一一）。

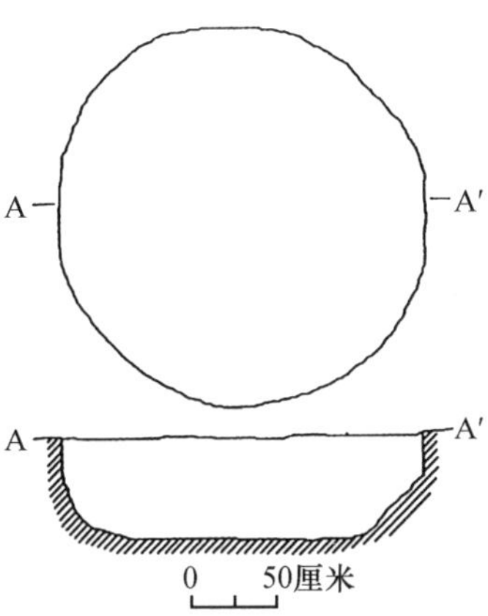

图九　H14平、剖面图

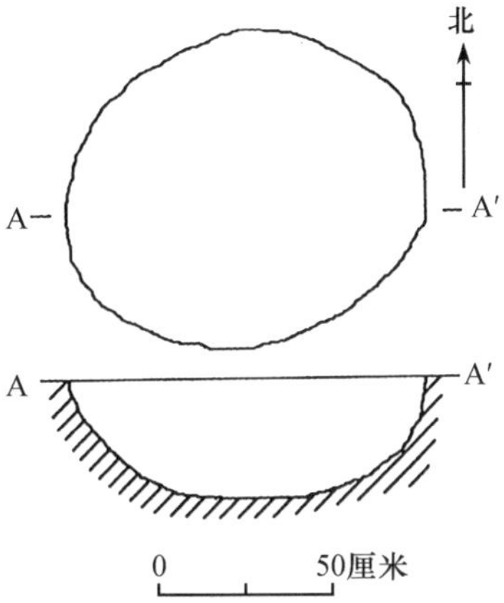

图一〇　H22平、剖面图

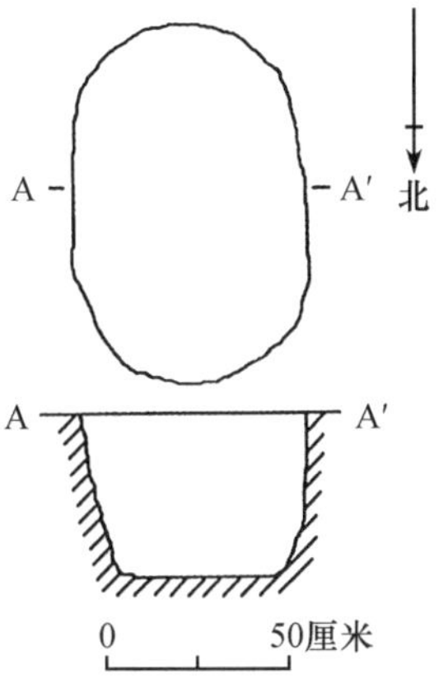

图一一　H31平、剖面图

H46　位于发掘区中部偏北，开口于第4层下，打破第5层及生土。坑口平面呈椭圆形，斜壁圜底。填土为灰黑色花土，土质较密，夹杂有红烧土块、草木灰、炭渣、石器和大量陶片。石器为石斧，陶片有泥质、夹砂红陶、褐陶。坑口长径3.16米，短径2.3米，深1.02米（图一二）。

H106　位于发掘区中部北端，开口于第4层下，打破第5层和生土。坑口平面呈椭圆形，坑壁斜直，底较平。填土为灰褐色花土，包含有红烧土块、草木灰及炭渣。遗物较少，仅出土少量红陶片。坑口长径1.57米，短径0.87米，深0.52米（图一三）。

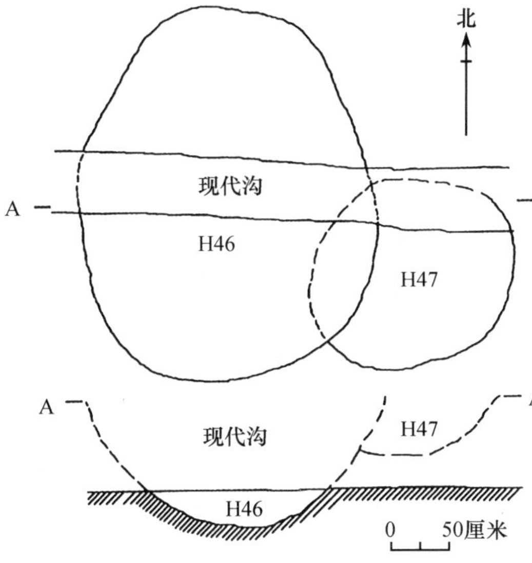

图一二　H46平、剖面图

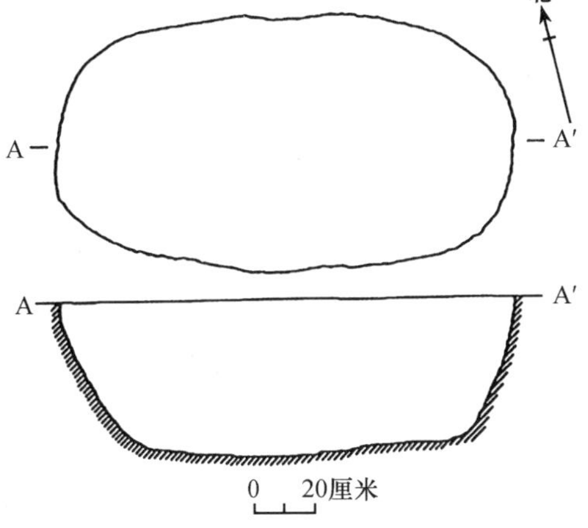

图一三　H106平、剖面图

3. 沟

6条（编号G1～G6），其中4条（G1～G4）开口于第2层下，填土为五花土，含青砖块和小瓷片，从地层及包含物判断，应为金元明时期遗迹。还有1条（G5）开口于第3层下，1条（G6）开口于第4层下，这两条沟填土为暗褐色，出土红陶片，据地层及包含物分析，应属新石器时代。现以G5和G6为例，说明如下。

G5　位于发掘区东南部，开口于第 3层下，打破第4、5层及生土。形状不规则，弯曲且宽窄不一，沟长约4米，宽0.8～2.3米，深1米。沟内填土灰褐色，土质松软。出土泥质红褐陶、夹云母灰陶片等。

G6　位于发掘区中部北沿，向北延伸至发掘区外。开口于第4层下。长条形，略微弯曲，不很规则。沟内填土为红褐色土，较致密，含炭渣和钙化固体颗粒。未见陶片等遗物。沟发掘部分长2.4米，宽0.8米，深0.18米。

4. 井

3口（编号J1～J3），其中1口（J1）开口于第1层下，2口（J2～ J3）开口于第2层下。均为圆形直壁深井，井口平面呈圆形。井内填土为灰色混合土，土质疏松，包含较多的青砖块、礓石和炭渣，较丰富的青、白、青花等多种瓷片，也出土少量红陶片。据地层和包含物分析，三口井均属元明时期以后的遗迹。现以J1和J2为例，说明如下。

J1　位于发掘区中南部，开口于第1层下，开口距地表20厘米。平面呈圆形，井壁直，深4.15米。填土为五花土，土质较疏松，包含多金、元、明及清代瓷片，据此推断，当属这一时期的遗迹。

J2　位于发掘区东北角，开口于第2层下。平面呈圆形，壁直。井内填土上部为含礓石的砂粒土，包含较多青花等瓷片；下层为灰色混合土，含草木灰、炭渣、红陶片及青砖碎块。该井未发掘到底，据探测深度为3.5米。据地层及包含物分析，时代约属元明清时期。

5. 墓葬

1座（编号M1），位于发掘区东南角，开口于第2层下。墓葬平面呈圆形，土坑竖穴，墓壁直，墓底平。墓内填土为灰褐色五花土，土质疏松，包含有大量青砖及其碎块。墓葬已被完全破坏，推测原应为砖室墓。墓内未见任何遗物，仅存3根手指骨。墓直径3.1米，深1.25米。据层位关系、墓葬形制与青砖特征等判断，该墓似应属元代。

三、遗　　物

共出土石、陶、青铜、瓷等各类遗物5000余件，其中石器100余件，复原陶器18件，陶片5000余件，青铜器1件，瓷片数百件。现按发质地分别介绍如下。

1. 石器

100余件，除1件玉簪为装饰品外，均为生产工具。器类以斧、磨石、磨盘、磨棒为多，也有杵、锥、镰、石叶、石球、砍砸器等。多磨制，部分石器经过磨光加工，器型规整，少量则仅经简单加工。除玉簪外，石器均出土于新石器时代文化层及其遗迹。

玉簪　1件。标本ⅡT0115②：001，系乳白色羊脂玉经抛光加工而成，晶莹剔透，玉质含褐色斑纹；一端残断，向另一端渐细，端部尖圆。残长4厘米，直径0.3厘米。似属明清时期遗物。

石斧　8件。均通体磨光，制作较精，体扁平，平面略呈梯形。通体自肩部向刃部变宽，刃部呈弧形，两面开刃，但偏向一面。标本H46：002，保存完整，器形规整精致，刃部锋利，呈圆弧状偏向正面，最长处6.7厘米，最宽处5厘米，最厚处1.2厘米（图一四，7）。标本F4：002，保存完整，磨光较细，平面近似椭圆形，肩部平直，两侧呈弧形，弧刃，有使用所致的疤痕，最长6.7厘米，最宽4.3厘米，最厚1.4厘米（图一四，1）。标本H46：5，形制同标本H46：002，但制作较粗糙，梯形，肩部较平、刃部弧度较小，偏向一面，最长6.3米，最宽4.1厘米，最厚1.4厘米（图一四，3）。标本H15：001，长11厘米，宽6.8厘米，厚3.2厘米（图一四，2）。

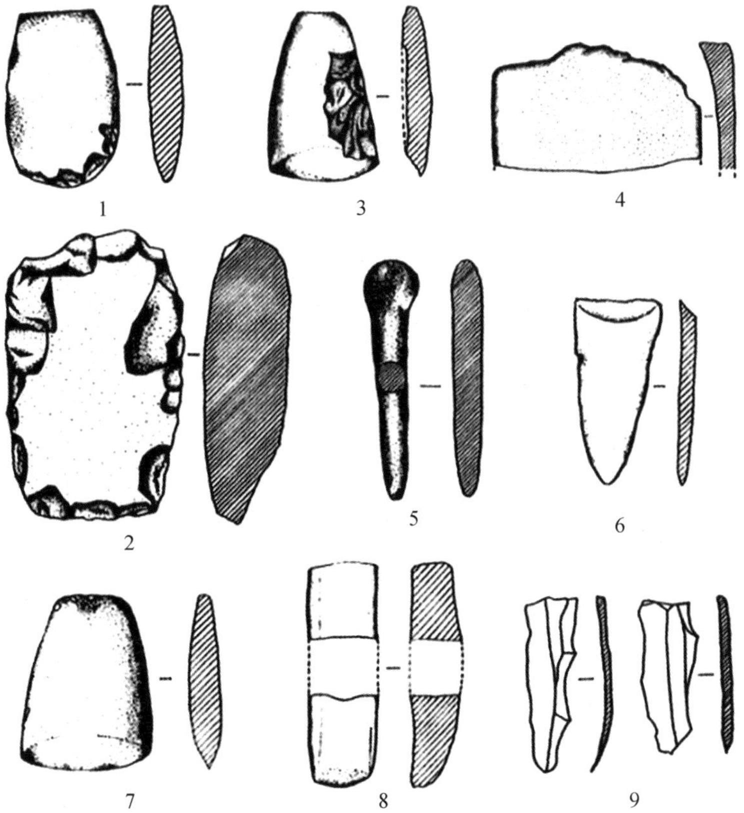

图一四　新石器时代石器

1～3、7. 石斧（F4：002，H15：001，H46：5，H46：002）　4. 磨盘（H76：001）　5. 石锥（F2：001）　6. 石镰（H24：001）　8. 磨棒（T0408②：3）　9. 细石叶（H3：004，F4：001）　（1～3、6、7为1/3，4为1/8，5为1/6，8为1/7，9为1/1.5）

磨石　均残，形状不规则。

磨盘、磨棒　数量较多，但均残，尤其以磨盘为甚，从残存部分及石磨棒的形制判断，磨盘平面基本呈椭圆形，但多数形状不很规则，少数磨盘边缘经过加工。标本H76：001，残断，形制较规整，平面呈椭圆形，两侧边缘经过加工打磨，因而较圆滑齐整，正面中心略内凹，背面较平，宽24.4厘米，残长15.8厘米，厚1.1～4.7厘米（图一四，4）。磨棒形制较规整，均作横截面呈椭圆形的圆柱体，但向磨面略弯曲。标本T0408②：3，残断，横截面呈较扁的椭圆形，平面呈长椭圆形，向磨面略弯曲，残长20厘米，宽6.7厘米，厚2.8厘米（图一四，8）。

杵　数量较少，多呈圆柱体，杵头呈圆形，有明显的使用痕迹。

锥　1件。标本F2：001，完整，较粗大，当亦作杵用，圆锥体，但尖头较钝，另一头呈圆钮状。长18厘米，顶径4厘米（图一四，5）。

镰　1件。标本H24：001，残断，仅存尖部，尖头、两侧均开刃。残长7厘米，厚0.5厘米（图一四，6）。

细石叶　2件。石料为石英岩，打制。一头尖，另一头渐宽，两面开刃，单脊。标本F4：001，褐色石英岩质，长3厘米，最宽1厘米，厚0.1～0.5厘米。标本H3：004，尖头向一面弯曲，长3.3厘米，厚0.15厘米（图一四，9）。

2. 陶器

共出土陶片5000余件，除500余件出自金元明文化层及其遗迹外，其余均出自第3层及其以下新石器时代文化层与各类遗迹，复原陶器18件。本文仅介绍新石器时代陶器。

出土陶器基本上是生活用具。陶质以泥质陶为主，约占61%；夹云母陶次之，约占38%；夹砂陶仅占不到1%。夹砂陶基本上是夹细砂，砂粒细小均匀。泥质陶为经淘洗的细泥陶，钵类泥质陶器胎极薄。夹云母陶一般是炊煮器，器胎中均匀地掺和大量白色的云母片。陶色以红陶为主，约占46%，灰陶和褐陶各占27%，另有极少量黑陶，但颜色并非纯黑，略呈灰调，不过比常见的灰色要黑得多。陶色与质地的分配很不均匀，泥质陶中，红陶为主，约占65%；灰陶次之，约占33%；褐陶很少，仅占2%。夹云母陶以褐陶为主，约占67%；红陶和灰陶比例相近，分别约占17%和16%。夹砂陶中，只有红陶和褐陶两种，主要是红陶，约占93%，褐陶仅占7%。泥质陶主要是碗、钵、壶、瓶等器类，夹砂陶主要是罐等器类，夹云母陶主要是釜、鼎等器类。陶器除部分器盖上饰有指甲纹或楔点纹外，均为素面陶，不见彩陶。泥质陶器表多经磨光加工，十分光滑。红顶碗、红顶钵、红顶盆占相当大的比重。陶器制法基本上是手制，极少量轮制，不少有慢轮加工的痕迹。部分器内壁见有工具刮、抹遗留下的痕迹。器形比较规整，但并不完全对称。烧制火候不很高，器质较酥软。器形多圜底器、平底器，三足器较少，不见圈足器。可辨器形的陶片约1550余件，陶器种类有釜、鼎、罐、壶、小口瓶、盆、钵、碗、器盖、支座、纺轮、环等，完整及复原陶器共18件。据可辨器类统计，绝大部分是炊饮器，其中釜、钵占较大比例，鼎、罐、瓶、支座较少，另有几件陶环。

釜　均为夹云母陶质，素面，多为侈口，卷沿，溜肩，腹部较圆，圜底，器形较大，器胎较厚；口沿变化多样，有些口沿较直，有些略向外侧倾斜，有些则变成平沿甚至下悬。复原1件（H40：1），侈口，卷沿近折，圆唇，腹较直，圜底，口径39.5厘米，深32厘米，胎厚0.8～1厘米（图一五，1；图一六，2）。

鼎　出土5件鼎足，无完整器，亦未见足与腹部相接处的陶片，因此无法判断鼎身及总体形制。5件鼎足形制、大小均不相同，属于5件不同的鼎，大体可分为三类，一类是“V”字形双腿足（1件），一类是高足（1件），一类是矮足（3件）。

罐　数量较少，仅见口沿残片和器底，均无法复原。主要为夹砂红陶质，部分夹杂少量云母片，器形较小，平底。

壶　占一定比例，均泥质红陶，为小口，直领、宽肩、深腹、平底、双系壶，器壁较厚。分两种类型，一类为双系耳，另一类为双腹耳。系耳位于器颈与器腹之间的肩部，弓形，上部加大形成较锐的角，正面较窄。腹耳应位于器腹部，位置较系耳为低，弓形，耳较大，正面较宽。复原2件，均为双系壶。标本H43：002，小口略外侈，直领圆唇，斜肩，双系，鼓腹，平

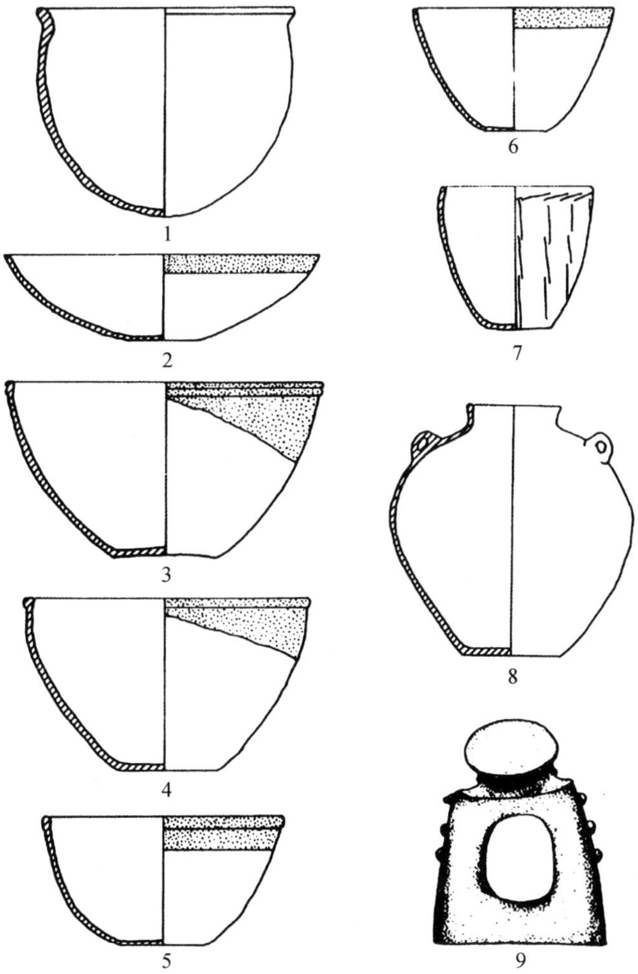

图一五　新石器时代陶器

1. 釜（H40：1）　2. 红顶钵（H43：001）　3. 红顶盆（F2：003）　4. 红顶盆（F2：004）　5. 红顶碗（H3：005）　6. 红陶碗（H53：001）　7. 黑陶碗（H95：001）　8. 双系壶（H43：002）　9. Ⅰ型支座（F2：002）（1为1/8，2为1/5，余为1/6）

底，口径9.5厘米，最大腹径28厘米，底径12厘米，高28.8厘米（图一五，8；图一六，4）。

小口瓶　仅一件口沿残件。泥质红陶，手制，侈口，卷沿，圆唇。

盆　均为泥质陶，手制，使用慢轮加工。分红陶盆和红顶盆两类。按腹部特征可划分为斜腹盆和折腹盆。盆的数量占相当比例，口沿变化也较大，但主要以敞口、近方的圆唇、口外侧加厚形成凸棱、深腹、平底为特征，部分口沿外翻，形成大卷沿。复原2件，均为泥质灰陶红顶盆。标本F2：004，敞口，口沿外侧有一条凸棱，内壁红色，外壁自口沿至腹部即上半部为红色，腹部至底部为灰色，口径30.5厘米，底径11.5厘米，高18.4厘米（图一五，4；图一六，3）。标本F2：003，敞口，口沿外侧有一双突棱，内壁红色，外壁自口沿下至腹部为红色，红顶不匀，向一侧倾斜，底略内凹，口径34厘米，底径11厘米，高19厘米（图一五，3）。

钵　数量多，变化大，基本上为细泥红陶或灰陶，即上部红色下部灰色的红顶钵，仅个别颜色较深，近似黑陶。器壁薄，表面经打磨加工。敞口，圆唇或近尖唇，部分有外翻的小沿。斜腹，圜底或小平底，部分底部有一凹圈。复原7件。标本H43：001，红顶钵，小平底，口径

图一六　新石器时代陶器

1. Ⅰ型支座（F2：002）　2. 釜（H40：1）　3. 红顶盆（F2：004）

4. 双系壶（H43：002）　5. 黑陶碗（H95：001）　6. 红顶钵（H43：001）

30厘米，底径8厘米，高9厘米（图一五，2；图一六，6）。

碗 占一定数量，其中一件为泥质黑陶，余为泥质红陶。敞口，深腹，平底，部分口沿外侧加厚。分黑陶碗、红陶碗和红顶碗三类。复原3件。标本H95：001，黑陶碗，口径16.7厘米，底径6.6厘米，高15.2厘米（图一五，7；图一六，5）。标本H53：001，红陶碗，口径22.8厘米，底径7.2厘米，高13.8厘米（图一五，6），标本H3：005，红顶碗，口径27厘米，底径10厘米，高14厘米（图一五，5）。

器盖 夹砂或夹云母陶质，器胎较厚，中心有纽，多呈喇叭状。器盖正面环绕盖钮一般饰以双排或多排呈放射形排列的指甲纹。

支座 较好者4件，分两型。Ⅰ型，体较大，顶部呈圆形，中部中间有一椭圆形大孔，底部呈椭圆形。Ⅱ型，顶部残，身较直，中部无孔，底部椭圆形，外侧面饰以由刻划直线组成的方格纹。一些房址灰烬堆积处往往还见有较大块的红烧土，似起到支座相同的作用。标本F2：002，Ⅰ型支座，两侧各有两排乳钉，每排3个，顶和身之间形成一圈内凹的颈部和平台式的肩部，顶径12厘米，通高25厘米，底长径20厘米，短径18厘米（图一五，9；图一六，1）。

环 数量很少，可能属于装饰品。

3. 青铜器

1件。发现于第2层，应属于元明时期遗物，形似剑，但极小，可能是模型，非实用器。

4. 釉陶与瓷器

金元明文化层出土大量瓷片和少量釉陶片。瓷片主要有青、白、黑、酱黄、青花和彩瓷，可辨器型主要有碗、杯和罐等。

四、结　语

北城村遗址地层关系总体上比较清晰，主要包含金元明时期和新石器时代两个阶段的文化遗存。这两个阶段之间时代的地层缺失，说明这一地区环境可能发生过变化，或者人类活动可能曾有过一段时期的中断。金元明时期文化的遗迹主要有沟和井，少量灰坑，还有一座墓葬；遗物以各类瓷片为特色。

新石器时代文化遗存的发现是这次发掘最重要的收获。所发现的遗迹主要开口于第3、4文化层之下，地层关系清楚。发现的15座房址中，11座开口于第3层下，4座开口于第4层下。灰坑的数量最多，共78个，其中33个开口于第3层下，45个开口于第4层下。第5层只见到极少量陶片。此外，还发现了4组具有打破叠压关系的遗迹，这为该遗址新石器时代文化的分期断代提供了较好的支撑材料。

遗迹类型包括相当数量的房址、大量灰坑和少量的沟。遗物主要是石、陶器。石器数量不大，器类简单。陶器数量大，器类较多，且每一类型又有许多变化，在文化方面显示出多样性特征，在时代方面也呈现明显的延续和发展变化的特点，加上清楚的层位关系，为探讨和研究该遗址的文化内涵与性质提供了较好的资料基础。

从初步观察来看，北城村遗址新石器时代遗存中，房址和灰坑等遗迹的布局比较杂乱，没有显现明显的统一规划。但另一方面，房址结构基本一致，表明具有共同的建筑文化传统。房址结构均为半地穴式，平面大致呈方形或长方形，一侧带斜坡式或简单阶梯式门道，规格较小，多数仅能供一两人居住。房址中心或略偏离中心位置是火塘所在，一般是略低于房址地平面的洼坑，显然是有意设置出来的。由于长期生火使用，形成平面分布范围较大的椭圆形灰烬堆积面，灰烬堆积层较厚，越往上灰烬面越宽。在火塘及灰烬堆积中往往有红烧土块，可能是灶的残迹，但未见它们构成成形的灶的现象，因此也可能是另一种形式的支座。发现的陶支座数量不多。结合圜底釜等陶器，推测其炊器可能使用圜底釜和支座或陶支座这样的组合。灰烬堆积中包含最多的是各类陶片，也有石器。在房址附近一般分布一两个灰坑，它们当与房址存在某种联系，甚至可视为一个整体。

出土陶器特征明显。就陶质而言，分为泥质陶、夹云母陶和夹砂陶三类，夹砂陶数量较少。陶质上的区别与陶器的用途直接相关，即泥质陶主要是壶、碗、钵、盆之类饮食器，而夹云母陶多为鼎、釜之类的炊煮器。红顶碗、钵、盆，小口双耳壶，圆腹圜底釜，陶支座，构成典型的组合特征。除器盖外，不见纹饰，均为素面陶，显示其文化面貌方面的原始性。又发现少量黑陶，似乎表明包含有多种文化因素。

与本地区其他新石器时代中早期文化比较，虽然距离上坡遗址只有几千米远，但二者相关因素并不明显。上坡遗址在1981～1982年进行过抢救性发掘，发现了新石器时代、先商和商代等文化遗存，其新石器早期文化遗存中，遗迹仅见灰坑，遗物有石器和陶器。陶器均为夹砂陶，不见泥质陶，陶色以红褐和灰褐为主，器形以盂和支座为主，常见压印和刻划的几何形纹饰，这些特征被认为与易县北福地一期乙类遗存非常相似[①]。但也有学者认为，由于陶盂和支座这两种器形的存在，因此显然可归入磁山文化系统[②]。北城村新石器遗存中与上坡新石器早期遗存最接近的是陶支座，但二者形制完全不同，因此二者之间应不属于同一文化系统。

从陶器组合特征看，北城村遗址文化面貌较接近于后冈一期偏早阶段。所出土陶器以釜、钵、碗、小口双耳壶、盆为基本器形，另有少量鼎和支座。后冈一期文化则以釜、支座为炊器，小口壶为饮器[③]。“后冈遗址下层遗存表现在陶器方面的基本特征是：以素面陶为主，含有部分彩陶，以鼎、壶、钵为基本组合”[④]。如果北城村新石器文化遗存与后冈一期文化属于同一系统，那么由于北城村遗址并无彩陶出现，而鼎似乎也才刚刚出现，仅占极小的比例，因此似乎要更早于后冈一期文化，很可能处于向后冈一期文化过渡的阶段。

北城村新石器文化圜底釜、小口双耳壶、敞口红顶钵，偶见鼎，不见彩陶的特征，也在易

---

① 河北省文物研究所等：《河北容城县上坡遗址发掘简报》，《考古》1999年第7期。

② 安志敏：《略论华北的早期新石器文化》，《考古》1984年第10期。

③ 乔登云：《豫北冀中南地区新石器时代考古回顾与展望》，《文物春秋》2001年第5期。

④ 张忠培、乔梁：《后冈一期文化研究》，《考古学报》1992年第3期。

县北福地遗址甲类遗存中流行，二者应有较紧密的关系[①]。

后冈一期文化的年代距今约6600年，据此推断，北城村遗址的时代应大致与其相当或略早。

北城村新石器时代文化遗存的发现，为冀中平原乃至华北地区新石器时代早期、中期文化发展演变提供了新的材料。由于其还显示出包含有多种文化因素，因此将有助于推进这一地区早期不同文化之间相互关系的研究。

绘图：涿州市文物保管所史殿海　张　瑞

清绘：中央民族大学民族学与社会学学院　王麟　熊国平　肖小勇

摄影：中央民族大学民族学与社会学学院　刘剑波

（原载于《文物春秋》2007年第3期）

① 张忠培、乔梁：《后冈一期文化研究》，《考古学报》1992年第3期。

容城县东牛东庄新石器时代与汉代遗址

张晓峥

遗址位于保定市容城县容城镇东牛东庄东北200米处，东北距午方村200米；此次揭露遗址面积1850平方米，出土遗物以陶器为大宗，种类有陶盆、罐、钵、壶、支脚、纺轮、环、釜、豆、瓮及石铲、石斧、石璧、石箭镞、刮削器、骨角等，共发现56座灰坑、8座房址、5条沟等重要文化遗迹，其文化内涵为新石器时代、汉代文化遗存。

新石器时代文化遗存发现39座灰坑、5座房址、3条沟，出土遗物为筒腹罐、斜腹盆、鼓腹钵、平底罐、器座、石斧、石箭镞等。此次发现平面多为近圆形、椭圆形、长方形等；多直壁、斜直壁，平底。房址门道方向为南向或东向，房址平面多为近似椭圆形，弧边长方形等。出土遗物以陶器为主，陶质以夹砂红陶为主，夹云母褐陶、泥质红陶比例较高；流行素面陶，纹饰有刮条纹、划纹、指甲纹等，有少量磨光陶，彩陶较少，纹样有横带纹、垂带纹、弧边三角纹等；陶器中平底器占绝大多数。器物群为：饰刮条纹饰筒腹罐（夹砂红陶）、敞口带双鋬耳斜腹盆（夹砂红陶）、敛口鼓腹钵（泥质红陶）、侈口折沿平底罐（羼云母褐陶）、器座（夹砂红褐陶）、高领侈口双系罐（夹砂褐陶）、小口瓮（夹砂褐陶）等最富特色。同时发现石斧、石锛、石箭镞、石环、石切割器等。

汉代文化遗存发现17座灰坑，3座房址，2条沟。出土遗物为侈沿釜、厚方唇瓮、卷沿罐、侈口盆、板瓦、筒瓦、石斧等。此次发现房址门道多被破坏，平面为马蹄形、椭圆形等。

东牛东庄遗址新石器时期文化遗存与昌平雪山一期、房山镇江营三期、容城上坡二期、易县北福地三期等类型文化面貌基本一致，这些文化遗存具有自身独特的文化特色：陶器中夹砂陶明显多于泥质陶，以红色、褐色为主，夹云母褐陶、羼谷壳褐陶有一定比例，流行素面陶，彩陶图案有横条纹、垂带纹、吊环纹、弧线三角形纹等。陶容器绝大多数为平底，极少带圈足，不见三足器，其相对年代为仰韶文化晚期。东牛东庄遗址5座半地穴房址是冀中地区仰韶文化晚期首次发现的古人类生活居址，南北排列成3排，与其周围灰坑形成一个相对独立古人类生活聚落，是研究冀中地区史前时代房屋筑造技术、房屋结构的演变以及聚落周围生态环境的重要的实物资料，同时为研究冀中地区古白洋淀区域环境的演变以及古人类生活方式与生态环境的互动关系提供重要科学依据。

（原载于《中国考古学年鉴（2014年）》）

河北容城县北张遗址发掘报告

邯郸市文物研究所　保定市文物研究所　容城县文物保管所

容城县北张遗址是在2002年7月，河北省文物研究所和容城县文物保管所在配合南水北调工程文物调查时发现的（当时定名为北张庄遗址），时代定为战国，保护级别为C级。在2004年4～6月，由邯郸市文物保护研究所会同保定文物管理处、容城县文物保管所组成联合考古队对北张遗址位于南水北调天津干渠内的区域进行了全面勘探，并对选取的三个发掘区进行了发掘。

北张遗址位于容城县城西约6千米处的南张镇北张村境内，南邻萍河，西为京广铁路和京深高速公路，北有拒马河，北张遗址便坐落于萍河与拒马河的冲积扇区。遗址的大部分范围在北张村东、北两侧，东西500余米、北南约300米。利用北张村的地名命名为北张遗址。地理坐标：东经115°47.62′～115°47.8′、北纬39°04.15′～39°04.38′，高程为13～14米。遗址向东和沙河遗址相连接。南水北调天津干渠从北张遗址的北部边缘自西向东穿过，在其范围内除容固公路、乡间道路及原容城县敬老院一处遗留建筑之外，全部为耕田，农作物以小麦为主，有少量的经济作物。地形平坦，地势呈斜坡状，由西北向东南平缓下降（图一）。

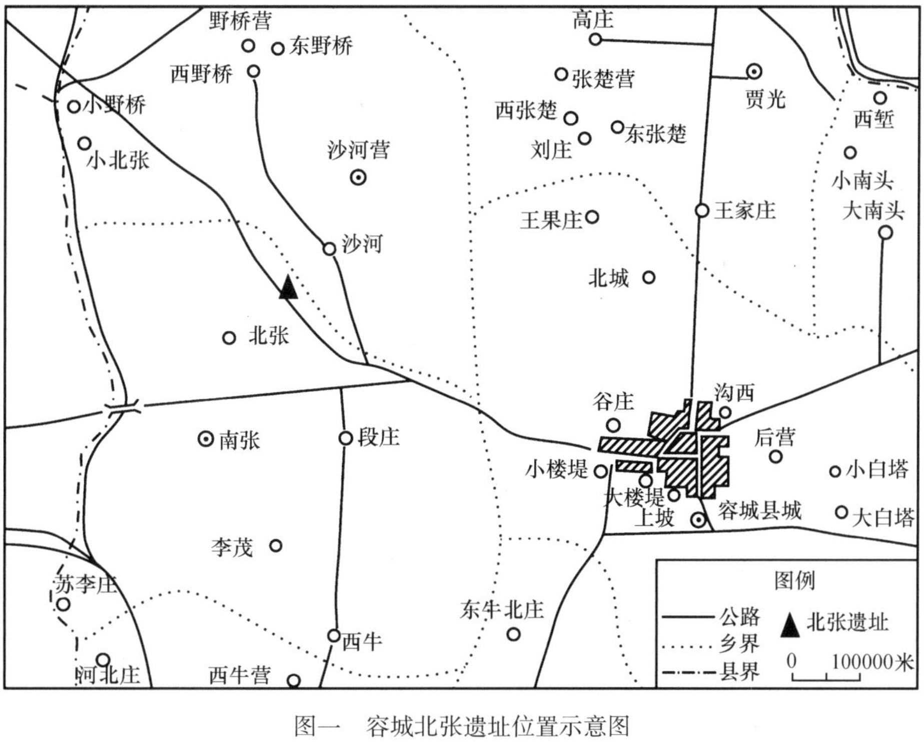

图一　容城北张遗址位置示意图

一、发掘分区与地层堆积

（一）发掘分区

北张遗址因长期遭受萍河与拒马河的自然冲刷及淤泥沙的堆积，致使北张村东、北地面形成不同的地貌，底层的叠压也各有差异，为了便于记录和叙述等工作的方便，我们根据实地勘探提供的资料，将发掘分为三个区域，自南向北编号为RBⅠ、RBⅡ、RBⅢ区（“RB”分别是容城县、北张村，两个行政单位的“容”和“北”二字首位拼音字母的缩写，在本文中，为了文字的简练，将“RB”省略，下同）。在各个区域之内选取重点地带布设探方进行了发掘（图二）。每区发掘探方的数目根据实际情况而设定，采用5米×5米、方向为0°的探方。发掘依据探方地层堆积关系逐层揭取，并有文字记录，各类遗迹分门别类进行统计，建立单体遗迹档案袋，录入有关发掘资料（图三）。

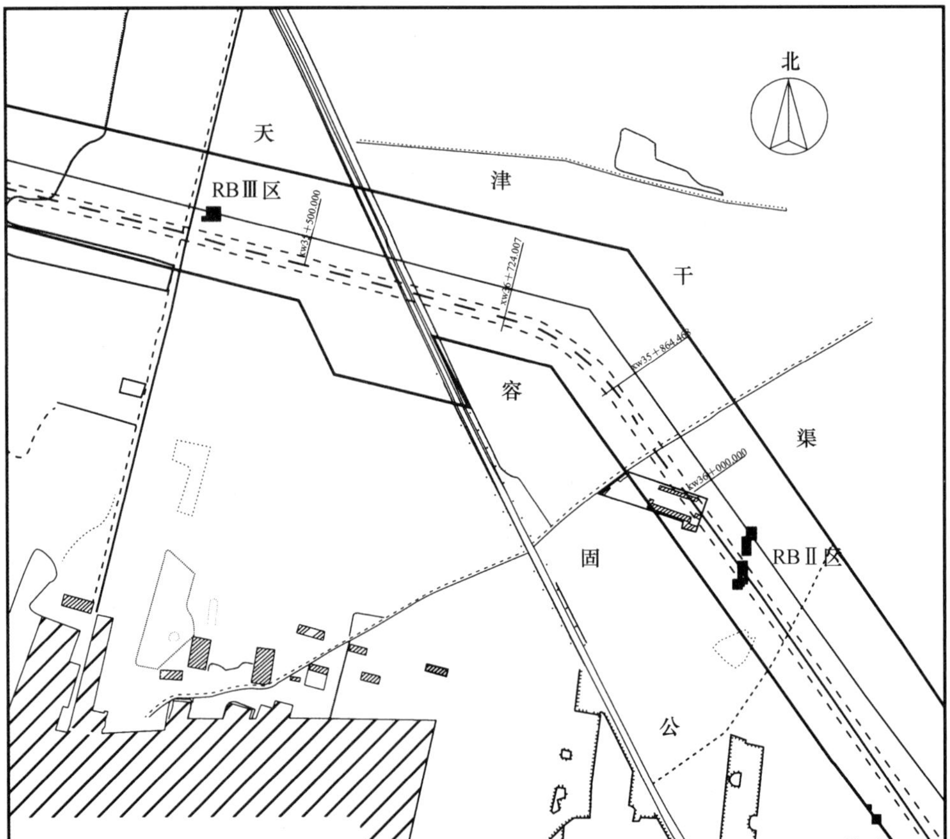

图二　容城北张遗址发掘区位置分布图

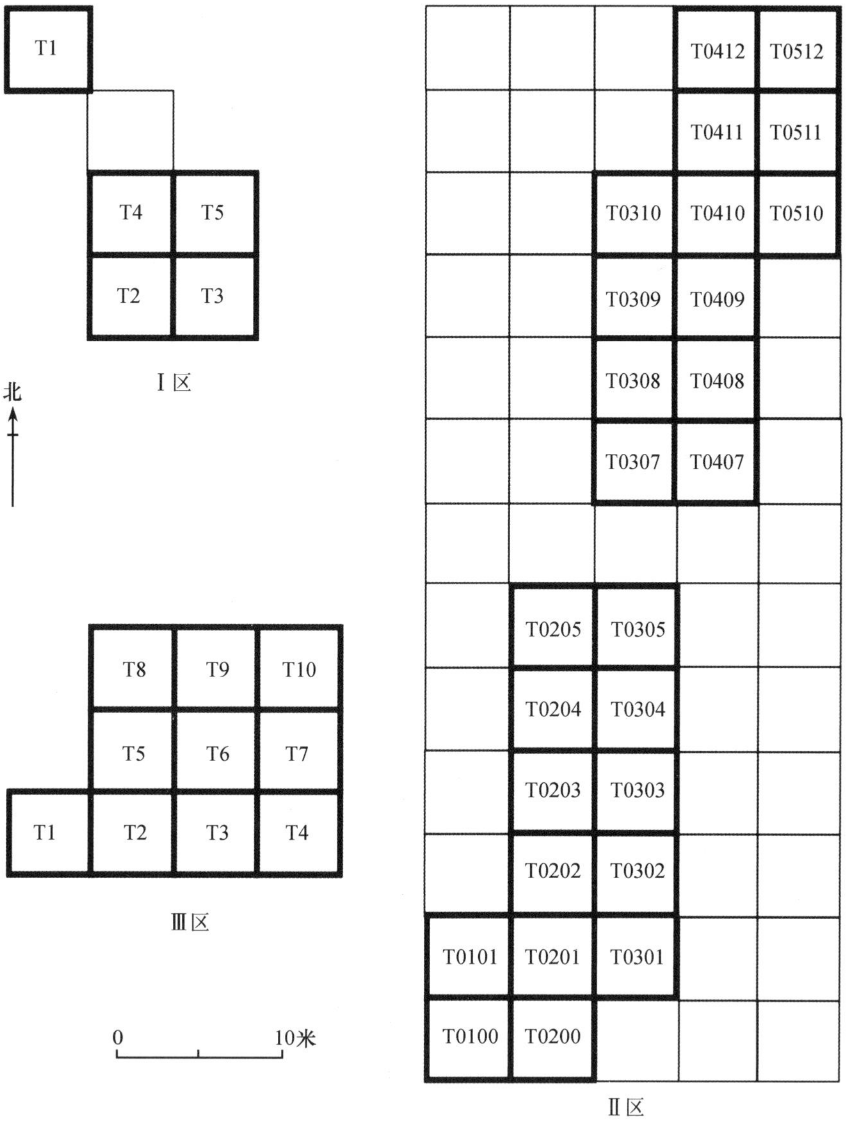

图三　北张遗址各区探方平面布局图

第Ⅰ区，位于北张村东通往容（城）固（城）公路的砖铺大道北侧约20米处，西距北张村民宅约300米。四周土皆被挖取深2米多，形成岛状，现存有现代坟墓若干，从断面看也有墓葬埋于其间，村民说这一片是“刘家老坟”。现植农作物为小麦。发掘探方5个，主要是发现先商时期的灰坑和灰沟、清代墓葬。

第Ⅱ区，位于天津干渠段TJGQ36+076～36+108处，北张村东北约300米处，东距沙河村100米，西距原容城县敬老院东墙50米，北张村与沙河村的农田交界处。西有西南至东北向的村间大道，东有西北至东南的田间小路。发掘区中心的高程13.8米，较四周高出0.3～0.5米。现植农作物为小麦。发掘探方26个，主要是发现灰坑、水渠、水井及墓葬等遗迹。

第Ⅲ区，位于天津干渠段TJGQ35+371～35+391处，南距北张村民宅约380米，北距容（城）固（城）公路200米，在北张村村北的野桥道东侧2米处。“野桥道”是指北张村向北通往野桥村约4千米的一条村间大道，野桥村又分为野桥营、东野桥、西野桥，三个村聚在一起，呈三角形，当地村民将这条笔直、宽敞的道路俗称为“野桥道”。发掘探方10个，主要是发现上下叠压的两条道路，推测应是容城县志记载的明清时期的进京官道。

（二）地层堆积

为了最大限度地搞清楚北张遗址文化内涵的具体分布情况，北张考古队在南水北调天津总干渠所经过的北张遗址，选择了三处地点进行分区发掘。在北张村东为第Ⅰ区，共布设5个探方，发掘面积125平方米。在北张村东北为第Ⅱ区，共布设26个探方，发掘面积650平方米。在北张村北为第Ⅲ区，共布设10个探方，发掘面积250平方米。现挑选各区1～2个典型剖面介绍地层堆积情况。

1. 第Ⅰ区地层

根据考古勘探所发现的地下遗存情况，以发掘Ⅰ区西南角为基点，布设5个探方，编号为ⅠT1～ⅠT5。其中ⅠT1为单独一处，距ⅠT1向南5米处，为“田”字型ⅠT2～ⅠT5（图四）。地层堆积比较简单，自上而下划分为三层，第一层为耕土层，第二层为扰乱层，第三层为淡红

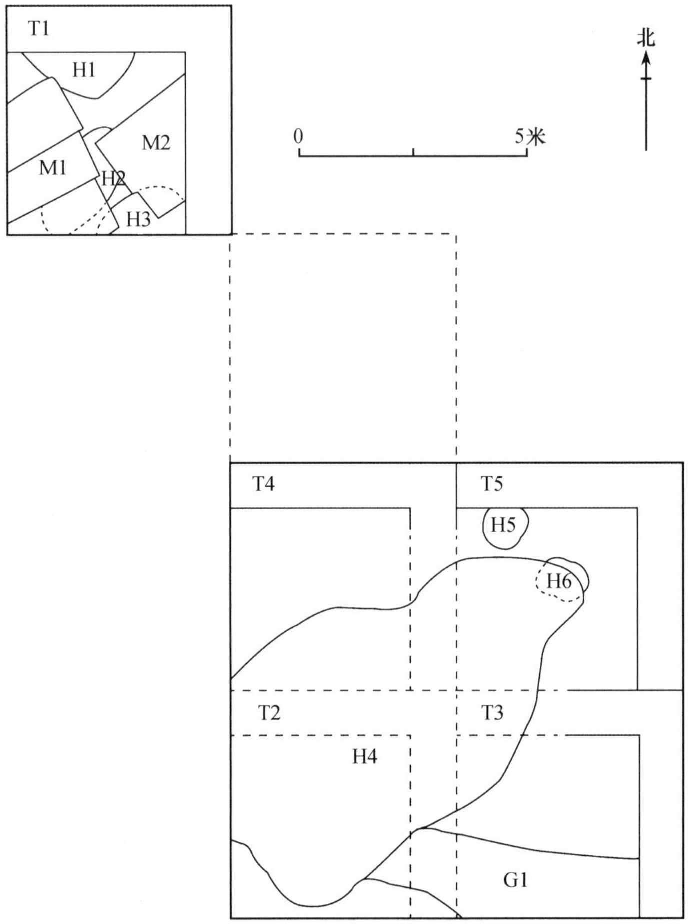

图四　第Ⅰ区遗迹分布图

色的黄沙土次生土层。

下面分别以ⅠT1南壁、ⅠT2～ⅠT3北壁两个典型剖面为例，介绍Ⅰ区的地层堆积如下。

（1）ⅠT1南壁（图五，上图）

第一层：灰褐色，厚15～18厘米。是耕种农田所形成，土质疏松，颗粒较大。内含物有近现代杂物和少量泥质灰陶片、夹砂陶片、瓷片等遗物，遍布全方。

第二层：黄沙土，厚26～70厘米。其内包含物有白灰块、碎砖块、石碑“奉天承运，皇帝□（诏）曰”及龙纹、缠枝花草纹等陶瓷器残片、烧土块、泥质陶片、素面瓷片等，被扰乱的墓葬遗留物，夹砂绳纹陶片等，时代较杂乱，土色较花，深浅差距较大。此层在T3、T5内缺失，在T4的东、北部也缺失该层的堆积；这一层的形成应是当地村民所说在“文革”期间挖掘“刘家老坟”所致，由此定为扰乱层。ⅠM1、ⅠM2、ⅠH1、ⅠH2、ⅠH3残存口部于此层下，其中ⅠM1打破了ⅠH3。

第三层：略发红色的黄沙土，为次生土层，质地紧密较硬，无包含遗物。

将ⅠT1的三个地层中第二层（扰土层）抛去，耕土层下便是次生土层。所有早期文化层都被破坏，发掘过程中只是发现了残存的清代墓葬底部及先商时期的灰坑下部，打破（或坐落于）第三层。这些墓葬、灰坑的原来开口层位均不详。

（2）ⅠT2～ⅠT3北壁（图五，下图）

第一层：灰褐色，厚15～22厘米。是耕种农田所形成，土质疏松，颗粒较大。内含物有现代杂物和少量灰色红色砖、泥质灰陶、釉瓷等残碎片等。在ⅠT2西端有一晚期扰坑开口于此层之下。

第二层：黄沙土，厚0～20厘米，第二层仅限于ⅠT2之内，分布面积较大，向东逐渐消失，第二层在ⅠT3内缺失。ⅠT2第二层包含物有白灰块、碎砖块、瓷片、釉陶片、泥质陶片、夹砂薄胎细绳纹陶片、烧土块等，器类有盆、碗、罐、钵、鬲等；还有腐朽（棺）木板

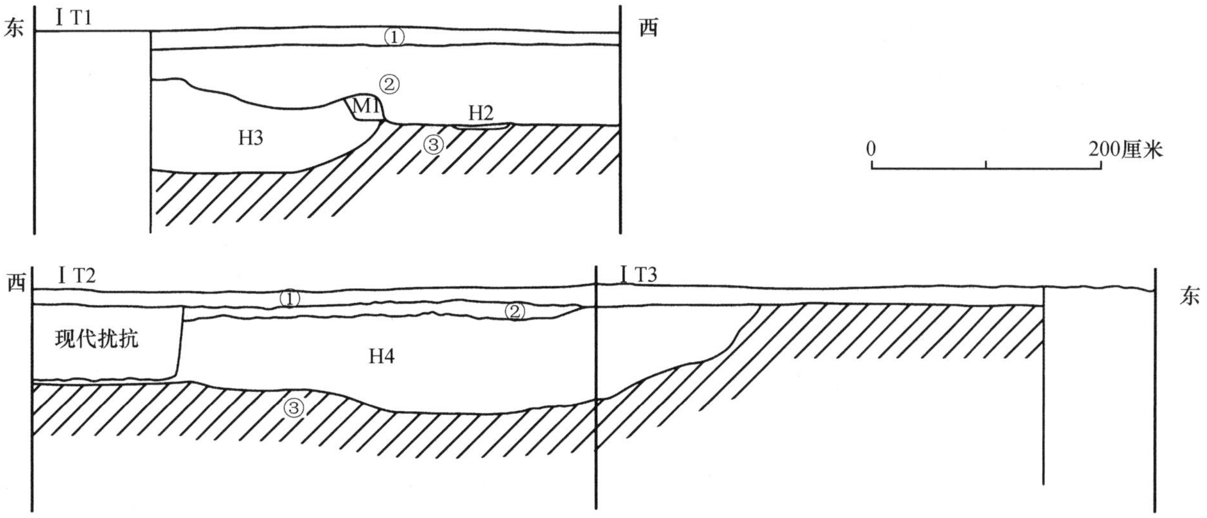

图五　第Ⅰ区典型地层剖面图

残段、人骨残块、清代铜钱，青花瓷片等。时代较杂乱，土色较花，深浅差距较大，由此定为扰乱层。

第三层：略发红色的黄沙土，为次生土层，质地紧密较硬，无包含遗物。

ⅠT2～ⅠT5之内，ⅠH4、ⅠH5、ⅠH6、ⅠG1，由于探方的上部被破坏，仅残存口部或底部，向下打破（或坐落于）第三层。其中ⅠH4打破了ⅠH6、ⅠG1。

综合起来分析，第Ⅰ区5个探方共清理灰坑6个（ⅠH1～ⅠH6）、灰沟1个（ⅠG1），墓葬2座（ⅠM1、ⅠM2）。这些遗迹均发现于第二层之下，而第二层又是一个非自然形成的人为扰动层，这6个灰坑、1个灰沟、2座墓葬，虽说同是发现于第三层上沿，但均是残存的下半部分或仅存底部，两类各自出土的遗物时代相差甚远，灰坑的时代为先商时期，墓葬的时代为清代中后期。由此确定其原来实际开口层位应该不同，还有待今后邻近区域考古发掘进一步证实。

2. 第Ⅱ区地层

本区布设26个探方，探方方向为正北方向，编号为ⅡT0100、ⅡT0101、ⅡT0200～ⅡT0205、ⅡT0301～0305、ⅡT0307～0310、ⅡT0407～0412、ⅡT0510～0512（图六）。布探方时小麦已抽穗开花，在铲除小麦平整土地之后进行了放线布探方，铲除小麦平整土地的过程中，致使地表土去掉了5～8厘米，在发掘地层（探方）记录中此数据没有记录在内。发掘区域为长条形，东西（25米）较窄，地层层数及厚度没有多大变化；南北（60米）较长，地层层数没有增加，只是极个别的地段层数缺失，各层的厚度也略有差别。

地层堆积均为自上而下划分，一般分为五层，个别地段出现缺层。现列举南端ⅡT0100～ⅡT0101东壁和北部ⅡT0310～T0410南壁两个典型剖面为例。

（1）ⅡT0100～ⅡT0101东壁（图七，上）

第一层，灰褐色，厚16～20厘米。耕土层，土质疏松，颗粒较大。包含物有近现代泥质灰陶片、瓷片和一些早期的泥质灰陶片、红陶片等物，遍布全方。

第二层，黄沙土，厚18～24厘米。土质比较疏松。包含有少量红烧土颗粒，遗物有碎砖、石、陶瓷块等。可辨器物有占绝大多数的碗、盆、缸。从数量来看瓷片较多，瓷片有白釉、黑釉、白釉彩绘、青花等。泥质灰陶有阳为素面板瓦、单面绳纹砖、盆口沿残片、陶纺轮等；泥质红陶有盆口沿残片。出土器物之中，其中一件磨光陶质灰色纺轮较完好，个体较小，钻孔一面大，一面小，直径2～2.2厘米，孔径0.4～0.5厘米，厚0.6～0.85厘米。此层为清代文化层。ⅡG5开口于该层下。

第三层，黄褐土，内夹黄沙土团，厚10～15厘米。土质较硬。包含物多为泥质灰陶、红陶、夹砂羼蚌红陶片等，其次是瓷片。从数量来看，以泥质灰陶为主，其次为泥质红陶、夹砂陶；瓷片以白釉较多，其他色釉较少。可辨器物有釜、盆、碗、砖、瓦等。瓦均为凸素面凹饰布纹。ⅡM8开口于此层下。根据出土器物最早的为汉代泥质灰陶、红陶、夹砂羼蚌红陶片，年代最晚的瓷碗为明代，推断该地层的文化年代为明代，因唐墓ⅡM8的出现，故此认为该层为唐至明代文化层。

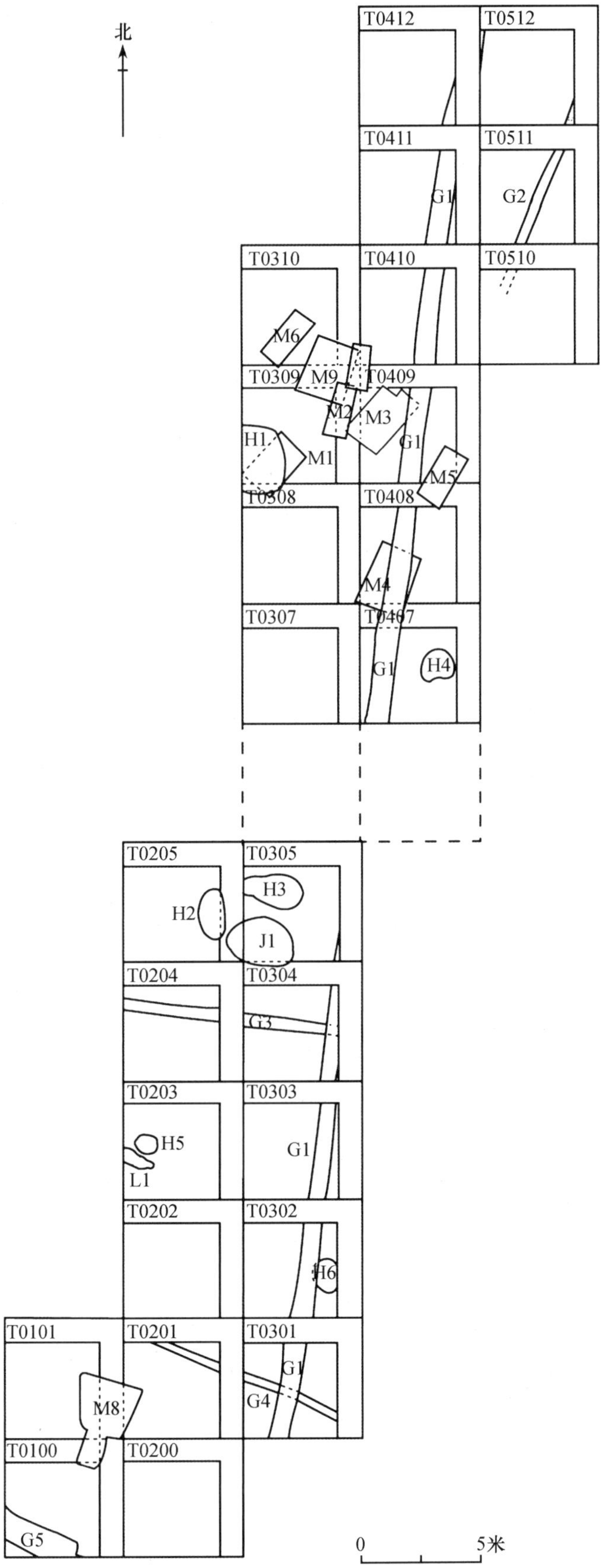

图六　第Ⅱ区遗迹分布平面图

第四层，黑褐粘土，厚15～26厘米。土质较硬，其内夹有黄沙土团及少量红烧土颗粒，遍布全方。这一层发现遗物较少，有泥质灰陶（部分饰绳纹）、泥质红陶、夹砂夹云母红陶片。此层为战汉时期文化层。

第五层为黄褐色黏土，略发灰，质地较硬，不含古文化遗存，为生土层。

（2）ⅡT0310～ⅡT0410南壁（图七，下）

第一层，灰褐色，厚18～21厘米。土质疏松，耕土层。包含物有少量红烧土粒、草木灰、碎砖块、石块及少量陶瓷残片。ⅡG1开口于此层下。

第二层，黄沙土，厚30～35厘米。土质较疏松，包含有少量红烧土粒、碎砖块、陶片、瓷片，有少量泥质红陶、夹砂灰陶等器物残片，有少量的板瓦片。板瓦的装饰方法：瓦凸面多为素面，凹面饰有布纹；陶制生活用具少量饰有绳纹；瓷器以酱釉为多，另有白釉、黑釉、刻花白釉等。临近方内还出土有石器。ⅡM6、M7、M9开口于此层下。此层为清代文化层。

第三层，黄褐色黏土，厚22～25厘米，土质略硬。包含物有碎砖块、瓦片、红陶片、灰陶片及少量的白、黑釉瓷片等。泥质灰陶较多，泥质红陶略少，白釉瓷略多、黑釉瓷极少。此层为唐至明代文化层。

第四层，黑褐色黏土，厚20～25厘米，土质坚硬。包含有黄色土颗粒，发现有少量红烧土粒、零星夹砂羼蚌陶块等，遍布全方。此层为战汉时期文化层。

第五层，黄褐色黏土，微偏灰色，土质坚硬，为生土层。

在第Ⅱ区26个探方之内，第一层下发现有灰坑1个、沟1条；第二层下发现有灰坑3个、沟渠3条、墓葬8座；在第三层下发现有灰坑2个、沟1条、道路1条、井1口、墓葬1座。其中战汉

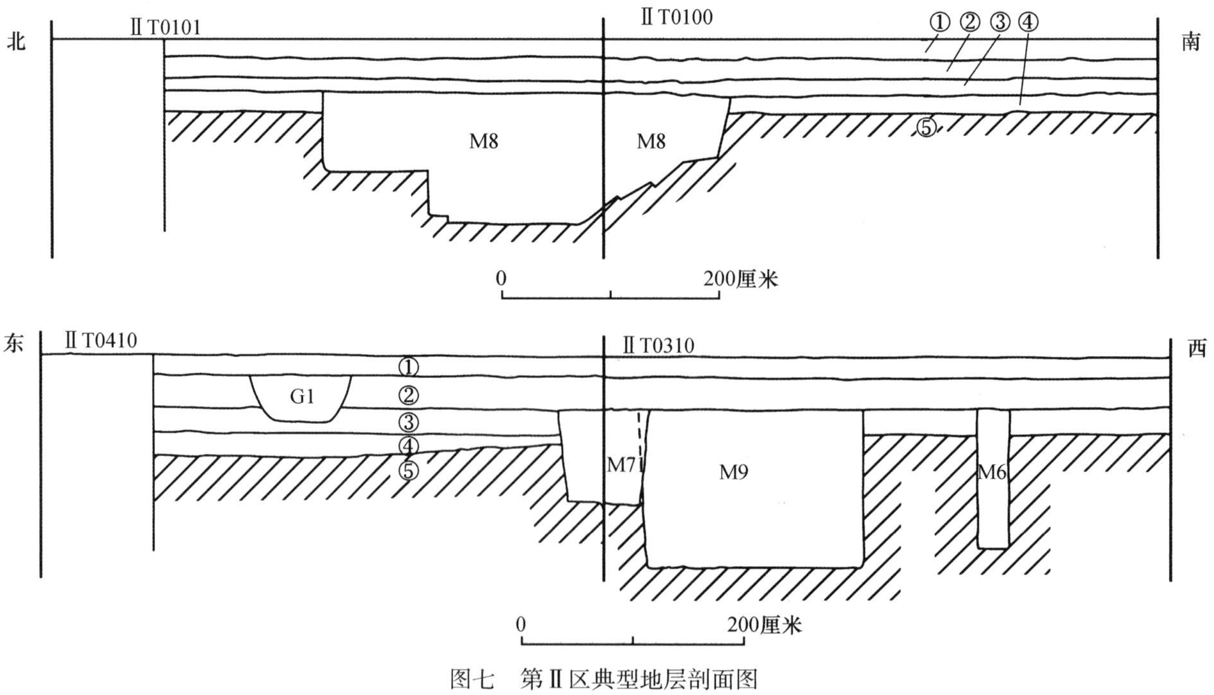

图七　第Ⅱ区典型地层剖面图

时期有灰坑2个（ⅡH4、ⅡH6），唐代有沟1条、井1口、路1条（ⅡG3、ⅡJ1、ⅡL1），明代灰坑3个、沟渠3条（ⅡH2、ⅡH3、ⅡH5、ⅡG2、ⅡG4、ⅡG5），清代有灰坑1个、沟渠1条（ⅡH1、ⅡG1）、墓葬8座。

3. 第Ⅲ区地层

Ⅲ区共布探方10个，分为3排，其中南边一排4个探方，再向北两排各为3个探方。编号为ⅢT1～ⅢT10（图八）。各个探方的地层为自上而下划分，共分为四层。由于布设探方范围较小，地层数量没有变化，各层的薄厚在各个探方也起伏不大。现以ⅢT6～T9西壁剖面为例，介绍遗址的地层堆积如下。

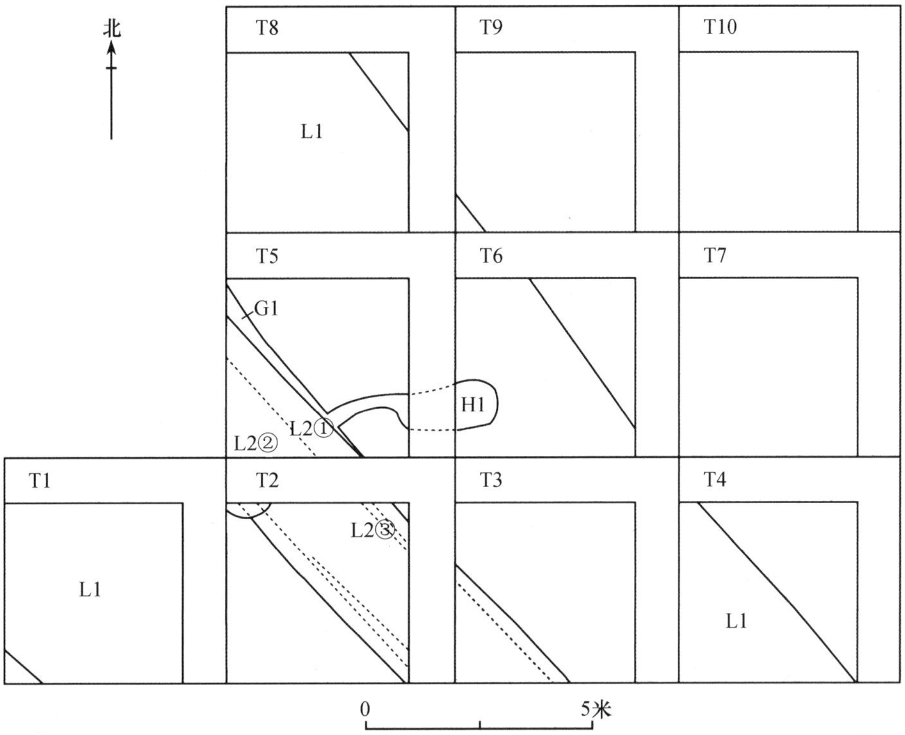

图八　第Ⅲ区遗迹分布平面图

ⅢT6～ⅢT9西壁（图九）

第一层，灰褐色土，厚度为18～26厘米。土质疏松，耕土层。包含有少量红烧土颗粒、草木灰、砖瓦陶瓷片等杂物。ⅢH1、ⅢL1、ⅢL2开口于此层下，ⅢH1、ⅢL2向下打破了ⅢL1、第三层及生土层。

第二层，黄沙土层，厚28～32厘米。土质疏松，含沙性较大。内含遗物有炭粒，炭渣，泥质灰陶、泥质红陶、夹砂灰陶片，白釉、黑釉、青花等瓷片，可辨器型有罐、盘、碗、盆等。泥质灰陶占出土总数的百分之五十，瓷片占出土总数大约百分之三十，泥质红陶、夹砂灰陶及夹砂红陶的总和占出土总数约百分之二十。此层为明清时期文化层。

第三层，黑褐土层，厚12～16厘米。土质发黏，较硬，夹有零星黄土团、红烧土颗粒，含

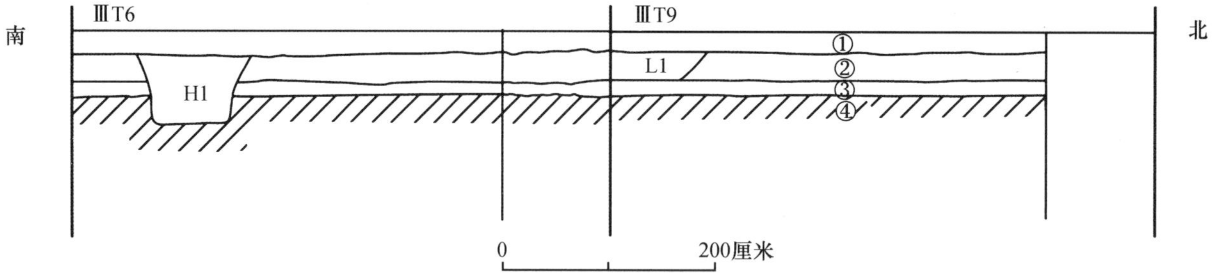

图九　第Ⅲ区典型地层剖面图

有少量的礓石，遍布整个发掘区域。该层内没有发现人类遗物，年代无法确定。参照Ⅱ区的地层，Ⅲ区缺少黄褐色黏土层，此处的第三层黑褐土层可能为Ⅱ区的战汉时期文化层。

第四层，黄褐色黏土，略发灰，土质较黏，含礓石较多。生土层。

在第Ⅲ区的10个探方之内，仅在第一层下发现有灰坑1个（ⅢH1）、道路2条（ⅢL1、ⅢL2）和沟渠一条（ⅢG1），其中灰坑与路之间、沟与路之间又有打破关系。灰坑、道路、沟的时代均为明清时期。

二、文化堆积及遗迹遗物的断代与分期

北张遗址，坐落于萍河与拒马河的冲积扇区，属大清河水系，地势呈西北向东南平缓下降的斜坡状，文化遗存丰富。既有较早的先商时期文化遗存，又有战国至汉代时期文化遗存，亦有其后的唐代、明清时期的文化遗存。

通过三个发掘区域的地层堆积，发现了不同时期的各个类别的遗迹遗物。其中第Ⅰ区，5个探方之内发现先商时期的灰坑及清代墓葬。第Ⅱ区，26个探方之内发现战汉时期灰坑，唐代沟渠、井、路，明代灰坑、沟渠，清代灰坑、沟渠、墓葬等。第Ⅲ区之内发现明清时期上下叠压的两条道路，清代灰坑一个、沟一条。

先商时期文化遗存，是通过第1发掘区6个灰坑、1个灰沟出土先商时期的器物而确定的，在第1发掘区第二层（扰乱层）、第一层均发现了与先商时期灰坑和灰沟出土器物相同的陶器残碎片，另外在第一发掘区的周边地表（北张村东一带）也可采集到先商时期的泥质陶、夹砂陶器物的残片，由此可以想象先商遗址的破坏、扰动是相当严重的。

战国至汉代时期文化遗存，在第Ⅱ发掘区第四层及两座灰坑（ⅡH4、ⅡH6）发现了泥质灰陶、泥质红陶、夹砂羼蚌红陶，可辨器物有鬲、釜、甑、瓮、罐、壶、盆、豆等，另外在第一与第二发掘区之间（北张村东北一带）的地表或沟边堰头的断面，随处都可采集到与第Ⅱ发掘区第四层相同的器物残片。通过第Ⅱ区第四层及采集到的这些器物而确定了战国至汉代时期的文化层及其大致分布范围。

唐至明时期文化遗存，主要是通过第Ⅱ发掘区第三层出土器物及三层下开口的唐代墓ⅡM8而确定的；明清时期文化遗存，是通过第Ⅱ发掘区第二层出土物、第Ⅱ发掘区第二层下

开口的3个灰坑、3条沟渠之内出土物、第Ⅲ发掘区两条道路，结合第Ⅰ、Ⅱ区两处清代家族墓地而确定的。

（一）先商时期遗存

1. 遗迹

先商时期的遗存，仅发现灰坑6个、灰沟1个。ⅠH1、ⅠH2、ⅠH3，位于ⅠT1之内，ⅠH4位于ⅠT2~T5之内，ⅠH5、ⅠH6位于ⅠT5之内，ⅠG1位于ⅠT2、ⅠT3之内。由于原文化层遭到毁灭性的破坏，所以灰坑与灰沟现均开口于第二层（扰土层）之下。清代的刘家老坟又坐落在灰坑之上，“文化大革命”时期“刘家老坟”被盗扰，致使大部分灰坑又遭受到毁坏。本次只做了探方之内的部分，压于探方以外的部分未做扩方清理。

灰坑　6个。灰坑原开口平面形状不详，按照现存的开口平面形状，有椭圆形、圆形、不规则形三种，形制有斜壁圜底状、筒状二类，其中以斜壁圜底状为主。

（1）椭圆形坑

3个（ⅠH1、ⅠH2、ⅠH3），平面呈椭圆形或不规则椭圆形，斜壁圜底状坑，坑内堆积灰黑色土，包含有草木灰，红烧土粒，陶器残片等。陶片分泥质与夹砂两种，以夹砂器为主。泥质灰陶除素面外，有绳纹等装饰；夹砂陶片除素面灰陶和素面灰皮红陶外，有灰皮红陶绳纹、灰陶绳纹、灰陶弦断绳纹等装饰。可辨器物类别有鬲、甗、盆、罐、瓮等，其他碎片很难看出器形。

ⅠH1　位于ⅠT1北部，部分压于ⅠT1以北未做清理。其边缘的一段被ⅠM1打破。发掘部分长2.56米，宽1米，残深0.42米。坑壁面略有坑洼（图一〇）。

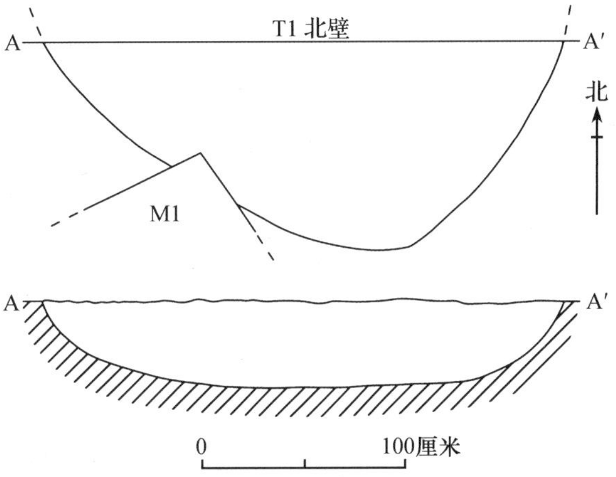

图一〇　ⅠH1平、剖面图

ⅠH2　位于ⅠT1中南部，上部被ⅠM1、ⅠM2打破。坑平面为椭圆形，壁倾斜，较平整，底略有坑洼，呈圜状锅底形。长径2.7米，短径1.36米，残深0.46米。发掘面积约1.6平方米。坑内堆积土色呈灰黑色，土质略硬，包含物有草木灰、细小的红烧土粒、陶器残片等。从灰坑内出土的器物及土质土色分析，为一次性堆积（图一一）。

ⅠH3　位于ⅠT1东南部，部分压于ⅠT1以外的未做清理。其边缘分别被ⅠM1、ⅠM2打破。发掘部分长2.04米，宽1.04米，残深0.43米。坑壁面较平整（图一二）。

（2）圆形坑

1个，即ⅠH5。

ⅠH5　平面近似圆形。位于ⅠT5北部。壁略直，平底，呈圆筒状。平面略呈圆形，直径1～1.1米，深0.86米。灰坑内土色呈灰黑色，土质疏松，包含物有泥质灰陶、泥质红陶、泥质灰皮红陶、夹砂灰陶、夹砂灰皮红陶等。纹饰有绳纹、弦断绳纹、附加堆纹等。根据坑内土色和遗物分析为一次性堆积（图一三）。

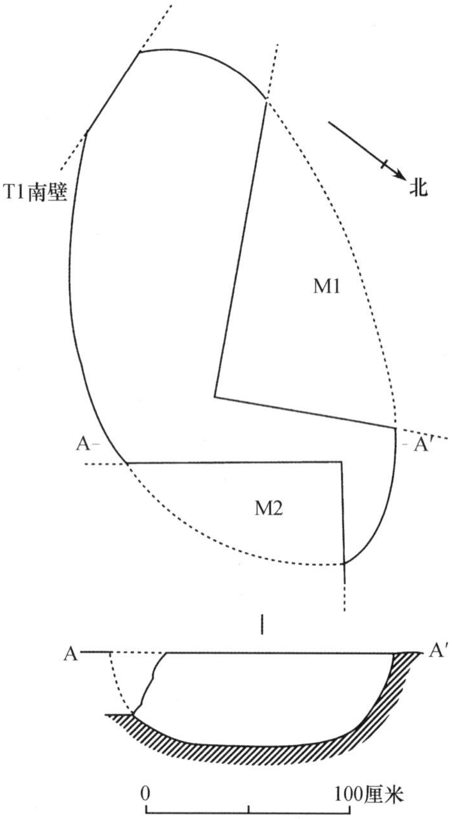

图一一　ⅠH2平、剖面图

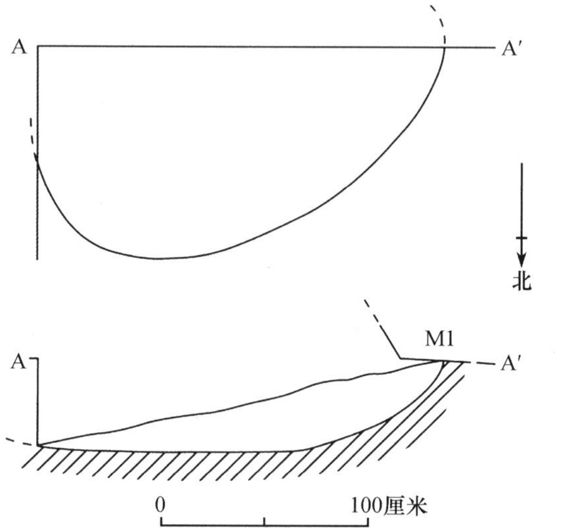

图一二　ⅠH3平、剖面图

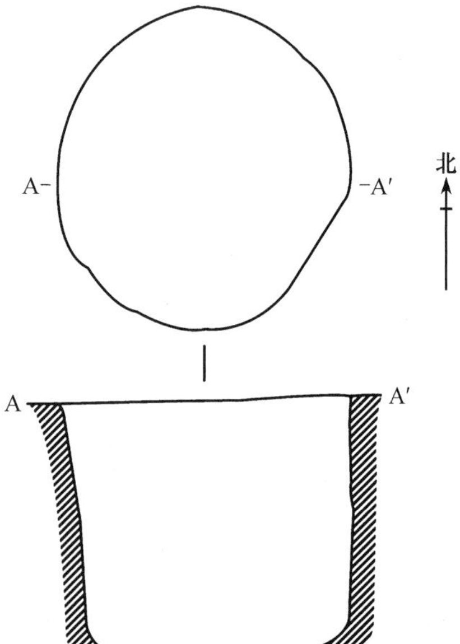

图一三　ⅠH5平、剖面图

（3）不规则形坑

2个（ⅠH6、ⅠH4），上部被破坏，残存坑底部。

ⅠH6　平面不规则、近似圆形。位于ⅠT5的中部，口部约五分之四被ⅠH4打破。平面呈椭圆形，壁面向上微微缓张，平底，呈筒状。长径1.18米，短径0.84米，深0.96米。坑内土色为灰黑色，土质疏松，包含物较少，仅出土泥质灰陶残片2片，夹砂灰陶残片1片，均为素面，因碎小而看不出器形。根据坑内土色及出土物分析为一次性堆积（图一四）。

ⅠH4　灰坑的西部被现代取土坑挖取破坏（ⅠT2和ⅠT4的西壁之外有约2米深的坑），现存平面的边缘凹凸不齐，形状极不规整，所在位置涉及ⅠT2～T5。坑壁倾斜，局部有二层台，底部深浅不一，坑洼不平。长径约8.6米，短径约6.5米，最大深度为1.05米。该灰坑在东南部打破了ⅠG1，在东北部打破了ⅠH6。坑内土色为灰黑色，土质疏松，含沙土较多，包含物有大量的草木灰，红烧土粒、泥质灰陶、夹砂灰陶、灰皮红陶、夹砂红陶、夹砂灰皮红陶等陶制器物残片及石斧残段。陶器的胎质以夹砂灰皮红陶为主，其次为夹砂红陶、泥质灰皮红陶、夹砂灰陶和泥质灰陶。陶器的纹饰有绳纹、弦断绳纹、附加堆纹、刻划纹、菱形纹等装饰。能辨认出器类的有豆、盆、罐、瓮、甗、鬲等。根据灰坑的土质土色及出土器物分析，其堆积应是一次性形成（图一五）。

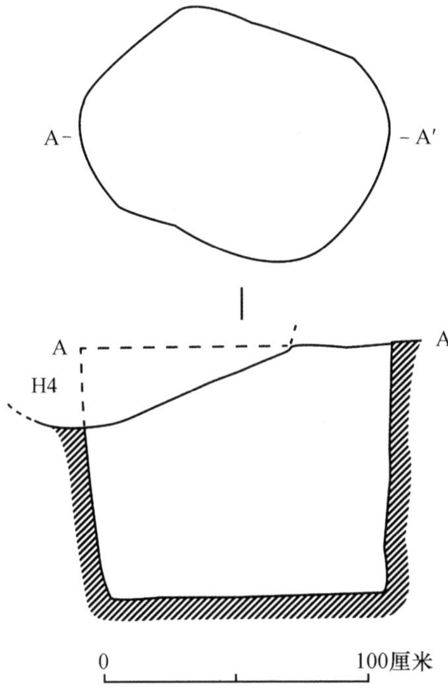

图一四 ⅠH6平、剖面图

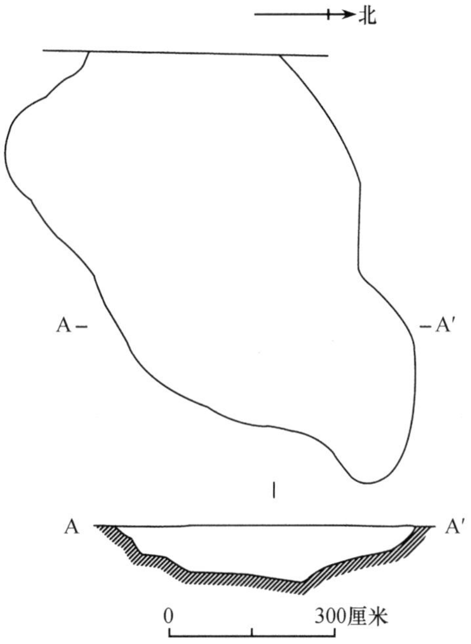

图一五 ⅠH4平、剖面图

灰沟 1个，即ⅠG1。

ⅠG1 沟口平面呈长条形。位于T3的南部及ⅠT2的东南部，灰坑的西端被ⅠH4打破，南和东部皆在所发掘探方之外，本次没有做进一步的扩方清理。发掘平面呈南北平行、东西走向的长条形，坑壁为斜坡状，较平整，断面为锅底形，较平坦。长6.3米，宽1.24～1.78米，深0.4～0.45米。坑内土色为灰黑色，土质疏松，含有少量的草木灰颗粒，包含陶质遗物有泥质灰陶、夹砂灰陶、夹砂灰皮红陶、夹砂红皮灰陶。素面较少，器表大部分有绳纹。可辨器型有陶鬲。根据坑内土色及出土遗物分析为一次性堆积（图一六）。

2. 遗物

出土于第Ⅰ区灰坑、灰沟之内的先商时期文化遗存，多为陶器，另外有少量的石器。

（1）陶器

陶器多为残片，可复原者甚少。绝大多数是生活用具，极少数为纺织用具。生活用具的陶质分为夹砂、泥质两类，夹砂陶所占的比例较大。以ⅠH4的陶片为例，夹砂灰陶131片，占12.4%，夹砂红陶150片，占14.2%，夹砂灰皮红陶480片，占45.2%；泥质灰陶131片，占12.4%，泥质灰皮红陶168片，占15.8%。夹砂陶的砂粒一般较细，呈白色，质地松脆，容易破

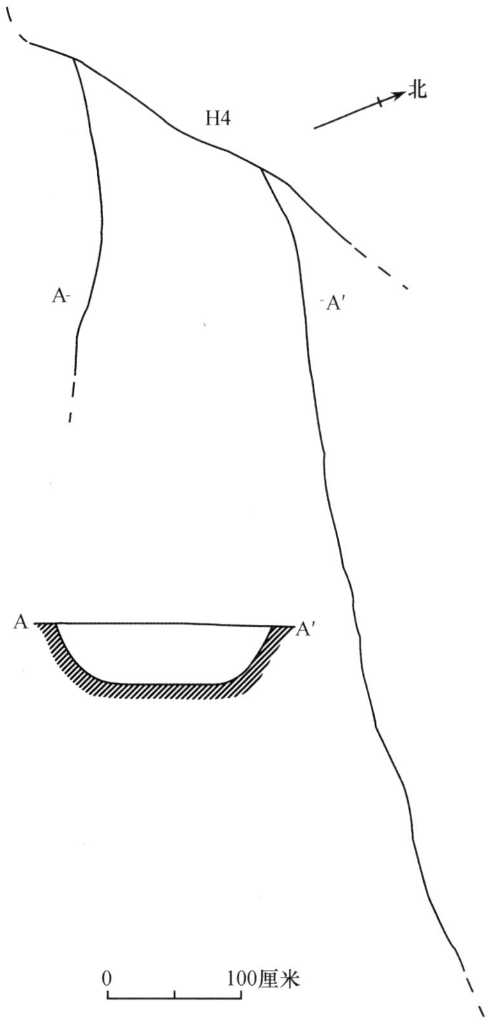

图一六　Ⅰ G1平、剖面图

碎；在生活器具的夹砂红陶中还有羼蚌的，在阳光照耀下闪出银光，主要见于鬲、甗、罐类器物。泥质陶多为灰陶，有的表面抹一层细泥或施黑色陶衣，然后施以纹饰，极少数为磨光黑皮，部分泥质陶内胎呈深灰或红褐色，外表则为灰色、黑色或橙黄色，形成里表不一的夹芯陶，胎质较酥软，可看出器型的主要有瓮、罐、盆、豆等。

陶器的外表除素面之外，纹饰主要有绳纹、弦纹、附加堆纹、刻划纹、楔形戳印纹、圆形窝纹、叶脉纹、箭头纹、“人”字纹及圆点纹等。以Ⅰ H4出土的陶片为例，绳纹占56.6%，素面占25.3%，弦断绳纹占15.4%，菱形刻划纹占1.4%，附加堆纹占1.3%。绳纹的装饰，有细绳纹、中绳纹、无规律绳纹，多饰以夹砂陶器上。细绳纹主要饰于胎质较薄的鬲、罐类器物上；中绳纹、弦断绳纹、楔形戳印纹、明显的手指印痕主要见于罐、瓮、盆类器物；无规律绳纹、斜向绳纹常见于鬲和甗的裆、足之特殊部位及个别厚胎瓮类器物上。弦纹单独出现较少，往往配合绳纹饰以器物的肩部或腹部（即弦断绳纹），有单条弦纹、双条弦纹、多条弦纹等，这些弦纹为平行的环形状，其间距一般都比较相等，也发现极个别的在腹部单线横向刻划出封闭环状形，见于罐、瓮、盆类器物。附加条状堆纹、有圆形捺窝，仅见于甗腰。网状刻划纹多见于瓮、罐、盆的外底部。叶脉纹、放射状箭头纹、卧“人”字及圆点带状纹，多见于罐的肩部或上腹部，个别的施于盆外壁（图一七）。

陶器的制作方法主要采用模制、轮制和手制的方法，无论何种陶制质地的器物，都非常注重其口部的加工，先是模制出外形，内壁皆有在修整过程中留有压抹时的手指痕迹；而后进行轮修，大部分器物的颈部及罐、盆的腹部都经轮修打磨，特别是装饰的多条弦纹都是由轮旋配合制作而成；器物之足、扳手、鋬及部分器物之底为手工制成，然后附加于其物之上，器体内壁有明显的手抹时的修整打磨加工的痕迹，器体外壁再施纹饰，鬲的裆部较为典型；个别小型器物如杯为手工制，器身和器底为一次性制作而成。

可辨器物有鬲、甗、盆、罐、瓮、簋、豆、纺轮等。

鬲　多为口沿、足部、腹部残片，可复原者极少。夹砂灰陶或夹砂黑衣红陶，薄胎。圆唇，沿微卷，束颈，器表饰绳纹。依口沿变化，分为二型。

A型　数量最多。宽卷沿，高领。外壁饰绳纹。Ⅰ H4：2，夹砂灰陶，颈部及以下饰细绳

图一七 先商文化陶器纹饰拓片

1. 竖向绳纹（ⅠH4） 2、3. 无规律绳纹（ⅠH4） 4.多组组合绳纹（ⅠH4） 5、6. 单条弦断绳纹 7. 双条弦断绳纹（ⅠH5） 8. 多条弦断绳纹（ⅠH3） 9. 手指印痕、斜向绳纹（ⅠH4） 10. 楔形戳印纹及弦断绳纹（H4） 11. 附加堆纹有圆形捺窝（H5） 12. 网状刻划纹 13～15. 叶脉纹 16.放射状箭头纹 17、18. 卧“人”字及圆点带状纹

纹。裆稍高，乳状袋足，足下部残缺，不能复原。口径15.8厘米，残存高15.6厘米（图一八，1）。ⅠH4：29，瓶颈状高领，溜肩。内、外表饰黑衣的夹砂羼蚌红陶。颈部及以下饰绳纹，其中颈部的绳纹在轮旋修整口部时被抹去，但留有明显的痕迹。足部残缺，不能复原。口径18.8厘米，残存高19.4厘米（图一八，3）。ⅠH3：1，残存口部残片。领部略矮。内、外表饰黑衣的夹砂羼蚌红陶。颈部及以下饰绳纹，绳纹微粗。口径16.6厘米，残存高5.9厘米（图一八，2）。

B型 数量最少。宽折沿，束颈。外壁饰绳纹。ⅠH5：1足端残缺，不能复原。内、外表饰黑衣的夹砂羼蚌灰陶。颈部向下隔开一段之后饰绳纹，直至足部。乳状袋足。口径14.8厘米，残存高20厘米（图一八，4）。

炊具足　足部稍有不同，分三型。

A型　数量最多。尖锥状，略弯曲。器表有手捏塑的指痕，较粗糙，足部大面积有纹饰。ⅠH4：22，泥质灰陶。足部除下端无纹饰外，大面积饰短绳纹。现存高8.2厘米。（图一八，5）。ⅠH4：23，夹砂羼蚌灰陶，内壁黑衣。足跟部饰斜向绳纹，足外壁有四条双爪式抓钩刻划的竖向沟槽，将足部划分成近似长三角状四个等分，其间有零星横向双线划痕。现存高6.6厘米（图一八，6）。

B型　数量次之。泥质灰陶，体积略小。尖锥状，体型较直。ⅠH2：2，除足跟部饰绳纹之外，大面积无纹饰。现存高5.1厘米（图一八，7）。

C型　仅发现一件。ⅠH4：27，夹砂灰陶。存一个乳状足的大部。乳头状，足尖略平。外壁满饰绳纹。内壁全是手捏塑指痕，靠下部的部分地带显示有竖向绳纹。现存高22.4厘米（图一八，11）。

甗　均为残片，不能复原。存甗腰部，束腰处有附加泥条装饰。外壁饰绳纹。胎质有夹砂、夹砂羼蚌、泥质等多种。胎的颜色也有区分，一是内外表饰黑衣的夹砂红陶，即内胎呈紫红褐色，内、外表为黑色衣，形成里表不一的夹芯陶。二是外饰黑衣的夹砂灰陶。三是夹砂灰陶。四是泥质灰陶。以腰部区分，分三型。

A型　ⅠH4：14，泥质灰陶，胎较薄，罐形腹，腰外部附加环形泥条堆纹，内部未附板条状腰隔。外部饰绳纹。残存高8.7厘米（图一八，8）。

B型　ⅠH4：13，夹砂羼蚌陶，胎的断面呈现多种颜色，内、外表为灰色衣，中心转为灰色，内、外表与中心之间还夹着一层火烧红色。腰外部附加环形泥条堆纹，上有圆形捺窝。腰内部附板条状腰隔。外壁腰部以下饰交叉绳纹。腰部直径约13.6厘米，残存高5.5厘米（图一八，9）。

C型　ⅠH2：1，内、外表饰黑衣的夹砂红陶。腰外部未附加环形泥条堆纹，腰内部附板条状腰隔。外壁饰绳纹。残存宽7厘米，残存高3.6厘米（图一八，10）。

盆　残片较多，可复原者较少。多为夹砂陶，次为泥质陶。依据口沿，腹部的不同，分为五型。

A型　圆唇，宽沿外卷，束颈，深腹，腹壁外鼓，平底，饰弦断绳纹。从口沿、颈部的变化又可分为四式。

A型1式　敞口，圆唇略显外卷，颈部向里微束，腹中部外鼓，平底向上缓凹。标本ⅠH4：5，残缺，可复原。夹砂红陶，内、外表呈浅黄色，内胎呈淡红褐色，形成表里不一的夹芯陶。腹外壁饰绳纹。腹外壁绳纹处加饰三条横向环形凹弦纹。外底施类似篦划纹。口径29.4厘米，底径19.8厘米，高14厘米（图一九，1）。标本ⅠH4：6，仅存底部，不能复原。夹砂红陶，其内、外皆饰深色灰衣。所存腹壁较少，呈倾斜状，平底稍微向上缓凹。外壁、外底、内底皆饰绳纹。胎体较厚，胎质稍软。底径19厘米，残高4.8厘米（图一九，4）。

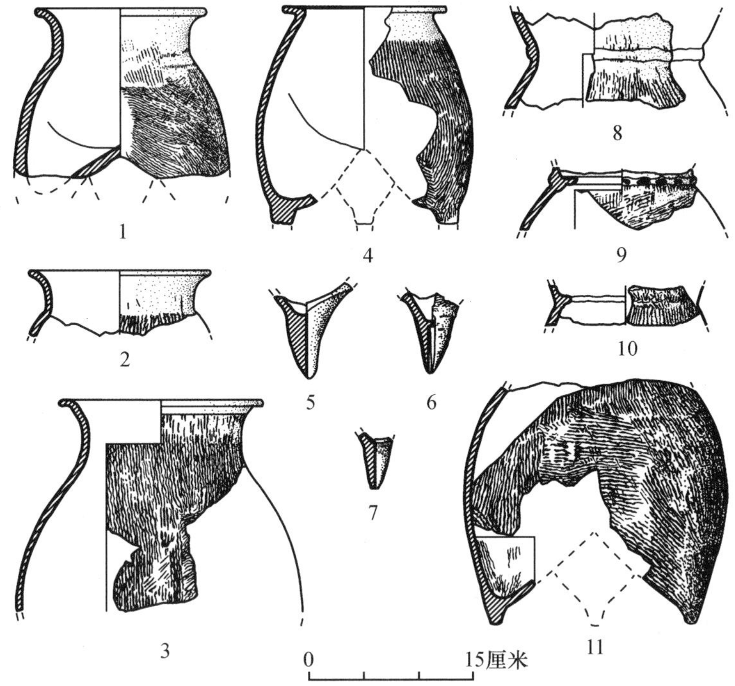

图一八　先商时期陶炊具

1～3. A型鬲（ⅠH4：2、ⅠH3：1、ⅠH4：29）　4. B型鬲（ⅠH5：1）　5、6. A型炊具足（ⅠH4：22、ⅠH4：23）　7. B型炊具足（ⅠH2：2）　8. A型甗腰（ⅠH4：14）　9. B型甗腰（ⅠH4：13）　10. C型甗腰（ⅠH2：1）　11. C型炊具足（ⅠH4：27）

A型2式　圆唇，宽沿外卷，束颈，鼓腹。标本ⅠH4：16，仅存腹部以上，不能复原。夹砂灰陶，所羼之砂比例极少。颈与肩部交接处，肩部开始加高。肩部往下饰斜向绳纹，绳纹处加饰多条横向环形凹弦纹。口径28厘米，残高8.8厘米（图一九，7）。

A型3式　圆唇，宽沿外卷，沿的最上面略平，鼓腹。夹砂红陶，其外、内壁灰皮。外饰弦断绳纹，其中颈部绳纹被抹去，但留有明显的痕迹，腹部绳纹处加饰多条横向环形凹弦纹。标本ⅠH4：10，存腹中部以上，不能复原。唇部往下低。颈部中段较垂直。口径约29.6厘米，残高15厘米（图一九，8）。标本ⅠH4：24，存肩部以上，不能复原。夹砂红陶中的羼之砂比例极少。圆唇，唇部及沿的最上面较平。颈部呈弧曲状。口径27厘米，残高8.5厘米（图一九，9）。

A型4式　圆唇往下翻，宽沿自肩的上端向外缓侈，肩部向外曲斜。标本ⅠH4：25，存肩部以上，不能复原。夹砂红陶，其外、内壁黑皮。外部饰绳纹，其中颈部绳纹被抹去，但留有明显的痕迹。口径约29厘米，残高4.2厘米（图一九，10）。

B型　圆唇，宽沿外卷，浅腹，平底。标本ⅠH3：2，底缺失，不能复原。泥质灰陶，腹壁斜曲。自腹中部往下饰竖向绳纹。口径约24.4厘米，残高8.5厘米（图一九，3）。

C型　尖唇，宽卷沿，浅腹，腹壁斜曲，平底。ⅠH4：3，残缺，可复原。夹砂红陶，内、外表饰深灰色衣，内胎呈淡红褐色，显现细小云母颗粒。内外素面无纹饰。口径30厘米，底径19厘米，高8.4厘米（图一九，2）。

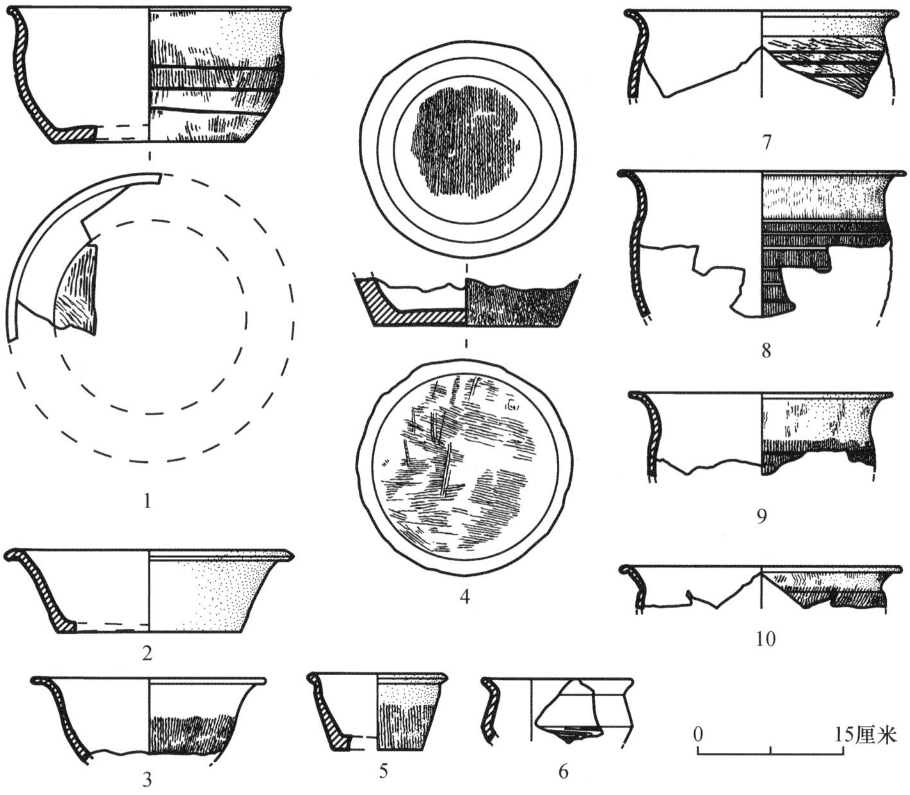

图一九　先商时期陶盆

1、4. A型1式盆（ⅠH4：5、6）　2. C型盆（ⅠH4：3）　3. B型盆（ⅠH3：2）　5. D型盆（ⅠH4：4）　6. E型盆（ⅠH4：17）　7. A型2式盆（ⅠH4：16）　8、9. A型3式盆（ⅠH4：10、24）　10. A型4式盆（ⅠH4：25）

D型　敞口，缓折沿，尖突唇，深腹，腹部上大下小，腹壁斜曲，平底。ⅠH4：4，个体较小。残缺，可复原。夹砂红陶，内、外表饰浅灰黄色，羼蚌，腹外壁中部以下饰竖向略微向一侧倾斜的绳纹。口径14.6厘米，底径9.2厘米，高7.8厘米（图一九，5）。

E型　折沿，折腹。ⅠH4：17，个体较小。存腹中部以上残片，不能复原。圆唇，口沿向外折，呈敞口束颈状。腹中部，外壁有明显折线，内壁为缓折。盆胎体为多种颜色的夹芯泥质陶，即胎中心呈蓝色，内、外表则为浅黑色，在蓝色与浅黑色的两色之间（中心与内壁、中心与外壁）各有一层红烧红色。外腹折线以上为素面，折线以下有横向刻划纹。口径约15.2厘米，残高6.5厘米（图一九，6）。

罐　多为残片，可复原者极少。有球腹罐、长腹罐和高领罐三种。

球腹罐　仅存口部及肩部部分，不能复原。ⅠH4：8，圆唇，口外侈，束颈，溜肩，鼓腹。夹砂红陶，羼蚌，其内、外壁饰黑衣。肩部饰弦断绳纹。口径18厘米，残存高7.2厘米（图二〇，2）。

长腹罐　形体近似现在的瓷器蒜臼，底残缺，不能复原。腹较深，圆唇，侈口，口沿微向外弧，内口下部有一环形突棱，鼓腹，平底。夹砂羼蚌红陶，其外、内壁饰灰色衣，外部有绳纹或刻划纹装饰。ⅠH4：7，溜肩，腹中部缓鼓。外、内壁饰深灰色衣。外部唇以下直至底沿满饰竖向绳纹，其中下部再加饰成组的斜向短绳纹。肩部有一条很细的横向环形凹弦纹，腹部有一条略宽的刻划横向环形弦纹。口径26厘米，高23厘米（图二〇，1）。ⅠH4：12，残存底部及连接的腹部部分。残存腹部向外部倾斜。平底，中心略向上缓弧。外、内壁饰浅灰色衣。腹外壁及外底饰绳纹，底部绳纹有的似刻划纹。底径13.6厘米，残存高4.6厘米（图二〇，4）。

高领罐　数量较少，仅存残片，不能复原。ⅠH4：19，个体略小。存口及肩部，不能复原。泥质红陶，内、外壁饰灰色衣。口部微敞，圆突唇，颈部稍高且微曲，肩部略圆。素面无纹饰。口径8.8厘米，残存高4.4厘米（图二〇，3）。ⅠH4：18，个体稍大。存口及肩部，不能复原。圆唇外折，高领弧曲，溜肩。夹砂红陶羼蚌，外、内壁饰深灰色衣。外部颈、肩饰绳纹，其中颈部大部分绳纹被抹去，肩部现存一条刻划的环形弦纹（即弦断绳纹）。口径15.6厘米，残存高7.3厘米（图二〇，5）。

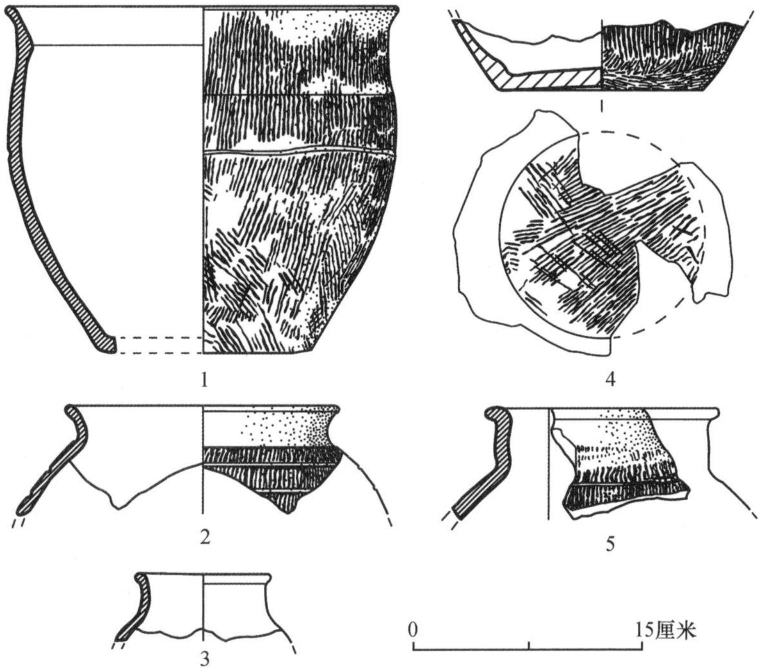

图二〇　先商时期陶罐

1、4. 长腹罐（ⅠH4：7、12）　2. 球腹罐（ⅠH4：8）　3、5. 高领罐（ⅠH4：19、18）

瓮　近似卵形，发现较少，均为残片，不能复原。形体有大小之分，质地有夹砂红陶和夹砂灰陶之别，其中夹砂红陶之也有羼蚌。依口沿之别，可分为两种。

内折沿瓮　口部向内折，折后微向下斜。圆唇或略呈方唇，弧曲腹，外壁饰弦断绳纹，平底。ⅠH4：9，夹砂红陶，个体大，仅存口部及上腹部。内胎呈红褐色，内、外表则为浅淡橙黄色，形成里表不一的夹芯陶。上沿面及外壁皆饰绳纹，外腹存三条横向环形凹弦纹。口径约24厘米，残高11.3厘米（图二一，1）。ⅠH4：30，夹砂红陶，内外黑衣。存口部，不能复原。沿向内折，沿上面平，斜方唇，外壁略弧曲，饰绳纹。口径约29.6厘米，残高6.5厘米（图二一，4）。ⅠH4：31，质地同ⅠH4：9，存口部残片，不能复原。内折沿略向下移，方沿，外壁靠口部稍显垂直，并有手指甲纹或手指纹，腹外及口沿面饰斜绳纹。口径约23.4厘米，残存高12.2厘米（图二一，5；图一七，9）。ⅠH4：21，夹砂灰陶。个体大，仅存下腹与底连接的残片。腹壁弧曲，内壁微显坑洼不平，有手指捏塑痕，平底、中心稍微向上缓圜。外壁、外底皆饰绳纹。底径14厘米，残高7.4厘米（图二一，6）。ⅠH4：20，个体小，夹砂红陶，内、外壁饰深灰色衣。外壁肩部以下饰竖向绳纹。口外径10.8厘米，残存高3.7厘米（图二一，3）。

敛口瓮　口沿向内缓弧成敛口，圆唇，缓圆肩，弧曲腹。ⅠH4：26，个体小。夹砂红陶羼蚌，内、外壁饰黑色衣。外壁肩部无纹饰，腹部饰竖向绳纹，并有多条断线之弦纹，一般称为“弦断绳纹”。口径10.4厘米，残存高9厘米（图二一，2）。

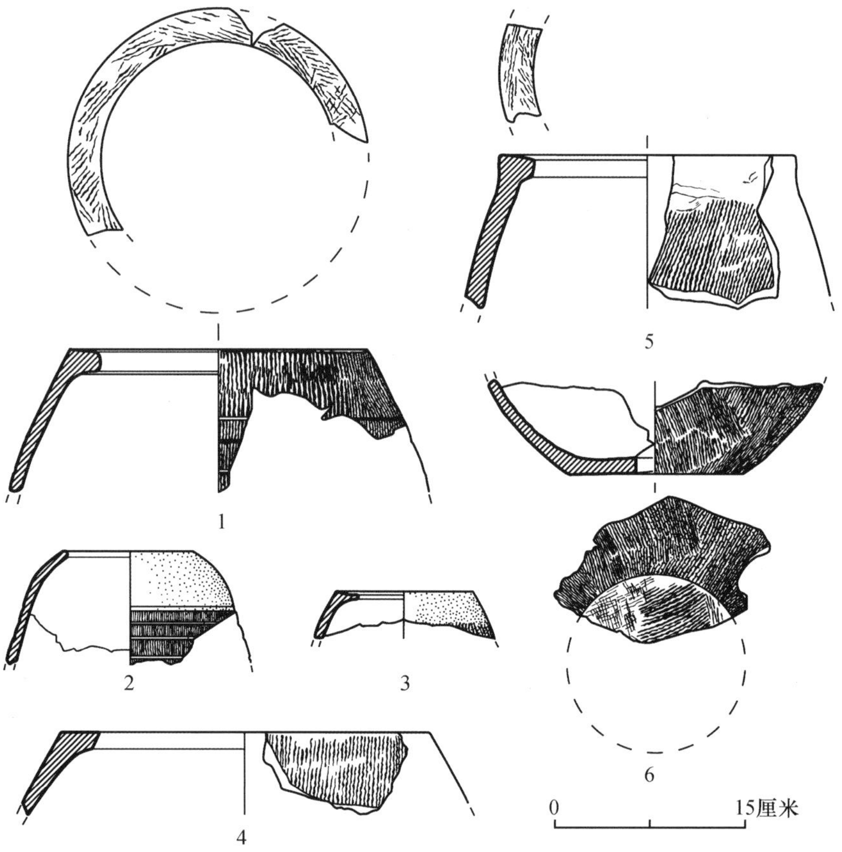

图二一　先商时期陶瓮

1、3、4、5、6.内折沿瓮（ⅠH4：9、20、30、31、21）　2.敛口瓮（ⅠH4：26）

簋　均为残片，不能复原。ⅠH4：11，存簋的下腹部以下。深腹，高圈足，圜底。夹砂红陶，内胎呈火烧红色，内、外表为浅灰色衣，形成里表不一的夹芯陶。外壁及外底皆饰绳纹。底径18.8厘米，残存高7.6厘米（图二二，1）。

豆　泥质灰陶。发现数量较少，均为残片，不能复原。盘为侈口，口沿向外反卷，浅腹，腹内微壁弧曲，空心高柄，喇叭形底座。ⅠH4：15-2，仅存豆盘，盘内有两条突弦纹。口外径17.4厘米，残存高3.4厘米。ⅠH4：15-1，存柄部的中间残段，微呈束腰式，柄部中空。柄部最小外径6.6厘米，残存高5.2厘米（图二二，2、3）。本次ⅠH4出土的两件豆，从形制上看和1988年8、9月河北省永年县何庄遗址出土的先商时期的两件豆相近似，见《华夏考古》1992年第4期的《河北省永年县何庄遗址发掘报告》中图一二，1、3的两幅照片。

纺轮　ⅡT0101②：1，完好。泥质灰陶，个体较小，中心钻孔一面大，一面小，厚度差别较大，一半厚，一半薄。整体直径2～2.2厘米，孔径0.4～0.5厘米，厚0.6～0.85厘米（图二二，4）。ⅡG1：2，泥质红陶，个体较小，器表粗略磨光，中心有直钻的小孔。整体直径2.6厘米，孔径0.3厘米，厚0.7厘米（图二二，5）。

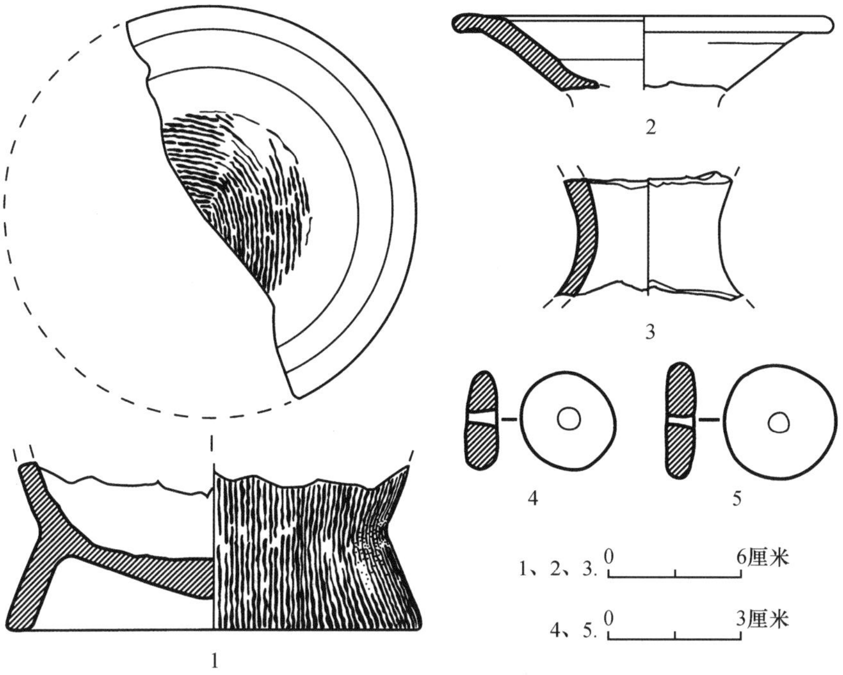

图二二　先商时期陶器

1. 簋（ⅠH4：11）　2、3. 豆（ⅠH4：15-2、15-1）　4、5. 纺轮（ⅡT0101②：1、ⅡG1：2）

（2）石器

出土有工具或用具的残器，不能复原。

斧　ⅠH4：1，石灰岩。呈长舌状，刃、柄部残缺，不能复原。柄部的一面有琢痕，刃部磨光。残长12.7厘米，宽5.1厘米，最厚处3.4厘米（图二三，1）。

刀　ⅠH1：1，钻孔石刀。残缺，不能复原。仅存后半部分，刀背及其他边缘有打制痕，刃部磨光，两面相对钻孔，故孔的中部孔径较小。残长5.7厘米，宽4.3厘米，厚0.06厘米，孔径0.06厘米（图二三，4）。

凿　ⅡT0511②：1，仅一件，存刃部及凿体的部分，不能复原。所存器体通体磨光。残长3.9厘米，宽2.4厘米，厚2.1厘米（图二三，3）。

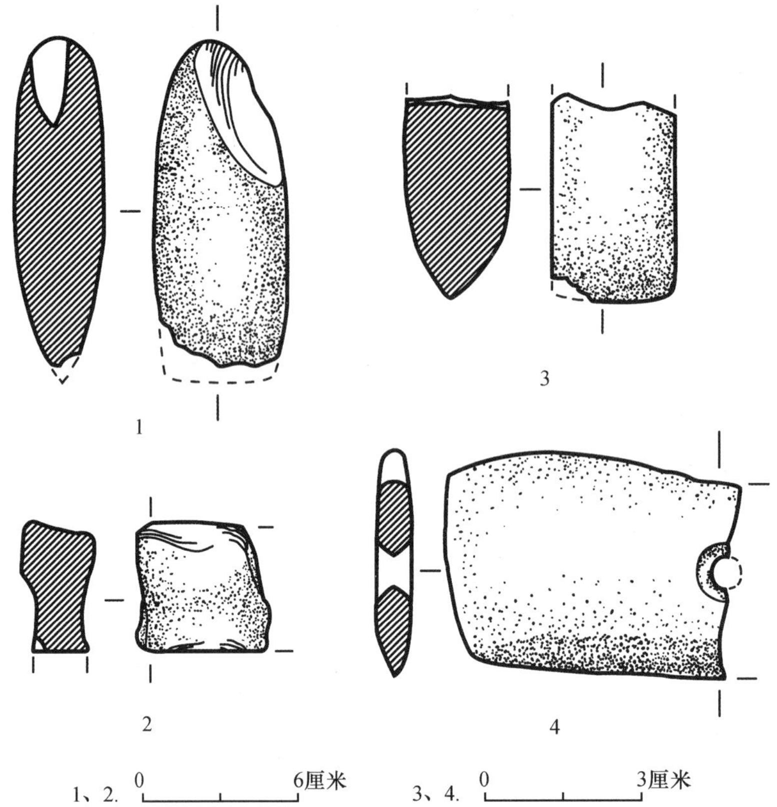

图二三　先商时期石器

1. 斧（ⅠH4：1）　2. 砍砸器（ⅠH4：28）　3. 凿（ⅡT0511②：1）　4. 刀（ⅠH1：1）

砍砸器　ⅠH4：28，石英砂岩，磨制石器，有磨制和手握的磨痕。残缺，仅存柄部，不能复原。残高5厘米，残宽5.2厘米，厚1.5～2.8厘米（图二三，2）。

（二）战国至汉代时期遗存

1. 遗迹

战国至汉代时期的遗迹多发现于第二发掘区，在第四层以及ⅡH4、ⅡH6，均发现有红烧土块、草木灰、碳粒及大量的黑色土团，这些遗迹现象，均伴随着战汉时期的夹砂陶、泥质陶器的残片出土。另外，在第Ⅱ发掘区南侧发现了战汉时期的灰坑，并在第Ⅰ和Ⅱ发掘区之间的地表及沟、坑断壁采集了大量的战汉时期生活用具和建筑构件的陶质器物残片。

（1）发掘区内灰坑2个。灰坑均较浅，剖面呈圜状锅底形，平面分别呈椭圆形、近似馒头形。

椭圆形坑。1个，即ⅡH6。

ⅡH6　位于ⅡT0302探方东部，平面略呈椭圆形，本次只做了探方之内的部分，压于探方以外的部分未作扩方清理。开口于地层的第三层下，灰坑壁面较倾斜、平整，底部呈锅底状。长径1.36米，短径约1.14米，深0.35米。灰坑开口的西部边缘被ⅡG1打破，灰坑向下打破了第四层，坐落于第五层生土层内。坑内堆积土色为黄褐黏土，质地疏松，包含有少量的草木灰及泥质灰陶器残片。根据土质土色分析该灰坑为一次性堆积，结合其开口层位及出土遗物，推测为战汉时期（图二四）。

近似馒头形坑。1个，即ⅡH4。

ⅡH4　位于ⅡT0407探方偏东部。面向北俯视平面近似馒头形（有点儿像“月食”状），开口于地层的第三层下，灰坑壁面较倾斜，底部呈锅底状。直径约1.4米，深0.26米。坑内堆积土色为灰褐土，夹杂有炭粒及大量的黑色土团，质地疏松。没有发现遗物。为一次性堆积，时代约为战汉时期（图二五）。

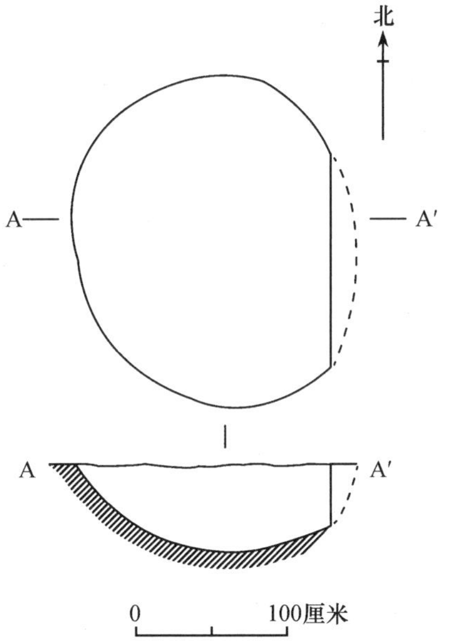

图二四　ⅡH6平、剖面图椭圆形坑

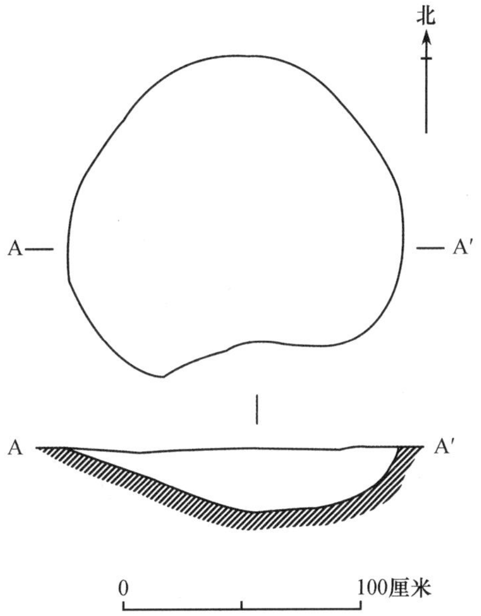

图二五　ⅡH4平、剖面图馒头形

（2）发掘区南侧灰坑

2个。第Ⅱ发掘区南侧有一条自东南向西北穿过北张遗址的容（城）固（城）公路，在修建该路时，由于增高路基而在其两侧挖沟取土，沟深约在1.5～2.2米。在本次调查勘探时，于公路南侧的断壁发现了几处战汉时期的灰坑，由于不敢大面积毁坏公路路基，我们只是拣选了暴露有红陶、灰陶片各一的灰坑，做了小面积的提取陶片工作。两个灰坑几乎是在一起，灰坑上部被毁坏，平面呈圆形，大小、深浅相差无几，但没有打破关系。灰坑直径约80～90厘米，残存深约30厘米，灰坑底部距四周农田的地表不足1.5米。一坑出土一件夹砂羼蚌红陶釜，另一坑出土一件泥质灰陶甑。伴随陶器的填土为深灰色、红色烧土颗粒及略微的植物灰迹等。

2. 遗物

战国至汉代时期的遗物主要包括第二发掘区第四层以及2个灰坑出土的器物，另外还有大量的第Ⅰ和Ⅱ发掘区之间采集的器物，这些遗物仅有陶器一类。现将发掘区域出土的和采集到的陶器划分为生活用具、制陶工具及建筑构件，介绍如下（采集器物，暂且称为“容城北张采集”，采用容城、北张的“容”、“北”拼音的声母“R”、“B”与“采”的组合，即“RB采”加器物编号）。

（1）陶质生活用具

生活用陶器，分为灰陶器和红陶器。可辨器型有鬲、釜、甑、瓮、罐、壶、盆、豆等。其中以瓮、罐、釜为多，其次是盆、甑，其他数量极少。

鬲　个体较大，胎质分为灰陶和红陶，一部分为夹砂羼蚌，皆为残片，不能复原。灰陶极少，红陶较多。表饰绳纹、粗绳索纹，皆因残碎，无法绘制其形状。宽折沿，侈口，方唇，凹槽式束颈，矮裆，乳状袋足，装饰分粗绳纹和粗绳索纹两种。RB采：5，仅存肩部以上。弧曲斜形折沿，沿面排满轮旋环形凹凸条纹，沿外部以下饰粗绳纹。口径34.8厘米，残存高6厘米（图二六，1）。RB采：6，存残口沿以下连接的腹部部分、足部，不能连接。沿面排满轮旋环形凹凸条纹，口沿折处的内唇突出，呈敛口，腹大部缺失。乳状袋足，足端微凸。外部饰粗绳索纹直至满施整个腹、足部。口径约28.2厘米，高约22.2厘米（图二六，2）。

釜　发现较多，口沿面外折上斜微缓凹，内口凸出呈敛口，深腹，微鼓，最大腹径在上部，圜底。胎为夹砂羼蚌红陶，器壁上部较厚，下部略薄。口沿下部一段的内、外壁均显现盘条的突状环纹，腹外表饰绳纹。RB采：1，残缺，可复原。腹外表饰拍印绳纹，有火烧烟熏的黑褐色使用遗存。口径30.2厘米，最大腹径32.8厘米，高37.4厘米（图二六，5）。RB采：28，存腹中部以上残片，不能复原。腹外表饰竖向绳纹。口径30厘米，残存高16.2厘米（图二六，3）。RB采：29，存腹上部以上残片，不能复原。腹上部的内、外壁突状环纹不太明显，腹外表饰竖向绳纹，腹内壁残存处有少量的斜向绳纹及刻划纹。口径34.4厘米，残存高14厘米。（图二六，4）。

甑　泥质灰陶，整体似喇叭形，敞口，折沿，平底，底有圆形箅孔。RB采：2，残缺，可复原。宽折沿，弧曲壁，底有十四个圆形箅孔。腹外壁纹饰可分为三区，上区为环形瓦垄状纹，中区为隐约可见的垂直刻划纹，下区为横向篮纹。底部为菱形网状刻划纹。因早期残裂，下腹部留有穿绳孔一排。口径48厘米，最大腹径42厘米，底径20.8厘米，高29厘米（图二六，6；图二七，1）。

瓮　皆为残器，不能复原。多是夹砂灰陶，个体较大。高直颈，微外敞，口颈部多有环形轮旋凹凸纹。鼓腹，腹外壁多为素面，个别的有突棱环纹与斜向编织纹排列的宽带纹（图二七，2）。RB采：9，卷沿瓮。仅存口及肩的一小部分。口沿外卷，沿上面略呈突棱状，沿外壁呈环棱形。直颈，颈外壁两条环形突棱，所存肩部向外斜伸。口径约58厘米，残存高7.2厘米（图二八，1）。RB采：8，折沿瓮。仅存口及肩部以上。缓折沿，方唇，沿面略圆，直颈向外曲斜，颈外壁一环形突棱，所存肩部向外斜伸。口径34.4厘米，残高7.9厘米（图二八，2）。RB采：7，双突唇瓮。仅存肩部以上。双唇外突，近似折沿，颈外壁一环形突棱，所存肩部呈斜向弧曲形。口径36.8厘米，残存高10.6厘米（图二八，3）。RB采：10，尖唇瓮。仅

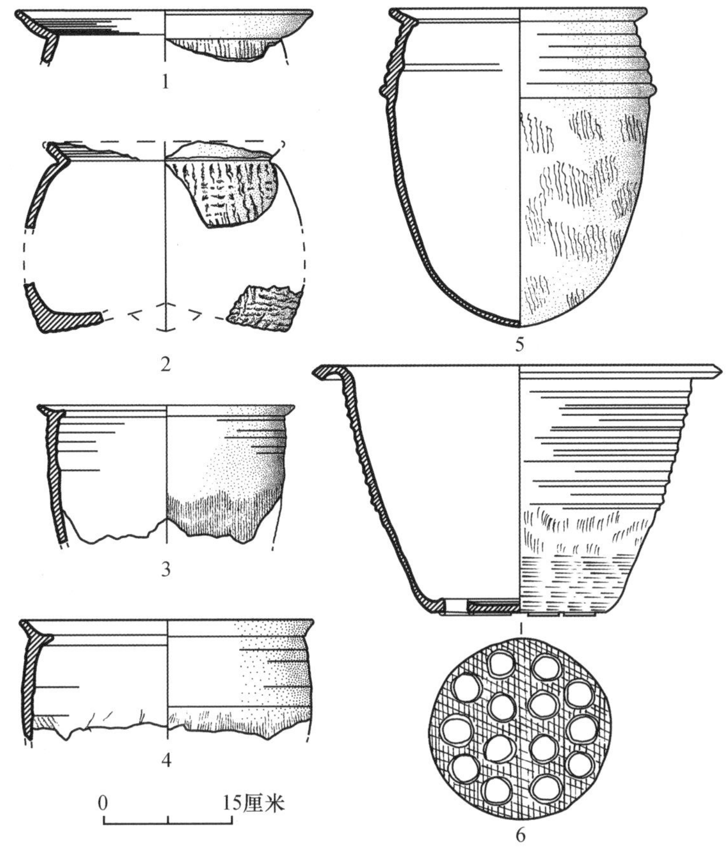

图二六　战汉时期陶炊具

1、2. 鬲（RB采：5、6）　3～5. 釜（RB采：28、29、1）　6. 甑（RB采：2）

图二七　战汉时期陶器纹饰拓片

1. 篮纹、菱形网状刻划纹（采集：2）　2. 斜向编织纹排列的宽带纹（采集：27）　3. 篮纹（采集：11）　4. 弦纹、绳纹（采集：30）　5. 凹弦纹（采集：13）　6. 瓦垄纹、篮纹（采集：12）　7. 网状方格纹（采集：16）

存口及肩部部分。口沿唇部上突，突唇两侧微显斜向缓凹，颈部向外倾斜，颈内、外壁皆有环形突棱，所存肩部向外斜伸。口径30.8厘米，残存高6.8厘米（图二八，4）。

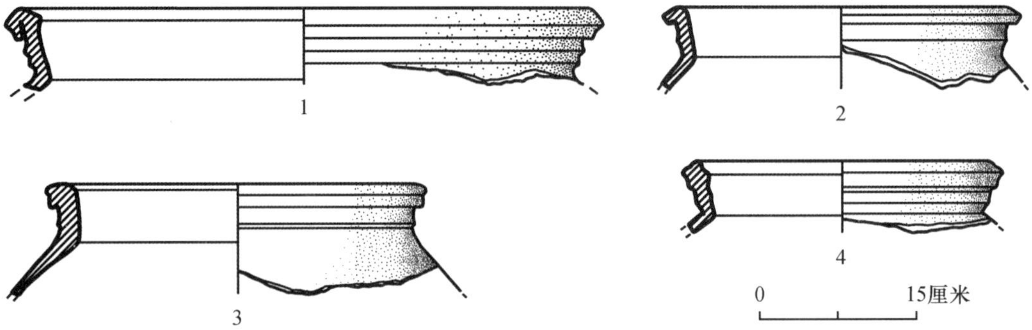

图二八　战汉时期陶瓮

1. 卷沿（RB采：9）　2. 折沿（RB采：8）　3. 双突唇（RB采：7）　4. 尖唇（RB采：10）

盆　胎质分为泥质灰陶和夹砂羼蚌红陶两种，皆为残器，不能复原。夹砂羼蚌红陶盆多为伴随夹砂羼蚌红陶釜出土。依据所采集到不同的底部，可分为四型。

A型　平底。RB采：15，泥质灰陶。存口部，口沿外折微向下翻，弧曲腹壁，外壁有轮旋环形瓦垄纹。口径23.2厘米，残存高5.2厘米（图二九，1）。

B型　外底周边着地、中心抬起脱离地面。RB采：17，夹砂羼蚌红陶。存底部及所连接的腹壁下部，底部周边胎厚，中心胎薄。腹壁倾斜微弧曲，外壁有轮旋环形凹凸纹。底径26.4厘米，残存高9.7厘米（图二九，3）。

C型　弧圜形底。RB采：16，泥质灰陶。存底部，底部所连接的腹壁较少，呈外斜向，底部的中心触地，周边微向上翘起。存腹壁外表为素面，外底部饰压印网状方格纹。底径22厘米，残存高3.1厘米（图二七，7；图二九，4）。RB采：30，泥质灰陶。深腹盆，宽沿微卷，腹上部饰轮旋弦纹，腹下部近底时饰绳纹（图二七，4；图二九，5）。

D型　圈足。RB采：18，夹砂羼蚌红陶，仅存底部。方环形圈足，平底。内底表面光滑，周边有一环形压印纹。足径13.6厘米，残存高2.2厘米（图二九，2）。

罐　分为夹砂和泥质两种，均为残片不能复原。夹砂器又分夹砂红陶和夹砂灰陶，外表饰绳纹、篮纹；泥质多为灰陶，外表饰轮旋环形凹弦纹、轮旋环形瓦垄纹、篮纹等。由于所采集到的一些器物部位有限，现根据胎的所用材料可分为两种，其一是依颈部高矮之别的夹砂羼蚌红陶，其二是依底部不同的夹砂灰陶及少量的泥质灰陶。

夹砂羼蚌红陶罐：发现较多，多为伴随夹砂羼蚌红陶釜在一起。仅存肩部以上，不能复原。分高颈与矮颈之别：

A型　高颈罐，数量较少。RB采：3，圆唇，敞口，宽口沿微外卷，颈部内壁微显轮旋凹凸纹，鼓腹。因存肩部极少，肩以下有无纹饰不详。口径22.7厘米，残存高9.8厘米（图三〇，1）。

B型　矮颈罐，数量较多。RB采：4，颈部略矮，亦称束颈罐。圆唇，侈口，宽口沿微

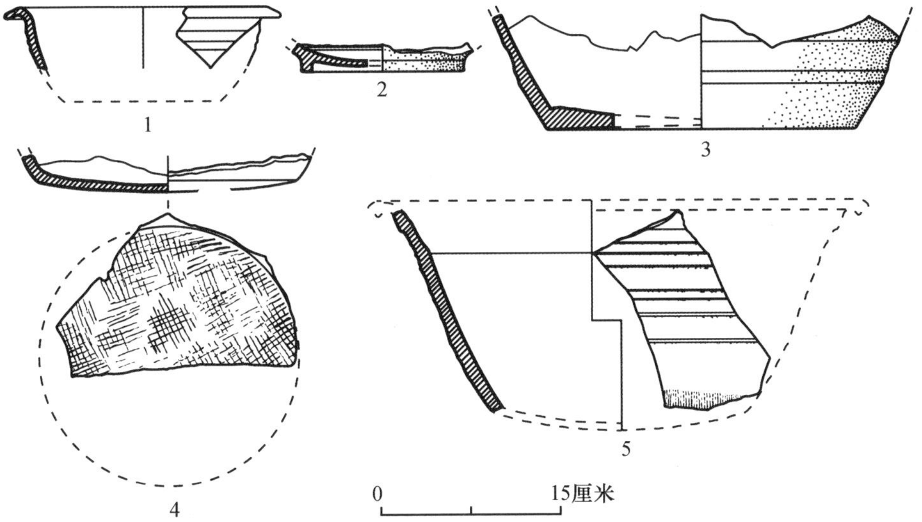

图二九 战汉时期陶盆

1. A型（RB采：15） 2. D型（RB采：18） 3. B型（RB采：17） 4、5. C型（RB采：16、30）

外翻，颈与肩接合处显缓折。肩部饰网格状交叉绳纹。口径22.2厘米，残存高7.4厘米（图三〇，2）。

夹砂灰陶及泥质灰陶：依底部的不同，可分为二型。

A型 鼓腹，圜底。RB采：11，圜底篮纹罐，夹砂灰陶。下腹部及底饰篮纹，时代为战汉时期（图二七，3）。

B型 鼓腹，平底。RB采：13，夹砂灰陶，胎质同A型。在上腹部饰轮旋环形凹弦纹，时代为战汉时期（图二七，5）。RB采：12，泥质灰陶。腹中部外壁微显折。上腹部饰轮旋环形瓦垄纹，下腹部饰横向篮纹，时代为战汉时期（图二七，6）在邯郸市世贸广场战汉遗址曾出土过类似的造型及纹饰。

壶 仅发现口颈残片。RB采：14，罐形壶，泥质灰陶。近似盘口，口内、外的下边皆一环形突棱，颈略高。存颈及肩的交叉部以上，肩部开始向外延伸。口径16.8厘米，残存高5.8厘米（图三〇，3）。

豆 泥质灰陶，仅存豆盘及豆柄部分，不能复原。RB采：19，尖唇，斜曲腹，缓弧内底，空心柱状柄。盘径14.4厘米，残存高7.2厘米（图三〇，4）。RB采：20，存豆盘的下部及连接的豆柄部分，弧曲腹，内底微显凹形，空心柱状柄。残存最大柄径13厘米，残存高8.2厘米（图三〇，5）。

（2）陶质制陶工具

制陶工具仅有转盘一类。泥质灰陶，俯视近似圆形。现存皆为残块，不能复原。根据其外壁的高低差别，可分为三个个体。RB采：21-1，仅存安插转动的木制手柄之处的残段，其外壁呈弓弧形，内壁弧曲，微显轮旋凸棱。上部内沿向里突，呈敛口。口沿体向外较低有一半圆形平台，平台中间一圆形深孔，推测是安插转动的木制手柄所用。底部平。通高14.2厘米（图

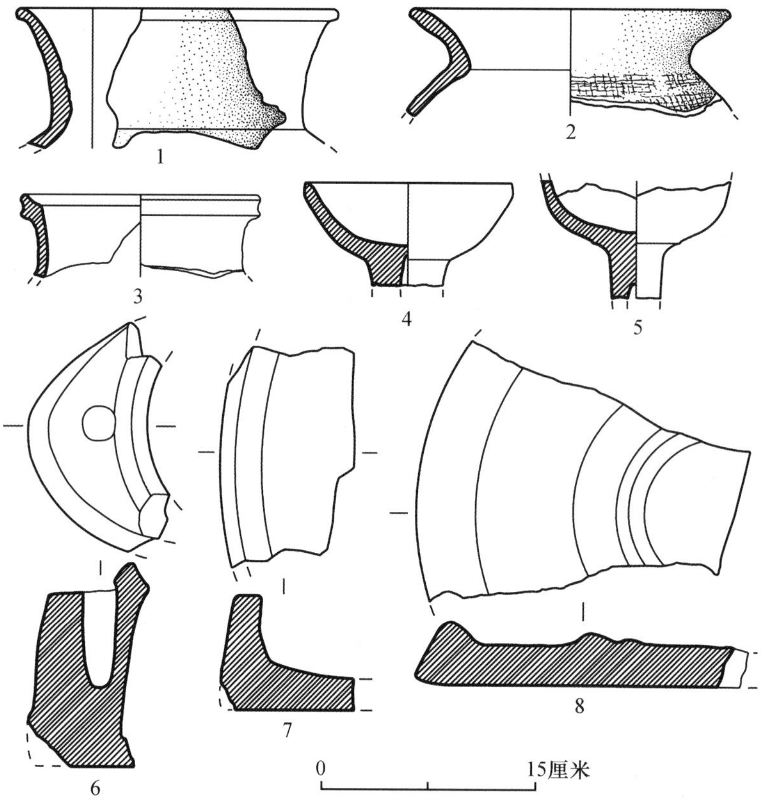

图三〇　战汉时期陶器

1、2. 罐（RB采：3、4）　3. 壶（RB采：14）　4、5. 豆（RB采：19、20）　6～8. 转盘（RB采：21-1、21-2、21-3）

三〇，6）。RB采：21-2，整体呈圆盘形，仅存外壁一残段，直壁，壁上薄下厚呈梯形。平底。直径约56厘米，高8厘米（图三〇，7）。RB采：21-3，整体呈圆盘形，仅存一残段，外壁近似竖三角形，向内还有一环形的似外壁一样的突棱（棱残缺）。内底有轮旋环痕，外底平。直径约42厘米，外壁高4.5厘米（图三〇，8）。

（3）陶质建筑构件

建筑构件，能够辨别器形及绘制图形的仅有陶质灰瓦一种。皆为残段或碎块，无法测出其完整的尺寸。采集的瓦砾为板瓦和筒瓦，不见瓦当。板瓦较多，个体较大。筒瓦数量较少，体型多数略小。

板瓦　泥质灰陶，两侧有由内向外的切痕，凸面的绳纹均为拍打而成。从采集的残块推测，原个体都较大，从制作及纹饰来看可分为四种：

一是，在所存瓦的一端（瓦首），从切割的方向来看，为凹面突出、凸面回收的斜切面。凸面饰绳纹，凹面饰突起的大米粒纹。厚度为1.4～1.7厘米（图三一，1～4）。

二是，瓦的凸面和凹面，均可分为前后两段装饰纹饰，前段即为瓦尾较短，约有8～9厘米，施横向较缓的凹凸纹饰，有的近似瓦垄。后段纹饰直至瓦首，其长度不详，凸面全饰绳纹，其中有一件，绳纹以下至下端为一段素面，在素面与绳纹衔接处形成连弧纹，凹面全饰菱形网状纹，菱形的大小差别较大。厚度为1.2～1.7厘米（图三一，5～8）。

三是，凸面饰横向突棱纹，这些突棱纹间距宽的似瓦垄，间距宽度次之的呈沟槽，极个别的纹饰极像篮纹。凹面均为布纹。厚度为1.3～1.4厘米（图三一，9～12）。

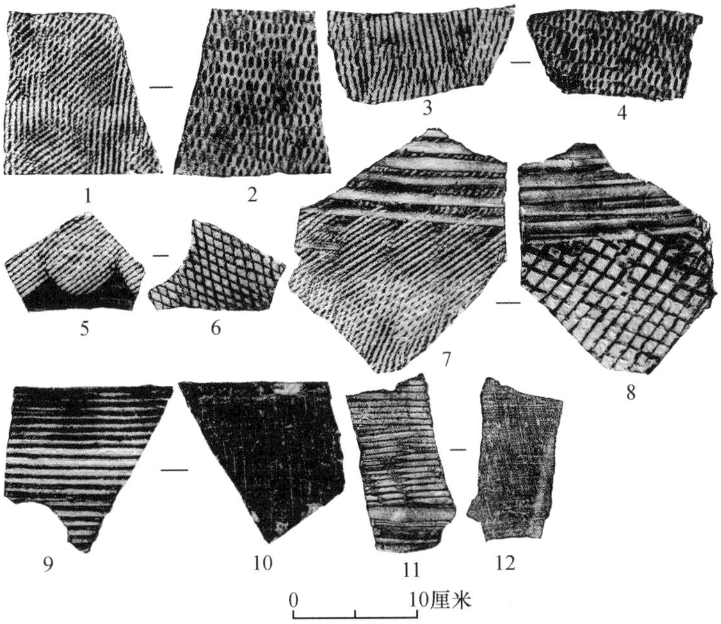

图三一　战汉时期板瓦拓片

1、3. 凸面为绳纹　2、4. 凹面为大米粒纹　5、7. 凸面为绳纹、连弧纹、瓦垄纹
6、8. 凹面为瓦垄纹、菱形网状纹　9、11. 凸面为突菱纹　10、12. 凹面为布纹

四是，个体大，厚重，发现数量较少。凸面为素面无纹饰，在瓦首接近边缘时，饰有带状圆形浅坑；凹面饰布纹。RB采：22，残存长15.9厘米，宽约28.4厘米，厚2.2厘米。窑烧火候略低，硬度不大，器表略呈较淡的橘黄色（图三二，5）。

（4）筒瓦

泥质灰陶，均为残段或残块，不能复原。整体为圆筒的二分之一，两侧有由内向外的切痕，瓦尾一端有瓦舌，舌长4～4.6厘米。凸面多饰有绳纹，有的在接近下端的一段约8～10厘米处，绳纹被抹去，出现有抹去绳纹时拖带的横向凹形划痕。凹面饰有布纹。厚度1.1～1.6厘米。整体造型的差异不是太大，舌部有些区别：RB采：23，残存瓦尾一段，舌体略直，稍向里倾斜，舌端缓尖。残存长9.7厘米（图三二，1）。RB采：24，残存瓦尾一段，舌体较直，舌端近似方形，舌内为直角，舌外弧圆。残存长8.8厘米（图三二，2）。RB采：25，残存瓦尾一段，舌体弯曲，舌端呈外收、内凸出，为一斜面。残存长9.3厘米（图三二，3）。RB采：26，残存瓦尾一段，舌体向内敛，舌端近似圆形。残存长8.7厘米（图三二，4）。

（三）唐代、明清时期遗存

1. 遗迹

发现唐代、明清时期灰坑、沟渠、道路、井、墓葬五类遗迹现象。其中灰坑、沟渠、道路

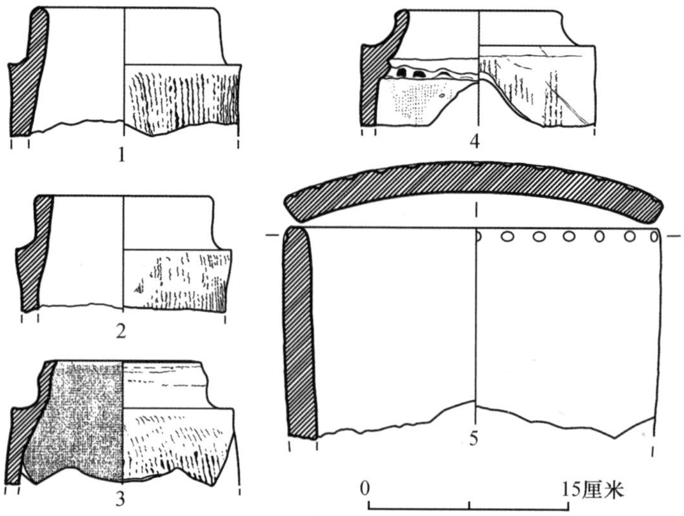

图三二　战汉时期陶瓦

1～4.筒瓦（RB采：23～26）　5.板瓦（RB采：22）

只做了探方之内的部分，压于探方以外的部分未作扩方清理。

（1）灰坑

5个。灰坑口平面形状有椭圆形、圆角长方形、菜刀形三种。

椭圆形坑　2个（ⅡH2、ⅡH3），均开口于第二层下，呈锅底形状，根据灰坑的开口层位、土质土色及遗迹遗物分析为一次性堆积，其时代应为明代。

ⅡH2　位于ⅡT0205东部，打破了第三层和第四层。灰坑平面近似蛋形，壁与底相连呈锅底形，底的中部较平整。坑内土质土色为黄沙土，较疏松。包含物有少量的草木灰，出土遗物多为泥质灰陶，其次是泥质红陶，陶片均为素面，有极少数量的白釉瓷片。灰坑的长径2.12米，短径1.1米，深0.3米（图三三）。

ⅡH3　位于ⅡT0305的西北部，西部一小部分被ⅡT0205所压，向下打破了第三层和第四层。灰坑平面约二分之一略大，另一半向内略缓收显得瘦小，总体来看近似蛋形，壁与底相连，断面呈锅底圆形。坑内土质土色为黄沙土，较疏松。包含物有极少的草木灰，出土遗物多为泥质灰陶，其次是泥质红陶及夹砂红陶。陶片均为素面，板瓦片略多，瓷片以白釉瓷为主。灰坑已发掘长径2.5米，短径1.4米，深0.35米（图三四）。

圆角长方形坑　2个（ⅡH5、ⅡH1），从平面看，均近似于圆角长方形。从开口地层的层位及面积的大小，深浅，包含物来看，皆有很大差别。

ⅡH5　位于ⅡT0203之内偏西部，开口于地层的第二层下，向下打破了地层的第三层和第四层，坐落于第五层生土层内。口部东西长0.94米，南北宽0.78米；上口大下底小，壁面缓曲，平底，底长0.7米，宽0.5米，总深0.84米。坑内土质土色为黄沙土，包含有泥质灰陶、红陶，夹砂羼蚌红陶片，白釉瓷片和一些少量的红烧土颗粒等物。以泥质灰陶为多，其次为白釉瓷片，而夹砂羼蚌红陶和泥质红陶最少。能辨别出器物类型的有盆、罐、釜、布

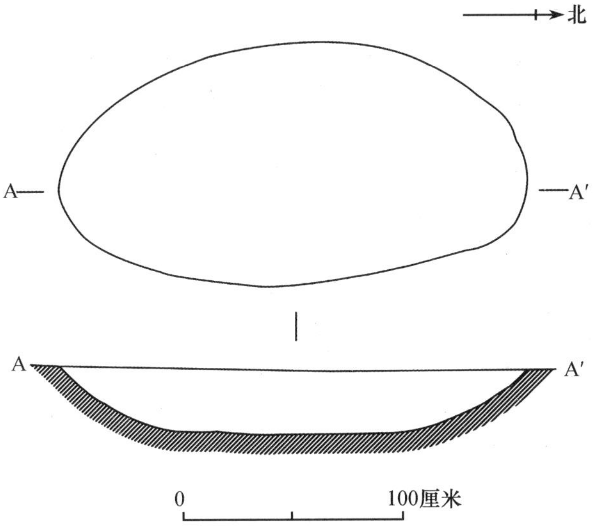

图三三 ⅡH2平、剖面图

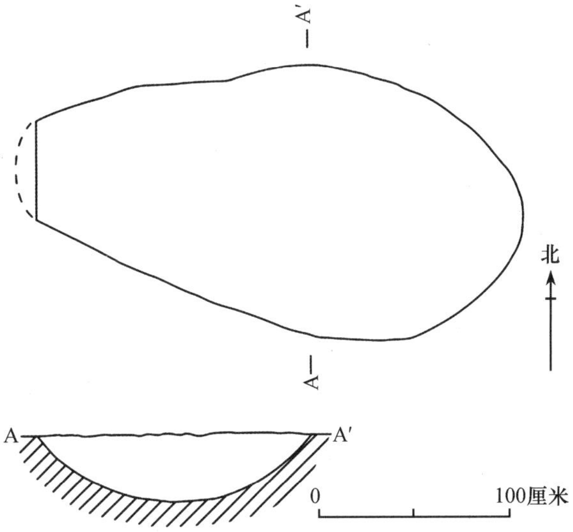

图三四 ⅡH3平、剖面图

纹板瓦和白釉碗，根据土质土色分析为一次性堆积。器物的年代早到战国晚期至西汉时期，时代最晚的为明代的白釉瓷碗。根据开口层位和出土时代最晚的遗物推断其时代为明代（图三五）。

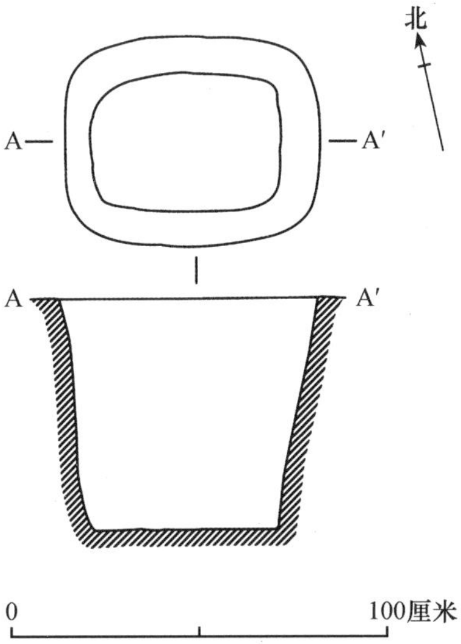

图三五 ⅡH5平、剖面图

ⅡH1 位于ⅡT0308、ⅡT0309之间的西部，灰坑再向西部，有少部分压于探方之外未发掘，只是做了勘探，大概了解了向西延伸的范围。开口于第一层下，向下打破了第二层、M1、第三层。平面近似圆角长方形，敞口，坑壁缓弧，坑底呈弧圆锅底状。坑内土色为灰褐色花土，土质疏松，包含有碳粒、碳渣等杂物，出土遗物有泥质灰陶、红陶，夹砂红陶、灰陶碎块及瓷片等，可辨器型有板瓦、盆、罐、青花瓷碗残片等。探方内南北最大长度2.82米，东西最大宽度1.85米，深1.82米。根据出土时代最晚的青花瓷碗残片推断其时代为清代（图三六）。

菜刀形坑 1个，即ⅢH1。

ⅢH1 位于ⅢT5与ⅢT6之间，开口于第一层下，向下打破了ⅢL1、第二层、第三层及生土层。敞口，缓折（或弧曲）壁，底较平，面北俯视平面近似菜刀形。坑内为一次性堆积，土色为黄沙土和黄褐色黏土，有大量钙质结核，包含有炭粒、炭渣、素面泥质灰陶和红陶、青花瓷片等物。通体长3.75米，深0.3米（刀柄处）~0.65米（刀体处）。其中刀体长2.32米，刀体宽1.04米，刀柄长约1.4米，刀柄宽0.26米。其时代为清代（图三七）。

（2）沟渠

6条。第三层下1条，第二层下3条，第一层下2条。从平面看沟渠的两端延伸方向，接近

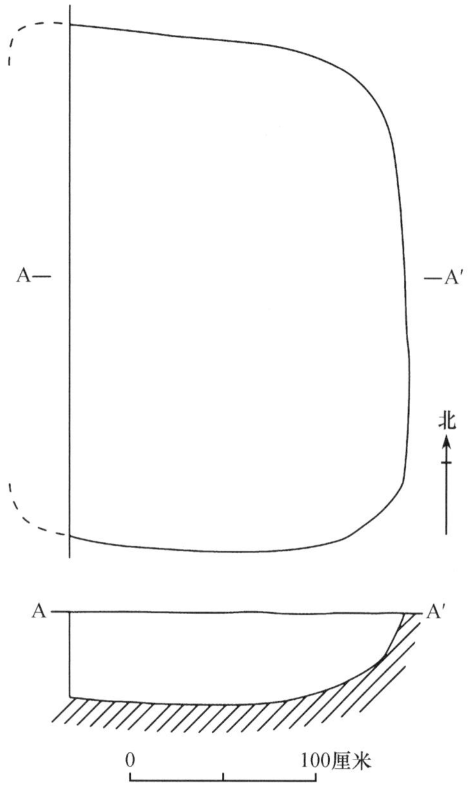

图三六　ⅡH1平、剖面图

于南北方向的3条，接近于东西方向的3条。压于探方之外的没有再扩方发掘。根据水流量所开沟渠的宽度及深度可分为三类。

① 宽度不足1米、深不足0.5米共4条（ⅡG3、ⅡG2、ⅡG4、ⅡG1）。呈东西方向2条，南向微偏西至北向微偏东1条，南北方向1条。

ⅡG3　位于Ⅱ区偏南部，ⅡT0204和ⅡT0304之内，向北距ⅡJ1为2.1米，呈东西方向。东西两端皆延伸到发掘区域之外，呈窄长条形，略微弧曲，在发掘区域之内长10米。沟渠断面呈上大下小近似倒置梯形，壁面呈斜弧曲，底部略平。开口宽0.47～0.6米，底宽0.2～0.25米，深0.4～0.45米。沟渠开口于地层的第三层下，开口处向上约0.1米和南北方向的ⅡG1相交叉。自开口到沟底部打破了地层的第四层，坐落于第五层生土层内。沟内堆积的土色为黄褐土，土质较硬，包含有少量的炭粒、红烧土颗粒，没有发现其他遗物，应是一次性堆积。从开口层位及包含物分析应是唐代时期。沟底部存有水流沉积所形成的细泥沙层，推测其用途应是水利灌溉的沟渠（图三八）。

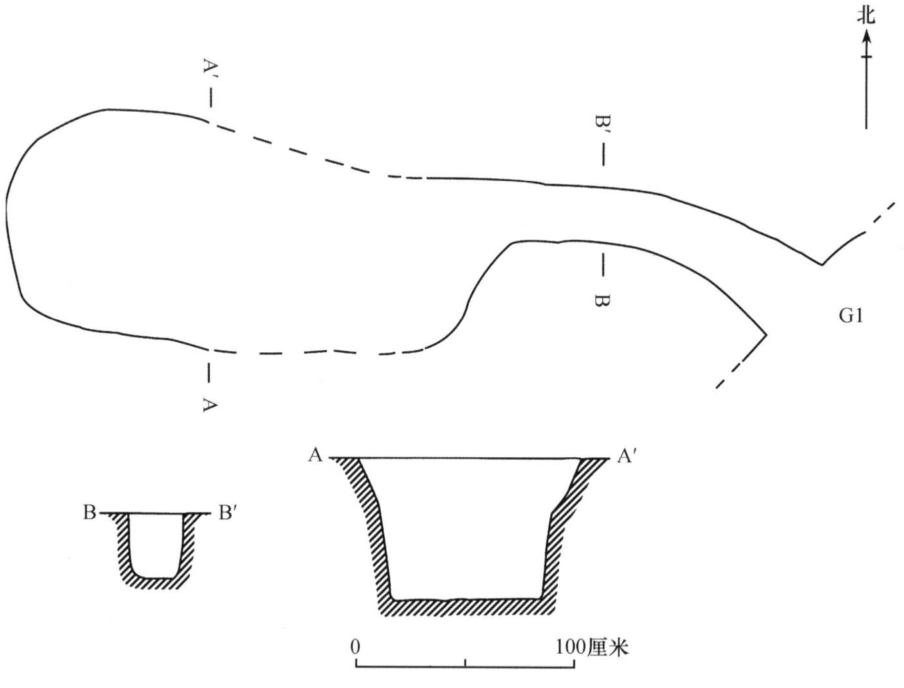

图三七　ⅢH1平、剖面图

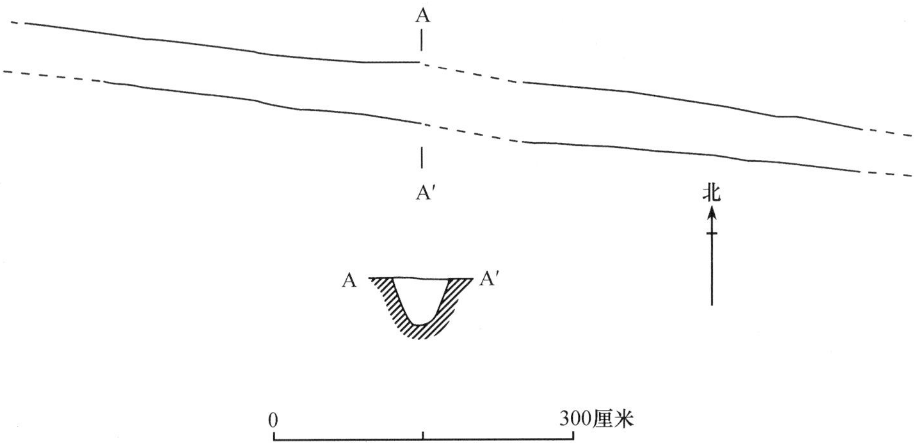

图三八　ⅡG3平、剖面图

ⅡG2　位于Ⅱ区的东北部，ⅡT0511和ⅡT0512探方之内，方向为南向微偏西至北向微偏东的长条形，开口于地层的第二层下，自开口到沟底部打破了地层的第三层和四层。沟壁呈微弧斜坡状，较平整，底部较平坦，断面呈上宽下窄形。在发掘区域内长约9.5米，上口宽0.45～0.47米，底宽0.35～0.38米，沟深0.22～0.25米。沟内为疏松的黄沙土，出土遗物有泥质灰陶片，碎砖块，白釉和青花瓷片等。根据开口层位及出土遗物分析为一次性堆积，其时代应为明代。沟底部存有细泥沙层，应是水流沉积所形成，推测应是当时灌溉农田的水渠（图三九）。

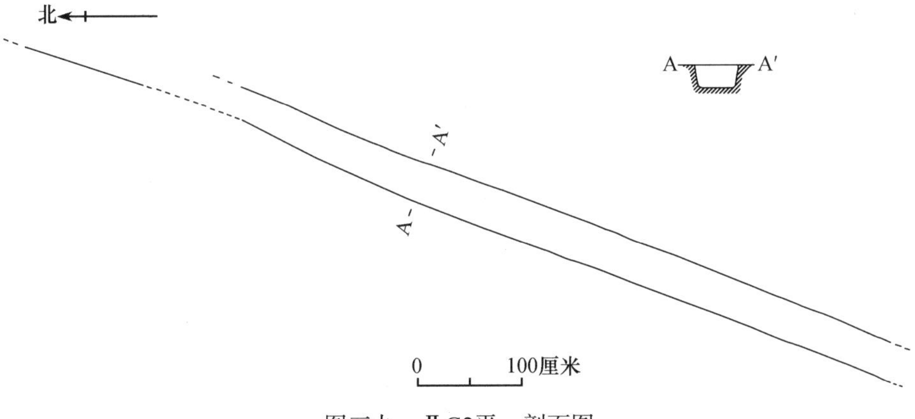

图三九　ⅡG2平、剖面图

ⅡG4　位于Ⅱ区的南部、T0201和T0301之内。东西方向。开口于地层的第二层下，自开口到沟底部打破了地层的第三层和第四层。呈窄长条形，略微弯曲，两端皆延伸到发掘区域之外。东部和南北方向的G1相交叉，被G1打破约0.12米。沟的壁面较垂直，底较平。在发掘区域内长11米，开口宽0.31～0.35米，深0.22～0.24米，底部宽0.22～0.28米，沟内填有土质疏松的黄沙土，包含有少量的炭粒。由上述情况分析为一次性堆积，其时代及用途应为明清时期农田灌溉的水渠（图四〇）。

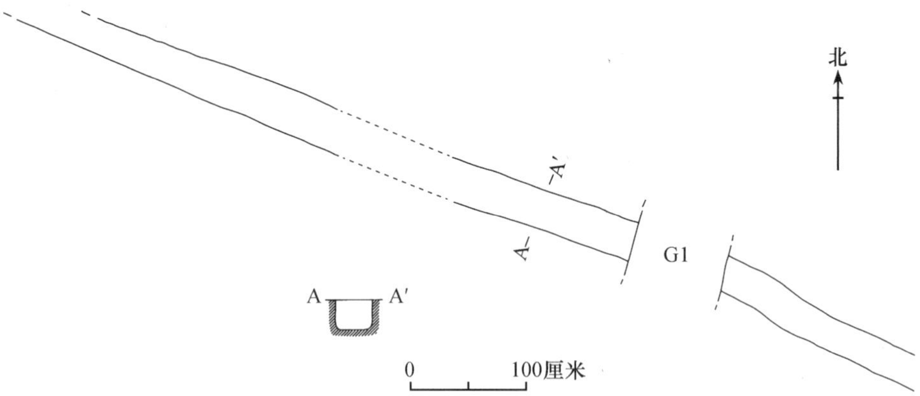

图四〇　ⅡG4平、剖面图

ⅡG1　位于Ⅱ区的中部，南北方向纵贯整个发掘区，开口于地层的第一层下，打破了第二层和第三层、部分墓葬和灰坑等遗迹。呈窄长条形，两端皆延伸到发掘区域之外。横断面为斜壁锅底形，两壁较平整，底略有坑洼，底部存有厚约0.04米的多层细泥沙层，应是水流沉积所形成。长60米，它是发掘区域内沟渠最长的一条，上口宽0.7～0.96米，深0.33～0.42米。沟内堆积有较疏松土质的黄沙土，其内包含有少量的砖块、石块和铁炼渣，并出土有生活器具的陶片、瓷片及建筑构件的残片。器物陶片以泥质灰陶较多，泥质红陶、夹砂红陶、夹砂灰陶较少。陶片以素面较多，装饰纹饰较少，仅见有少量细绳纹和弦纹。瓷片以白釉瓷片较多，其次为青花瓷片、黑釉瓷片、外黑釉内白釉瓷片和极少量的外酱釉内白釉瓷片。可辨别出器形的有碗、罐等。其时代及用途应为清代前后农田灌溉的水渠（图六）。

② 宽度超过1米、深超过0.5米有1条，即ⅡG5，呈东西方向。

ⅡG5　位于Ⅱ区的西南角，ⅡT0100之内，长条弯曲形。沟的两端皆延伸到发掘区域之外。开口于地层的第二层下，自开口到沟底部打破了地层的第三层、第四层，坐落于第五层生土层内。沟的壁面为倾斜弧曲状，不太平整，底为锅底形，略有坑洼。在发掘区域内长约3.8米，上口宽1.2米，深0.55米。沟内填有疏松的黄沙土，包含有少量的红烧土颗粒，出土遗物有陶片、瓷片、砖块和石块。陶片均为泥质素面，瓷片以白釉瓷片较多，黑釉、酱釉和青花瓷片较少。可辨器类有罐、碗等。从土质土色和出土遗物看为一次性堆积，其时代应为明代至清代早期。沟底部存有水流沉积所形成的细泥沙层，推测应是当时灌溉农田的水渠（图四一）。

③ 宽度超过2米、深超过1米有1条，即ⅢG1，呈西北至东南方向。

ⅢG1　位于Ⅲ区西南部，ⅢT2、ⅢT3和ⅢT5三个探方之内。沟的两端皆延伸到发掘区域之外。开口于地层的第一层下，向下打破了ⅢL1、地层的第三层，其深度直至生土层内。沟断面为上大下小，敞口，壁面倾斜，沟底较平整。在发掘区域内长约11.5米，沟上口宽2.64～2.7米，底宽2米，深1.25米。沟内堆积为黄沙土和灰褐色土，各有三层，每层皆有经过人类的踩踏，形成质地坚硬，用发掘利器斫之而起层的状况，由此形成了ⅢL2堆积，包含物有细碎石块、砖块、陶片、瓷片等。在沟的底部有淤积细泥沙层，推测该沟应是灌溉农田的主干水渠。根据沟内出土遗物及所在层位分析，其时代应为清代（图四二）。

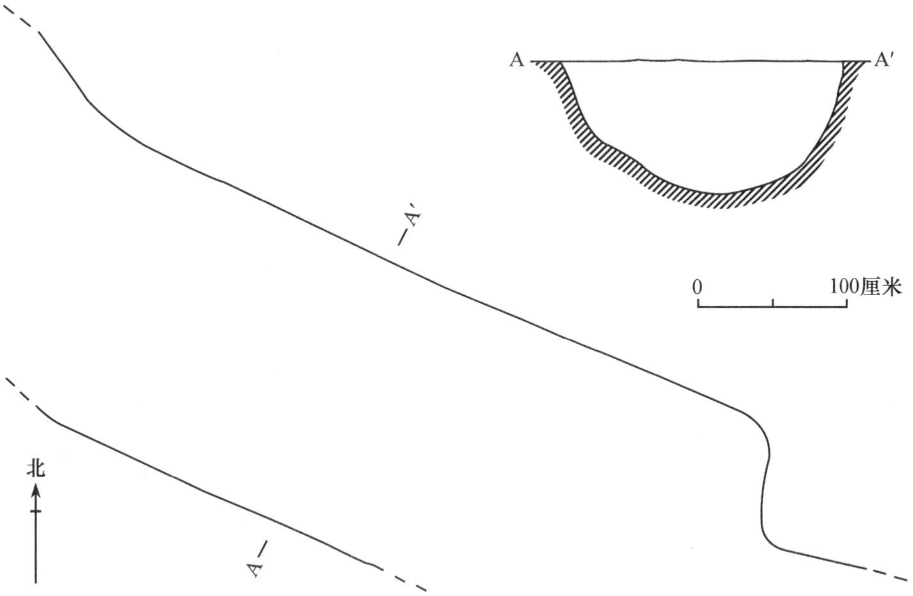

图四一　ⅡG5平、剖面图

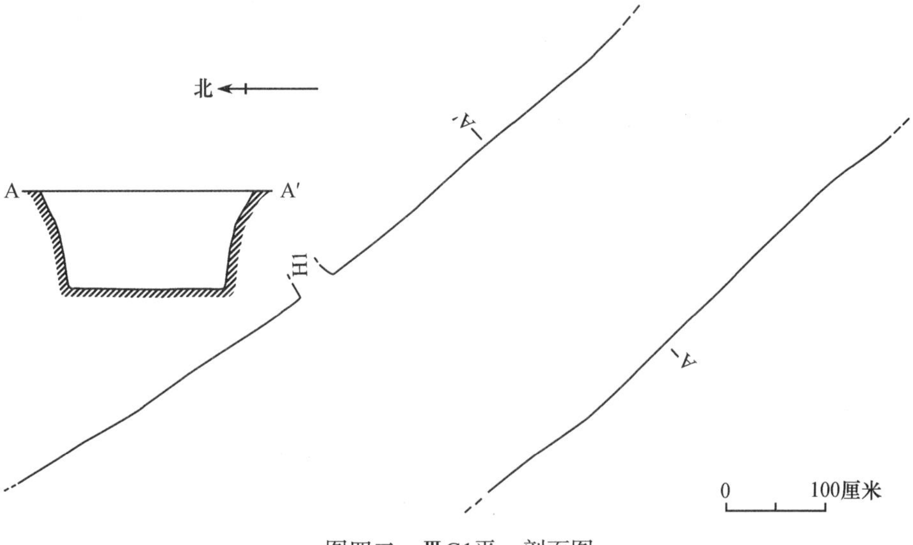

图四二　ⅢG1平、剖面图

（3）路

3条。位于第Ⅱ发掘区1条，为田间小道；位于第Ⅲ发掘区2条，2条道路的位置在一处，始为进京大道，废弃之后局部改为水渠，时间不长水渠停用之后又恢复为道路。

① 田间小路1条，即ⅡL1，仅保存残段。

ⅡL1　位于Ⅱ区偏南部的西部，ⅡT0203之内。为东南—西北方向，西北部延伸到发掘区域之外，东南部因早期遭到自然或人为破坏而消失，宽度的两侧因为其他原因而有所减少，故发掘区域之内仅存长1.4米，宽约0.63米。路面发现于地层的第三层之下，路土厚0.06米，路面经过人类的踩踏，质地坚硬，用发掘利器斫之，起层，土色呈黑褐色。没有发现人类遗弃的遗物，根据所在地层分析，其时代的下限应在唐代（图四三）。

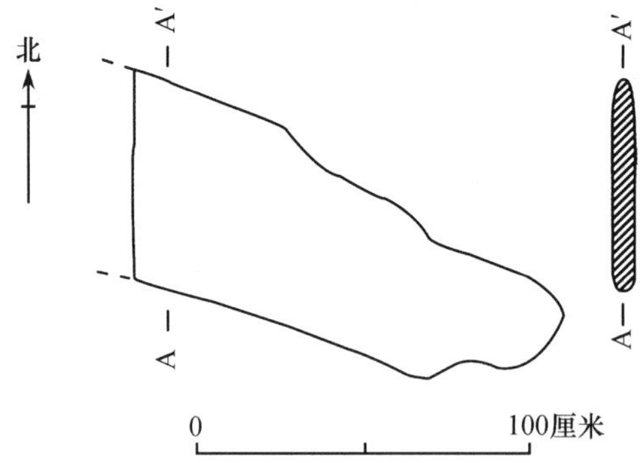

图四三　ⅡL1平、剖面图

② 车马大道2条（ⅢL1、ⅢL2），发掘的两条道路从平面看地域相同，只是时间段不同，地形的层位也不相同。

ⅢL1、ⅢL2　两条道路发现于耕土层下，路表层及局部被耕种时破坏。本次发掘的两条道路在一个位置，只是区别于时间的早晚，也有连带打破关系，堆积层数和宽度也相差较大。其前后顺序大致如下：即在ⅢL1这条宽13至14米的车马大道废弃之后，于此段原路基之上人们挖了一条口宽2.7米，底宽2米，深1.25米的灌溉农田之水渠（见ⅢG1），该水渠利用时间很短，就在沟渠之内又成为较窄的车马道路，即ⅢL2。

ⅢL1，Ⅲ区共有10个探方，除ⅢT7、ⅢT10两个探方之外，ⅢL1几乎占有所有的探方，从平面看被ⅢH1、ⅢG1和ⅢL2打破，方向为东南至西北，道路的两端逐渐向远方延伸。在发掘区域内的最长度约19米，宽13.4米，厚0.26～0.3米。路面上残留有车辙，较宽者辙深0.08～0.12米，辙宽0.3～0.35米；较窄者辙深0.04～0.06米，辙宽0.1～0.15米；由于杂乱较甚，故无法辨别各个车轮间距。该路经过人畜的踩踏及车轮碾轧而形成，土质坚硬，呈灰褐色。路土的包含物有碎砖瓦块及陶瓷残片。其中陶片有泥质灰陶、夹砂灰陶。板瓦的装饰除素面之外，阳面有饰细绳纹，阴面饰布纹、戳点方格纹等多种；瓷片有白釉、青花、黑釉、酱釉等，瓷器以碗为多。根据路土内的包含物分析，其时代应为明清时期（图四四）。

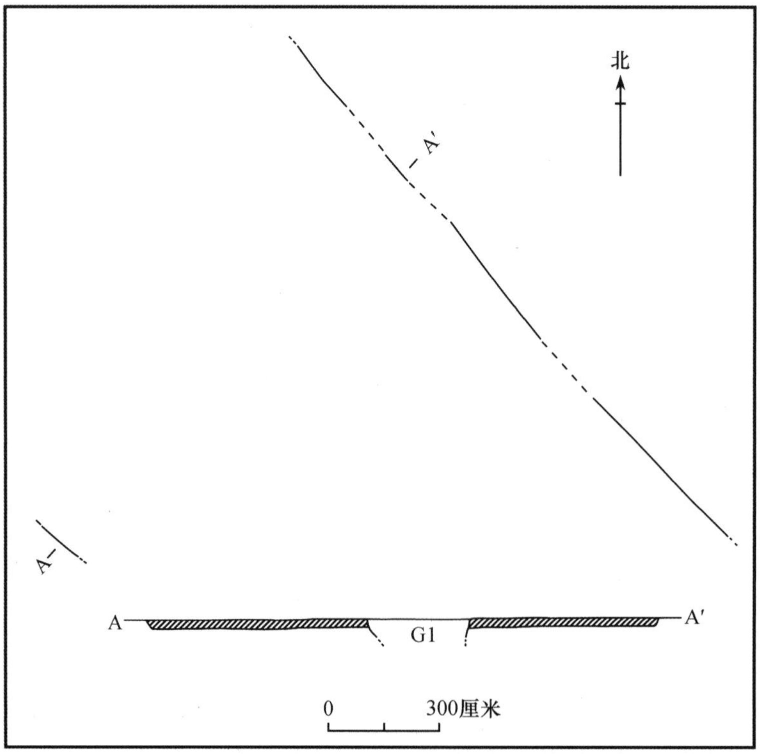

图四四　ⅢL1平、剖面图

ⅢL2，在ⅢT2、ⅢT3和ⅢT5三个探方之内，和ⅢG1、ⅢL1同一个方向。ⅢG1位于ⅢL1中部并打破了ⅢL1。ⅢL2形成于ⅢG1之内，路的宽度窄于ⅢG1，发掘区域内长12米。ⅢL2在沟内共有3层路面，每层路土的下面都有一层淤土堆积，按照发掘顺序自上而下分编为ⅢL2第一层～第三层（图四五）。

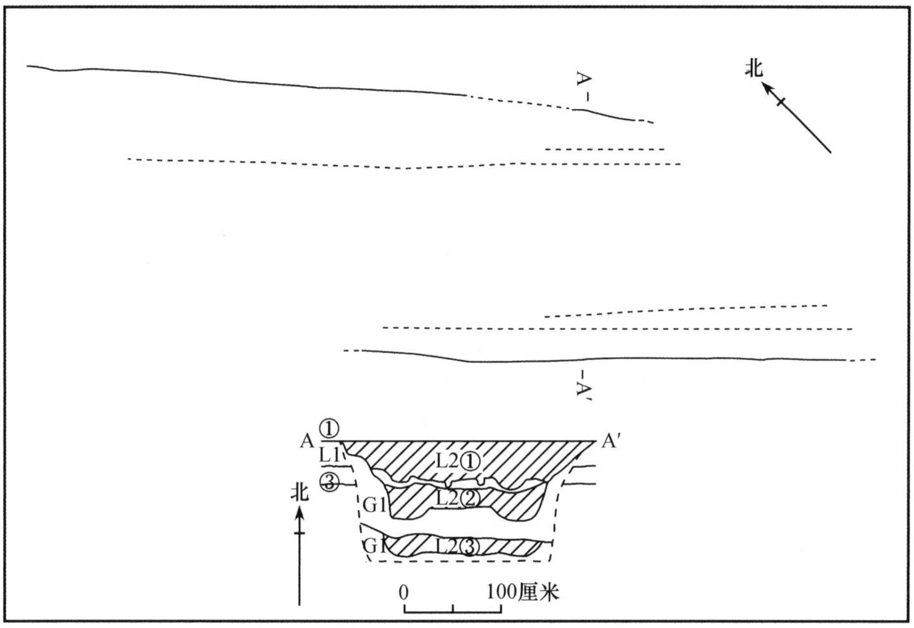

图四五　ⅢL2平、剖面图

ⅢL2第一层：宽2.5米，厚0.36～0.4米，长度在发掘区域内约10余米。路土呈灰褐色，质地紧密，呈薄层状颗粒，内含有红烧土颗粒、炭粒、碎砖块、碎石块，路面不甚平坦，略有坑洼。在第一层路土之下有0.1～0.15米的淤土层，呈黄沙土，微发灰，叠压覆盖于L2第二层路面之上。

ⅢL2第二层：宽1.77米，厚0.16～0.3米，长度同ⅢL2第一层。路土呈灰褐土，土质较密，呈叠压的薄层，路面不甚平坦，在路面发现有两种车辙，其中一种车辙宽0.15～0.2米，深0.07～0.14米，两轮间距0.77～0.88米；另一种辙比较窄，其宽度为0.05米，深0.03米，为独轮还是两轮（或两轮以上）无法判定。路土堆积，中间较薄，两端较厚，内含少量红烧土颗粒、炭粒、礓石、碎砖块及陶瓷碎片。陶瓷碎片以瓷片较多，陶片较少。瓷片以外黑釉内白釉较多，青花、酱釉次之；陶器残碎片均为素面，泥质灰陶多于泥质红陶。在第二层路土之下有0.1～0.3米的填土，呈黄灰色，叠压覆盖于ⅢL2第三层路面之上。

ⅢL2第三层：宽1.77米，厚0.09～0.12米，在探方内所清理长度只有3.5米左右，路土呈灰褐色，土质紧密，呈薄层颗粒。在路面之上有宽窄两种不同的车辙，窄车辙位于宽车辙的旁边。宽车辙的宽度为0.17～0.2米，深0.04～0.05米，两轮间距为1.15米；窄车辙的宽度为0.05～0.08米，深0.03～0.05米，两轮间距不详。路土中间堆积较薄，两侧较厚。路土内有少量的炭粒，碎石块及陶器、瓷器残片。陶瓷片中以瓷片较多，陶片较少。瓷片以青花和外黑釉内白釉较多，青釉、白釉和黑釉最少；陶器残片以泥质灰陶为多，泥质红陶最少，均为素面，没有装饰。在第三层之下直至沟底还有一层厚约0.06～0.1米的黄沙淤土层堆积。

ⅢL2的年代和ⅢL1相同，为明清时期，只是在先后顺序上要晚于ⅢL1。

（4）井

1口，即ⅡJ1。

ⅡJ1　位于Ⅱ区的中部，涉及ⅡT0305、ⅡT0304和ⅡT0205三个探方。开口于第三层下，打破了第四层，坐落于第五层生土层内。该井是早期坍塌的残井，从井壁面的上部可看出严重的坍塌痕迹，原貌已大部分不存在，仅存底部向上不足一米的高度尚保持原貌，井壁比较平滑。井底为椭圆形，较平，井底长径1.78米，短径1.3米。井口、井壁现存形状和其底部大体类似，也为不太规则的椭圆形竖穴式，长径为东西向，上大向下渐小。井口长径约2.58米，短径约1.9米，现存总深2.8米。发掘时采取先发掘二分之一的方法，记录了井内的土层堆积，而后全面清理完毕。井内堆积可分为四层，自上而下，第一层为黄褐土，厚0.64～0.79米，土色斑驳，含礓石（钙质结核）较多，还有木炭屑、夹砂红陶、灰砖块等物；第二层为黄灰色土，厚0.18～0.32米，土质较黏，含少量礓石，并发现极少的红陶、灰陶残片；第三层为黑褐色土，厚0.38～0.41米，土质发黏，土色较纯净，该层出土遗物有灰色单面绳纹砖，阴面饰布纹的灰瓦片，泥质灰陶片，泥质红陶，磨光黑陶，夹砂灰陶，夹砂红陶片及酱釉瓷片等，可辨器物除砖、瓦之外，还有瓮、罐、碗、器物盖等；第四层为黄沙土，含黑褐色土块，厚0.33～0.58米，发现的遗物极少，其中有一单面饰绳纹的泥质灰砖的残段。井内的堆积，每层底部为弧形锅底状，最下一层可能是该井壁坍塌所形成。根据井的开口层位和出土器物分析，其时代应为唐代（图四六）。

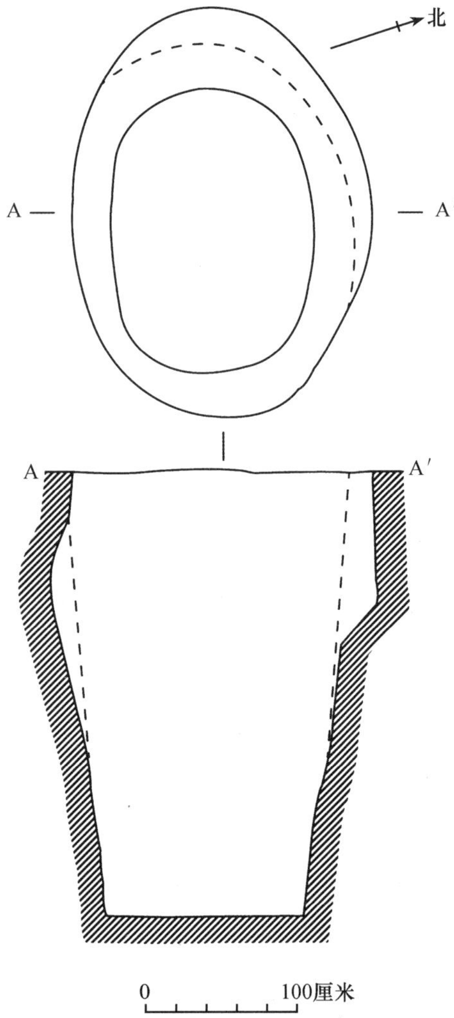

图四六　ⅡJ1平、剖面图

（5）墓葬

11座。除一座带墓道的砖室墓之外，余为竖穴土坑木棺墓。其中竖穴土坑木棺墓葬中有一座为夫妇三人合葬墓，在该墓的北边木棺之下，有铺地砖及部分地段砌筑有很矮的砖框，为了便于叙述，暂将该墓归入竖穴土坑木棺墓。

带墓道砖室墓　1座，即ⅡM8。

ⅡM8　涉及ⅡT0100、ⅡT0101和ⅡT0201三个探方，开口于地层的第三层下。为一座带墓道的砖室墓，平面呈“带銎铲形”，墓室方向为204°。

墓道位于墓室的南侧，平面呈舌形，口部的上部被破坏，残留底部，已成斜坡状。在墓道西壁残留有锯齿形三个角，推测墓道应为台阶式，台阶的宽、高及阶数已经不详。墓道长1.54米，底长1.46米，宽0.64米，深0.58～1.2米。墓室平面的土穴和砖框均呈梯形，墓室的砖框被破坏，只是在个别的地方残存有底部的1～2层砖，砌法为单砖顺铺砌筑。其中在墓室的东壁北端残留两层砖，残长0.4米，宽0.16米；在北壁（棺床上面北壁）中西部残留有长0.64米的一层砖。砖室紧靠四周的土圹，其土圹西南角口部被破坏，东壁、北壁的口部也略有破坏，墓室口部南北土圹长2.4米，南端东西宽1.8米，北端东西宽2.68米，四壁略有倾斜；墓室底部南北长2.36米，南端宽1.8米，北端宽2.04米。墓深1.2米。墓室的北部留有棺床，宽1米，高0.5米，棺床上面西部被挖去0.2米深。棺床南壁的下部中间部分残留有2～3层砖框，残高0.2米，宽0.16米。由于墓室内被早期盗扰，葬具、人架残存无几，只是发现了极少部分的人头骨残片及肋骨和下肢骨的残块。

出土物品为陶器、铜器。在棺床的南壁残留砖框的地方发现有一组由带扣、带銙等（缺铊尾）组成的腰带铜饰件，在扰土中出有泥质灰陶罐残片，经室内修复，为两个残缺的敛口、鼓腹、平底罐。其墓葬时代为唐代（图四七）。

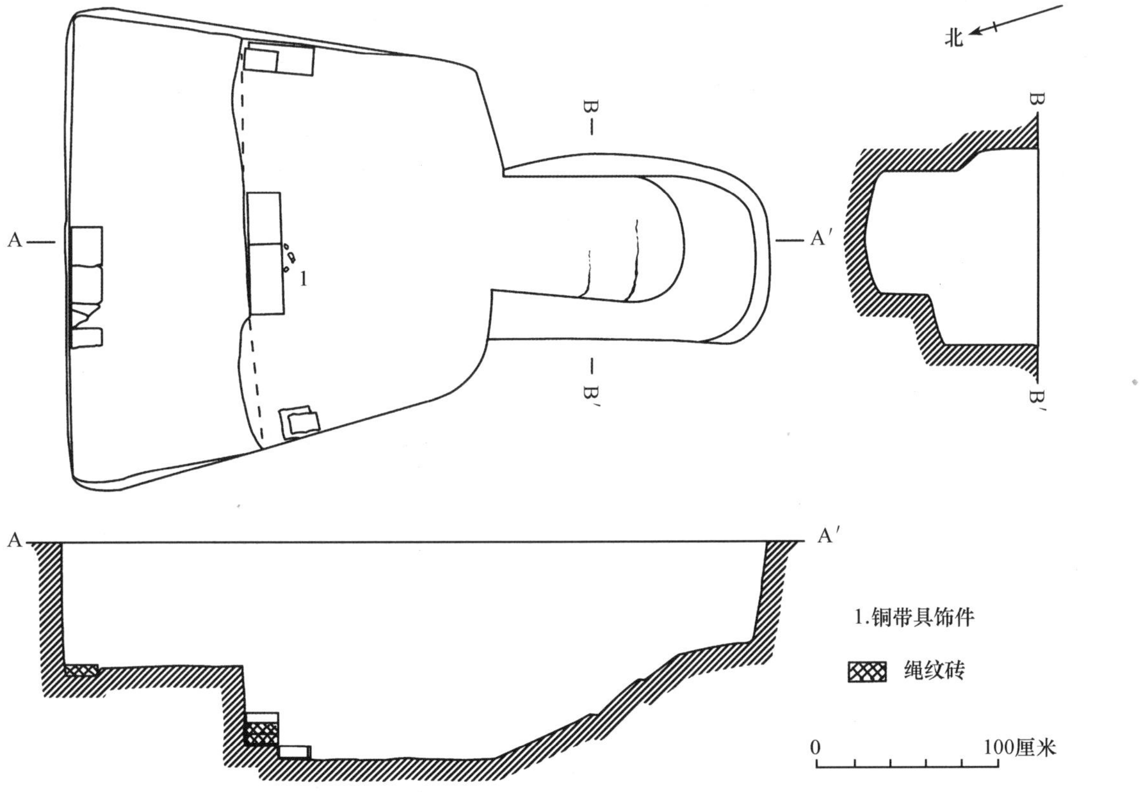

图四七　ⅡM8平、剖面图

竖穴土坑木棺墓　10座，分别于第二发掘区中北部8座、第一发掘区北部2座。

第Ⅱ区8座墓葬（ⅡM1～M7、M9），位于Ⅱ区中部偏北，涉及ⅡT0308、ⅡT0309、ⅡT0310、ⅡT0407、ⅡT0408、ⅡT0409、ⅡT0410等探方。墓葬比较集中，均开口于地层的第

二层下，墓向为南偏西，错落有致，应是一处家族墓地。出土时代最晚的“顺治通宝”1座墓（ⅡM4），时代最晚的“康熙通宝”3座墓（ⅡM1、ⅡM3、ⅡM9），时代最晚的“乾隆通宝”4座墓（ⅡM2、ⅡM5、ⅡM6、ⅡM7）。由此判断，第二发掘区墓葬的年代分别为清代顺治、康熙、乾隆年间及其之后的一处家族墓地（图四八）。

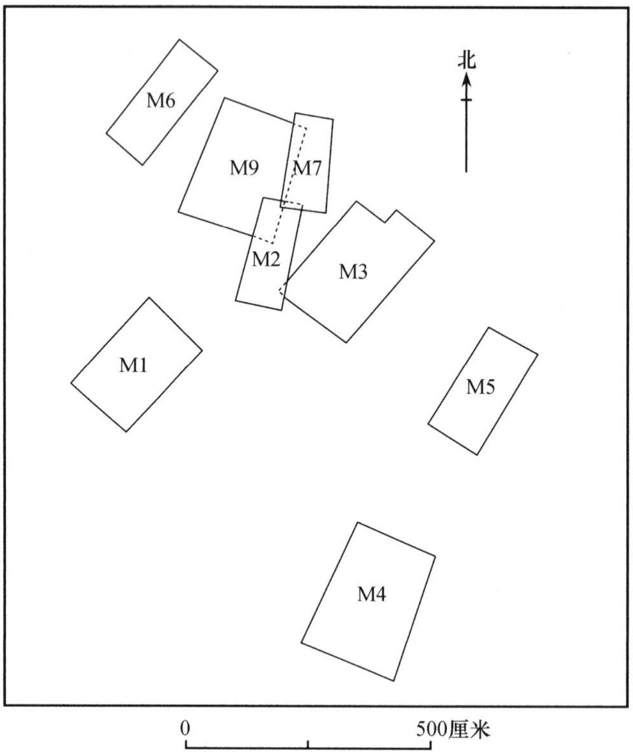

图四八　ⅠM1～M7、M9平面图

ⅡM1　为一座夫妇合葬墓，位于ⅡT0308和ⅡT0309之间，向东北方向1.2米为ⅡM2，向东6米为ⅡG1，墓葬开口的西半部被ⅡH1破坏。该墓葬为长方形，四壁垂直，墓口与墓底长宽相等，长2.4米，宽1.6米，深1.6米，墓室方向202°。墓室南壁底端中部有一长方形壁龛，宽0.3米，高0.2米，进深0.12米。墓内并列两口木棺。

东侧棺已腐朽，棺板厚0.05米，长1.8米，棺前端宽0.5米，棺尾端宽0.4米，棺底铺有白石灰，厚0.02米，棺内人架一具，骨骼腐朽较甚，原位置已乱，推测可能是在棺未腐朽之前而进水所形成的，应是仰身直肢，因头骨也移动，所以其面向不明。根据头骨、牙齿、盆骨判断墓主人为男性，年龄在60～65岁。

西侧棺已腐朽成黑色灰痕，根据灰痕量出棺长1.4米，棺前端宽0.58米，棺尾端宽0.5米。棺内放置人架两具，东西向并列，骨骼是按照仰身直肢葬式人为排放，腐朽较甚，头向南，面向上，有些下肢和上肢已叠在一起，应为迁葬。两具骨骼均为女性，年龄约在25～35岁，另一年龄略小。在两棺之间的北端立竖一块朱符灰砖。

出土物品为陶器、铜器、瓷器。东棺内出土铜钱8枚，其中棺内东南角放置1枚，头骨下放置1枚，腿膝关节处放置3枚，盆骨下1枚，棺内北端2枚。西棺人骨下压有铜钱1枚。出土的铜钱能辨认出字迹的均为“康熙通宝”。在壁龛的口部有砖和板瓦遮挡，砖和瓦上均有朱砂书写的朱符和字迹，现已辨别不清。壁龛内放置一件黑釉瓷盖罐（图四九）。

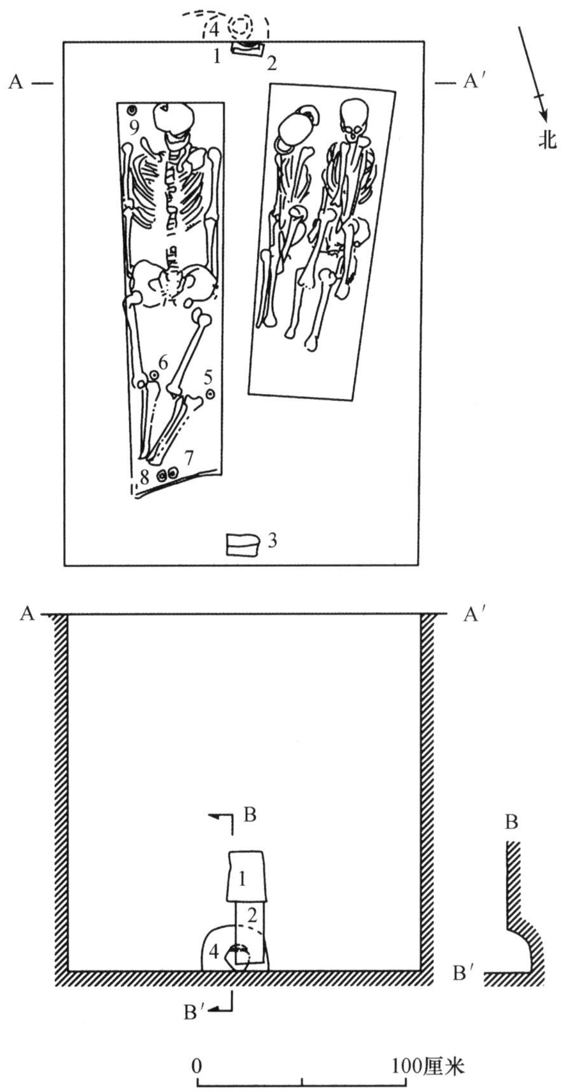

图四九 ⅡM1平、剖面图

1. 朱符板瓦 2. 朱符青砖 3. 朱符青砖 4. 黑釉瓷盖缸 5～9. 铜钱

ⅡM2 为一座单人墓葬，位于ⅡT0309之内，西南方向1.2米为ⅡM1，该墓的东壁打破了ⅡM3，北壁被ⅡM7打破，西壁的北部和北壁的西部打破了ⅡM9。三座葬墓有相互打破关系，因埋葬有先有后，又是各成体系，所以按照叠压顺序编号进行了发掘（在叙述ⅡM7、ⅡM9时内容同，不再重述）。

墓穴呈长方形，四壁垂直，墓口长2.4米，南端宽0.96米，北端宽0.84米，深1.2米，墓室方向195°。南壁底端中部有一长方形壁龛，宽0.2米，高0.22米，进深0.1米。葬具为木棺，已腐朽成黑色灰痕，根据棺痕量出棺长2.02米，南端宽0.8米，北端宽0.54米，棺底铺有0.1米厚的草木灰，草木灰表面上有一层薄薄的黑灰，推测应为墓主人身下铺垫棉织之物腐朽成灰。棺内人架一具，侧身直肢，头南面西，右臂错落于东侧之外，左臂屈曲于胸前，双腿紧贴，骨骼腐朽较甚，女性，年龄在45～55岁。

出土物品为陶器、铜器、瓷器及石片。在棺前方的壁龛口处放置有板瓦，瓦阳面画有朱符，于壁龛内置黑釉瓷罐。墓室的东南角、西南角及墓室中部各放置一块石片，其上存有朱砂痕迹。在棺内出土铜钱共20枚，除口内含1枚之外，其余铜钱均散置于人架四周及人架之下。铜钱最晚年号为清代“乾隆通宝”（图五〇）。

ⅡM3 为一座夫妇合葬墓，位于ⅡT0409和ⅡT0309之间。西南角被ⅡM2打破，东北角被ⅡG1打破，西北0.35米为ⅡM7，东南2米为ⅡM5。墓室方向为223°。墓穴平面近似长方形（缺西北角），东西两壁长短不一，东壁和北壁的东部向北长出0.32米。墓的长度为2.46～2.76米，南壁宽1.7米，北壁一段宽0.7米，另一段宽1米（南壁和北壁宽度相同，只是北壁出现有一半向前凸出）。

墓室内两口木棺，西棺深1.46米，东棺深1.38米。两棺正前方的南壁底部均有一个壁龛，西壁龛呈弧形顶三角形，宽0.2米，高0.24米，进深0.14米。两口木棺已腐朽成黑色灰痕。西棺

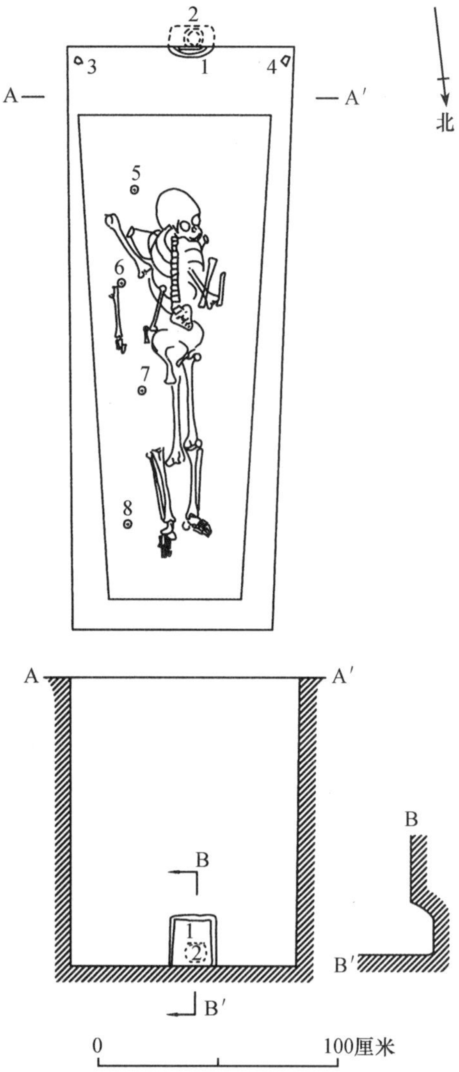

图五〇　ⅡM2平、剖面图

1. 朱符板瓦　2. 黑釉罐　3. 朱符石片

4. 朱符石片　5～8. 铜钱

长1.74米，南端宽0.54米，北端宽0.46米，棺底铺有白灰约0.03厘米，白灰上有薄薄一层黑灰，应是墓主人身下铺垫的棉织之物。棺内人架有轻度腐朽，仰身直肢，头骨已漂移至棺内的西南角。男性，年龄约45～50岁。东棺长1.76米，南端宽0.5米，北端宽0.4米，棺底有薄薄一层棉织物腐朽的灰痕。棺内人架腐朽较甚，仰身直肢，头南面上，左臂微曲，手置于小腹部。女性，年龄为40岁左右。通过两棺及棺外土圹的发掘，分析为夫妇俩埋葬的时间有先后，妇棺土圹靠夫一侧较清楚，所以确定为夫先葬于妇之前。

出土物品为陶器、瓷器、铜器。在南壁两个壁龛内均发现有灰色板瓦和瓷罐等物，其中西龛内瓷罐在发掘时已经脱离壁龛，倾斜于龛外；西龛的灰色板瓦，阳面有朱砂画符。东龛的口部树立一块灰陶板瓦，阳面有朱砂画符及文字，皆难辨。两棺内共出清代早期铜钱13枚，其中有“康熙通宝”等（图五一）。

ⅡM4　为一座夫妇合葬墓，位于ⅡT0407和ⅡT0408之间，开口部分被ⅡG1南北纵向打破，东南2米处为ⅡH4，北向偏东2.2米为ⅡM5。墓室方向为200°。

墓穴平面为长方形，四壁较垂直，墓口长2.7米，南端宽1.96米，北端宽1.80米，深1.40米，南壁中部接近墓底有一弧顶长方形壁龛，龛高0.28米，宽0.16米，进深0.06米。墓室内东西并列两口木棺，棺木已朽。

西棺长1.84米，南端宽0.54米，北端宽0.46米，棺底铺有白石灰，约有0.01米厚，在白石灰之上有薄薄一层棉织腐朽的黑灰。一架人骨腐朽较甚，骨骼有些移位，仰身直肢，头向南，面向上，男性，年龄在55～60岁。

东棺的数据和西棺相同，只是棺内人骨散乱较甚，可能是在棺没有全部腐朽之时进水所致，头向同西棺内男者，葬式不详，女性，年龄在50～55岁。

出土物品为陶器、瓷器、铜器。在两棺前的南壁底部各发现有一块灰色砖和两块板瓦，皆有朱砂画符，画符已剥落。墓内共出土铜钱18枚，钱文有明代“天启通宝”、“崇祯通宝”和清代“顺治通宝”等。在发掘期间，于墓葬填土内发现一个残缺的黑釉碗，应是当时因残破而遗弃的，和埋葬习俗不该有任何关系（图五二）。

ⅡM5　为一座单人墓葬，位于ⅡT0308和ⅡT0309两探方之间，向南偏西2.2米为ⅡM4，西邻ⅡG1，西北2米为ⅡM3。墓室方向为212°。

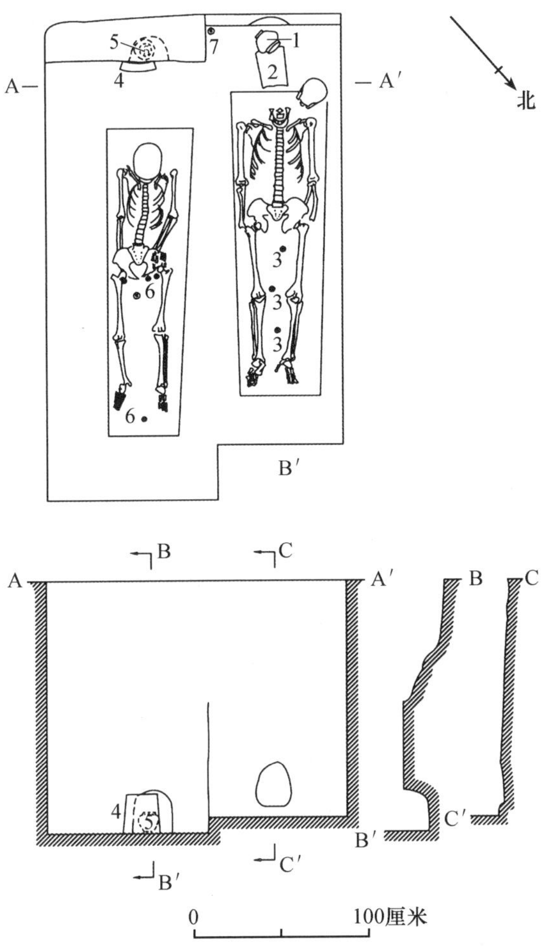

图五一 ⅡM3平、剖面图

1. 黑釉双系罐 2. 朱符板瓦 3. 铜钱 4. 朱符板瓦

5. 酱釉双系罐 6. 铜钱 7. “康熙通宝”钱

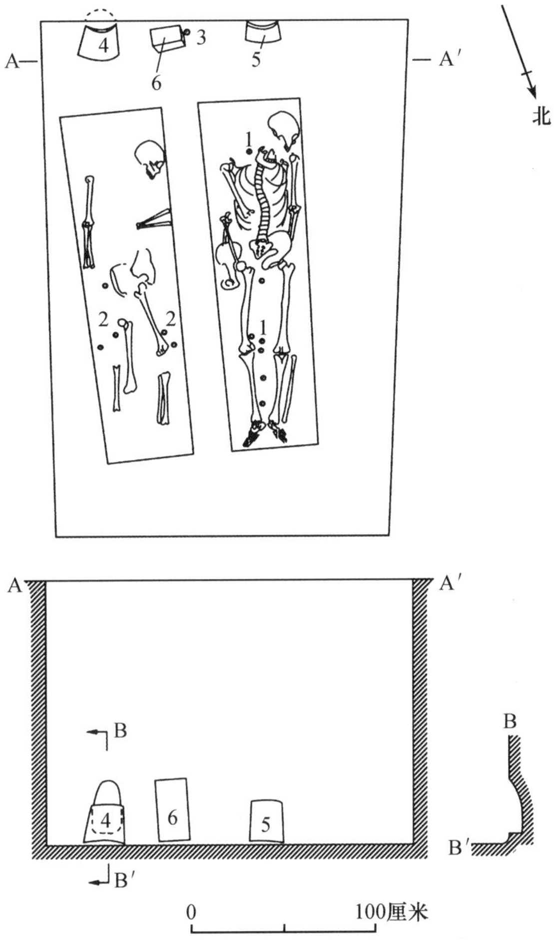

图五二 ⅡM4平、剖面图

1～3. 铜钱 4. 朱符板瓦

5. 朱符板瓦 6. 朱符青砖

墓穴平面为长方形，四壁较垂直，墓口长2.5米，宽1.16米，深1.25米。棺前方的南壁中部接近墓底有一弧顶三角形壁龛，宽0.25米，高0.24米，进深0.08米。棺木已腐朽成黑色灰痕，棺长1.84米，前宽0.58米，后宽0.44米，棺板约厚0.04米，棺底铺有0.02米的白石灰，白石灰之上有薄薄的一层棉织物腐朽的黑灰。人架保存较好，只是头骨已脱离原位，移至左肩骨上，俯身直肢葬，男性，年龄在45～50岁。

出土物品为陶器、瓷器、铜器及石片。在墓穴南壁下方壁龛口处斜竖立一块灰板瓦，板瓦阳面有朱砂画符，符两侧写字，符和字剥落较严重，现已无法辨认。在板瓦向东约0.1米处有一块石灰岩石片，上有朱砂痕。壁龛内有一件黑釉瓷罐，棺内棺外共出土铜钱13枚，有“乾隆通宝”等。在清理墓底时于北部两侧又发现两块朱砂石片（图五三）。

ⅡM6 为一座单人墓葬，位于ⅡT0310和ⅡT0309探方之内，向南2.6米为ⅡM1，向东南0.5米为ⅡM9。墓室方向217°。

墓穴平面呈长方形，四壁垂直，墓口长2.5米，宽1米，深1.25米，在棺前方墓穴南壁中部下边，有一壁龛，呈弧顶长方形，高0.18米，宽0.16米，进深0.08米。棺已腐朽成黑色灰痕，棺长1.8米，南端宽0.62米，北端宽0.4米，棺内底铺有白石灰，白石灰上面有一层棉织物腐朽的黑灰，人架为仰身直肢，头南面西，双臂微屈，手置于小腹部至骨盆处，男性，年龄在20～25岁。

出土物品为陶器、瓷器、铜器及石片。在南壁壁龛口处斜竖立一块灰板瓦，板瓦西北0.05米处放一块石片，在棺尾部棺下边放一石片，在墓底中部放置两块石片。板瓦阳面和石片上均有朱砂痕，应是葬俗中的朱砂符之类。壁龛内有一黑釉瓷罐，棺内出土铜钱4枚，钱文为“乾隆通宝”（图五四）。

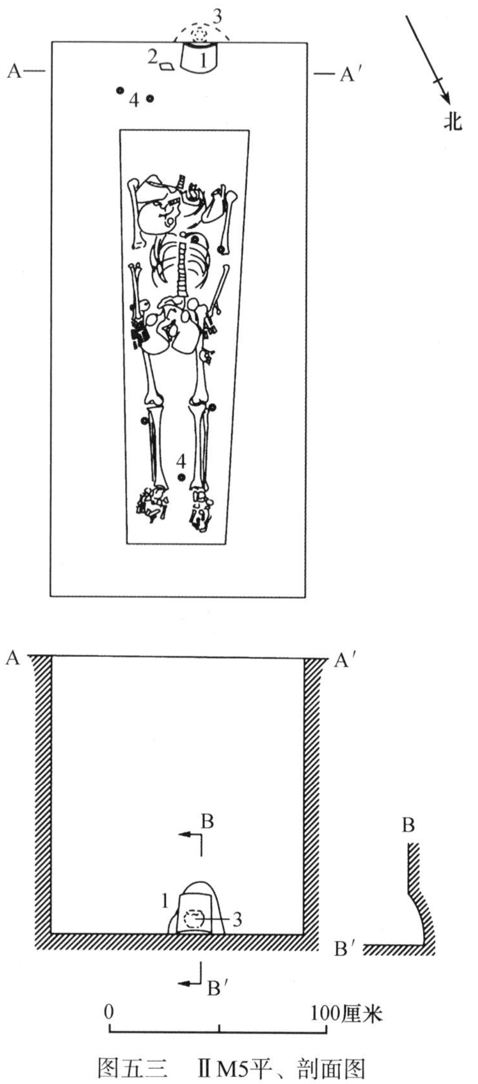

图五三　ⅡM5平、剖面图
1. 朱符石片　2. 朱符石片
3. 黑釉罐　4. 铜钱

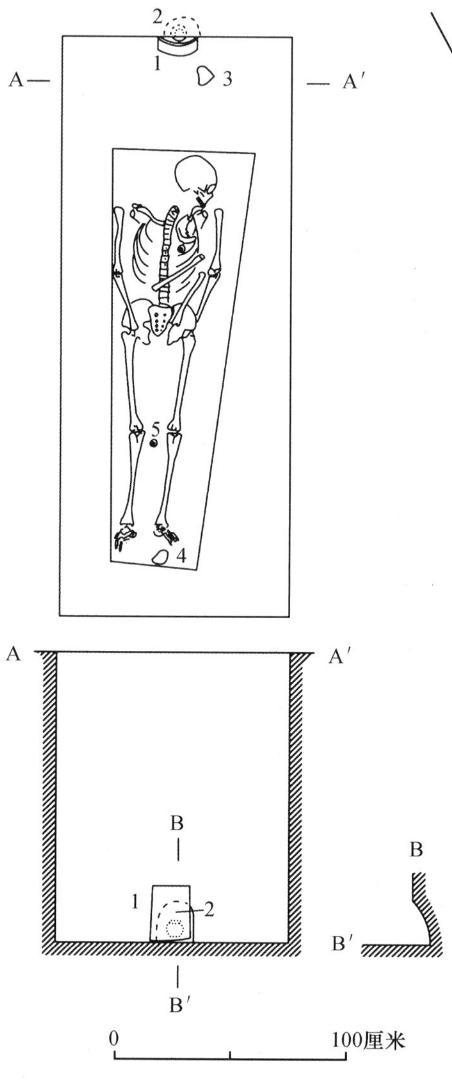

图五四　ⅡM6平、剖面图
1. 朱符板瓦　2. 黑釉罐　3、4. 朱符石片
5. “乾隆通宝”钱

ⅡM7　为一座单人墓葬，位于ⅡT0309、ⅡT0310、ⅡT0409和ⅡT0410四个探方之间，墓圹的南壁和西壁分别打破了ⅡM2和ⅡM9，向东1.85米为ⅡG1。墓室方向为182°。

墓穴平面呈长方形，东西两壁较倾斜，南北两壁较垂直，墓口长2米，南端宽0.85米，北端宽0.8米；墓底长2米，南端宽0.65米，北端宽0.7米。墓穴深0.8米。南壁中部下边有弧顶梯形壁龛，龛高0.15米，宽0.16米，进深0.05米。木棺已腐朽成黑色灰痕，棺长1.66米，南端宽0.5米，北端宽0.4米。棺底铺有草木灰，厚约0.01米，草木灰上有一层薄薄的棉织物腐朽的黑灰。人架为仰身直肢，头南面上，左臂微屈，左手放置于小腹与骨盆之上，女性，年龄在45~50岁。

出土物品为陶器、铜器及石片。在壁龛口部竖立一块残断的灰色板瓦，在棺前和棺尾的棺下边各放置一块石片，板瓦阳面和石片之上均有朱砂痕，剥落较严重，内容不详。壁龛内放置一件泥质灰陶罐，棺内出土“乾隆通宝”铜钱一枚（图五五）。

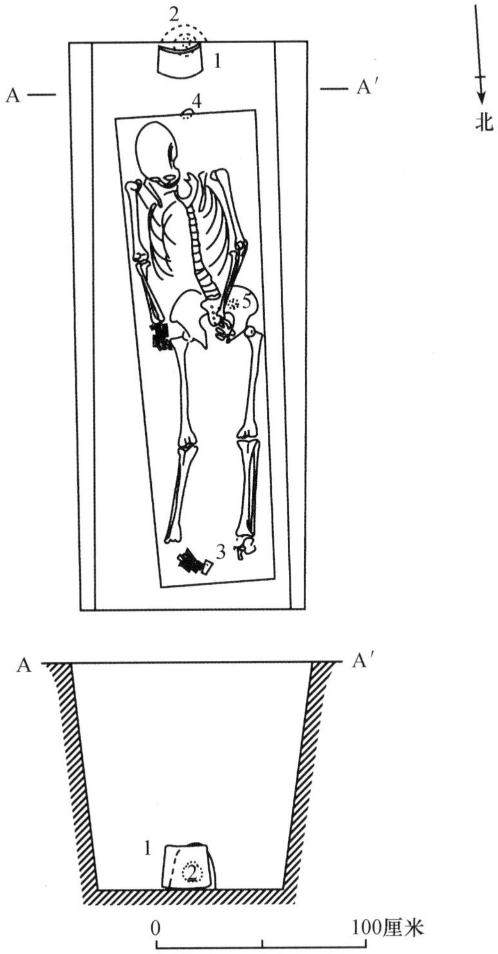

图五五　ⅡM7平、剖面图
1. 板瓦　2. 陶罐　3. 朱符石片
4. 朱符石片　5. 铜钱

ⅡM9　为一座夫妇合葬墓，位于ⅡT0309和ⅡT0310两探方之内，墓圹的东壁及南壁、北壁的东端部分，分别被ⅡM2、ⅡM7打破，向西北0.5米为ⅡM6，墓室方向为212°。

墓穴平面呈近似方形，西壁长2.6米，北壁长1.95米，东壁向外微张开，长2.4米，南壁长约2.2米，其中东半部微弧，靠中部成台阶式向外错0.06米，应是分先后两次埋葬所致。墓穴四壁较垂直，深1.34~1.36米。两棺前方的南壁下部各有一个壁龛，其中东壁龛为长方形，高0.3米，宽0.26米，进深0.2米；西壁龛为弧顶椭圆形，高0.16米，宽0.16米，进深0.06米。墓穴东西并列两口木棺，均已腐朽。

东棺长1.9米，南端宽0.56米，北端宽0.48米。棺底铺有白石灰，厚0.01~0.02米。白石灰之下有草木灰，厚0.02米。人架腐朽较严重，骨骼大部分堆积在棺内南部，两下肢的小腿骨和左腿骨还在原位，推测是棺内进水所致。头向南，葬式应是仰身直肢。女性，年龄20~25岁。

西棺长1.88米，南端宽0.56米，北端宽0.42米，墓底铺有0.01米的白石灰，白石灰之下铺垫一层0.01米厚的草木灰。人架腐朽较严重，头向南，仰体，左臂屈曲，手放于小腹部和骨盆之上，男性，年龄55~60岁，骨骼下有薄薄一层棉织物腐朽的黑灰。

出土物品为陶器、瓷器、铜器及石片。在两个壁龛口部均有灰板瓦，瓦阳面有朱砂画符和字迹，剥落较甚已看不清。两龛内各有瓷罐一个。在墓穴周边及棺下散置有石灰石的石片，共发现4块，其中有两块残碎，在石片的一面有朱砂痕迹。在两棺内散乱有铜钱15枚，均为“康熙通宝”（图五六）。

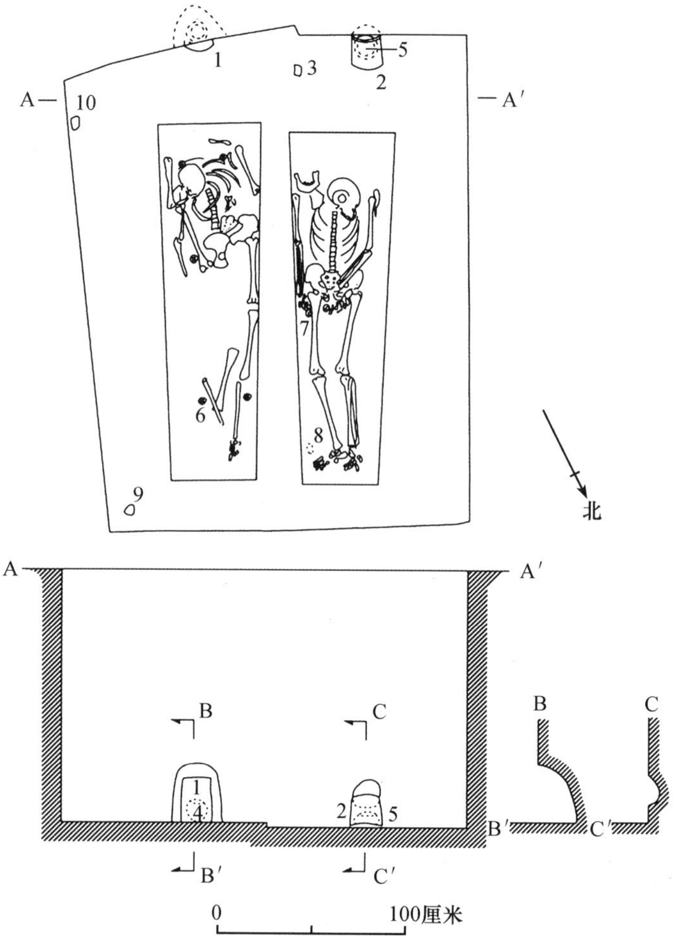

图五六　ⅡM9平、剖面图

1、2. 朱符板瓦　3、8～10. 朱符石片

4、5. 黑釉瓷罐　6、7. 铜钱

Ⅰ区2座（ⅠM1、ⅠM2）。墓葬均位于ⅠT1之内，按照发掘探方逐层下挖，探方内地层堆积的第一层为耕土层，第二层为含大量黄沙土的扰土层，包含物除砖、瓦、瓷片、白灰块外，发现有腐朽木板残片，铁钉，雕刻有龙纹、花草、“奉天承运 皇帝诏曰”青石残片，以及清代钱币、人骨残段等。探方内清理完第二层之后发现ⅠM1、ⅠM2的底部，据当地村民讲，此处是清代刘姓的坟地，俗称“刘家老坟”，在“文化大革命”时期被挖掘扰乱。由于两座墓被严重盗扰，葬具、葬式、遗物无法辨识，所以本次发掘只是将探方之内所涉及的墓葬底部部分做了清理，没有再行扩方做探方之外的墓葬清理工作。其时代应是清代道光年间及其之后的一处家族墓地（图四）。

ⅠM1　夫妇三人合葬墓。位于ⅠT1西部，墓室方向60°，其东边为ⅠM2，两墓间距0.25米，墓葬左前方打破ⅠH1，前壁中部打破ⅠH2，右前方打破ⅠH3。墓葬总体应略呈方形，由于墓室内并排三口木棺，前壁呈锯齿形依次分三次递减，应是葬俗中重男轻女、妻妾次序的划分。墓室后半部分被破坏尽，部分在探方之外。墓室内人架全无，根据部分棺痕及底部深浅不一情况分析，墓室为前后三次下葬形成，因被扰致使中棺与南棺的先后不明，但中棺与北棺所放的位置（下葬时所挖的坑穴范围）底部残留有打破关系，北棺的位置打破中棺位置0.1米。整个墓室在探方之内长2.4米，宽3.7米。

北棺室（放棺时所开的墓穴），棺无存，棺室宽1.35米，发掘部分长2米，墓底有铺地砖，呈东西向“一”字形铺设，在没有扰乱的铺地砖上发现“开元通宝”“乾隆通宝”“道光通宝”等钱币19枚。东壁、北壁原来砌筑有砖框，现仅存平铺（砌）单砖一层，高0.06米，宽0.14米，砖框压在铺地砖上，砖框与墓壁土圹留有0.04～0.16米的间隙，填有五花土。东壁砖框的中部砌筑一个长方形壁龛，宽0.2米，残高0.12米，进深0.14米。龛内放置一块朱砂画符板瓦，在板瓦下面放置一件酱釉瓷小罐。

中棺室，比北棺室低0.07米，东壁比北棺室的东壁向后（向西）缩减0.14米，棺室宽1.2米，本次发掘部分长2.4米，在东壁下部向前掏挖一长方形壁龛，龛宽0.3米，残高0.38米，进深0.16米。龛内放置一块朱砂画符板瓦，板瓦下面放置一件泥质红陶小罐，在棺室东北角、东南角各放置一块有朱砂的石片，内容不详，棺室中部有一枚铜钱。

南棺室，其东壁又比中棺室的东壁向后缩减0.14米，宽度为1.26米，发掘部分长2.4米。但根据北、中棺室壁龛的情况，该棺室也应有壁龛。由于该棺室东壁中部被破坏至底，且该棺室被盗扰严重（全部扰乱），故壁龛情况及原来有无随葬品不详（图五七）。

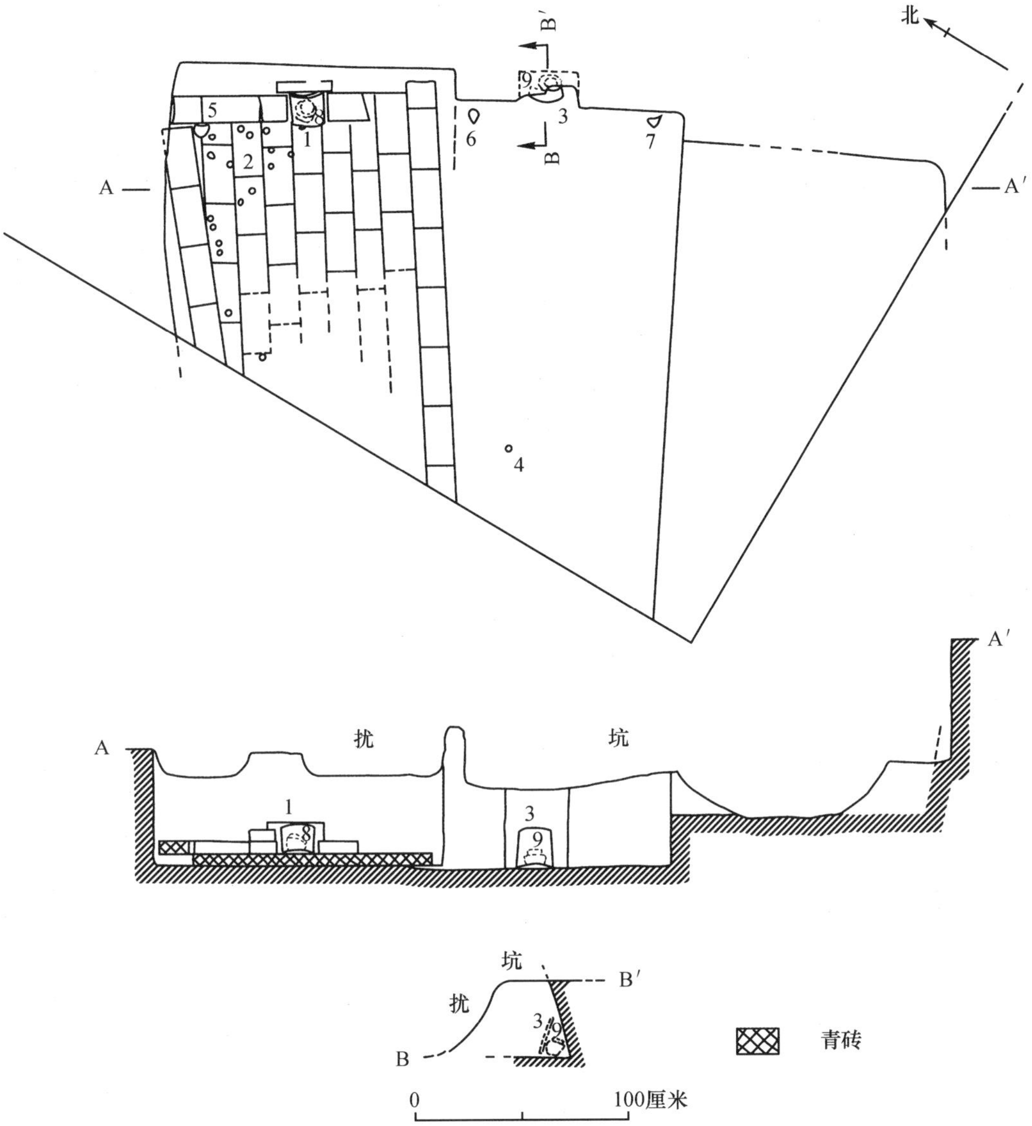

图五七　I M1平、剖面图
1、3. 朱符板瓦　2、4. 铜钱　5～7. 朱符石片　8. 酱釉瓷罐　9. 红陶罐

I M2　长方形竖穴土坑夫妇合葬墓。位于 I T1探方内的东半部，向西约0.25米为 I M1，墓室东端出探方之外。墓室方向52°。

墓室西北角、西南角分别打破 I H2、I H3。从遗留的下葬时所挖的坑穴底部分析，两口木棺分先后两次下葬，两口木棺坑穴应有打破关系，因被盗扰，先后埋葬的顺序不明，墓内棺室前后错位，南棺室的西壁比北棺室的西壁向东递减0.14米。墓室宽2.18米，发掘部分长度为2.5米。葬具、人架全无。

出土物品仅存有铜钱及石片。在墓室的北部，未被扰动的墓底部分，散乱放置铜钱23枚，可辨字迹者有“乾隆通宝”“嘉庆通宝”“道光通宝”。墓室西北角、西南角发现有朱砂的石片一块，朱砂剥落严重，内容不清（图五八）。

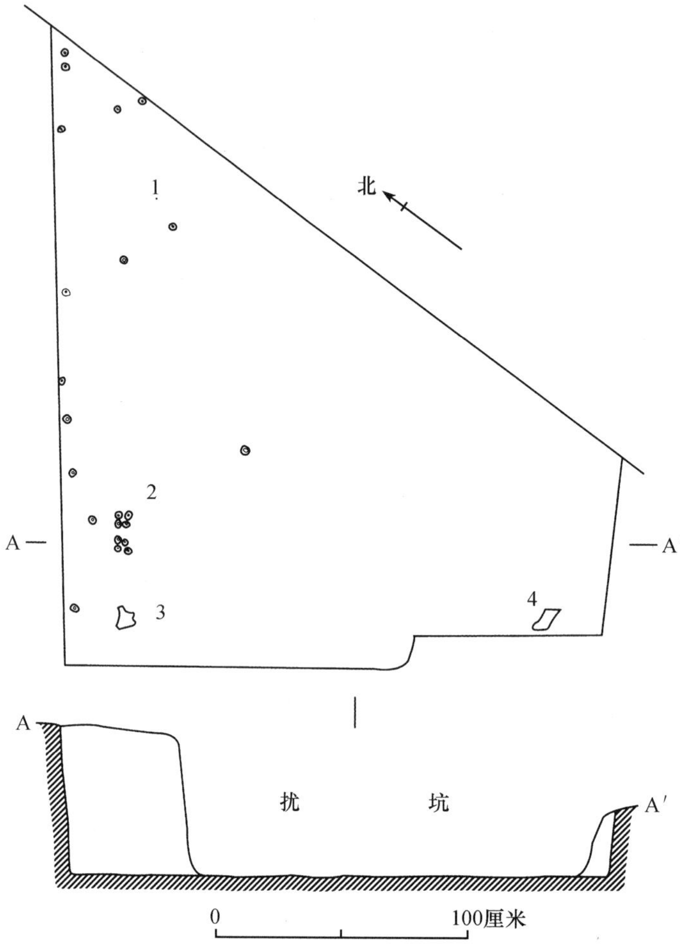

图五八　Ⅰ M2平、剖面图
1、2. 铜钱　3、4. 朱符石片

2. 遗物

唐代、明清时期的地层堆积和遗迹之中的出土器物，主要有陶器、瓷器、石器、铜器等。以陶、瓷器为主，石、铜器较少。其中陶器多为碎片，可辨别器型者也不多。完整器物、或可复原者大多为墓葬出土的遗物。

（1）陶器

所出器物大部分为泥质陶，极个别的因土质内所含砂质较大，近似夹细砂的胎质。灰陶占大多数，少数为红陶。器类均为生活用具和建筑构件，多为已磨损成不规则圆形的块状及残碎片，能看出器型的数量较少。以Ⅱ②出土的陶器为例，可看出器形的有58个个体。其中生活用具有盆26个个体，占陶器总数的45%，罐5个个体，占陶器总数的9%。建筑构件有砖和瓦，占陶器总数的46%。生活用具的盆罐之和，占陶器总数的54%，从百分比来看，生活用具略强于建筑构件。墓葬随葬器物有生活用具的罐，筑墓所用的长方形灰砖及葬俗借用建筑构件用作镇墓辟邪的朱砂画符板瓦、朱书砖等。现将有代表性的罐、盆、砖、瓦等简介如下。

罐　依口部的不同，大体可分为敛口、直口、敞口三种。

敛口罐　其标本出土于唐代墓中，泥质灰陶，残缺，可复原。鼓腹，平底，底部中间微向上缓凹。ⅡM8：2，圆突唇，无颈，圆肩。肩部压印并排两条环形带状涡纹，外腹下部有三条轮旋凹弦纹，外底部留有制作时线切割的手指肚形之指纹，内底因轮旋微显凸凹不平。口径15.2厘米，最大腹径22厘米，底径9.6厘米，高13.4厘米（图五九，1）。ⅡM8：3，圆突唇，无颈，缓折肩。素面，无装饰。口径13.2厘米，最大腹径17.4厘米，底径11厘米，高11厘米（图五九，2）。

直口罐　标本ⅠM1：9，完好，细泥红陶。方唇，折肩，斜曲腹，平底微向上凹。口径4.7厘米，最大腹径9.7厘米，底径6.3厘米，高8.5厘米。肩部有一条凹弦纹（图五九，3）。标本ⅡT0409②：1，泥质灰陶。仅存口部残片，不能复原。方唇，唇面略弧，缓折肩。口径21.6厘米，残存高4.6厘米（图五九，4）。

敞口罐　标本ⅡM7：2，泥质灰陶。残破，可复原。圆唇，沿面略平，束径，圆肩，腹微鼓，斜曲壁，平底中部微向上凹。口径3.8厘米，最大腹径7.7厘米，底径5.1厘米，高7.4厘米。素面无釉，肩部有一环形凸弦纹（图五九，5）。

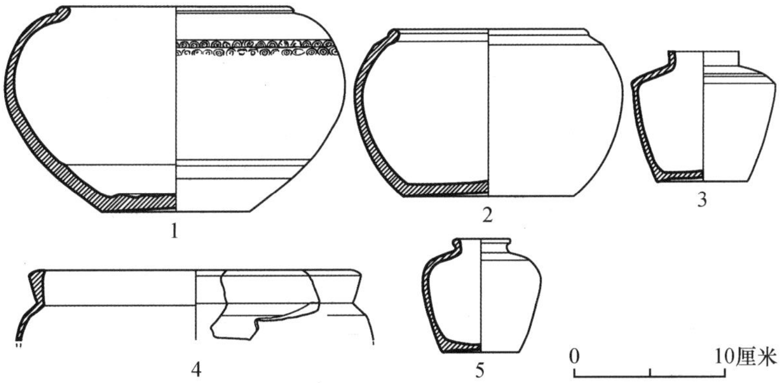

图五九　唐代、明清时期陶罐（1、2、4唐，3、5清）

1、2. 敛口罐（ⅡM8：2、3）　3、4. 直口罐（ⅠM1：9、ⅡT0409②：1）　5. 敞口罐（ⅡM7：2）

盆　均为残片，无法复原。泥质灰陶较多，泥质红陶极少。依口部的不同，可分为敞口突唇、敞口折沿、敛口折沿三种。

敞口突唇盆　标本ⅡT0409②：6，泥质灰陶，腹壁上涨下收呈斜状，外部突唇下有一环形凹槽，外壁微显轮旋凹凸不平状。口径约23.2厘米，残存高2.4厘米（图六〇，1）。

敞口折沿盆　标本ⅡT0409②：7，泥质灰陶，圆唇，折沿为外高内低呈曲形，腹壁上涨下收呈斜状，外部沿下有一环状弦形突线。横向残存宽4厘米，残存高3厘米（图六〇，2）。标本ⅡT0409②：8，泥质灰陶，唇略成方形，折沿为外高内低呈斜状，腹壁弧曲。横向残存宽6.5厘米，残存高3.4厘米（图六〇，3）。标本ⅡT0409②：5，泥质灰陶，肿唇，折沿为弯曲状，腹壁上涨下收呈斜状，内折沿与腹的转折处稍显成突楞。上沿面有三条短刻划线。横向残存宽7.5厘米，残存高2.8厘米（图六〇，4）。标本ⅡT0409②：4，泥质灰陶，圆唇，近似平折沿，腹壁上涨下收呈斜状。现存外壁微显两条轮旋弦形突线。横向残存宽8.5厘米，残存高3.6厘米（图六〇，5）。

敛口折沿盆　标本ⅡT0409②：3，泥质灰陶，圆唇，外折沿微向下垂，腹壁弧曲。横向残存宽4.5厘米，残存高2.6厘米（图六〇，6）。标本ⅡT0409②：2，泥质红陶，圆唇，外折沿较厚重且微向下垂，腹壁弧曲。横向残存宽7.5厘米，残存高3.8厘米（图六〇，7）。

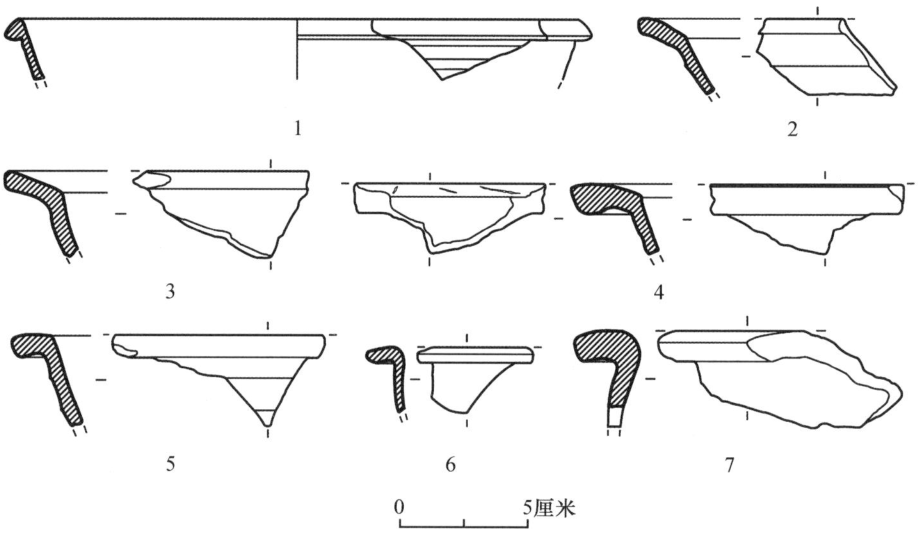

图六〇　唐代陶盆

1. 敞口突唇盆（ⅡT0409②：6）　2～5. 敞口折沿盆（ⅡT0409②：7、8、5、4）　6、7. 敛口折沿盆（ⅡT0409②：3、2）

砖　泥质灰陶，分为饰绳纹和素面两种，其中素面砖也有的在其一面有朱书。

绳纹砖　出土于唐代土井之中的土层堆积第四层内，形体为长方形，均为残块，不能复原。标本ⅡJ1：1，灰砖的残段，长度不详。断面显有气孔，单面饰顺向绳纹，饰绳纹的这一面略显高低不平。残存长18.4厘米，宽16.5厘米，厚5.5厘米（图六一）。

素面砖　根据所在墓内的位置或用途可分为两种。其一，用于砌筑墓穴或墓底铺设，共有2座墓。ⅡM8，墓砖的规格为长32厘米，宽16厘米，厚6厘米，时代为唐代。ⅠM1墓砖的规格为长28厘米，宽14厘米，厚5.5～6厘米，时代为清代。其二，用于丧葬习俗题记砖的有2座墓，共三块，长方形青灰色，砖的一面较光，有朱砂、墨书痕迹，也有朱砂与墨书同时有之，由于剥落严重，字迹无法辨认。标本ⅡM1：2，题记砖，竖立在两棺前方的土圹下部龛的口处（其上还竖立一块泥质灰陶朱砂画符板瓦），长29.5厘米，宽14～14.5厘米，厚5.3厘米。标本ⅡM1：3，题记砖，竖立在两棺后方的地面上，长29.5厘米，宽14厘米，厚5.3～5.5厘米。标本

ⅡM4：6，题记砖，立放在两棺前方的地面上，长32厘米，宽15.6厘米，厚6.8厘米。

瓦 仅有板瓦。泥质灰陶，凸面为素面，凹面饰布纹，用于房屋顶部的建筑构件，在墓葬中时有出土。其中有的在其凸面上用朱砂画符、墨书，作为丧葬习俗之镇墓所用，朱书符咒文三行，左、右行为小字，中间行为大字。以下称“朱书板瓦”。作为丧葬习俗的朱书板瓦，多取自于砖瓦窑厂的新品，也有的因急需而取自旧房上的旧瓦。本次发掘的两处清代家族墓地，共10座墓，除了ⅠM2因遭严重破坏之外，余皆出土有朱书板瓦，其画符及墨书多已经严重剥落，字迹不清。现将两处家族墓地（清代康熙时期）各举例一座如下。

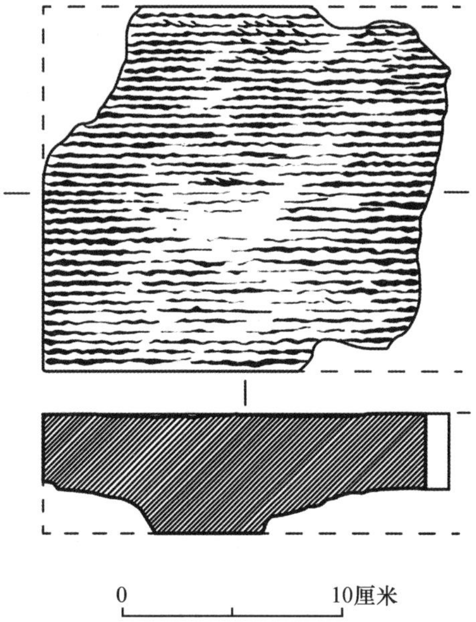

图六一 唐代绳纹砖（ⅡJ1：1）

标本ⅠM1：1，朱书板瓦，放置在北棺前方的土圹下部龛内。板瓦凸面的中间画符，右侧竖书“亡者安宁魂升于天”，左侧竖书“生者福寿 魄降于地”。长21.5厘米，大头宽18厘米，小头宽15厘米，厚1.5厘米。

标本ⅠM1：3，朱书板瓦，放置在中棺前方的土圹下部龛内，凸面中间画符，右侧竖书“朱雀 青龙”，左侧竖书“玄武 白虎”。长17.5厘米，大头宽16厘米，小头宽15厘米，厚1.3厘米。

标本ⅡM3：2，朱书板瓦，凸面向上凹面朝下，放置在西棺前方，凸面有朱砂画符，符迹不清。长20.5厘米，大头宽17.5厘米，小头宽15.5厘米。标本ⅡM3：4，朱书板瓦，呈竖立、略斜靠在东棺前方的土圹下部的龛口处，凸面有朱砂画符及墨书，符、字迹不清。长20.5厘米，大头宽19厘米，小头宽17厘米。

（2）瓷器

分为遗址出土及墓葬出土两部分。遗址出土瓷器较多，但残碎特甚，主要有碗、盘、盆、罐、缸等。墓葬出土瓷器较少，但比较完整，主要有罐、碗等。

遗址出土瓷器大部分的胎质为高岭土，也有缸一类的胎质，其羼有耐火材料的砂性原料，俗称“缸土”。缸胎瓷器的“缸土”，其原料是一种粉砂质黏土岩，常见于主要的制瓷原料“大青土”的顶板和底板，其主要成分是单热水云母，高岭石，并含有少量的石英、多水高岭石、赤铁矿、褐铁矿、金红石、方解石等。本次出土的缸胎瓷器可能有缸、瓮、坛、盆、罐等，因只全是其腹部的残片，无法再仔细划分，故统称为缸。釉色以黑色釉为主，其次有棕、酱、褐、紫等色。

所出土器物以生活用具为主，其他极少。以第Ⅱ区第二层的瓷片为例，因瓷片来自居住区，经人为破坏、践踏、搬运，变为废物、垃圾。也有的又与粪土一起运到耕地，土地再经过常年耕作的农民用楼犁锄耙对瓷片的碰击，故多为磨损成不规则圆形的块状及残碎片。由于残碎太甚，大多数在整理之后也无法为其判断分类。能看出器形的有碗盘、盆、罐、器盖、缸、蒜臼等六类，共860片（块）。其中碗盘760片，占瓷器总数的88.4%，盆23片，占瓷器总数的2.7%，罐14片，占瓷器总数的1.6%，器盖2片，占瓷器总数的0.2%，缸58片，占瓷器总数的6.8%，蒜臼3片，占瓷器总数的0.3%。由此看来，碗盘为大宗，其他合计才占11.6%。缸胎瓷器在剩余的其他类中也遥遥领先。

瓷器无发现素胎器，均为施釉瓷器。分类统计时以器物外壁施釉为主，有白釉、黑釉、青花釉、黄釉、酱釉、钧釉、翠蓝釉等。以第Ⅱ区第二层出土的碗盘为例：碗盘总共760片，釉色以白釉为最多，占总数的二分之一，黑釉、青花釉次之，其他釉色极少。其中白釉402片，占总数的53%，黑釉（包括黑褐釉）197片，占总数的26%，青花釉134片，占总数的18%。其他釉色有黄釉18片、酱釉4片、钧釉4片、翠蓝釉1片，四项合起来才占总数的3%。白、黑釉瓷器的饰釉方法上有内外白釉、内外黑釉、内白外黑釉、黑半釉（腹外下部不施釉、或腹外施白、黑各半釉）、白唇等。

瓷器的外表除纯白釉、纯黑釉之外，其装饰还有白地黑绘、青花绘，其次还有少量的青釉、黄釉及豆青釉等。其他纹饰还有刻划纹、篦划纹等。装饰式样有花草纹、环形双线纹、单线纹、宽带纹、网状纹、圆点纹、梅花形纹、树木纹、动物纹等。

瓷器的制作方法均为轮制、模制的方法，器物之足、系、鋬等为手工制成，然后附加于其物体之上。根据入窑烧造的装载要求，单从器物上可以看出有内底、外足不施釉、内底刮釉、沙堆、芒口等，也有代表性的唐、宋金时期的实圈足、玉璧足钵、碗、罐类及放射状支钉的支烧方法。

现将有代表性的瓷器罐、碗、蒜臼、围棋子等简介如下。

罐　可分为五型。

A型罐　附盖。直口，矮领，唇略圆，鼓肩，鼓腹，最大腹径在中部，矮圈足。黑釉、白唇。标本ⅡM1：4，完好。口径9.6厘米，最大腹径12.8厘米，底径8厘米，高8.8厘米，通高10.4厘米。器体外表施釉至下腹部，向下至底无釉，釉集聚处有暴凸。器内壁施酱釉。器盖顶部呈弧形，子母口。盖外表施黑釉，盖周缘及内无釉（图六二，1）。标本ⅡM9：5，罐体完好，无盖，口沿略显向内突，近似敛口。口径9.9厘米，最大腹径13厘米，底径8.2厘米，高7.6厘米。外部施釉至下腹部，釉聚集处有泪痕，下腹部及底无釉（图六二，2）。

B型罐　直口，圆唇，高领，肩微耸，深腹，最大腹径在上部，矮圈足，内、外施黑釉、白唇。标本ⅡM6：2，足部微残缺。口径5.8厘米，最大腹径8.4厘米，底径4.8厘米，高8厘米。外部施釉至下腹部，外腹部有一圆形沾釉斑痕。暴露胎处呈米黄色（图六二，3）。

标本ⅡM2：2，完好。口径5.8厘米，最大腹径8厘米，底径4.8厘米，高7.45厘米。标本ⅡM5：3，完好。口径5.9厘米，最大腹径8.3厘米，底径4.8厘米，高8.4厘米。外部施釉至下腹部，下腹至底无釉，釉较厚，聚集微凸出。暴露胎处为白色，微泛浅黄色。

C型罐　敛口，尖唇，腹部弧曲，矮圈足，肩部有一环形突弦纹，弦纹下有一周暴突米粒状纹。标本ⅠM1：8，完好。口径4.9～5.5厘米，最大腹径6.8～7厘米，足径4.6厘米，高

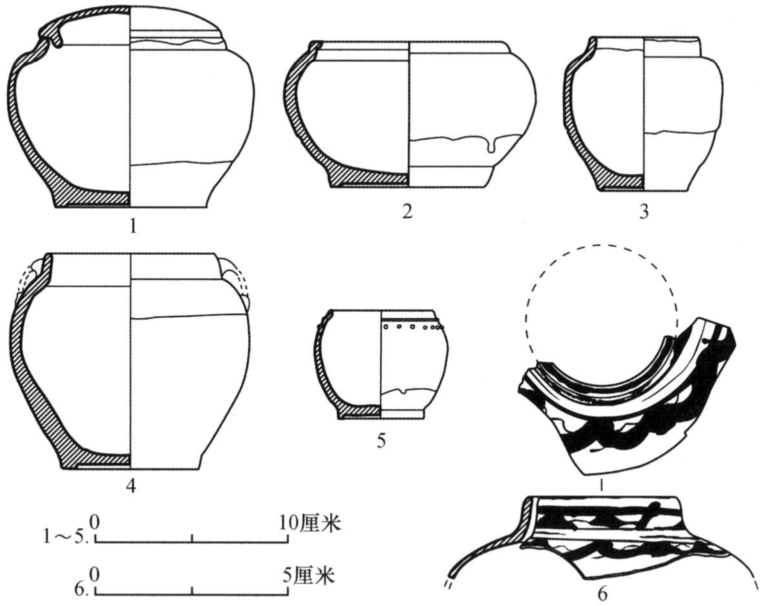

图六二　唐、明清时期瓷罐（1～5清）

1、2. A型罐（ⅡM1∶4、ⅡM9∶5）　3. B型罐（ⅡM6∶2）　4. D型罐（ⅡM9∶4）　5. C型罐（ⅠM1∶8）　6. E型罐（ⅡG5∶1）

5.7厘米。器体内外施酱色釉，泛银色光，外壁施釉至下腹部，釉较薄（图六二，5；版图二五，瓷罐）。

D型罐　双系罐。直口，尖唇，高领，溜肩，弧曲腹，最大直径在腹上部，颈肩处有对称双系（均残缺），浅圈足或矮圈足。标本ⅡM3∶1。直领，口微敛，浅圈足。口径8厘米，最大腹径11.6厘米，底径6.5厘米，高11厘米。内、外施黑色釉，芒口，外部施釉至肩部以下，体外部有窑汗。标本ⅡM3∶5。矮圈足，平底。口径8.6厘米，最大腹径11.6厘米，底径7厘米，高11.7厘米。内、外施酱色釉，芒口，外部施釉至上腹部，釉集聚处有泪痕。标本ⅡM9∶4。浅圈足。口径9.1厘米，最大腹径12.4厘米，底径7厘米，高11.3厘米。内、外施酱色釉，芒口，外部施釉至肩部，往下及底无釉（图六二，4）。

E型罐　直口，圆唇，高领，圆肩，青花瓷。标本ⅡG5∶1，存口至肩部，不能复原。口径4厘米，残高2.15厘米。内、外施白釉，微泛浅蓝色，领外壁饰缠枝青花，肩部饰一周连续式花瓣纹（图六二，6）。

碗　本次发掘出土的碗、盘，因为残碎程度过甚，几乎很难找出一件口、腹、足全存的残片；再者是盘和碗两者的造型、装饰纹样相近，故在此将碗、盘合并叙述之。碗、盘的出土数量较多，多为敞口、斜曲腹、圈足，实圈足者较少。

敞口圈足碗　3个。圆唇，敞口，斜壁，外壁部近足处显折，圈足，内白釉，外壁黑色兼酱红色釉。标本ⅠT2②∶18，残缺，可复原。浅腹，腹壁斜曲，外壁下部有数圈凹凸纹，方环形圈足。口径16.2厘米，底径6.4厘米，残高5.7厘米。外壁黑色兼酱红色釉，施釉至近足处，再向下无釉。内部白釉，碗内壁施釉向上至唇内、外，白釉处有叶脉状碎裂纹，内底施釉刮圈。内底无釉处顺时针墨书“借去不送（“送”，指“还回来”之意）”，在“送”字后画一王八（老鳖）；外底也墨色画一“王八”，意为：借去要记着“还回来”，不“还回来”就是王八。由此可知，当时农村人家红白喜事的餐饮具是可以互相借用的，为了防止借去不还，故有此墨记咒语（图六三，1）。标本ⅡG1：1，仅存下腹部以下，不能复原。深腹，斜壁，环形圈足，外底中心有“鸡心凸”。底径6.6厘米，残高6.5厘米。外壁黑色间酱红色釉，偏向于黑色，上部釉色较淡，下部釉色较浓，有泪痕，足无釉。碗内壁施白釉，内底施釉刮圈（图六三，2）。

蒜臼　存口部残片，不能复原。从断面看，口部厚，壁部薄。标本ⅡT0304②：1，直口，沿上面略弧，口沿内外呈内敛外突。弧曲壁，现存的腹外表有两条突弦纹。口径约12厘米，存横向宽5.2厘米，存上下高4.1厘米。芒口，内无釉，外饰酱色釉（图六三，4）。标本ⅡT0304②：2，直口，沿上面外高内低呈斜面，口沿外壁呈方形略显突。弧曲壁。口径约10厘米，存横向宽4厘米，存上下高3.5厘米。芒口，内无釉，外饰深酱色釉（图六三，3）。

围棋子　标本ⅡT0200③：1，圆形烧饼状，通体施白色釉，根据底层堆积分析，推测围棋子为唐至明代。

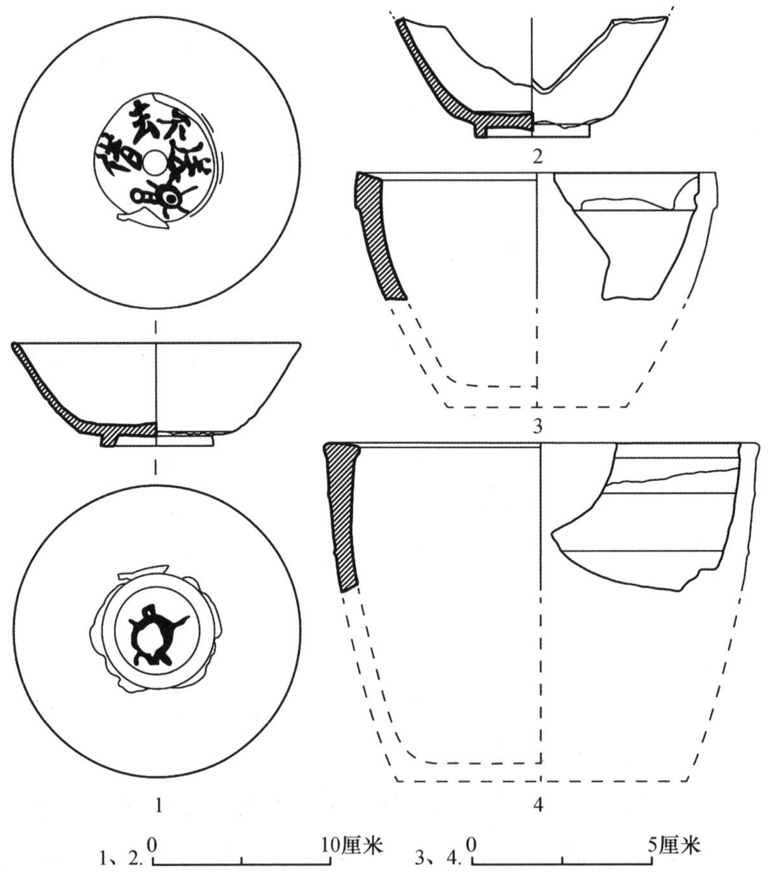

图六三　清代瓷器（碗、蒜臼）

1、2. 黑釉碗（ⅠT2②：18、ⅡG1：1）　3、4. 蒜臼（ⅡT0304②：2、ⅡT0304②：1）

（3）石器

其一是墓内出土的石片，其上有朱砂痕迹，视为葬俗用品。其二是在第一发掘区内扰土层出土的碑刻残块，应是立于地表封土前面的石碑，遭人为毁坏之后扰于地下的。

朱砂痕迹石片　用作镇墓辟邪。石片的形状各异，大小不等，直径约5—10厘米大小。朱砂剥落严重，内容不详。共10座墓中发现于7座墓内。其中ⅠM1，石片置于北棺室的东北角一块、中棺室的东北角、东南角各一块。ⅠM2，石片置于墓室西北角、西南角各一块（2块）。ⅡM2，石片置于墓室的东南角、西南角及墓室中部各一块（3块）。ⅡM5，石片置于木棺前方一块，在木棺后方的两侧各一块（3块）。ⅡM6，石片置于木棺前方一块，在木棺之下的中部2块，在木棺之下的后端一块（4块）。ⅡM7，石片置于木棺之下的前端及后端各一块（2块）。ⅡM9，石片置于靠近东南角、东北角及靠近南段的中部各一块、西边木棺之下的后部一块，共有4块，其中有两块破碎。

碑刻　在第一发掘区发掘时，扰土中发现了石灰岩质的石碑残块，其中有阴刻文字、突雕龙纹及缠枝花草等残块。标本ⅠT1②：195-1，石碑残块，一面有阴刻、楷书“奉天承运 皇帝□（诏）曰”。上下高11.8厘米，横向宽11.5厘米（图六四，2）。标本ⅠT1②：195-2，突雕龙的躯体部位残块。上下高7.6厘米，横向宽8.5厘米（图六四，1）。标本ⅠT1②：195-3，缠枝花草纹，上下高13.2厘米，横向宽4.8厘米（图六四，3）。

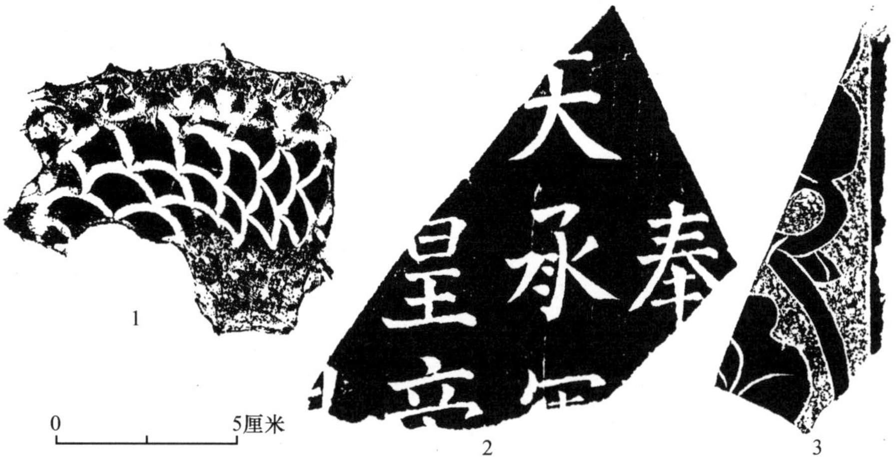

图六四　石碑残块拓片

1. 碑首雕龙（ⅠT1②：195-2）　2. 碑面刻字（ⅠT1②：195-1）　3. 碑周边缠枝花草纹（ⅠT1②：195-3）

（4）铜器

出土有铜腰带饰件、铜簪、铜扣、铜钱等器物。

腰带饰件　由带扣、带銙等7件组成（缺失铊尾）。完整的腰带是由鞓、扣、銙、铊尾组成。鞓即革带；扣、銙、铊尾是镶钉于革带上的金属或玉质的饰件，铊尾位于腰带的尾端。

铜带扣　1件。完整。位于腰带的前端，是束腰的主要构件，由扣身、扣舌、扣环组成。扣身为舌形，双层卷合式，其前端为活动式椭圆形扣环和蛇头状扣舌，其器尾为弧形，尾端以钉铆合。ⅡM8：1-1，最大宽度3.1厘米，通长4.3厘米（图六五，1）。

铜带銙　6件。由底面与覆斗形顶面铆合而成，一侧有对穿圆形针孔，四角以钉铆合。分长方形和半椭圆形两种。长方形2件，其中ⅡM8：1-2，长2.5厘米，宽2.2厘米（图六五，2）。半椭圆形4件，其中ⅡM8：1-4，最大长度2.3厘米，最大宽度1.5厘米（图六五，3）。

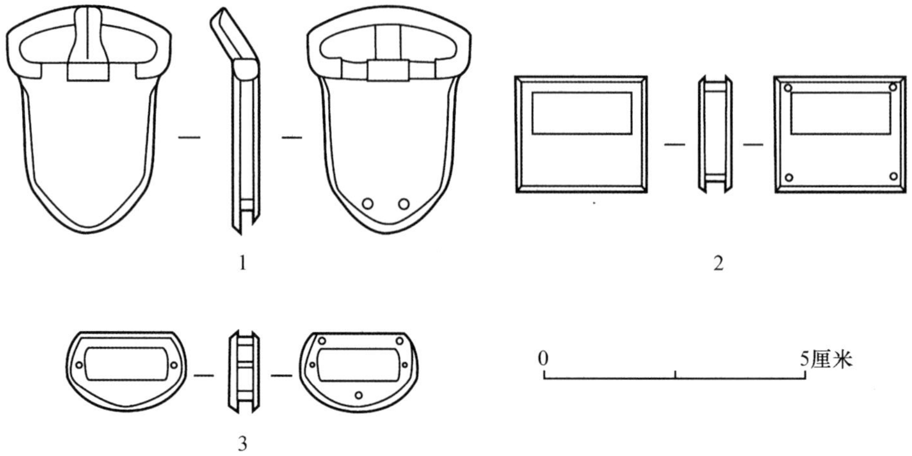

图六五　铜腰带饰件（唐）

1. 带扣（ⅡM8：1-1）　2. 长方形带銙（ⅡM8：1-2）　3. 半椭圆形带銙（ⅡM8：1-4）

铜簪　ⅠT1②：31，前部条状及锥端缺失，仅存手捏的后部花饰。花饰造型呈铜条堆起的四棱状卷云纹。应是ⅠM1或ⅠM2之墓主人的发型佩戴饰件，当是此处墓葬被破坏以后扰乱之故。

铜扣　二枚。标本ⅠT1②：173、ⅠT1②：180，均为圆球形，桥形纽。应是ⅠM1或ⅠM2之墓主人的服饰纽扣，当是此处墓葬被破坏以后扰乱之故。

铜钱　共出土422枚，均为圆形、方孔，尺寸大小差别不大。钱文书体有隶书、真书、楷书三体，能辨识的钱文除了有一枚“元宝”之外，皆为“通宝”，其读法除了北宋两枚钱文为“右旋读”之外，皆为自上而下、自右至左“直读”。能辨识钱文者263枚，字迹漫漶不清者159枚。

“开元通宝”　共2枚，钱文为隶书，先上后下、次左后右读之，背面无记号。钱面、背内外有廓，ⅠM1：2，形制规范，字体端正，钱文的“元”字第一笔略短，第二笔左挑；“通”字走旁上部三点不相连，甬旁头部开口略大，“宝”字下部贝中间二横不与左右二竖相连。外直径2.4厘米，孔边长0.7厘米，重4.45克。该钱应是唐武德四年（621年）铸。（图六六，1）。ⅠT4②：1，外直径2.35厘米，孔边长0.7厘米，重3.45克。该铜钱和ⅠM1：2之“开元通宝”相比，锈蚀略重、边廓略窄、钱文的“元”字第二笔左挑不太明显，其工艺较武德略差，钱体较小，钱文模仿武德开元隶书体，该钱应是唐高宗、武则天年间（650～692年）私铸（图六六，2）。

“咸平元宝”　1枚，小平钱，钱文真书，右旋读，铸造精致，钱面、背内外有廓，外廓宽齐，内廓方正。字迹端庄秀丽。背后光素。铸于北宋真宗咸平年间（998～1003年）。

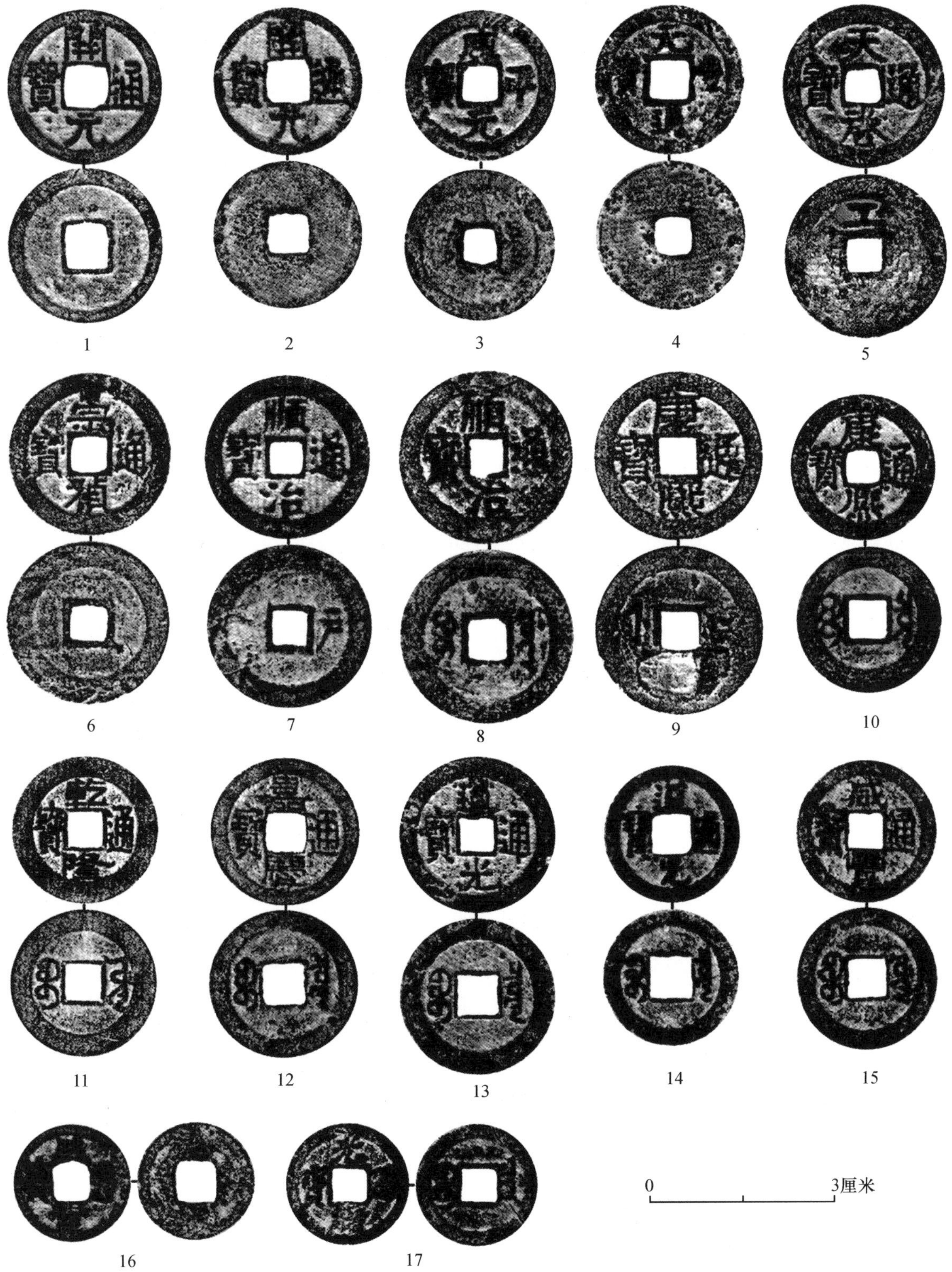

图六六　唐至明清时期铜钱拓片

1、2. 开元通宝（ⅠM1：2、ⅠT4②：1）　3. 咸平元宝（ⅠT2②：13）　4. 元丰通宝（ⅠT1②：136）　5. 天启通宝（ⅡM4：2-3）　6. 崇祯通宝（ⅡM4：2-1）　7、8. 顺治通宝（ⅡM4：1-1、ⅡM3：6）　9、10. 康熙通宝（ⅡM1：5、ⅡM3：3）　11. 乾隆通宝（ⅡM1：6）　12. 嘉庆通宝（ⅠT1②：107）　13、14. 道光通宝（ⅠT1②：109、ⅠT4②：2）　15、16. 咸丰通宝（ⅠT1②：126、ⅠT1②：148）　17. 光绪通宝（ⅡT0202①：1）

Ⅰ T2②：13，外直径2.5厘米，孔边长0.58厘米，重3.01克（图六六，3）。

“元丰通宝”　1枚，钱文隶书，右旋读。钱面、背均有内外廓，背廓均极浅，人为磨损严重，背较平。铸于北宋神宗元丰年间（1078～1085年）。背后光素。Ⅰ T1②：136，外直径2.35厘米，重2.93克（图六六，4）。

“天启通宝”　1枚，钱文真书，直读。钱面、背均有内外廓，背缘宽于面缘。铸于明熹宗天启年间（1621～1627年）。Ⅱ M4：2-3，从钱面文“启”字左上部写法看，其“户”字的第一笔不是一点，而是平行的“一”字；钱背文于穿上有一“工”字。外直径2.6厘米，重3.36克（图六六，5）。

“崇祯通宝”　1枚，钱文楷书，直读。背后光素。钱面、背均有内外廓。铸于明思宗崇祯年间（1628～1644年）。Ⅱ M4：2-1，外直径2.6厘米，重3.47克（图六六，6）。

“顺治通宝”　6枚，钱文真书，直读。钱面、背均有内外廓。铸于清世祖顺治年间（1644～1661年）。标本Ⅱ M4：1-1（图六六，7），钱背穿右铸汉文“户”字，为户部宝泉局铸造。外直径2.55厘米，重3.7克，大约铸于清世祖顺治十年（1653年）。标本Ⅱ M3：6，钱背穿左右铸满文“宝泉”，为户部宝泉局铸造。外直径2.7厘米，重3.75克（图六六，8）。

“康熙通宝”　7枚，楷书，钱文直读。铸于清圣祖康熙年间（1662～1722年）。标本Ⅱ M1：5，钱面、背均有内外廓。钱背为满、汉文纪局，因锈蚀而文字不清，穿右铸汉文“浙”字，穿左铸满文。外直径2.7厘米，重3.55克（图六六，9）。标本Ⅱ M3：3，钱面、背均有内外廓。钱背穿左右铸满文“宝泉”，为户部宝泉局铸造。外直径2.3厘米，重2.62克（图六六，10）。

“乾隆通宝”　46枚，钱文真书，直读。钱背为满文纪局。铸于清高宗乾隆年间（1736～1795年）。标本Ⅱ M1：6，钱面、背均有内外廓。外直径2.35厘米，重3.73克（图六六，11）。

“嘉庆通宝”　55枚，钱文楷书，直读。钱文“嘉庆”二字扁宽，“通宝”二字上下细长。钱背为满文纪局。铸于清仁宗嘉庆年间（1796～1820年）。标本Ⅰ T1②：107，钱面、背均有内外廓。外直径2.4厘米，重3.84克（图六六，12）。

“道光通宝”　135枚，钱文真书，直读。钱面、背均有内外廓。钱背为满文纪局。铸于清宣宗道光年间（1821～1850年）。标本Ⅰ T1②：109，外直径2.6厘米，重4.71克（图六六，13）。标本Ⅰ T4②：2，外直径2.25厘米，重3.6克（图六六，14）。

“咸丰通宝”　7枚，钱文楷书，直读。钱面、背均有外廓，部分有内廓。钱背为满文纪局。铸于清文宗咸丰年间（1851～1861年）。标本Ⅰ T1②：126，外直径2.3厘米，重4.42克（图六六，15）。

标本Ⅰ T1②：148，个体较小，磨损严重，字迹及廓均不太清楚。外直径1.9厘米，重2.9克（图六六，16）。

“光绪通宝”　1枚，钱文楷书，直读。钱面、背均有内外廓。钱背为满文纪局。铸于清德宗光绪年间（1875～1908年）。Ⅱ T0202①：1，外直径1.9厘米，重1.4克（图六六，17）。

三、结　　语

本次发掘分为三个区域进行，揭露面积计1025平方米，共发现先商时期灰坑6个、灰沟1个，战汉时期灰坑2个，明代灰坑3个，清代灰坑2个。唐代沟渠1条，明代沟渠1条，明清时期沟渠4条。唐代道路1条，明清时期道路2条。唐代井1眼。唐代墓葬1座，明清时期墓葬10座。出土器物标本230余件，陶器残片1800余片，瓷器残片1000余片，建筑构件残片（块）600余片。种类有陶器类如盆、釜、甑、瓮、罐、鬲、甗等；瓷器类如碗、罐、盘，臼等；建筑构件类如砖、瓦；工具及其他类如石斧、凿、刀、铜币等。现从以下几个方面加以探讨。

（一）先商时期的陶器

通过对北张先商遗址发掘的遗物可知，该遗址的内涵比较单纯。其陶器的特征为夹砂陶为主，以ⅠH4出土的陶片为例，其中夹砂黑皮红陶占45.2%，夹砂红陶占14.2%，夹砂灰陶占12.4%；泥质陶仅占28.2%。夹砂陶中的夹砂黑皮红陶约占总陶器的近二分之一，由此可见，夹砂黑皮红陶是该时段在此地的一大特点。除少量素面之外其纹饰以细绳纹为大宗，占80%左右，夹弦纹、附加堆纹、刻划纹、楔形戳印纹、圆形涡纹，叶脉纹、箭头纹、“人”字纹及圆点纹较少；器型以鬲、盆、罐、瓮、甗为主，其中鬲、盆最多，簋、豆、纺轮等较少。石器发现较少，其中有斧、穿孔刀、凿之类。

有学者将河北境内的夏代时期考古学划分为太行山东麓山前地区南部和太行山东麓北部（保定地区）之两大区域，并分别称之为“漳河型”（河北、河南两省接壤处的漳河两岸区域）和“保北型”①（保定地区丘陵及以东的平原区域）。

北张先商遗存与漳河型先商文化遗存的磁县下七垣遗址②、磁县界段营遗址③、峰峰北羊台遗址④、永年何庄遗址⑤、安阳小屯西地遗址⑥、峰峰电厂义西遗址⑦、邢台粮库遗址⑧、涉县台

① 邹衡：《试论夏文化》，《夏商周考古学论文集》，文物出版社，1980年；沈勇：《保定地区夏代两种青铜文化之探讨》，《华夏考古》1991年第3期。

② 河北省文物管理处：《磁县下七垣遗址发掘报告》，《考古学报》1979年第2期。

③ 河北省文物管理处：《磁县界段营发掘简告》，《考古》1974年第6期。

④ 河北省文物研究所、邯郸市文物管理处、峰峰矿区文物管理处：《河北邯郸市峰峰矿区北羊台遗址发掘简报》，《考古》2001年第2期。

⑤ 邯郸地区文物保管所、永年县文物保管所：《河北省永年县何庄遗址发掘报告》，《华夏考古》1992年第4期，图一二，1、3。

⑥ 刘一曼：《安阳小屯西地的先商文化遗存》，《三代文明研究》（一），科学出版社，1999年。

⑦ 河北省文物研究所、邯郸市文物研究所、峰峰矿区文物保管所：《邯郸市峰峰电厂义西遗址发掘报告》，《文物春秋》2001年第1期。

⑧ 河北省邢台市文物管理处：《邢台粮库遗址》，科学出版社，2005年。

村遗址[①]、邢台葛家庄遗址[②]等均有着很多相似之处。如B型甗ⅠH4：13，与磁县下七垣出土的甗T14④：1418相似；A型炊具足ⅠH4：23，与下七垣出土的甗足T16④：1414、邢台粮库出土的ⅠT82⑤：1和ⅠT82⑤：2相似；长腹罐ⅠH4：7，与下七垣出土的深腹罐T7③：954、北羊台出土的长腹罐H5：1有相同之处；豆ⅠH4：15-2、15-1，与下七垣出土的豆把T10③：1389、永年何庄的Ⅰ式豆柄（T12②：2）、Ⅱ式豆（T9②：2）均相似；盆ⅠH4：5，与下七垣出土的Ⅰ式盆H2：848、界段营Ⅰ式盆H8：33、北羊台B型小盆H05：2相同；盆ⅠH4：3，与安阳小屯西地小盆H50：1相同；鬲ⅠH4：2、ⅠH4：27与北羊台出土的A型鬲ⅢH3：1、ⅢH3：21有相同之处；内折沿瓮ⅠH4：9与义西遗址A型瓮H5：64、台村遗址Aa型瓮H1：3、葛家庄A型夹砂敛口瓮G104：59、H40：27、H40：19的口部均相似；纹饰图一七：8多条弦断绳纹与义西遗址图一五：3弦断绳纹、北羊台遗址图一六：9绳纹加划弦纹均相似。

北张先商遗存与保北型先商文化遗存的定州尧方头遗址[③]、安新县北刘庄、辛庄克遗址[④]、午方遗址[⑤]、上坡遗址[⑥]、容城县白龙遗址[⑦]、唐县北放水遗址[⑧]、淑闾遗址[⑨]、徐水北里遗址[⑩]、易县七里庄遗址[⑪]、下岳各庄遗址[⑫]等均有着很多相似之处。例如北张出土的鬲ⅠH3：1，与尧方头出土的鬲T7④：11、北刘庄发现的鬲AB0：1相似；炊具足ⅠH4：23与辛庄克器足AXH1：6相似；盆ⅠH4：3、5、24，与尧方头出土的尊T8⑤：2（存上部）、盂T7④：15、盆G1：4相似，盆ⅠH4：5与辛庄克盆AXH1：14相类似；豆与尧方头的豆G1：13相类似；内折沿瓮ⅠH4：50与尧方头出土的蛋形瓮T6⑤：7相似等等。

将北张遗址出土的陶器与先商文化漳河型及冀中地区的先商文化保北型诸遗址比较，我们发现其关系较为密切。如陶质以夹砂较多，褐陶占相当大的比例；器表以绳纹为多；常见器类均有鬲、甗、盆、罐、瓮、豆等。但相对比较而言，北张遗址出土器物与冀中先商文化保北型同类遗存更为接近，如高领袋足鬲、大口鼓腹罐、内折沿蛋形瓮、浅盘豆等极为相似。而与冀

① 河北省文物研究所、邯郸市文物研究所、涉县文物保护管理所：《河北涉县台村遗址发掘简报》，《河北省考古文集》（三），科学出版社，2007年。

② 河北省文物局第一期考古发掘领队培训班、河北省文物研究所、邢台市文物管理处：《河北邢台葛家庄遗址1996年发掘简报》，科学出版社，2005年。

③ 河北省文物研究所等：《河北定州市尧方头遗址发掘简报》，《考古》2004年第9期。

④ 保北考古队：《河北安新县考古调查报告》，《文物春秋》1990年第1期。

⑤ 河北省文物研究所：《河北容城县午方新石器时代遗址试掘》，《考古学集刊》（5），中国社会科学出版社，1987年。

⑥ 河北省文物研究所等：《河北容城县上坡遗址发掘简报》，《考古》1999年第7期。

⑦ 保北考古队：《河北省容城县白龙遗址试掘简报》，《文物春秋》1989年第3期。

⑧ 2005年、2006年配合南水北调工程考古发掘遗存，报告特刊。

⑨ 2005年、2006年配合南水北调工程考古发掘遗存，报告特刊。

⑩ 2005年、2006年配合南水北调工程考古发掘遗存，报告特刊。

⑪ 2005年、2006年配合南水北调工程考古发掘遗存，报告特刊。

⑫ 拒马河考古队：《河北易县涞水古遗址试掘报告》，《考古学报》1988年第4期。

南地区同类遗存的器物在个别细部略微有所区别。在陶质方面，除与诸遗址共同的为夹砂陶为主之外，北张遗址的特征还有一点就是，夹砂陶中的夹砂黑皮红陶约占总陶器的近二分之一，由此可见，夹砂黑皮红陶是该时段在此地的一大特点。在装饰纹饰方面，除少量素面之外其纹饰以绳纹为大宗，占80%左右。另外器物长颈鬲ⅠH4：2、29，突唇斜腹盆（ⅠH4：4），侈口折腹盆（ⅠH4：17），圆唇外折高领罐（ⅠH4：18）等器物在其他遗址都比较少见。总之，北张遗址是一处有其自身特色的先商遗址，为我们深入研究该地区的考古学文化提供了重要的实物资料。

（二）第Ⅱ区地层堆积的第四层及采集陶器的大致年代

从第二发掘区文化层堆积来看，地层堆积均为自上而下划分为五层。其中第三层最晚的器物为明代，第五层为生土层，只有中间的第四层发现有泥质灰陶、泥质红陶、夹砂羼蚌红陶片，部分器表饰绳纹，从器物分析为战汉时期，这一层无法再分出两个文化层；从第四层出土陶器的胎质、陶色、纹饰来分析，都和Ⅰ区、Ⅱ区之间采集的同期陶器相类似。

采集器物中的板瓦如图三一，1、7，与西安市上林苑四号建筑基址土台战国文化层出土的板瓦片T1③：1、4、7、9相似；图三一，3，与西安市上林苑四号建筑基址土台北部汉代文化层出土的板瓦片T2③：12、13相似①；采集的板瓦、筒瓦与辽宁省赤峰市蜘蛛山遗址出土的战国至汉初瓦类（图一七）②相似；板瓦凹面饰布纹，自战国晚期至汉代均有出土。生活器具的陶盆、豆，如采集：30、19、20与蜘蛛山遗址出土的战国至汉初Ⅰ～Ⅲ式深腹盆H6：10、T3②：44、豆T2②：54相似③；其中采集：30盆的造型在赵都邯郸故城出土也较多④，如邯郸市区古遗址调查简报，图四：11、邯郸市宾馆地下古遗址的调查，B型Ⅱ式、Ⅲ式盆（H2：11、J1：16）、邯郸市稽山新天地商住楼工地战汉遗址出土的泥质灰陶深腹盆H19：6。采集：1釜，其造型与唐山东欢坨战国M1、M4、M10、M11⑤及邯郸市区人民路和土山街交叉口电子大楼工地汉代遗址出土的釜均有相似之处⑥；RB采：2甑，这种整体似喇叭形，深腹，敞口，宽折沿，平底，腹外壁自上而下为环形瓦垄状纹、垂直刻划纹、横向篮纹，底部饰菱形网状刻划纹等装饰，在战国晚期很流行，直至西汉初期。到西汉中期之后，这类

① 中国社会科学院考古研究所、西安市文物保护考古所、阿房宫考古队：《上林苑四号建筑遗址的勘探和发掘》，《考古学报》2007年第3期。

② 中国社会科学院考古研究所内蒙古工作队：《赤峰蜘蛛山遗址的发掘》，《考古学报》1979年第2期。

③ 中国社会科学院考古研究所内蒙古工作队：《赤峰蜘蛛山遗址的发掘》，《考古学报》1979年第2期。

④ 邯郸市文物保管所：《河北邯郸市区古遗址调查简报》，《考古》1980年第2期；邯郸市文物管理处：《邯郸市宾馆地下古遗址的调查》，《文物春秋》1990年第4期；邯郸市稽山新天地商住楼工地发掘战汉时期聚居区工作报告，属内部资料。

⑤ 河北省文物研究所、唐山市文物管理处：《唐山东欢坨战国遗址发掘报告》，《河北省考古文集》，东方出版社，1998年。

⑥ 邯郸市文物保护研究所：《邯郸文物简讯》6期，2002年。

甑的形体由深腹逐渐变为略浅，腹外壁纹饰减少，仅保留腹外环形瓦垄状纹①。转盘RB采：21-1、2、3，这种“转盘”制陶工具，在邯郸区域内永年县石北口遗址②、永年县何庄遗址③、赵都邯郸故城调查④等多处遗址皆有发现。北张发掘区文化层堆积和采集的同期陶器相同。经过与周边战国、汉代发掘出土物对比，推测北张遗址的年代约在战国晚期到西汉初期。

采集器物中发现有大量的建筑构件，虽然没有完整器物，但仅从其厚度推测，形体应较大，再从纹饰装饰的多样化来分析，这类瓦件非一般平民百姓所能使用。据史书记载，容城在春秋是燕国重要都邑，《史记·燕召公世家》载：“宣侯十三年卒（公元前698年），子桓侯立。桓侯七年卒，子庄公立。”《集解》引《世本》曰：“桓侯徙临易”。《嘉靖雄乘》载：“周武王克商三年，封召公于北燕，庄王三年（公元前694年）燕桓侯徙都易”。可见燕桓侯在容城境内（今南阳一带）徙建别都临易约为公元前697～前694年。在战国时期，容城地当燕之南陲。为燕南赵北之域。在战国燕昭王（公元前311～前279年在位33年）时，依然有燕国大将剧辛在容城一带驻防，今容城县东的剧村还有燕国大将剧辛的坟墓。据《容城县志》建置沿革中载：“西汉初分封诸侯，全国划分为13州，103个诸侯国。容城最初的侯国名为深泽，县治在今县城西北”。“高祖六年（公元前201年）封董渫（匈奴人）为成侯于深泽地，是为成侯国，连袭两代。”本次调查发现的战国至西汉初期的文物和历史记载是相吻合的，大量的建筑构件和生活用具都反映了当时欣欣向荣的景象。北张村在今容城县城西微偏北方向，而《容城县志》载在西汉初分封诸侯，深泽侯国治所在今容城西北，方位基本相当。本次发现的大量建筑构件中，筒瓦和板瓦较多，纹饰装饰华丽，种类繁杂，还有较多的生活器物，其一是否与燕国大将剧辛的住所、重要城镇、战略设施或当时的陶器烧造场所有关；其二是否深泽侯国的治所、侯国治所周边重要设施或与当时的陶器烧造场所有关。这些还有待于今后更多的考古发现及其他方面做进一步的考证。本次发现的器物为研究燕国的社会发展状况及文化特点具有重要价值。

（三）唐、明清时期的农田灌溉

和水利设施有关系的发现，主要是6条沟。其中除1条沟用途不明外，其余5条沟的底层均有数层薄薄的淤泥、淤沙，根据其深、浅、宽及平行度来推测，应是农田灌溉的水渠。结合地层及其出土文物分析，这些水渠应为唐、明、清时期。由于北张村一带位于萍河与拒马河之间，常遭河水泛滥破坏，使得土层含沙量较大及地层的薄厚突然增加或减少，同时，当地农民也利用了就近的河水对农作物的浇灌。故，北张遗址的水渠内数层淤泥、淤沙应来源于这两条

---

① 河北省文物研究所、石家庄市文物研究所：《河北石家庄肖家营汉墓发掘报告》，《河北省考古文集》（三），科学出版社，2007年。

② 河北省文物研究所、邯郸地区文物管理所：《永年县石北口遗址发掘报告》，《河北省考古文集》，东方出版社，1998年。

③ 邯郸地区文物保管所、永年县文物保管所：《河北省永年县何庄遗址发掘报告》，《华夏考古》1992年第4期。

④ 河北省文物管理处、邯郸市文物保管所，《考古学报》1979年第2期。

河流之水。据《容城县志》载，容城县属于季风区暖温带半干旱气候，年降水量季节分配极不均匀，春天播种之季，降水量占全年只有8.6%。年降水量的实际变化也很大，据1952年至1982年水文气象资料统计，降水量最多的年份是1954年，为1234毫米，最少是1975年，仅207.3毫米，两者相差5倍还多。根据百年（1883～1982年）涝旱气象和降水资料统计，容城县旱灾极为严重，约占21%，平均五年一遇[①]。但是，在县志所载的民国年间以前，没有发现农田水渠灌溉的记载，本次发现的唐、明、清时期多条水渠为研究当地古代水利设施农田灌溉提供了新的依据。

（四）明清时期的道路

古代道路发现2处，其中第三发掘区的1处，其时代为明清时期，路面宽13.4米，通过勘探得知，有的地段最宽路面可达16米，在有限的区域之内勘探出长度已达百余米。由于考古勘探考虑到地面建筑、地下设施及农作物等诸多因素，仅在第三发掘区的东、西两侧做了阶段性的探测。该路土很厚，且分多层堆积，有叠压关系，每层路面均有很深车辙轮痕，说明使用时间较长。关于容城县境内交通大道，《容城县志》载："从明清到民国，境内主要大道有两条，一条是从徐水到容城的大道，从黑龙口进境，经王村、东牛、午方、白塔、南文营、北剧村至王家营出境。这是进京官道，也是津保（天津至保定的北线）公路的原始路线。另一条是从容城西去经沙河达固城、北河，与进京官道相接。以保定经徐水县容城县的邮路便是从前一条线路入（京），从后一条路线折返。"[②]本次所发现的道路位于北张与沙河两村之间，沙河村位于容城县西略偏北，道路在沙河村南，固城在沙河村西北方向，从容城县往西北方向的固城，必经沙河村，从容城西去经沙河达固城的大道，和本次发现的道路在位置、方向和时间上都很吻合，这条道路宽达13.4～16米，路土有多层堆积，每层路面车辙清楚，使用时间又长，必定是"从容城西去经沙河达固城、北河，与进京官道相接"的大道无疑。由此可以确定，这条进京官道，与县志记载相符。

（五）清代的葬俗特征及"刘家老坟"

本次发掘的两处清代家族墓地，在共10座墓葬中除了ⅠM2因遭严重破坏之外，余皆出土有朱书板瓦；10座墓葬中在7座墓底出土有按方位放置的朱砂痕迹的石片，其朱砂痕迹近似于圈点。其中石片置于墓底2块的三座墓，石片置于墓底3块的二座墓，石片置于墓底4块的二座墓。用于丧葬习俗题记砖的有2座墓，共三块，由于剥落严重，字迹无法辨认。以上葬俗在冀南、冀中、冀北均有发现。如邯郸市高新开发区元代晚期墓[③]、邯郸职业技术学院元末明初

---

① 容城县地方志编纂委员会：《容城县志·自然环境》，方志出版社，1999年。

② 容城县地方志编纂委员会：《容城县志·交通》，方志出版社，1999年。

③ 邯郸市文物保护研究所：《邯郸文物简讯》17期，2003年。

墓[①]、磁县东窑头明代墓（万历、崇祯时期）[②]、张家口阳原县清代墓[③]、涉县台村清代墓等均出土有朱书板瓦[④]。如邯郸市安装公司办公住宅楼工地明代墓出土两方朱砂书写的方砖[⑤]，其中一方为朱书地卷。地券，也称“买地券”、“冥契”或“幽契”，是冥府公验的凭证，在阴间起着保护土地财产及震慑邪魔的作用。再如廊坊市安次县大伍龙村元代墓出土有彩色砾石[⑥]。

关于北张清代墓出土朱书板瓦之用途，孟繁峰先生等在《井陉南良都战国、汉代遗址及元明墓葬发掘报告》[⑦]中曾经做过探讨，认为这种多在棺木头前立置，瓦面朱书或墨书“奉敕令尸煞鬼定”之镇煞符，是阴阳先生用作镇墓之术。1994年6月初，在邯郸市裕新街邯郸饭店对面建住宅楼的基槽内，发掘三座清代墓，其中一座墓内一板瓦凸面朱砂写有“镇墓大吉 敕令……”，另一墓内板瓦朱砂书“亡者安稳 生者福喜 镇 甲戌日……”，更能说明这种镇墓瓦是葬师意使死者安息，生者无患之所为。

关于北张清代墓底所置的朱砂石片，曾见于北宋《重校地理书》卷一四，关于五方五星石用之于墓内的记载，“今但以伍色石镇之于土冢堂内，东北角安青石，东南角安赤石，西南角安白石，西北角安黑石，中安黄石，皆需完净，大小等，不限轻重。”星位石是指各置于墓室四角及中央的石块，每块石上朱书一星名，西南角为“太白”，西北角为“辰星”，东北角为“岁星”，东南角为“荧惑”，中央为“镇星”。在《大汉原陵秘葬经・盟器神煞篇》记有：公侯卿陵墓以“五精石镇五方，折五星”，大夫下至庶人亦用“镇墓五才五精石镇五方”[⑧]，即除天子用“五方五帝长五尺五寸镇五方界”以外，皆用五方石镇五方。北张村清代墓底出土的按方位放置的朱砂痕迹的石片，虽然不是“伍色石”“五精石”，可能具有象征性意义，其作用是相同的。这也反映出随着时代的变迁、战乱时期贫民埋葬时就地取材或是区域的不同等原因，使阴阳之说发生了一定的演化之故。北张村清代家族墓地的发掘，对研究这一地区清代墓葬的葬俗、葬式等提供了实物资料。

北张村东的清代家族墓地，因墓区遭破坏严重，未做全面发掘，只清理了两座土坑竖穴夫妇合葬墓。该墓群是北张村老少皆知的“刘家老坟”，在新中国成立后的“文化大革命”期间被挖掘破坏。查阅《容城县志》的文化卷和人物卷，只有“刘燿、刘炜，清时北张人”，

---

① 邯郸市文物保护研究所：《邯郸文物简讯》15期，2003年。

② 邯郸市文物保护研究所：《邯郸文物简讯》54期，2007年。

③ 河北省文物研究所、张家口市文物管理处、阳原县文物管理所：《阳原南关古墓群发掘报告》，《河北省考古文集》（二），北京燕山出版社，2001年。

④ 河北省文物研究所、邯郸市文物研究所、涉县文物保护管理所：《河北涉县台村遗址发掘简报》，《河北省考古文集》（三），科学出版社，2007年。

⑤ 邯郸市文物保护研究所：《邯郸文物简讯》33期，2005年。

⑥ 廊坊市文物管理处、安次县文物管理所：《廊坊市安次县大伍龙村元代墓清理简报》，《河北省考古文集》（三），科学出版社，2007年。

⑦ 河北省文物研究所石太考古队：《井陉南良都战国、汉代遗址及元明墓葬发掘报告》，河北省文物研究所《河北省考古文集》，东方出版社，1998年。

⑧ 《大汉原陵秘葬经・盟器神煞篇》，《永乐大典》卷八一九九。

均为“清诸生”，同是“取得了国家发放薪资的资格”，还特别提明“耀为廪生……，读书做学问以传播道德规范为致力方向，很有他的心得，著有《诗经旁解》、《书经旁解》各四卷”。刘炜“做学问以守先待后、继往开来为己任，著有《乐善堂文集》数百篇，《诗抄》数千首”①。本次在“刘家老坟”发掘时，除发现有大量的清代“康熙通宝”“乾隆通宝”“道光通宝”“咸丰通宝”铜钱之外，还发现了“奉天承运 皇帝□（诏）曰”及龙纹、缠枝花草纹的碑刻残片，由此看来应是刘耀、刘炜家族墓地无疑，至于刘家为何能得到“皇帝诏曰”，还有待更充足的资料进行考证。

关于两处家族墓地的年代：第Ⅰ区，由于我们发掘的面积所限，此处家族墓地仅显现两座墓（ⅠM1、ⅠM2），出土铜钱的铭文有开元通宝、乾隆通宝、嘉庆通宝、道光通宝。两墓出土年代最晚的均为道光通宝，可知第Ⅰ区两墓的年代最早超不过清代道光时期；第Ⅱ区八座墓（ⅡM1～M7、M9），八座墓都出土有铜钱，其铭文有天启通宝、崇祯通宝、顺治通宝、康熙通宝、乾隆通宝。其中一座墓出土年代最晚的为顺治通宝（ⅡM4），三座墓出土年代最晚的为康熙通宝（ⅡM1、M3、M9），四座墓出土年代最晚的为乾隆通宝（ⅡM2、M5、M6、M7）。由此推测，第Ⅱ区八座墓的分别年代约在清顺治-乾隆时期，或分别在较其稍晚的年代。

执笔：申慧玲　王　晖　张　丽　薛玉川

（南水北调中线一期工程文物保护项目：《河北省考古发掘报告（第13号）》，科学出版社，2021年）

① 容城县地方志编纂委员会：《容城县志·本籍人士著述志、人物卷》，方志出版社，1999年。

燕国南长城调查报告

徐浩生

燕国的长城有两条：北长城和南长城。

燕的北长城，1942年经佟柱臣先生调查发现，并确认为燕长城遗址。根据调查，赤峰市红山北方沿西路戛河北岸有燕长城遗址向东延伸着，遗存的显著部分经过老爷庙、八家子、撤水波等村，全长约三十多里，长城壁有的地方用土建筑，有的地方用石块建筑，现存二三米至四五米高不等。它跨山越谷，远望过去，气势很雄伟。在这段长城上接连筑有三个小城堡，当即所谓障①。根据河北、内蒙古、辽宁、吉林等省区的考古调查资料来看，燕地北长城由张家口进入内蒙古自治区的化德县东，经正兰旗至多伦县，又进入河北省的丰宁县、围场县的卡伦后沟、辽宁省赤峰县大庙乡，然后到阜新县②。在长城附近发现了不少的古城、城堡、烽燧和关隘。中国历史地图集编辑组编辑的《中国历史地图集》指明：燕的北长城由张家口向东北行，过滦河、经围场。进入辽宁省赤峰市，越老哈河，经敖汉旗、阜新市北部达辽水，沿辽水东北行，由开原南向，越鸭绿江、到清川江畔的博川市为止。此线路说明，燕北长城并未进入内蒙古自治区。所以，上述两条线路其走向大致相同，但尚有部分出入。

燕北长城的建筑年代，杨宽先生《战国史》一书认为："建筑于燕将秦开破东胡后。"《新安志》亦称："周时狄人强盛，并诸荒服，与燕接境。昭王有贤将曰秦开，为质于敌，敌信之，而为燕袭敌人，破之，却敌千里，燕乃筑长城。"③据此，燕的北长城当建筑于燕昭王（公元前311～前279年）之时。

燕的南长城，建国后，原河北省文化局文物工作队在徐水县解村、遂城村一带发现了长约20华里的长城遗迹④。之后，保定地区1977年文物普查中，在易县曲城村一带也发现了长城遗迹，并认为这两段长城遗迹当为燕南长城中的一部分。为了搞清南长城的起讫、走向、墙体结构、关口设置、建筑年代以及北宋时期长城被继续沿用等问题；亦为加强对古文化遗存的保护和管理工作，我们组织进行了燕南长城的考古调查工作。由于多种原因，调查工作还搞得不

① 佟柱臣：《赤峰附近新发现之汉前土城与古长城》，沈阳博物馆专刊，历史与考古第1号，1946年。

② 参阅《文物考古三十年》，河北、内蒙古、辽宁、吉林等省自治区资料。

③ （京）赵不悔修，（宋）罗愿纂：《新安志》，中华书局，1990年。

④ 河北省文化局文物工作队：《河北徐水解村发现古遗址和古城垣》，《考古》1965年第10期。

深、不细。本文仅能提供一个大概的轮廓和一些不成熟的意见，其余则有待于今后的继续调查和研究。

一、燕南长城的调查情况

（一）走向

燕南长城又名易水长城[①]。易水与长城连称，概因长城沿易水而筑。“根据水经易水注和滱水注，结合现存遗迹和地方志所记载的遗迹，这条长城从长城门（今河北省易县西南起），穿过北易水，沿着南易水东向，经过汾门（今徐水县西北），再沿着南易水和滱水（今大清河）而走向东南的”[②]“（长城）在州西南40里外，自安肃境接入德山社孔山村西，顺唐河折北至曲城村，向西顺唐河至孔山村北，西去武庄社柳泉村北。达牛金口蜿蜒西北入山。”[③]

保定地区文物管理所、易县文化局燕长城调查组于1983年11月中旬起至12月初，进行了历时20余天的调查，对易县境内此段长城的走向等查得比较清楚、准确。根据实地调查，燕南长城由徐水县境内的德山村、太和庄村接入易县曲城村，由曲城的东北角向西，顺沿南易水北岸，经黄金庄、孝村到尉都村东南方沿河岸的小丘上，然后向北再向西，到东城阳村的东南折向东北，围绕西城阳村的外围，转过南、北邓家林村的北面到小沈村，而后经塘湖中学、塘湖大寺向西到东柳泉村的村北后，开始上山，由西柳泉村的西北，沿着今已枯干的河床，顺沿山势到仁义庄西面的科罗头第二个山峰上。易县境内此段长城长约18千米，中间经过大、小十余个村庄。

《直隶易州志》所载“接入德山社孔山村”和“达牛金口入山”两点与我们的实地调查不符，因此，我们认为州志所载不确。至于杨宽先生根据水经易水注认为的“这条长城……穿过北易水”与我们的调查亦有出入。我们的调查是：燕南长城大体是沿南易水而修筑的。南易水与北易水之间相去甚远，其间并无长城遗迹发现。

燕南长城由易县曲城村进入徐水县境内。南易水流经徐水县瀑河村，改称中瀑河。沿中瀑河东岸，经解村西，大马各庄村北，戊己台村西、大庞村北，又经城西村南，至张华村北，全长13.5千米，残存断续墙体9691米。这一段墙体，虽其间时断时续，但是，却是燕南长城中保存得最为完整的一段。大庞村到张华村段，长约四华里的墙体，东西一线，巍然耸立，颇为壮观。墙体完整处，高可达6.1～7米，夯层层次清晰可辨，达27～29层，墙基最宽处为18～20米。夯土纯净、坚硬似砖。由张华村向东，地面上的墙体毁坏殆尽。但是，在访问中，沿村年长者尚能为我们清楚地指出其具体的走向，即在张华东越瀑河，沿瀑河南岸东行，经谢坊、王马、南张丰、前所营至徐水县城关。这里需要说明的是：瀑河过张华村后，改道北流。因此，

① 《战国策·燕策一》，策士所造张仪语。

② 杨宽：《战国史》，上海人民出版社，2003年，第299页。

③ 《直隶易州志·卷九》。

燕南长城原在瀑河北岸，现则位于瀑河南岸。徐水县城关分水闸，将瀑河分为两支：北瀑河、南瀑河。燕南长城继续沿北瀑河南岸东行，经寺各庄、南梨园，到南徐城后，燕南长城不再沿河而筑，此或因瀑河北移有关。自林水村经崔庄、商平庄到容城县黑龙口村，此段长城遗迹均为徐（水）安（新）公路所叠压。“忆光绪丁酉（1897年）、戊戌（1898年）间铁路发轫，余自安肃策蹇东归。见路旁高阜绵延五十里，断续如壁垒，询之土人，曰此名长城堤”。又“长城自黑龙口以西，在易水南，自黑龙口以东，在易水北。入三台之山西村，折而南，因此址而筑之，是为新安之北堤。”[①]经调查访问，徐安公路修筑前，此段墙体上早已辟为一条大道，后来，又将大道扩建成公路，完全和墙体重叠在一起。

黑龙口属容城县，京汉铁路未通前，这里曾有一条南北大道，南通保定仅30千米，北达雄县。黑龙口村东200米处，发现了夯土墙基，长400米，宽4米，夯层厚9～10厘米。往东，越萍河，墙体犹如一道大土埂，经三台乡山西村，狮子村南，再经涞城村南继续东行，接安新县西关，此段群众有的称之为城堤；有的称之为埝。过安新县城后，则未见有长城遗迹。经访问得知，目前的白洋淀北堤即为长城旧址。由于北堤历年增高加宽，旧址已被筑在堤下，不复寻得。

进入雄县后，长城遗迹仍沿大清河东行。此段墙体亦因防洪筑堤，旧址不可寻得。

燕南长城出雄县后，继续东南行，进入廊坊地区的文安、大城两县。据廊坊地区的同行谈，文安县境内亦发现了长城遗迹。

燕南长城在雄县、文安、大城等县的具体情况以及它的终点在哪里？这些均有待于今后进一步的调查工作。

（二）墙体结构

燕南长城墙体除易县境内的克罗头山上为毛石垒砌外，其余均为板筑夯土城墙。夯层一般为10厘米，最厚的可达26厘米。夯土纯净，坚硬如砖。在张华村北，有一段长约104米的墙体，墙基底部的三、四层夯土中，有的还用草拌泥夯筑，茎秆似苇秆，极为坚硬。夯面为圆夯，夯窝直径4～5厘米。墙体分段板筑，易县境内每段的宽度为0.84～0.86米；而在徐水县境内每段的宽度则为2.15～2.3米。墙基宽度，在保存较好的地方，可达18～20米。从断面观察，墙体为多次筑成，其中有的为三次。我们认为：①由于墙体甚厚，不易一次夯实，故为多次；②此长城，原来就是利用的易水堤防，长城废弛后，历代又曾作为河堤和边防之用，多次夯筑也是意料中的。

燕南长城大都为临河而筑，也有利于离河岸稍远的高阜之处。临河一面墙体陡峭且高，另一侧坡缓且低。在调查中，我们还发现由于千百年来土地的平整和大量用土，地形、地貌发生了很大变化，不少地段墙基均高出现地面2～3米；个别的地方，如徐水区大马各庄村小学校内，墙基竟高出现地面5米以上。

---

① （京）赵不悔修，（宋）罗愿纂：《新安志》，中华书局，1990年。

古老的水势湍急的南易水位于南，紧靠河岸为高耸陡峭的夯土城墙，这样，为保卫燕国南部疆界筑成了一道纵深的防御体系。

（三）关隘设置

燕南长城既为燕国之防御设施，又必然扼南北交通之要冲，当有一些重要的关口设置。我们在调查中，虽曾注意力求找到一些关口，但由于墙体残缺，也因为调查工作尚不够细致，尚未有所发现。

《水经易水注》："易水又东届关门城西南，即燕之长城门也。……易水又东历燕之长城，又东经渐离城南，……易水又东经武阳城南。"这是北易水。"易水又东流，屈长城西，又东流经武隧县南，新城县北。……俗又谓是水为武隧津，津北对长城门，谓之汾门。"这是南易水。由此可知，燕南长城从长城门（即关门城）穿过北易水，沿着南易水东向，经过汾门再向东。我们的调查，只是沿着南易水发现了长城遗迹，而在北易水一线尚未发现任何长城遗迹，从而，长城门（即关门城）亦无从发现。关于汾门的位置何在？《弘治保定郡志》卷二十二载："梁门在今安肃县西二十里，武隧津北，对长城门谓之汾门。"据此，武隧津北当有长城门。《易水注》云："易水……又东流经武隧县南。"由此可知，易水原来流经武隧县南，而现在的中瀑河却流经遂城北（武隧即今遂城）。显然，南易水自张华村东起改变了流向，即由南流径直东流了。长城原在南易水的北岸，而现在却在南岸。武隧津北即今遂城北，既无长城遗址，亦无汾门遗迹的发现。

二、燕南长城的建筑年代

燕南长城的建筑，无疑是为拱卫下都的一道重要屏障，故其年代当与下都的修筑年代相当，下都营建于何时？史无确载，今亦无定论。杨宽先生认为："燕昭王开始设下都于武阳。"从燕下都第16号墓的发掘资料来看，下都在战国早期，就已成为燕国南方的一个重要城邑。又从燕下都城址出土的郾侯载戈①、郾王职戈②等资料来看，下都至迟在战国中期，已经成为燕国南方的军事重镇。燕昭王（公元前311～前279年）时，下都有了巨大的发展。

关于燕南长城的建筑年代。《历代通鉴辑览》卷九载："（庚戌）四年，燕昭王平元年（公元前311年），秦使张仪说楚、韩、齐、赵、燕，连衡以事秦。秦君卒，诸侯复合从。……仪归报秦，封以六邑，复使东说齐，西说赵，皆许之，又北说燕。仪谓燕王曰赵已效河间。大王不事秦，秦下甲云中、九原、驱赵攻燕，则易水长城非王之有矣。"据此，燕昭王元年，既已有易水长城之称，则无疑其时可作为燕南长城建筑年代的下限。

至于其上限，根据文献记载，战国时期，燕国的疆域比以前有了空前的扩大。《战国

① 中国历史博物馆考古组：《燕下都城址调查报告》，《考古》1962年第1期。

② 河北省文物管理处：《燕下都第23号遗址出土一批铜戈》，《文物》1982年第8期。

策·楚策》载："苏秦将从，北说燕文侯曰：'燕东有朝鲜、辽东，北有林胡、楼烦；西有云中、九原，南有滹沱、易水，地方二千余里，带甲数十万、车七百乘、骑六千匹、粟支十年，南有碣石雁门之饶，北有枣栗之利，民虽不由田作，枣栗之实，足食于民矣。此所谓天府也……'"[①]考古资料所揭示的燕国疆域与文献记载的大体相同。燕国冶铁业的发展和铁农具的广泛使用，大约从战国中期前后开始。中期以后，在燕国的广阔疆域内，出土了大批的铁农具，铁制农具的广泛使用，从而使农业生产可以深耕细作了。"深耕易耨"[②]，"大暑至，万物荣华，利以疾耨，杀草蔓"[③]，"耕者且深，耨者熟耘也"[④]，就是当时农业生产中深耕细作技术的明确记载。农业耕作技术的进步，加速了农业生产的发展，粮食的收获量也随着大大增加。燕文侯时已能够进行大量的粮食储备，达到了"粟支十年"。冶铁业的发展，为手工业同样也提供了有利条件，进而又为商业和城市建设的发展提供了重要的物质条件。农业、手工业的发展，不但为国家积累了大量财富，而且亦促进了人口的不断增长，为军队提供了源源不断的战斗力。燕国由此逐渐加入了各国之间的封建兼并战争，逐鹿中原，成为"战国七雄"之一。"丁亥三十五年……又二年，韩、燕皆称王"[⑤]，"丁亥三十五年"为周显王三十五年（公元前334年），"又二年"为公元前332年，"燕易王初立"，燕南长城的建筑只有在这时，不仅有了雄厚的物质基础，更主要的是由于政治和军事上的迫切需要。其次，我们在墙体的夯土中，采集到一部分陶片标本，它们既有商周时期的细绳纹陶片，也有时代相当于春秋晚期到战国早期的夹砂灰陶粗绳纹大袋足鬲。综上所述，我们将燕南长城的上限初步定在燕易王称王之后，也就是燕南长城建筑在公元前332～前311年。

三、燕南长城与宋辽界城

南易水（其中、下游称瀑河）、大清河横贯保定、廊坊两个地区、七个县，水势汹涌、湍急，西接太行山脉，东连一连串湖泊、沼泽。千百年来，这一带历来为兵家争战的战略要地。

燕南长城不仅在战国时期，为捍卫燕国的南部疆土做出了贡献。而且，在1300多年后的北宋时期，又一次成为著名的宋辽界城。《易县志》卷四："战国史之长城，在易县南境，所称里卢堤是也。为昔时燕赵界城，后为宋辽界城，今已无关险要。"《直隶易州志》卷九："（长城）在州西南四十里外，……里人传为宋辽界城。"

这里值得一提的是，位于徐水县城西20里的遂城古城址，史籍上曾多次提到。城址位于中瀑河南岸，平面略呈长方形，东西宽1千米，南北长1千米多。城外有三道高大的护城堤。仅东城墙有城门一座，群众称之为螺狮城。"遂城县，本汉北新城。后魏除'北'字、寻又省。

① 《战国策》卷二十九、燕策一。

② 《孟子·梁惠王上篇》。

③ 《管子·度地篇》。

④ 《韩非子·外储说右上篇》。

⑤ 《历代通览辑览·卷九》。

隋开皇三年，移后魏新昌县于此。即战国时武遂城也。后魏孝武帝永熙二年，以韩瓒为营州刺史……所部三千余人，并雄武冠时，因号英雄城”。此城址与燕南长城相邻，当为燕南长城和宋辽界城上一座重要城堡。

（原载于《环渤海考古国际学术讨论会论文集》，知识出版社，1992年）

容城县沙河战国汉代遗址

赵　杰

遗址位于南张镇沙河村南侧，面积约10万平方米，古沙河河道南北纵贯遗址。南水北调中线天津干渠由西北向东南穿过遗址西部，继而由西向东横贯遗址东部。为配合南水北调工程，对该遗址进行了抢救性发掘。发掘面积3133.5平方米。

此次发掘发现墓葬23座、灰坑16个、灰沟8条、窑址4座、水井1口，出土陶瓷器、青铜器、铁器、铜钱等各类遗物千余件。根据出土的遗迹和遗物的特征及文化层的叠压关系判断，该遗址的主要文化堆积为战国和汉代遗存，同时有部分金元和清代的遗存。年代最早的遗迹单位是G2，出土有夹云母的圜底红陶釜，属典型的燕国遗物。汉代墓葬的形制多为带斜坡墓道的长方形砖室墓，有单人葬和双人合葬两种，葬式以仰身直肢为主，M12的铺地砖上还遗留有红色漆皮。随葬品多为陶器，有盆、罐、仓、瓮等，个别墓葬随葬有较多的铜明器，如弩机、车马器等，“五铢”钱随葬较普遍。4座陶窑均为汉代遗迹，保存比较完整，属横穴窑，由窑室、窑箅、火膛、火道、烟道、烟囱等部分组成，出土有一些烧残的陶器和砖瓦片。4座陶窑由南至北分布在一条直线上，应系当时烧造陶器和砖瓦的窑场所在。

综合调查勘探和发掘情况来看，沙河遗址是一处以战国和汉代遗存为主的、功能较为完善的古代聚落遗址，在古沙河河道的西岸为集中的窑场，窑场以西百米为墓葬区，居住区位于古河道的东岸。该遗址的发掘，为研究战国和汉代华北平原地区古代人类的生产生活、风俗习惯等提供了资料，尤其是成组的汉代窑址的发现，在华北平原尚属少见，对认识、复原当时的陶器制造业水平具有重要的意义。

（原载于《中国考古学年鉴2007》，文物出版社，2007年）

河北容城县南阳遗址调查

孙继安

1981年春季，我们在晾马台乡进行考古调查时，在该乡南阳村附近，发现几处较大的古代遗址，并征集、清理出铜器、陶器、骨器等文物40多件，其中几件文物上有铭文和陶文，根据这些文物查阅历史文献，发现南阳遗址有春秋战国时燕国“易都”迹象。

南阳遗址位于容城县城东14千米，雄县县城西北11千米处。这里是华北平原中部，遗址东3.5千米是大清河（古易水）。调查时发现，南阳村南、北、西三面均有古代遗址，尤以村南250米处的遗址较大，遗存丰富，当地群众称这里为“燕国城”（图一）。

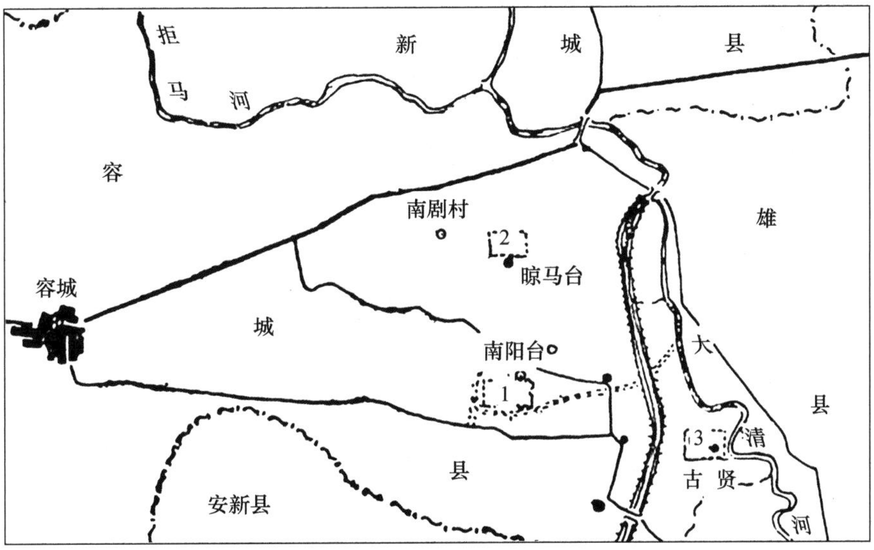

图一　容城县古文化遗址位置示意图

1. 南阳遗址　2. 晾马台遗址　3. 古贤遗址

南阳遗址为一台地，北面是南阳村，南1500米处是容城至雄县公路，东300米是容城第三排水渠。遗址北坡比周围地表面高2～3米，与南阳村里的平房顶相等，当地群众称这里为“城坡”。从城坡起向南700米台地终了，南坡比一般地表面高0.5米左右。台地东边沿清晰，比一般地表高0.3～2米。自台地东北角开始，向西300米后地势低缓平展，边沿模糊不清。台地表面有很多陶片，器型有鬲、鼎、豆、壶、盘、罐等。台地东部庄稼长势不好，故有200多亩地种了数年苜蓿，其原因可能是下面地质较硬，为夯土所致。因台地东部有些地不长庄稼，早年曾有人在此建窑烧砖，现留废窑和打坯用的取土坑。在取土坑处发现，这里文化层厚0.5～1米。台地周围露出遗迹很多，东北角因取土露出大小基本相同的红烧土三堆（片），椭圆形，直径1.8米，残留红烧土高度0.16米。北坡露出灰坑2个，近东部的一个地表面下0.2米处是坑口，东西长0.96米，宽0.5米，深0.8米。我们清理出铜镞一件，残燕刀币一件，砺石一件。往西50米处又残留一个小灰坑，坑口距地表面0.28米，近圆形，直径0.62米，宽0.56米，深0.4米，只清理出陶纺轮一件。在台地东侧断面上部，采到"易市"陶碗一件。陶碗外壁刻划一"才"字。

南阳村西北300米处是西北阳村土地，这里地势较高，是一片废墟，有南阳村西断断续续与村南台地相连，这处遗址面积约有3万平方米。因这里是西北阳村用土区，部分遗址已被下挖一米多深。调查时发现一个残留深16厘米，长50厘米，宽32厘米椭圆形灰坑，清理出骨锥一件，陶纺轮一件。遗址北侧有故河道，与南阳台地"西河子"相通，当地人称这段为"后河"。

"后河"北2.5千米处有座土丘高台，位于晾马台村西北隅，晾马台即此台。现在土台面积约1.5万平方米，东西长150米，南北宽100米，残留高3～5米。北两千米是拒马河、白沟河的汇合处。四周陶片很多。调查时发现铜刀一把，褐陶罐一件，蚌刀一把，鹿角制鱼梭标一件，陶盖豆二件，高柄豆二件，陶鬲二件。按土台西断面看，文化层2～4米，灰土中含有陶片、鹿角和动物骨骼。

南阳遗址东3千米的古贤村，有"大城"，即《太平寰宇记》所载"大易古城"。古贤，原名古县，是座古老的县城，原名曰"易"，因近易水而得名。这座古城有"大城"和"南城"之分，早在20世纪30年代，土城还高出地面，能看出原城址轮廓。村南边的叫"南城"，与北面的"大城"相连，南北宽约1000米，东西长约1200米，西起古贤村西70米，冬至村东河套（古贤村东紧靠大清河，即古易水）。在20世纪30年代后期，因河水经常泛滥，原城址被淤积在沙土里。现在南城内有一高地，地名"仓廒"，据传是城里的粮仓。

通过调查得知，容城东部即雄县西北南阳遗址附近，近年来连续发现文物。1958年出土"燕王职戈"①一件；81年前后又发现铜鼎二件；"西宫"铜壶一件；"左征"铜壶盖一件，铜簋一件；84年又出土"燕首刀币"100余枚。1988年秋，南阳遗址西南700米的"西河子"，又出露铜戈3件，铜凿1件，铜带钩一件，燕刀币200余枚，玉柱形器5件。这些遗物分别保存在河北省文物研究所和容城县文物保管所。另外，我们还采集到较完整的陶鬲、陶鼎、陶豆、陶尊、筒瓦、铜镞、陶碗、陶罐、骨锥、陶纺轮、鹿角斧等文物40多件，现将部分文物简要介绍如下。

铜壶　通高50厘米，口径13厘米，底径17厘米（图二，2）。短颈，鼓腹，深圈足，肩部有对称的铺首衔环。壶身自上至下有明显的母范接口，壶口微敞，颈部饰对角蕉叶纹四组，腹

① 河北省博物馆文物管理处：《河北省出土文物选集》第一册，文物出版社，1980年，第75页。

部饰带纹四周，带纹之间的地纹饰蟠螭纹。在第二道带纹近左铺首处，有阴刻“西宫”（图三，1）。壶盖为凸形，小平顶，外缘饰圆环纹、重环纹，平顶下为带纹一周，带纹下饰蟠螭纹。盖上有对角的卷首夔龙立耳四个（残两个）夔龙头向外，盖下着子口。壶口与盖沿上均阴刻“右征尹”（图三，2；图三，3）。在第二道带纹近右铺首处有一“匽”字（图三，5）。

另外有一件“左征”铜壶盖，与西宫铜壶盖基本相同，只是略小些，盖上饰夔龙立耳三个（残一个），夔龙头向里（图二，9）。盖沿阴刻“左征”（图三，9）。

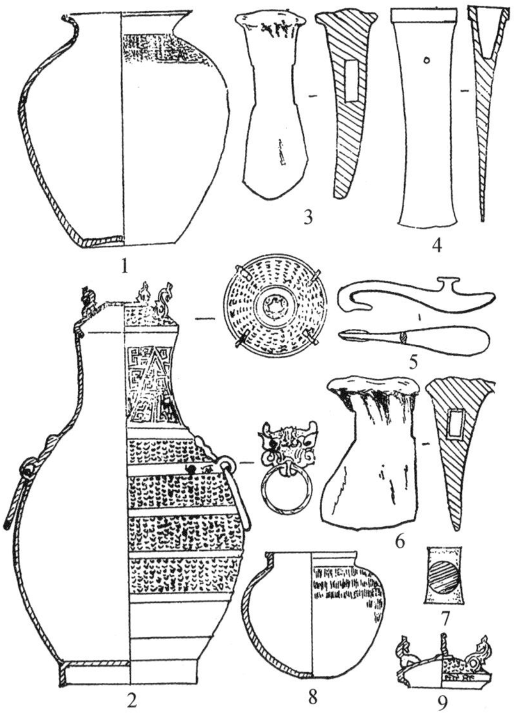

图二　南阳遗址遗物
1、8. 陶罐　2. “西宫”铜壶　3. 鹿角斧　4. 铜凿　5. 铜带钩　6. 鹿角斧　7. 玉柱形器　9. “左征”铜壶盖（1、8为1/10，2、9为1/8，余为1/4）

铜鼎　高27.5厘米，口径24厘米，腹径27.5厘米。长方附耳，圜底鼓腹，蹄形三足。身着子口，腹饰一周凸弦纹。底饰带纹，带纹中心饰“十”字纹。盖肩部饰凸弦纹一周，凸弦纹上有对角半环形钮三个。钮身中间凸起脊带，脊带上饰重环纹，钮顶凸起乳钉，乳钉上用红铜丝镶嵌涡纹，盖中间设有活环提梁，环身饰重环纹、云雷纹。鼎身烟炱严重，厚达0.2厘米。重6.6公斤。

铜戈　3件。均完整，分二式。

Ⅰ式　1件，形体较大，援略上昂呈弧形，中脊隆起，援刃近前端较宽大，援近阑处有凸起倒“山”形纹。长胡，胡刃有波状纹孑刺。阑内有三个长方形穿。内稍向上举，内下缘有凹刃，内有两穿。内上铭文二行六字“郾侯□（载）□（之）萃锯”（图三，4）。全长27.8厘米，援长18.5厘米，内长9.3厘米，援宽3.3厘米，内宽3.4厘米。

Ⅱ式　2件。大小形制相同，出土时二戈粘在一起。形体比Ⅰ式略小，短援微上昂，援中起脊，锋三角形，阑内有三穿，有胡和下齿，内有一长方形穿，内末端略上翘。通长20厘米。

铜凿　1件，正视为长方形，侧视楔形，刃部稍宽，方銎，銎部上端较厚，下面有一细小圆孔，以铆钉固柄用。通长14厘米，宽3.9厘米，銎深5.5厘米（图二，4）。

铜带钩　1件。底扁上半圆形，素面，长10厘米（图二，5）。

小铜鼎　高13.5厘米，口径15.6厘米，腹径17厘米。形状与上述铜鼎基本相同，只是盖中间没有提梁，重1.5公斤。

燕刀币　200余枚。因腐蚀严重，完整的只有60余枚。一般体形较大，锋部尖锐。一部分铸有阳文“□”“□”“□”“□”“⊙”等。

陶鬲　数量较多，分三式。

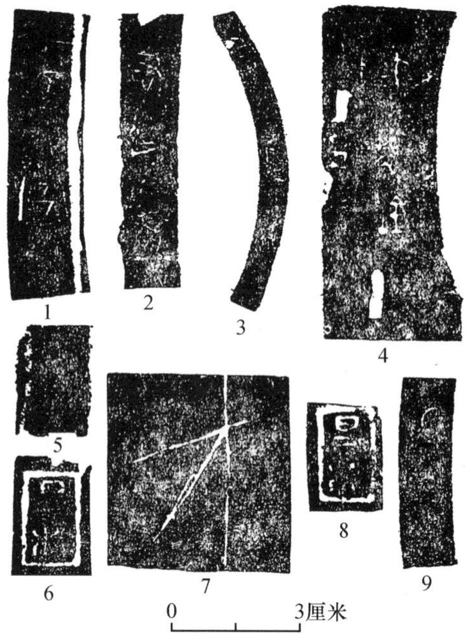

图三　铜、陶器铭文拓本

1. 铜壶左铺首处“西宫”　2. 铜壶盖沿“右征尹”　3. 铜壶口沿“右征尹”　4. Ⅰ式铜戈铭文　5. 铜壶右铺首处“匽”　6. 陶碗内底“易市”　7. 陶碗外壁“才”　8. 陶罐肩部“易市”　9. 小铜壶盖沿“左征”

Ⅰ式　高18.5厘米，口径20厘米。夹砂红陶，外折沿上挠，束颈鼓腹，失裆，底呈三角形，三足秃，通身饰粗绳纹。

Ⅱ式　通高24厘米，口径17.6厘米。夹砂红陶，方唇，折沿，束颈鼓腹，柱形三足，裆下凸，足跟饰横绳纹5组，通身饰绳纹。

Ⅲ式　通高25.5厘米，口径13.5厘米。方唇，折沿，束颈鼓腹，柱形三足，夹砂红陶，通身饰细绳纹。

陶鼎　分二式。

Ⅰ式　通高15厘米，口径11厘米，腹径15厘米。口沿外折上挠，束颈鼓腹，与沿相平设有对称的双耳下连腹部，圜底。夹砂红陶质。

Ⅱ式　通高20厘米，口径13厘米。长方附耳，圜底鼓腹，蹄形三足稍外撇，身有子口，腹部饰弦纹一周。夹砂灰陶质。

陶尊　数量多，但器型单一，只有大小之分，均为泥灰陶。高28厘米，口径13.5厘米，肩宽26厘米，底径10.5厘米。束颈高领宽肩，肩部上下各饰弦纹一周，腹下部也饰弦纹两周，平底。器外壁通身磨光。

陶豆　数量多，分三式。

Ⅰ式　通高26厘米，口径5.5厘米，足径13厘米。泥质灰陶，器表磨光，外涂黑色陶衣。豆身直口，腹呈圆球形，腹部饰弦纹两周，有柄，柄近足处饰弦纹两周，圈足呈喇叭口形。有盖，盖顶呈馒头形。

Ⅱ式　通高28厘米，口径19.5厘米，足径13厘米。泥质灰陶，通体磨光，豆上部压印弦纹、锯齿纹数周。附盖呈圆球形，盖上有捉手，豆身着子口，深腹圜底，圈口呈矮喇叭形。

Ⅲ式　通高29厘米，口径18厘米，足径14厘米。泥质灰陶。附盖呈圆球形，子口内收，深腹圜底，腹上部饰凸弦纹一周，腹下部饰凹弦纹两周。

陶罐　数量多，均为泥质灰陶。一件矮领，侈口，折肩，平底，竖绳纹，肩至腹部有不规则的弦纹8道。通高38厘米，口径22厘米，腹径36厘米，底径15.5 厘米（图二，1）。一件高领，平沿，溜肩，鼓腹，小平底。腹部弦纹5道。通高26厘米，口径11厘米，腹径24厘米，底径6.5厘米（图二，8）。另一件高28厘米，口径21厘米，腹径36厘米，底径14厘米。小高领，沿外折，束颈，鼓腹，小平底。肩上有“易市”戳印（图三，8）。

陶碗　圆唇，折腹，小平底。腹内近下部有“易市”戳印。高7厘米，口径16厘米，底径7厘米（图三，6）。腹外壁刻划一“才”字（图三，7）。

玉柱形器　5件。出土时丢1件。大理石质，白色，只一件稍带褐色。磨制，亚腰柱体，一端稍大，三件带有铜绿锈斑，高3.3厘米，顶径2.1厘米，底径2.4厘米（图二，7）。一件形体稍大，高3.6厘米，顶径2.3厘米，底径2.4厘米。

鹿角斧　2件。皆用鹿角根部做成。以根作斧顶，再在上部穿凿成銎，以装柄用，銎孔内大外小，刃部较钝，与现在斧形相似，有使用痕迹。一件稍粗大，高10厘米，顶径5.5厘米，刃宽7厘米。銎长方形，高3.8厘米，宽1.8厘米（图二，6）。一件瘦长，高12.5厘米，顶径4.5厘米，刃宽5厘米，銎长3厘米，宽1.7厘米（图二，3）。

筒瓦　1件。长34厘米，直径15.5厘米，舌长2厘米，胎厚1.5厘米。泥质灰陶，外壁饰细绳纹加手指抹纹，内壁手指捏痕明显，凸凹不平。

南阳及其附近几处遗址（这三处遗址只相距6千米），由于是第一次发现，目前只是地面调查，对于其遗址的布局、时代、性质等问题，提出一个结论性的意见还为尚早，现仅就我们的认识谈点粗浅看法。

西宫铜壶，采用分块合范浇铸，颈部饰三角蕉叶纹，壶身地纹用蟠螭纹，盖上饰夔龙立耳，一般认为这些均有春秋时期作风。燕国器物春秋以前的铭文“燕”，多写为“匽”。铜鼎的器形，与山西长子县东周墓M2：2鼎相似①，铜鼎上的重环纹、钮顶乳钉上用红铜镶嵌的涡纹，也有春秋晚期或战国早期的特征。Ⅰ式陶鬲虽饰粗绳纹，鼓腹，底部三角形，保持着西周晚期作风，但已失裆，失足，其时代也应定为春秋为宜。陶尊与山西省长治县小山头春秋战国墓M7出土的陶壶（尊）相似②；Ⅱ式鬲也叫“燕国鬲”，在燕国范围内出土很多，与河北三河县双村出土的近似③；陶豆也从西周晚期的粗柄豆，演变到豆柄较高；还有与口沿相平的双耳陶鼎等等，其时代都在春秋战国时期。“易市”陶碗、陶罐的器形、字样等显示出秦汉时期风格。根据以上这些可以看出，南阳及其附近几处遗址的年代，为春秋战国至汉代。

铜壶自铭“西宫”，右铺首处又有“匽”字，说明它是燕国器物，并属“西宫”所有。并在同一处遗址内还出土了两件铜鼎及其“易市”等文物。遗址地理位置与燕国都城“临易”，汉时的“易京”相近，出土的这些“西宫”铜壶、铜鼎等器物，可能与燕国“易都”有关。

参加调查者：刘喜忠、王明远、王彦民、孙继安

绘图：张吉星

（原载于《考古》1993年第3期）

① 山西省考古研究所：《山西长子县东周墓》，《考古学报》1984年第4期。

② 长治市博物馆：《山西省长治市小山头春秋战国墓发掘简报》，《考古》1985年第4期。

③ 廊坊地区文物管理所等：《河北三河大唐迴、双村战国墓》，《考古》1987年第4期。

1. 铜簋

4. 小铜鼎

2. Ⅱ式陶鼎

5. 陶碗

3. 铜鼎

6. 陶罐

河北容城县南阳遗址遗物

1. Ⅲ式陶豆

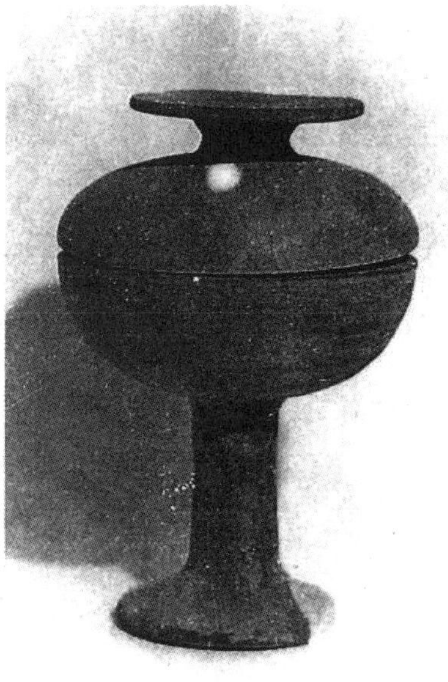

2. Ⅱ式陶豆

3. Ⅰ式陶豆

4. 铜壶

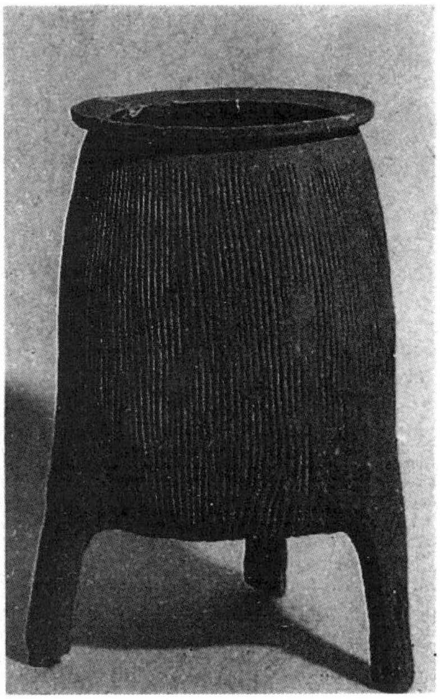

5. Ⅱ式陶鬲

6. 陶尊

河北容城县南阳遗址遗物

容城北城村东汉墓发掘简报

河北省文物研究所　保定市文物管理所　容城县文物保护管理所

2010年4月，为配合津保（天津—保定）高速铁路的建设，河北省文物研究所会同保定市文物管理所、容城县文物保护管理所对铁路沿线进行调查时，于容城县北城村村南发现了一座汉代墓葬，12月进行了抢救性发掘，出土了一批随葬品，现简报如下。

一、墓葬位置

墓葬（编号M1）位于容城县城关镇北城村南偏西，南距容城县城约1千米，北距北城村约150米，北侧20米有南水北调天津干渠东西通过（图一），地理坐标39°04′06.7″N、115°51′16.4″E，海拔11米。墓葬所在地为耕地，自然地貌平坦。

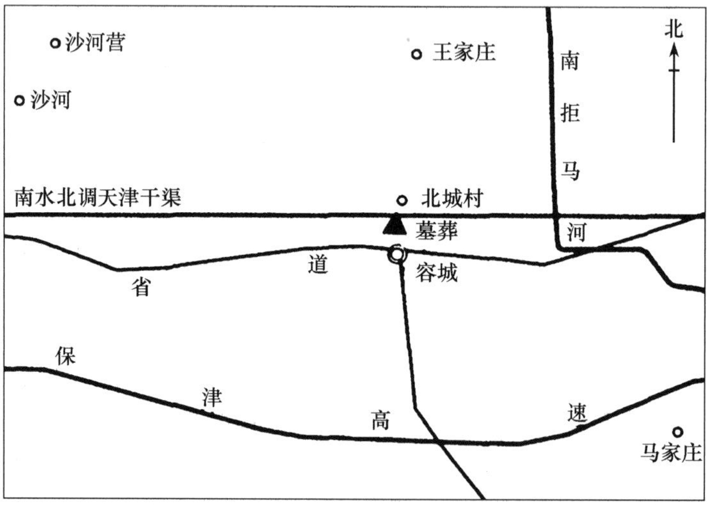

图一　墓葬位置示意图

二、墓葬形制

该墓葬已被破坏，上部结构不详。墓葬平面呈刀把形，方向185°。自南而北由墓道、前甬道、前堂、后甬道和后室组成。不含墓道南北通长6.28米，东西宽2.12～2.66米，深1.8米。墓口距地表深0.5米。除墓道为土圹外，其余部位均以砖砌成。墓砖系长方形青灰色素面砖，长27厘米，宽15厘米，厚6厘米（图二）。

墓道　土圹平底，东西宽1.36米，深1.8米，因受自然条件的限制，仅发掘靠临室长0.6米的一段。

前甬道　位于墓道与前堂之间。长0.8米，宽0.85米，残高0.87米。

前堂　位于前甬道北侧，东西横长，西部宽出后室。长2.04米，宽1.18米，残高0.27米。

后甬道　位于前堂、后室之间。南北长0.92米，东西宽0.85米。

后室　位于北部，平面呈长方形。南北长2.96米，东西宽1.52 米。

墓壁砌砖除前甬道为顺向错缝平砌单行砖外，其余均为一甃两卧砌法，残存高0.4～0.9米；铺地砖为整砖和砖块，一字形横向平铺，单层；后室间有顺向铺砖，局部略有隆起，稍显凌乱。

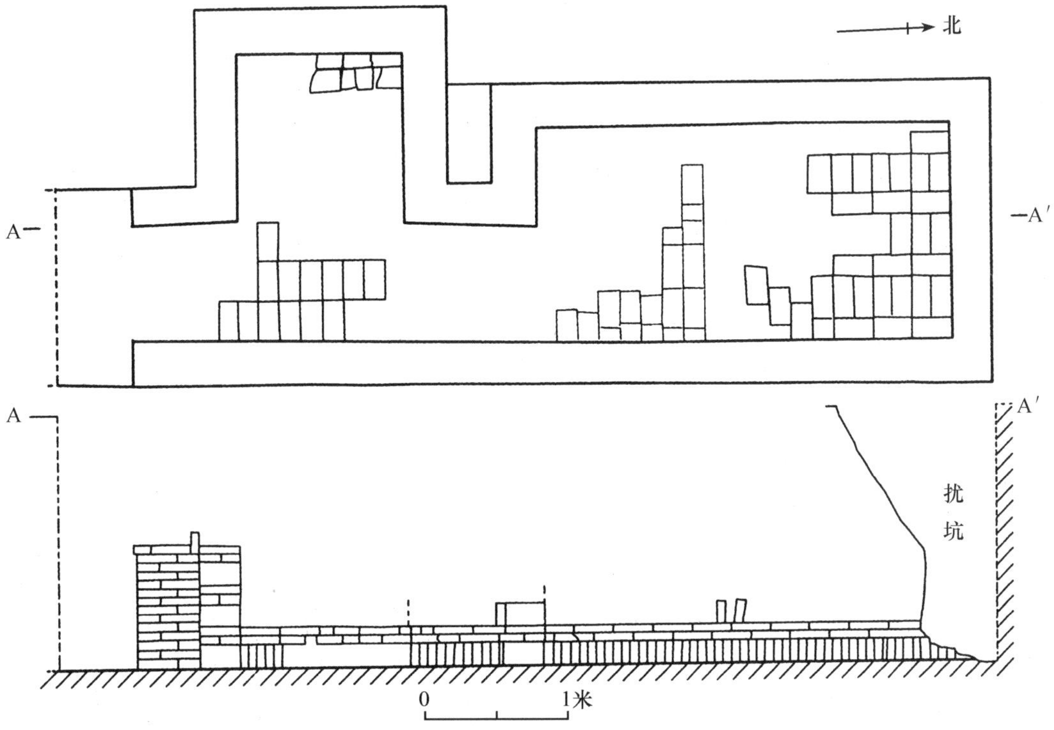

图二　墓葬平、剖面图

三、随葬器物

该墓因遭破坏，随葬品均出土于填土中，有陶器、漆器、铜钱3类，共27件。

1. 陶器

共20件。大部分为泥质灰陶，有少量夹砂灰陶和泥质红陶。

陶鸡　2件，泥质灰陶，手工捏制。M1：9，公鸡，头昂尾翘，通体略显瘦高，鸡冠较显。长9.5厘米，高9.5厘米（图三，1）。M1∶8，母鸡，体宽，颈短，尾部稍宽，通体显得宽胖。长9.7厘米，高9.2厘米（图三，2）。

陶猪　1件。M1∶7，泥质灰陶，手工捏制，嘴较尖，前伸，眼眶凸出，背脊凸起呈薄刃状，造型粗犷，形似野猪。长8.9厘米，高7.1厘米（图三，4）。

陶犬　1件。M1∶6，泥质灰陶，手工捏制，身体细长，通体较矮，微弓，四肢粗矮，头略向右侧，耳朵竖立。长11.6厘米，高6.9厘米（图三，3）。

陶磨　1件。M1∶10，为上扇，泥质灰陶，手工捏制，圆形，表面中部有一圆形凸棱，中间一道脊，形成两个相对的半月形深槽，底面较平，有手捏的痕迹。直径9.2厘米，厚2厘米（图三，5）。

柳斗　1件。M1∶14，泥质灰陶，模制，呈头盔状，口下部饰一周凹弦纹，其下通体饰绳纹。口径5.2 厘米，高5.5厘米，壁厚0.4～0.6厘米（图三，7）。

陶盘　1件。M1∶5，泥质灰陶，圆形，平底。径35厘米，高2.5厘米（图三，6）。

陶仓　2件。泥质灰陶，模制，仓顶搭放在仓体之上，不连在一起；顶部结构相同，一高一矮。M1∶1，悬山式瓦顶，正脊中间平直，两端向上翘起，两坡做成沟槽使凸起部分如瓦垅，前壁中部偏上有并排两个长方形气窗，两侧壁中上部各有1个圆形气窗。面宽26厘米，侧宽12厘米，通高46厘米（图三，9）。M1∶2，四壁较矮，无气窗，面宽26厘米，侧宽12厘米，通高28.5厘米（图三，10）。

陶釜　1件。M1∶3，泥质灰陶，圆形，敞口，平沿，斜腹，平底。口径10厘米，底径5厘米，高3.5厘米（图三，8）。

陶楼　2件。均残缺。M1∶22，仅存底座。长方盆形，泥质灰陶，平底。长41.1厘米，残宽18.3厘米，高7.5厘米。

陶灶　1件。M1∶12，泥质灰陶，残缺。不规则长方形，较宽一端有一拱形火门。长21.6

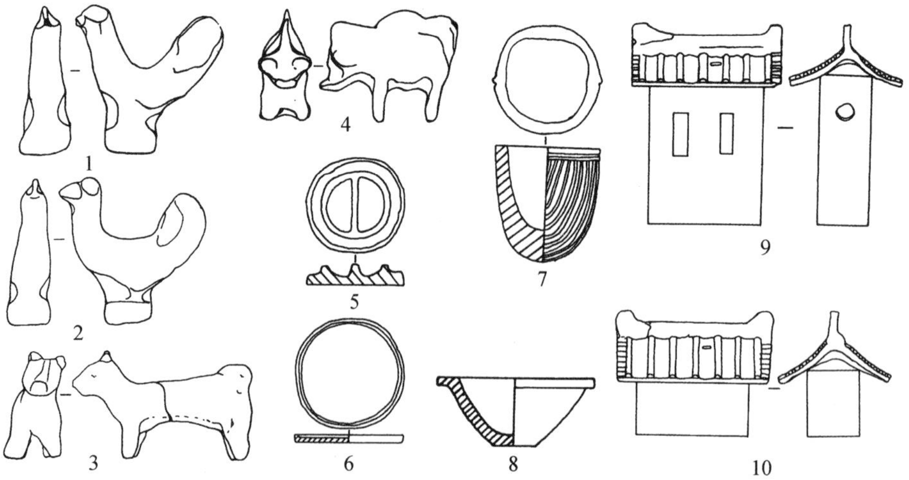

图三　出土陶器

1. 公鸡（M1∶9）　2. 母鸡（M1∶8）　3. 陶犬（M1∶6）　4. 陶猪（M1∶7）　5. 陶磨（M1∶10）　6. 陶盘（M1∶5）　7. 柳斗（M1∶14）　8. 陶釜（M1∶3）　9、10. 陶仓（M1∶1、M1∶2）（1～4、8为1/4，5为1/6，6为1/20，7为1/3，9、10为1/15）

厘米，宽18厘米，高7.5厘米。

陶奁 1件。M1∶11，泥质灰陶。圆形，直口，直腹，下部内折，底部残缺。残高15.3厘米。

耳杯 1件。M1∶4，残缺。泥质灰陶，平底。

陶罐 2件。仅存口沿。夹砂红褐陶，皆为方唇、母口、斜肩。

陶壶 2件。仅存口沿。泥质灰陶，M1∶17，微敞口。

陶鼎 1件。仅存1足。泥质灰陶，扁平状，手制。

2. 漆盒

1件，已成碎片。

3. 铜钱

6枚。锈蚀严重，为方穿圆钱，仅有两枚可辨钱文为“五铢”。

另外，在填土中发现一些散乱的墓主骨骼，经鉴定为男性，年龄45岁左右。

四、结 语

经调查，在建设南水北调天津干渠时，曾发现过一些砖室墓，出土了陶器、铜镜等遗物，现在干渠线中仍可见汉代墓砖和陶片。我们曾对该墓周围进行了详细勘探，没有发现其他墓葬。故认为这一带曾是一处汉代的家族墓地，而所发掘的这座墓葬，则是墓地中最南面的一座。

该墓葬破坏严重，仅存墓室底部。从其形制看，与东汉中晚期的洛阳烧沟汉墓第四型①、涿州凌云集团新厂东汉墓群M1②比较接近，因此该墓的年代应在东汉中晚期。

墓葬因被破坏，所出土随葬品的组合已破碎不全，但仍出土了20多件，似乎表明墓主人具有一定的身份；但东汉时期流行厚葬，该墓中的随葬品多为素面器，且做工比较粗陋，也折射出墓主人的身份不高，因此，推测墓主应该是农村中的中小地主。

以往的发掘资料表明，东汉时期这种前堂后室结构的墓葬，前堂多超出后室两侧，横陈于前端，而该墓葬的前堂、后甬道及后室的东壁皆贯穿于同一条直线上，形状比较特殊。这种做法是时代演化的反映，还是地方特色，有待进一步探讨。

发掘：高丽军 樊冬冬 樊书海 王法岗
执笔：王法岗 樊书海 赵春明 张 丽
绘图：梁 彪 樊冬冬

（原载于《文物春秋》2011年第5期）

① 中国科学院考古研究所：《洛阳烧沟汉墓》，科学出版社，1959年。

② 史殿海：《涿州凌云集团新厂东汉墓群发掘简报》，《文物春秋》2007年第3期。

河北容城县发现一座东汉砖室墓

河北省文物研究所　容城县文物保管所

2004年10月，河北容城县南河照村农民在取土时发现一座古墓，容城县文保所闻讯后及时去现场进行了清理。出土了一批陶器等随葬品。

墓葬位于容城县城东北方向约6千米，北河照村东南约1000米的耕地中，南距津保公路约150米。

该墓为一座坐北朝南的长方形单室砖室墓，已被早年破坏，顶部不存，原结构不明。墓室内侧南北长3.1米，东西宽2.1米，残存深1.3米。墓壁以两横一丁砌法的双层砖砌成，墓底平铺“一”字和“丁”字相结合的单层砖。墓门在墓室的东南角，宽0.85米，砌有“人”字形封门砖。门前为长方形斜坡底墓道。墓内葬人骨2具，东西并列，为头北脚南、仰身直肢葬法，所用葬具为木棺，棺底垫厚3厘米的草灰。

图一　随葬品

随葬品大都出土于扰乱的填土中，以细泥灰陶为主，器表皆刷一层白色陶衣（图一）。器型有陶楼、奁盒、耳杯、壶、盘、粮仓、灶台、水井、厕所和鸡、羊、狗等十二生肖的模型并骨质算筹、珍珠质串珠和铜钱、墓志铭等。其中陶楼的正面皆墨绘有大朵的云纹，水井在顶面墨绘出栏杆。铜钱放置在棺顶和骨架下，或单个或成串，数量达百余枚，皆为“五铢”，个别的有剪轮。墓志铭为一墓砖，仅剩下半截、残存10字，竖行阴刻，隶书体，初步确识的有“十三年”等字。根据墓葬的规模和随葬品推测，墓主人的身份为农村中的中小地主，年代为东汉晚期。

该墓的出土，为研究汉代冀中地区的葬俗、葬制提供了实物资料。

执笔：樊书海　郭济桥　刘志东　张　丽

（原载于《中国文物报》2004年11月3日）

容城南阳村古墓发掘简报

河北省文物研究所　保定市文物管理所　容城县文物保管所

1997年3、4月间，配合保津高速公路工程建设，河北省文物研究所会同保定市文管所、容城县文保所组成考古队，在容城县南阳村高速公路取土场内，抢救清理古墓6座，分别编号M1～M6。南阳村西北距县城约20千米，其村东、村北为高速公路取土场，M1、M2位于村东取土场内，M3～M6位于村北侧的取土场内（图一），六座墓均遭不同程度的取土破坏。

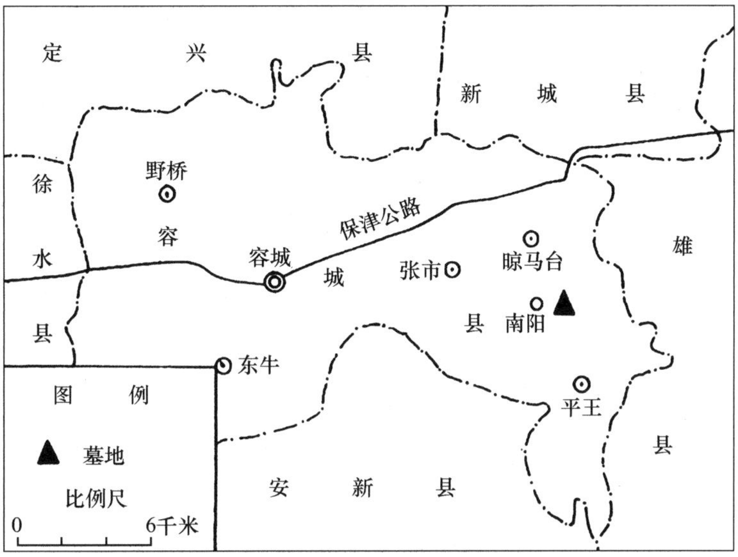

图一　南阳古墓位置示意图

一、墓葬形制

6座墓葬均为砖墓。M3为多室，M4为双室，余者均为单室小型墓。

M3　位于村北约50米。四室砖墓，方向260°。因取土破坏，残墓四周已被挖成深约3米多的土坑，墓壁断续暴露于取土形成的“孤岛”断崖。墓残口位于现耕土之下，墓道无存。甬道顶已毁坏殆尽，据观测甬道为券顶过洞式，长9.3米，宽0.9米，高1.3米。墓室破坏严重，墓顶皆无，现场观察有四个长方形墓室。西北墓室南北向长3.3米，东西向宽2米，其过道长0.9米，宽0.7米，高1.1米，过道东壁南凸0.2米；西南墓室仅存一部分西壁，长宽不明，其过道长0.85米，宽0.65米；东北墓室南北向残长2.37米，东西向宽1.9米，过道长1米，宽0.65米；东南墓室仅残存过道残迹。墓壁用砖平铺顺砌，黄泥黏接，砖长0.25米，宽0.13米，厚0.06米。墓底无砖，有厚0.08米的夯土，未见葬具、人骨架及随葬品（图二）。

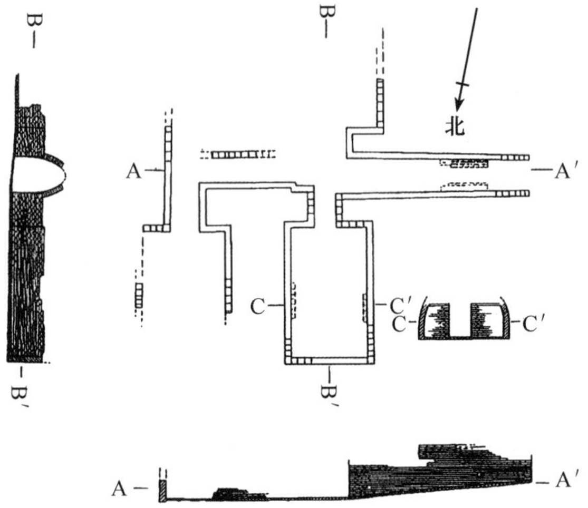

M1“孝子孙”砖铭文拓片

图二　M3平、剖面图

M1　位于村东南约250米。砖室墓，弧边长方形，方向180°。墓顶被毁，残墓口距现地表约1.85米，斜坡式墓道在墓室之南，残长2米，宽1.86米。墓门残高0.92米，宽0.96米，砌三道封门砖，其中两道砌于门内，一道封在门外。封门砖中有部分花纹砖，其一刻有阳文“孝子孙”三字（拓片）。甬道前接墓门，后达墓室，长0.9米，宽0.96米。墓室弧边长方形，南北长2.8米，东西宽1.96米，残高0.86米。墓砖砌法为二顺一丁。墓壁抹白灰，绘有红色彩带，脱落严重，已漫漶不清。墓室有一层铺地砖。墓遭当地村民盗掘。出土遗物有陶钵、陶罐、瓷虎子等，其中陶罐为当地村民盗出，后被收缴。葬具仅存少量碎棺板，未见人骨架（图三）。

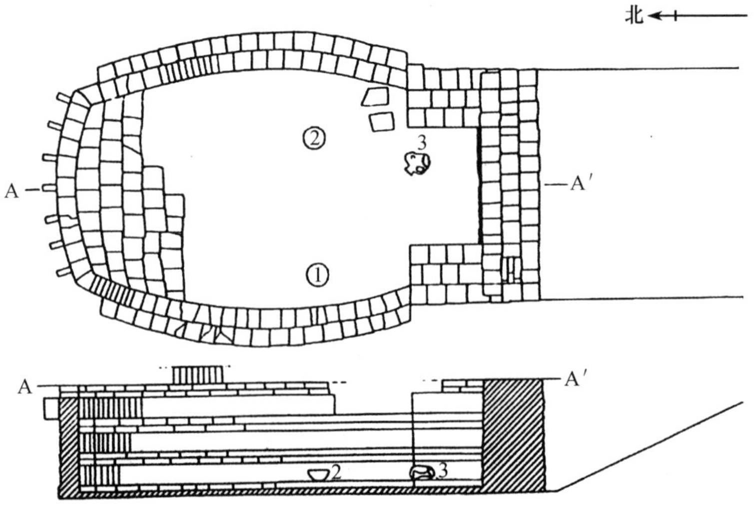

图三　M1平、剖面图

M2　位于村东约60米。圆形砖室墓，墓向180°。因取土破坏，仅残余甬道散砖及墓室下部。残墓口距地表约2米，墓室直径2.8米，残高0.5～0.55米。墓壁为平铺顺砌，厚0.22米，墓内壁距底0.12米，砌出壶门9处。墓底无砖，散见有陶、瓷、铁器残片，因破碎严重，器型不详（图四）。

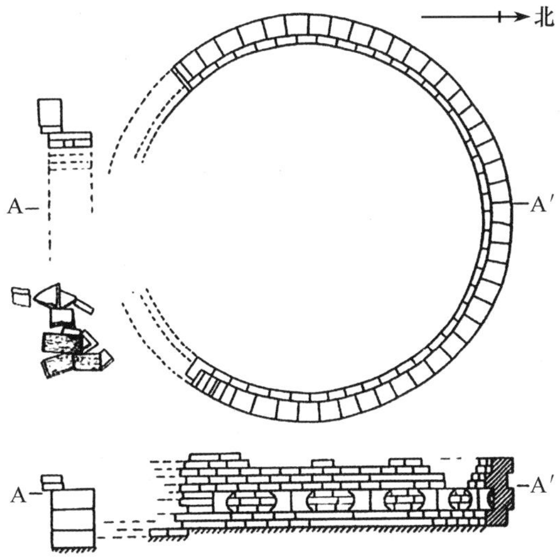

图四　M2平、剖面图

M4　位于村北约70米。砖室墓，墓向345°。墓的上部遭毁坏，残口距现地表约1.6米。甬道残长1.7米，宽0.5～0.6米。墓室呈椭圆形，南北长2.24米，东西宽2米，残高0.52～0.94米。墓壁砖平铺顺砌，厚0.16～0.17米。贴东壁处砌砖五块，三侧立，两于其上平铺，内置铁板一块。墓底铺砖，墓室南壁有过道，北壁辟一门道，似有后室，已毁无存。墓室有人架两具，头向南，仰身直肢，西男东女，残长分别为1.62米和1.4米。据牙齿磨耗程度推测，年龄35～45岁（图五）。

M6　位于南阳村东北南阳中学北侧约30米。圆形穹窿顶砖室墓，仅残余墓室之北半部，有一层砖铺底，有棺钉和板灰痕迹。人架2具，叠压在一起，头向西。在人架的头部和腰部随葬有铜钱6枚（图六）。

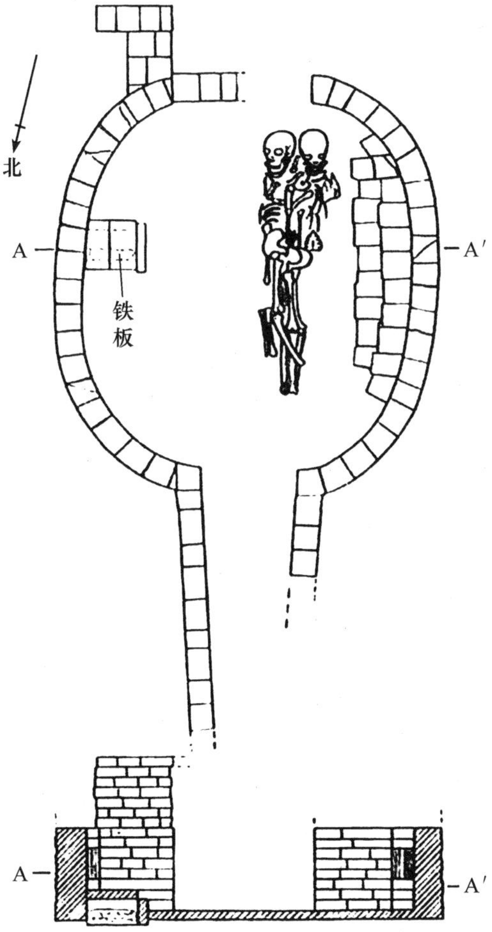

图五　M4平、剖面图

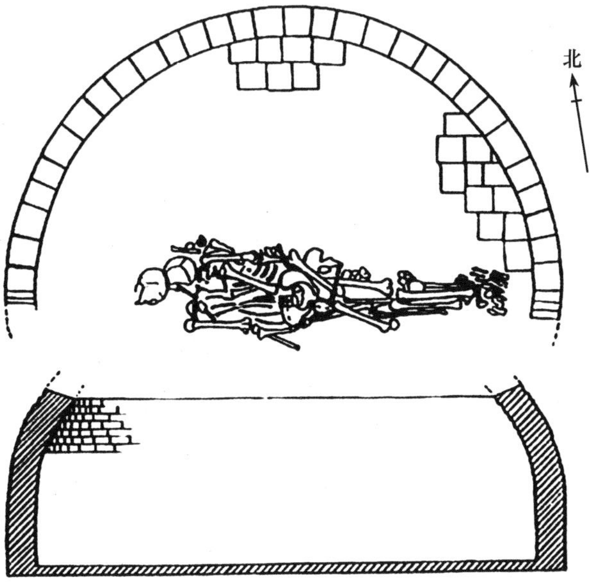

图六　M6平、剖面图

M5　西距M6约6米。残余墓室之北半部，底径2.5米，残高1.5米。墓底有一层砖铺地，有棺灰痕迹，人架1具，头向西，仰身直肢。

二、随　葬　品

六座墓出土随葬品不多，M1出土瓷虎子1件，红陶钵2件，红陶罐1件；M2出土残碎陶瓷片，因破碎严重，器型不详；M4出土铁器1件；M5出土铜钱1枚；M6出土铜钱6枚。现分别介绍如下。

1. 瓷器（1件）

虎子1件（M1：3）：通体施墨绿釉，开片，红褐胎，器体呈蚕茧形，前部有一向前凸出向上微翘的圆形口，四足前曲作卧伏状，背上装有弧形提梁，鼓腹，束腰，肥臀，尾部装有一向后上方翘起的流。造型粗壮朴实，烧制火候较低。

2. 陶器（3件）

夹砂红陶钵2件：其一（M1：1），直口弧腹，圆唇平底，内底有凸棱。口径17.6厘米，底径8.1厘米，高7.2厘米。其二（M1：2），敛口，弧腹圆唇，底略内凹，口径21.2厘米，底径13.5厘米，高8厘米。红陶罐1件（M1：4）：肩以上残缺，鼓腹平底，底径16厘米，高16厘米（图七）。

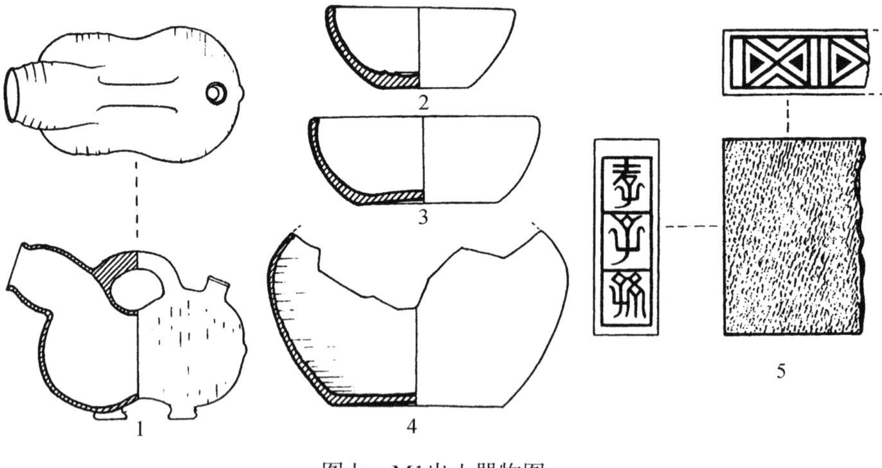

图七　M1出土器物图

1. 虎子（M1：3）　2. 陶钵（M1：1）　3. 陶钵（M1：2）　4. 陶罐（M1：4）　5. “孝子孙”铭文砖（M1：5）（均1/6）

3. 铁器（1件）

M4：1，呈长方形，长24.4厘米，宽10厘米，厚0.4厘米。腐锈严重，已断为4块。

4. 铜钱（7枚）

崇宁通宝1枚（M6：1）：瘦金体，圆钱方穿，廓径3.7厘米，穿径0.8～0.9厘米；元丰通宝1枚（M6：2）：篆书，圆钱方穿，廓径2.3厘米，穿径0.6～0.65厘米；熙宁元宝1枚（M6：3）：篆书，圆钱方穿，廓径2.5厘米，穿径0.6厘米；天圣元宝1枚（M6：4）：楷书，圆钱方穿，廓径2.6厘米，穿径0.7厘米；绍圣元宝1枚（M6：5）：楷书，圆钱方穿，廓径2.4厘米，穿径0.6厘米；皇宋通宝1枚（M6：6）：楷书，圆钱方穿，廓径2.5厘米，穿径0.8厘米。M5出铜钱1枚，圆钱方穿，无字无廓，轻而薄，钱径2.1厘米，廓径0.6厘米。

三、结　　语

六座墓葬均破坏严重，遗物很少，且无确切纪年，仅能据其形制及随葬品推测其大致年代。

M3破坏较重，有南北对称的四砖室，墓葬形制具有东汉时期的特征，推测其为一东汉时期的墓葬。

M1长方形，侧壁中间部分外弧，形制和洛阳8号晋墓等[①]相似。出土虎子一件，造型和南京象山7号墓所出虎子[②]相似，因此推测其为一晋墓。

M2、M4破坏严重，从其形制推测可能为宋墓。

M6为圆形穹窿顶墓，具有宋代特征，且该墓出土有铜钱，年代最晚者为“崇宁通宝”，所以该墓的年代当不早于宋徽宗崇宁年间。

M5与M6相邻不远，结构相似，年代也应相近。

执笔：韩立森　张春长

绘图：刘缀生　张　丽

拓片：孙继安　张　丽

（原载于《文物春秋》1999年第2期）

① 河南省文化局文物工作队第二队：《洛阳晋墓的发掘》，《考古学报》1957年第1期。

② 南京市博物馆：《南京象山5号、6号、7号墓清理简报》，《文物》1972年第11期。

容城县北城村一条古河道遗址发掘简报

河北师范大学历史文化学院　河北省文物研究所
保定市文物管理所　容城县文物保护管理所

2011年1月，为配合津保高速铁路客运专线工程的建设，河北省文物研究所等单位在容城县城北的北城村南一带开展文物调查、勘探、发掘工作，在南水北调天津干渠渠沟南北两壁上发现了这处遗物非常丰富的古河道遗址。

该遗址发现于容城县城关镇北城村东南，通往县城公路西侧，南水北调天津干渠横穿该遗址，穿越处东距北城村至县城公路约120米，地理坐标为东经115°51′43.5″，北纬39°04′09.8″，海拔14米（图一）。

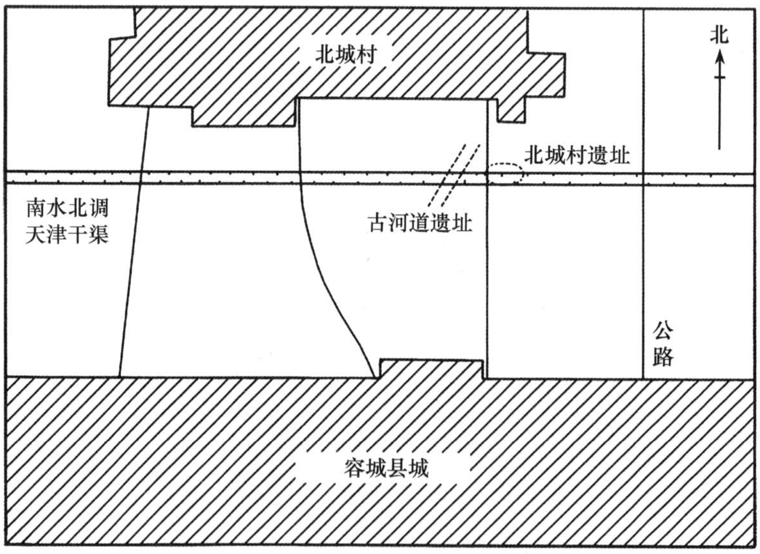

图一　北城村古河道遗址位置示意图

新开挖的水渠南北两壁上发现有清晰的遗迹现象，依断面判断，该遗迹横断面呈倒梯形状，上宽下窄，底面宽22米，顶面宽47米，出露深6.6米，顶覆盖有灰色沙土。遗迹开口于第②层下，距地面深1.8米，底部为沙砾石层，其上有成层的螺壳，结合周围环境及内含物分析该遗迹可能为一条古河道遗址。遗迹在干渠两侧的断面略有错向，北侧断面明显靠东，由此推测该古河道为西南—东北走向。

依干渠南壁断面，古河道内的地层可以分为5层，下部未到底，沙砾石层之上的棕黄色砂质黏土中发现大量红褐色陶片。该古河道的完整地层自上而下为（图二）。

第①层：耕土层，深20厘米；

第②层：灰色沙土，厚150厘米；

第③层：棕褐色沙质黏土，厚60厘米；

第④层：深灰色黏土，厚280厘米；

第⑤层：螺化石层，为螺化石堆积，含少量蚌，厚30厘米；

第⑥层：黄棕色沙质黏土，含大量陶片、鹿角、骨片等，厚130厘米；

第⑦层：沙砾石层，出露20～100厘米。

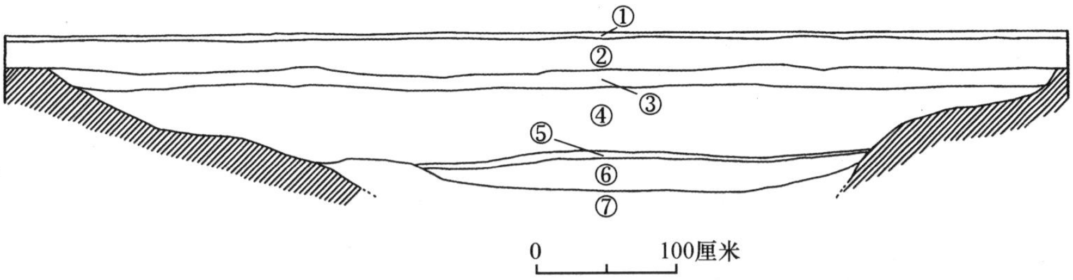

图二　古河道遗址在干渠南壁的横断剖面

在干渠两侧断壁及附近翻出的土中采集到部分陶片，附近采集的陶片与断壁上发现的特点一致，应为同期遗物。陶片共发现114片，以泥质陶为主，共72件，其次为夹砂陶，共32件，另有少量的夹蚌、夹云母陶，分别有6件、4件。陶色以红、红褐色为主，共92件，另有褐陶11件、灰陶8件、黑陶3件。器表多为素面，仅有指甲纹、楔点纹陶片各1件，另有一件器表有工具的刮痕，无彩陶，部分口沿部位有一圈红色条带。陶片多破碎严重，无完整器及可修复的器形，可辨部位的陶片多为器物口沿、器足、器耳等。依口沿等陶片判断，器型有鼎、釜、钵、盆等。

现对采集标本介绍如下。

鼎　1件。HD：4，鼎足，夹云母红褐陶。保存基本完整，手制。器表有烟熏、火烧痕迹。横断面呈不规则椭圆形，中间有一纵向长条形穿孔，穿孔最长11厘米，最宽1.8厘米，高14.4厘米（图三，16）。

釜　1件。HD：7，口沿，夹云母红褐陶。器表有烟熏痕迹。宽厚沿，沿宽2.1厘米，壁厚0.7厘米，口径约38厘米，残高3.3厘米（图三，15）。

钵　6件。皆为口沿，依口沿下是否有一周凸棱，可分为二型。

A型　4件。敞口，沿下无凸棱。HD：9，泥质红褐陶。敞口，浅腹，圆唇，素面。壁厚0.4厘米，残高4.5厘米（图三，1）。HD：12，泥质红陶。沿下一周红色条带，宽2.5厘米。敞口，浅腹，圆唇，素面。残高6.3厘米（图三，2）。HD：11，泥质红陶。沿下一周红色条带，宽1.8厘米。敞口，浅腹，尖圆唇，素面，胎薄。残高4.5厘米（图三，4）。HD：13，泥质陶，表皮脱落，无法辨别陶色。沿下一周红色条带，宽2.2厘米。敞口，尖圆唇，腹略深，素面，胎薄。残高5.1厘米（图三，3）。

B型　2件。皆为口沿，直口，沿下一周凸棱。HD：10，泥质红褐陶。口略直，圆唇，弧腹，素面。凸棱宽0.7厘米，残高4.8厘米（图三，5）。HD：14，泥质红褐陶。表皮脱落严重。口略直，圆唇，腹略深，素面。凸棱宽0.5厘米，残高7.2厘米（图三，6）。

盆　5件。皆为口沿，素面，形制各不相同。HD：15，泥质红褐陶。口略敞，圆唇，平沿，弧腹。残高5.1厘米（图三，10）。HD：16，泥质褐陶。口略敞，宽沿，略外翻，弧腹。残高5厘米（图三，11）。HD：17，泥质灰陶。敞口，圆唇。口沿下有一周凸棱，凸棱宽0.4厘米，残高5.7厘米（图三，8）。HD：18，泥质灰陶。口接近于直，圆唇。口沿下有一周凸棱，凸棱宽0.8厘米，残高4.2厘米（图三，9）。HD：3，泥质红褐陶。表皮脱落严重。沿下一周红色条带，宽2.2厘米。口沿下有一周浅凹槽。敞口，弧腹，尖圆唇。残高4.5厘米（图三，7）。

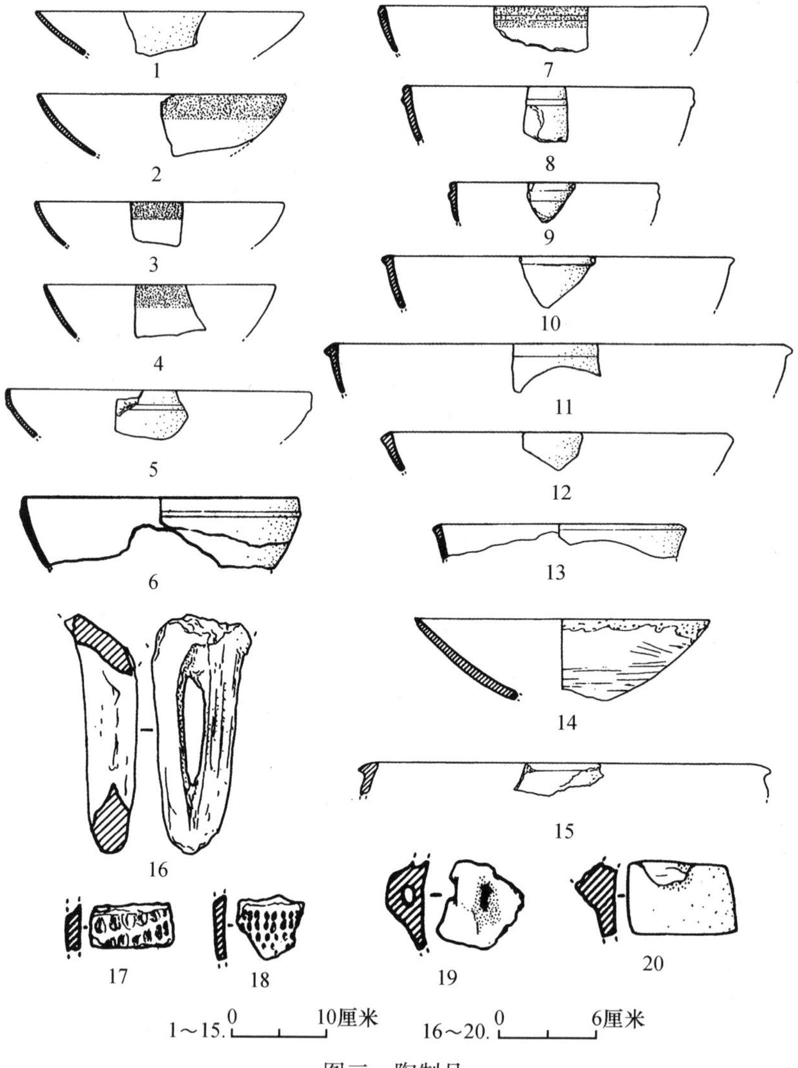

图三　陶制品

1～6. 钵（HD：9、HD：12、HD：13、HD：11、HD：10、HD：14）　7～11. 盆（HD：3、HD：17、HD：18、HD：15、HD：16）　12～14. 口沿（HD：19、HD：1、HD：6）　15. 釜（HD：7）　16. 鼎足（HD：4）　17、18. 带纹饰陶片（HD：22、HD：20）　19、20. 器耳（HD：8、HD：5）

口沿　3件。HD：1，泥质红褐陶。敞口，方唇。残高3.2厘米（图三，13）。HD：19，泥质红陶。表皮脱落严重。敞口，宽厚沿，圆方唇。残高4厘米（图三，12）。HD：6，夹粗砂灰陶。表皮部分脱落。敞口，尖圆唇，弧腹。残高8厘米。器表有火烧烟熏痕迹，推测为鼎（图三，14）。

器耳　2件。HD：8，红褐色夹云母陶，宽带状竖耳。带有部分耳部腹片。耳眼高1.4厘米（图三，19）。HD：5，泥质红陶，鋬耳。带有部分耳部腹片（图三，20）。

带纹饰陶片　2件。HD：22，夹砂灰陶。陶片保存较小，长方形。器表饰有两行指甲纹，印痕较深。长6.2厘米，宽2.4厘米（图三，17）。HD：20，夹砂褐陶。陶片保存较小，不规则形。器表饰有成行的楔点纹，楔点呈不规则形，印痕较深。最大长4.2厘米，最大宽3.7厘米（图三，18）。

鹿角　1件。HD：30，为梅花鹿角，比较粗壮，已残，保留少量角柄，角环完整，主干近端完整，远端已残，梅枝仅残留一段。

骨片　1件。HD：31，为大型食草动物肢骨打制而成，一端有尖，周缘平滑，有使用摩擦的痕迹，推测应为骨器，为挖掘工具。

该古河道遗址虽然出土遗物有限，且以碎陶片为主，但由此反映出的陶器特征明显。陶质以泥质陶为主，其次为夹砂陶，另有少量夹蚌、夹云母陶。陶色以红、红褐色陶为主，另有少量褐陶、灰陶、黑陶。器表多为素面，纹饰仅有少量指甲纹、楔点纹，无彩陶，部分陶器口沿部位有一圈红色条带。器型以钵、盆为主，有少量鼎、釜等，钵盆多为敞口，部分器物饰有宽带状竖耳或鋬耳。

该遗址地处太行山东麓冀中平原中部大清河冲积扇上，该区域古人类活动频繁，紧靠该古河道遗址东侧即为北城村遗址①。为配合南水北调天津干渠工程建设，内蒙古文物考古研究所等单位于2006年对该遗址进行了抢救性发掘，除发现大量房址、灰坑等遗迹外，也发现了少量石器和大量陶器。陶质分为泥质、夹云母、夹砂三类，夹砂陶数量较少；陶色以红陶为主，另有灰陶、褐陶及少量黑陶；除部分器盖上饰有指甲纹、楔点纹外，均为素面陶；红顶碗、红顶盆、红顶钵等占有相当大的比重；陶器以釜、钵、碗、小口双耳壶、盆为基本器形，另有少量鼎和支座。对比两者的文化特征，古河道遗址内的陶器器形及其他文化特点都可以在北城村遗址内找到，虽然北城村遗址内的部分器形难以在古河道遗址内看到，这可能是由于古河道遗址内发现的遗物有限所致。由此可以认为，该古河道遗址与北城村遗址为同期遗存，而且古河道遗址应为北城村遗址的一部分。从北城村遗址发掘的遗迹总平面图上观察，遗迹呈西南—东北走向，与古河道的走向基本一致，可以推测：当时，人们即沿该河道，在河道东岸砌筑半地穴房子，烧制陶器，从事各种生产活动。

北城村遗址地处易水流域东部，对易水流域史前遗址的分布特点，已有学者将其按照地

① 肖小勇、史殿海、方清，等：《容城县北城村遗址发掘收获》，《文物春秋》2007年第3期。

貌类型特点分为两类①：西区主要包括易县、涞水县、定兴县和徐水区，这一带发育有较好的河流阶地，新石器时代遗址多分布于河流的二级阶地上；东区主要包括容城、安新两县和清苑区，这一带分布有较多的古河道高地和古河间洼地，新石器时代遗址即分布于古河道高岗上。北城村遗址即位于东区，属于古河道高岗上的遗址，该古河道的发现为全面认识北城村遗址的分布特点、研究当时的生存环境等提供了新的线索。

执笔：王法岗　樊书海　张　丽

绘图：李树伟　梁　彪

（原载于《河北省考古文集（五）》，科学出版社，2015年）

① 段宏振：《北福地：易水流域史前遗址》，文物出版社，2007年，第250、251页。

文物、文化研究

论燕国的五座都城

薛兰霞　杨玉生

在历时八百多年的姬燕历史中，前后曾几次迁都，这主要是“外迫蛮貉、内措齐晋”的产物，并且代表着燕国历史的几个主要阶段，考察姬燕的几座都城，追索其迁都踪迹，可借以了解燕文化的发展线索和各个时期的面貌特征。但由于年代久远，对这些都城的地点和年代以及它们之间的关系，常多异词。由于史实记述太简单而且不明确，依靠史料已不能解决问题。随着现代考古的不断发展，特别是琉璃河、燕下都等地考古的深入，西周燕国五座都城的面貌逐步显示出来。本人根据大量考古资料对西周燕国五座都城进行了论述，对燕国的几次迁都及其原因也依据考古材料提出了一些看法。

一、西周燕国第一座都城——琉璃河董家林古城

琉璃河董家林古城是燕国第一座都城燕城，是历史记载“封召公奭于燕”的始封地，因此，第一座燕国都城的发现确立对于燕国历史和燕文化的研究具有特别重要的意义。西周燕国在北方建立后，曾在中华民族的历史上演出过威武雄壮的史剧，特别是到战国时期，燕昭王南锁强齐，威镇战国七雄，创造了丰富的燕文化。但是，由于燕国早期历史《燕之春秋》在汉初就已失传，因而后代对燕国历史及其与燕国有关的物质文化的认识始终是模糊的。即使是《史记》这样的史学著作，对燕国历史的记述也很少，自召公奭直到惠侯，九代燕侯失传，给我们留下了一大段空白。史记对西周封召公于燕有明确记载，但对于封燕的时间、所封地点以及召公奭是否去燕就封等问题没有记载，后代其他历史著作也没有这些问题的答案。所以人们曾长期怀疑召公奭是否封于燕的问题。召公封燕问题以及对这一问题的研究，是燕国历史和燕文化研究中非常重要的问题，因为这一问题如不解决，其他问题的研究就无法展开。这个问题的突破，得益于近几十年来考古新成绩，特别是北京琉璃河考古发掘的重要成果。一大批考古工作者把大量考古资料与历史文献相结合，对这一问题进行了系统的整理和研究。

琉璃河商周遗址的发现发掘和研究具有重要意义，它结束了人们对燕国历史的认识模糊状态，使燕国历史的脉络逐渐清晰展现在人们面前。琉璃河遗址的发掘，为我们揭开燕国历史之谜提供了线索和根据，也是燕文化研究的一大突破。

（一）燕国第一座都城琉璃河遗址的发掘

燕国第一座都城琉璃河商周遗址位于北京房山琉璃河镇东北2.5千米处。琉璃河商周遗址包括城址和墓葬两部分。1962年秋季，为了进一步了解遗址，北京市考古队决定试掘，并请社科院考古所的专家到工地给予指导。1964年黄土坡村一农民在挖菜窖时发现了两件有铭铜器，鼎铭为“叔乍宝彝”，爵铭为“父癸”，这一重要发现，为解读该遗址的性质提供了重要线索。1972 年秋，为配合北京大学历史系考古专业教学实习，在刘李店、董家林两地再次进行试掘，重点挖遗址，发现方形房址和灰坑等遗迹以及生产工具和生活用具。

1973年春，北京市文物管理处考古队、中国社会科学院考古研究所、房山区文教局共同组成琉璃河考古队，开展了较大规模的考古发掘，当年发掘了16座墓，其中有2座奴隶殉葬墓以及1座车马坑。从1973年到1977年，共发掘61座墓，5座车马坑。1981年秋至1983年发掘了93座墓，从1981年至1986年发掘了214座墓。

（二）燕国第一座都城琉璃河商周遗址的研究

对琉璃河遗址的研究成绩主要集中在以下几个方面。

① 通过发掘写出了一大批有价值的发掘报告和科研论文。通过对琉璃河西周燕都古城址及其墓地的研究，写出了许多发掘报告和研究论文，形成了很多重要的观点，这些观点都是燕文化研究中非常重要的问题，因而对认识燕国历史和进一步研究燕文化具有重要的价值。

② 确立了琉璃河遗址即是西周初年燕国都城燕城，从而肯定了召公封燕的史实。通过考古确定了琉璃河即是西周燕国都城。1995年秋考古工作者在该遗址又发现筒瓦残片，证明该地应有过大型宫殿，因而这就解决了长期以来悬而未决的问题，是燕文化研究重大成果。

1995年9月，由北京市文物研究所和北京大学考古系正式组成联合考古队，对琉璃河遗址进行了较大规模的钻探和发掘，在居住区和墓葬区两处共有4个发掘点，发掘面积约1300平方米，出土陶、原始青瓷、铜、玉骨器等一批重要文物。其中用卵石砌成的排水沟在我国已发现的西周遗址中尚属首次，对研究古代城市排水问题具有重要作用；所发现的云雷纹陶范，为燕国能制造青铜器提供了依据，并为进一步寻找铜器作坊提供了线索；筒瓦的发现证明了该地曾有过大型宫殿。这些遗迹物的出现尤其是克盉、克罍的发现和研究，证实了董家林古城就是燕国都城，就是《宗国都城记》中“周武王封召公奭于燕，地在燕山之野”的所在地[①]。

③ 确定了董家林古城的建筑年代。董家林古城于1962年进行了正式的考古调查，1972年做过复查，1976年秋至1977年春分别在东城墙的北端和北墙的东端进行了试掘。参加该项工作的学者通过对出土遗迹遗物的分析研究，并参照有关文献，认为董家林古城址就是“封召公于燕”的西周燕国都城遗址。由于这一论断以考古材料为依据，又有古代文献记载的支持，在学

① 陈光：《燕文化研究论文集》，中国杜会科学出版社，1995年。

术界已得到广泛认同，这应该是一个有事实依据的科学结论。

④ 对燕国之封始于何人提供了宝贵资料。在确立了召公封燕的地点后，燕国历史研究中另一重要问题就是：谁是西周燕国的第一代封主？琉璃河商周遗址的发掘为回答这一问题提供了宝贵资料。

召公封燕，始于西周初年，这在古籍中是有明确记载的。司马迁在《史记·周本纪》中记述武王灭商后曾分封功臣谋士，提到的有齐、鲁、燕、蔡等国，其中明确写有“封召公奭于燕”。在《史记·燕召公世家》中，又一次提到“周武王灭商，封召公于北燕”的内容，把封燕之事记在召公奭名下。但是，历来学者们对召公奭是否去燕就封多有疑惑。其主要原因是召公在周王朝中身居要职，地位重要，如《书·君奭·序》所云：“召公为保，周公为师，相成王为左右。”因而认为召公奭是难以离开宗周而放任的。特别是周公虽也被封于鲁，后因留佐成王，由其长子伯禽代就封于鲁，所以有人提出召公之封燕，犹如周公那样，“亦以元子就封，而次子留相王室代为召公”（《燕世家》索隐）。近代学者对这一说法也认为合理。但是，召公是否去燕就封，代封之元子究竟是谁，研究者虽不乏推断之说，却都没有实证，这就使燕国之封始于何人，成为燕文化研究上又一悬案。而1986年琉璃河商周遗址的发掘，尤其是1193号大墓的发掘，找到了这问题的答案①。

1193号大墓出土了铸有周王“令克侯于匽”等重要铭文的青铜盉、罍各一件，盉、罍上的铭文明确记载了周武王册封太保召公奭于燕的史事，为解决西周早期召公封燕所在地提供了最可靠的材料。《考古》1989年第10期刊登了一些学者对这篇铜器铭文看法的座谈纪要，1990年第10期又发表了中国社会科学院考古研究所、北京市文物研究所琉璃河考古队的《北京琉璃河1193号大墓发掘简报》，还发表了一些学者的文章，对1193号大墓出土的文物、墓的形制以及大墓的主人进行了研讨，研讨达成了共识，即琉璃河西周燕国墓地就是燕国第一位君侯的墓地，董家林古城为召公封燕的始封地。燕城作为姬燕第一座都城约300年②。

二、桓侯徙临易

董家林古城的下限，拟定在“桓侯徙临易”为宜。桓侯迁都的原因，参以《左传》及《齐太公世家》是因为受到北面山戎部落的侵扰胁迫，知其为山戎部落联盟所破，所以迁都不久有齐桓公伐山戎之举，其时已近春秋前期。琉璃河古城结束是燕国第一次迁都，该城址堆积的年代下限和古文献关于迁都的记载正相接近。

山戎为燕国以西一古部落群，主要在今军都山以西蔚县、灵丘地区，经营山林狩猎及高山放牧业而行山居，被称为“山戎”，本名或作“无穷”，或作“无终”。以山戎为首的部落联盟主要成员，除孤竹外，还有一些部落。长期以来，山戎部落联盟击灭蓟国，驱逐肃慎，围攻

① 张亚初：《太保罍、盉铭文的再探讨》，《考古》1993年第1期。

② 杨玉生：《论召公封燕及其对燕文化的影响》，《河北大学学报（哲学社会科学版）》2006年第6期。

燕侯，并渡黄河攻击齐国。燕力量虽强也敌不住山戎的进攻。宣侯死，燕城陷，其子桓侯不得不避居容城之易城。《世本》云“桓侯徙临易”年代在春秋早期。《括地志》云：“易县故城在幽州归义县东南十五里，桓侯所迁都临易是也。”《太平寰宇记》归义县云：“本汉易县，属涿郡。按今县东南十五里，有大易故城，是燕桓侯之别都。”该地原属雄县，今属容城，近年在容城晾马台、南阳一带出土有“西宫”“左征尹”铭文的铜壶，显然不属一般之物，或与上述记载有关。不过器物年代仅及春秋战国之际，与桓候迁临易的时间距离较远。此城堆积尚未揭露，还不明其和琉璃河古城的关系，目前发现的燕国遗存，春秋时期的较少。容城古城址的发现是非常值得注意的。对临易的解释，目前有两种，一种认为是在容城，还有一种认为是在易县。临易，以濒易水而获称，省称曰易。易水，指今易水及其下游白沟河及大清河。临易之城，《世本》未言何地，宋衷谓即东汉河间国易县，则知在今容城。容城之易，西汉虽曾属涿，与今易县同郡，但今易县在西汉时为故安县，而不名易，因此，桓侯徙临易是指容城。桓侯所居易城，据《水经注疏》在雄县北十五里，即东汉末公孙瓒筑“易京楼”以拒袁绍之所，其所筑碉堡群即因位于燕桓侯“易京”故址而取名。今容城县东有古贤村古代为易城，昝村古代为易京。昝读作瓒，昝村即公孙瓒之村，即公孙瓒易京楼故址。该城晋时尚在，在北方是一重要军事要塞。赵王石虎伐蓟城归，途经此城，患其坚固，发卒两万人将其破毁。该城之创建者为北殷氏，北殷氏破后属姬燕，故燕国桓侯得以为都城。

临易故城古籍记在唐归义县，近年在容城南阳村发现的相关遗址和遗物表明古籍所记不虚，只是出土遗物年代较晚。除一件陶鬲保持西周晚期作风外，其余多在春秋晚期至战国时期，这很可能是因为与这第一次“临易”时间不长有关。山戎、赤狄两部落联盟的兴起严重威胁着燕的生存，齐桓公应燕庄公（桓侯子）请求，越黄河征伐山戎，收复燕城、蓟城，破山戎于桑干河（今怀来县古有“桓公城”，即因桓公屯营而得名），而后东出灭孤竹。齐桓公救燕后，有“命燕君复修召公之政，纳贡于周，如成康之时”的话，显然具有恢复燕国政权的性质。何况临易所在地的容城，公元前602年以前是黄河流经地，当时燕齐两国“以河为境”在古代交通不发达的情况下，作为国都长期偏居边境也是不适宜的，所以大概此后不久，燕都即迁回到燕亳故地。此次迁都原因是山戎部落联盟瓦解，齐桓公割燕留城（在今安平县）以北予燕庄公，命他“恭贡于天子如成周时职……复修召公之法”，为北方诸侯长，时为燕庄公二十八年。山戎的侵扰没有了，这才迁都。总计自燕桓侯（在位七年）元年至燕庄公二十八年，燕国失其都邑达三十五年之久。由于城已为河水所毁，故此后即废而不都。蓟城之为燕都，是否始自庄公，不得而知。庄公受齐桓公之命后五年死，即使在这五年中迁都蓟城，易城也常为燕国副都。临易作为燕国都城约40年迁到上都蓟。

三、燕国迁都蓟城

燕都迁回到燕亳故地，但不是回到琉璃河董家林古城，而是在附近蓟地另建新都，开始了燕国以蓟为中心的历史，迁都时间约在齐桓公打败山戎之后，燕庄公就逐渐营建上都蓟，并逐渐迁都于此，至燕襄公时（公元前657～前618年），上都蓟就成为燕国的国都。

燕国蓟城的方位在北京附近，但具体地点文献记载很少，因而探索其位置，地下出土实物资料特别重要。几十年来考古工作者做了一些调查发掘。发掘表明，历史上的蓟城并不是相沿使用的，其城位置有过变更，变更的时间在东汉末年。因此，东汉以前为前期蓟城，东汉以后为后期蓟城。后期蓟城在西晋后是相沿使用的，目前通过遗址遗物结合文献研究，后期蓟城大体定位，前期蓟城位置还不确定。

1965年北京西郊八宝山南侧修筑地下铁路时，发现了西晋王浚妻华芳墓。墓志记载，此墓“假葬于燕国蓟城西二十里”。而北京广安门外道教建筑白云观之西原有土丘一座，1974年在此地发现残城墙遗址。如果与华芳墓志记载结合，残城正位于华芳墓地之东略南二十里。据此可以认定，残城所在即西晋蓟城。由于没有发现早于西晋的有关遗址遗物，可以认为，这里是东汉之后在这里初筑的蓟城，而前期蓟城不在这里。

在西晋蓟城内西北部地势较高，为一带丘地。郦道元《水经注》“蓟城内西北隅有蓟丘，因以名邑也。犹鲁之曲阜，齐之营丘矣”。郦道元是河北涿县人。对蓟城与蓟丘的关系、方位说得很清楚，很可能到过蓟城。《战国策》有“蓟丘之植”，《天府广记》有“北登蓟丘望”，可见蓟城是因该城“西北隅有蓟丘”而取名。以上是后期蓟城即东汉以后的蓟城所在地。

前期蓟城即战国以前燕国蓟城的所在地目前还不能确定，根据几十年来考古发掘情况，在北京广安门南七百米护城河西岸发现了战国饕餮纹瓦当等物，是战国遗物。燕国宫室，《史记·乐毅传》有记载：公元前284年燕将乐毅伐齐国，大胜，“珠玉珍宝，车甲珍器，尽收入于燕。齐器设于宁台，大吕陈于元英，故鼎反乎磨室”。《史记正义》引《括地志》注解：“燕元英、磨室二宫，皆燕宫。在幽州蓟县西四里，宁台之下。”这是唐人的记录。唐代幽州城内有蓟县，这里幽州蓟县，实际上是后期蓟城，而所说旧日燕宫在幽州蓟县西四里，也即后期蓟城之西四里，当是前期蓟城所在①。

召王二十八年遣乐毅伐齐，掳回之珍宝重器仍置于蓟城宫殿之中，说明燕召王时期蓟并未失去国都的地位。燕国在蓟城建都约150年后迁往燕下都。但由于蓟城在迁往燕下都后仍作为副都，因而是作为燕国都城时间最长的都城。

四、燕文公徙易

春秋晚期，北方的戎狄各部又逐渐强大，迫使燕国又一次徙都。《水经注·易水》云：“易水又东迳易县故城南，昔燕文公徙易，即此城也。”据《史记·燕召公世家》记载，燕有两个燕文公，一在公元前554～前544年，一在公元前361～前333年。公元前361～前333年在位的燕文公，疆域广阔，国富民强，不存在迁都问题，因此只有公元前554～前544年在位的燕文

① 司马迁：《史记》，商务印书馆，1959年。

公才具备不得不迁都的条件。因为这一时期北方戎狄各部又强大起来，不断南侵。国都蓟偏北，易受戎狄各部的直接攻击。为避免戎狄的锋芒，燕不得不考虑另辟新都问题，这次燕文公没有选择距蓟200里之遥的今容城的废易城，因这里地处平原，无任何天险可守。这次燕文公徙易的易是今易县燕下都。燕下都虽地处平原，但它可挖堑筑城，它西北有险关紫荆关，西北至西南是数十里的山丘地带，东部和东南部是华北大平原，自然条件优越，城址选在中易水和北易水之间，城池坚固，便于防守，因此，燕国遂在太行山东麓的南北交通要道上挖堑筑城，兴建了燕下都。

对于燕文公徙易，究竟是在原来的临易故城还是燕下都之地，尚有争议。一种意见认为仍是在临易故城。如《史记》集解引《世本》说："燕文公徙易，即此城也。"寿鹏飞在其所纂《易县志稿》认为："秦时上谷郡之易县及《水经注》之易县故城，同为雄县也，而燕文（公）徙易亦即此城，盖前后两迁皆在于雄。《雄县志》以为桓侯徙临易而后必又返蓟，至燕文（公）乃复返雄，事或然矣。逮子之乱，临易燕都悉已残破，地入于齐，昭王既立，乃不得不迁都以避之，复来今易。《水经·易水志》：'昭王礼宾，广延方士，不欲诸侯之客伺隙燕邦，故修建下都，馆之南陲，昭王创之于前，子丹继之于后。'所云下都，武阳城也。"

然而此说法随着对燕文化研究的深入和考古发掘的进展，受到了一些质疑。陈梦家在《西周铜器断代》中说："雄县临易，易县亦临易，故所谓'临易'亦可以指今易县。"认为燕文公徙易之易在今易县①。从对燕下都的考古发掘来看，20世纪60年代以来，文物考古工作者对燕下都城址进行了大量勘察和发掘工作，通过对遗址和墓葬的发掘，反映了城址的年代内涵。1958年的调查报告认为"燕下都建于战国时期"。1961～1962年的报告认为，下都的东城年代不会晚于燕昭王时期，应在战国中期。北京大学考古专业的讲义说："现存燕下都的城，即在彼时（燕昭王）扩建②。"通过对城址内4处手工作坊和居住遗址的发掘，从出土遗物看，一部分只能笼统地定为战国时期，而有一部分如鬲和釜器常见于春秋至战国中期的墓中，盖豆是战国早、中期的形制。

在东周列国都城内，均发现有同时期的墓葬，或自成墓区，或与民居作坊杂处，说明春秋时期有把死者葬于城内的习俗。在燕下都城址东城内西北角的虚粮冢、九女台为两处贵族墓葬区，其中虚粮冢墓区的8号墓和九女台墓区的16号墓已发掘。九女台16号墓位于墓区的最北排中间，该墓规模较大，随葬的陶器大多是仿铜礼器而制作，所仿铜礼器有的是战国早期的器物，陶礼器使用九鼎八簋制，车马坑出土的车軎使用金线、金片等镶嵌纹样，显示了墓主人非同一般的身份，应是战国早期一座燕侯的墓葬。由于该墓在出土前已被盗挖，墓室及文物损毁严重，从现有文物中还不能确认此墓葬是哪一位燕侯。虚粮冢8号墓经发掘出土了一批文物，经专家鉴定此墓应为战国晚期一座王侯墓。虚粮冢、九女台墓区的23座坟茔是否全为燕王侯墓或贵族墓还有待发掘证实。

---

① 中国科学院考古研究所：《考古学报：第十册》，科学出版社，1995年。

② 北京大学历史系考古研究室：《战国秦汉考古讲义》，北京大学历史系考古教研室，1973年。

16号墓的发掘为燕下都建城年代提供了有力的证据。16号墓位于九女台墓区最北排的中间。从葬制或规模看，其墓主身份应是燕国贵族。墓已被盗，但出土了135件陶器，并有完整的陶器组合。这种在随葬品中以陶器代替铜器的现象开始于战国中期，而陶器形成鼎、豆、壶、盘、匜的基本组合，在中原地区亦在战国中期，因而16号墓至少战国中期就已经存在。

据张政烺《庚壶释文》研究，燕文公三年，即齐庄公二年（公元前552年），齐国曾联合山戎等戎狄部族之王共击燕师，迫使燕文公迁都。此时燕齐关系已不同于齐恒公和燕桓侯时，那时是齐桓公出兵伐山戎以救燕，燕桓侯迁都临易地近于齐，以便寻求齐的保护。而燕文公面临的是齐主动联合戌狄各部向燕进攻，如果燕文公再将都城迁临易，就会时时面对齐国的直接威胁，所以燕文公再迁临易说存在着诸多疑问。当然燕文公所迁是否为燕下都，燕下都是否营建于燕文公时，由于目前还缺乏直接而明确的资料证明，仍难以下结论。

燕昭王时，燕下都为鼎盛时期，在这里发生了一系列关乎燕国命运的大事。秦王政二十年、燕王喜二十九年（公元前226年），燕太子丹遣荆轲刺秦王未遂，秦王将王翦、辛胜攻燕，在易水打败燕代联军，燕下都城破被毁，为秦所占。从目前发掘出土情况来看，燕下都是燕国几座都城中规模最为宏大、文物遗存最为丰富的一座。

燕文公徙易后，三百余年更不徙都。

五、燕国最后都城辽阳

燕太子丹谋刺秦始皇事败，秦将王翦、辛胜兵临易水，燕王喜与逃到代地的赵公子嘉联兵与秦在易水西决战，失败后，燕军主帅太子丹逃匿于衍水，被秦将李信追斩，燕王喜不得不弃蓟城，率兵退到了辽阳。五年后秦将王贲俘燕王喜，燕国遂亡。

总计燕国自召公封燕至燕王喜共传42世，828年，先后建五都，即燕城、临易、蓟城、燕下都、辽阳。其中都蓟城时间最久，燕城次之，燕下都、临易又次之，辽阳时间最短，仅5年。

（原载于《河北大学学报（哲学社会科学版）》2011年第1期）

燕都兴废、迁徙谈

陈　平

一、初都“燕亳”的兴废与迁徙

当今中国史学界一般认为，姬姓燕国的初都是位于今北京市房山区琉璃河镇董家林村的那座古城。但这一认识来之不易，是历史考古工作者经过了三十多年的辛勤发掘和潜心研究才获得的真知硕果。

三十多年前，在房山琉璃河古燕都遗址未被发现时，人们对这个问题的有关认识基本上还处于一片混沌之中。从东汉班固的《汉书·地理志》到清儒江永的《春秋地理考实》，许多古书都说燕国的初都就是今北京城区以内的古蓟城；唐人张守节在《史记正义》中引徐才《宗国都城记》为据，说燕国的初都应当位于唐渔阳（今密云县）东南六十里的燕山之野；宋代官修地书《太平寰宇记》又说，燕国的初都应在北宋易县境内的废涞水县城一带；先秦古籍《礼记·乐记》说，周武王已把蓟城先封给了黄帝之后；而《史记·周本记》又说，周武王把蓟城先封给了帝尧之后；唐人陆德明在《经典释文》中说，封于蓟的黄帝之后与召公奭同姓姬，因此召公奭就是封于蓟的黄帝之后；宋人欧阳忞《舆地广记》又说，武王先封黄帝之后于蓟，封召公于北燕，而后成王时更封召公于蓟为燕：近人傅斯年与台湾学者陈盘等先生认为，姬姓燕国的初都应在今河南郾城，位于今京津冀辽的北燕是后来迁封的结果；近代学者齐思和先生早年又认为，北燕不是周初王室宗支姬姓的封国，而是春秋时期姬姓戎狄部族的自立之国。真可谓众说纷纭，但却无有一是。这是因为真正的燕国初都北京房山琉璃河董家林古城尚未被人们发现和认识。那时大家都如瞎子摸象，在黑暗中乱闯。是考古工作者凿破混沌，发现、发掘并公布了北京房山琉璃河董家林古城和黄土坡出有周初郾（燕）侯铭文铜器的古墓等重要考古资料，证实了这里便是西周早期最初的燕国都城。

说到燕国初都董家林古城的始建年代，我们就不能不联系到《史记》与《左传》等古籍的有关记载。《史记）的《燕世家》与《周本纪》都只说周武王封召公于燕或北燕，却没有像提到太公时说封之于营丘曰齐，或像提到周公时说封之于曲阜曰鲁。这似乎表明：召公当初的封国与都邑同名，皆为“燕”；而这个以燕邑为都的燕国，显然在召公被封以前的商代就已经存在多年了。它应当就是《左传》昭公九年詹桓伯提起的那个“燕亳”。“亳”，为商代都城的专称，就像周代称都城为“京”，楚人称都城为“郢”一样，商代与商国族的特色均极鲜明。这个始建于商代燕国的燕亳城，应当就是董家林周初燕国都城渊源所自与直接前身。燕国初都承袭于商代燕亳的形式，可能有两种。一是直接沿用商代燕亳城垣之旧构，稍加增修而成；二是在商代燕亳城以内、以外或近侧另筑新城，名称则仍沿商代燕亳之旧。

对董家林燕国初都的始建年代，人们的认识也有一个进化过程。20世纪80年代初，主持琉璃河遗址发掘的郭仁、田敬东先生，曾依据1976年发现两座商末周初小墓分别打破东城与北城墙内护坡的现象，撰文认为该城的始建年代最迟不晚于商末①。这一意见，曾一度得到不少学者的支持与赞成。1995年8月，在琉璃河燕文明国际学术研讨会上，李伯谦等几位先生发言，把田文所说打破董家林古城内护坡的那两座小墓的年代改定为周初，并断言这种打破为同期打破，推定城垣的始建年代既不晚于但也不早于周初。当时，由于所谓“同期打破”拿不出充足的实证，对那两座小墓的年代究为商末周初还是周初也认识不一，因此有些学者仍然认为：以上现象，至多只能说明董家林古城始建年代的下限不晚于周初，却不足以证明其上限不能早到晚商。1995年至1996年，考古工作者对董家林古城首次作了较大规模的发掘，总面积近三千平方米，解剖城墙三处，出土陶、石、玉、骨等各类遗物千余件。在北城墙内护坡上又发现一座打破该内护坡的周初小墓，在东城墙北部发现用卵石堆砌而成的东西向排水沟一道，在96G108号灰坑发现刻有“成周”等字样的有字卜甲三片。关于打破北城内护坡的周初古墓，原报道推测它与78M2一样，应与某种筑城仪式有关②。如果真是如此，那当然是借以判定该城当兴建于周初的佳证。然而，田文所说76年发掘的M1、M2（按近期报道所说78M1、M2）和新近发掘的一座打破城墙内护坡的周初小墓，资料至今均未正式发表。三墓到底是否与某种筑城仪式有关，因而可资之判定城垣始筑于周初，外人无法置喙。这不能不说是件令人遗憾的事情。因此，我们呼吁发掘者尽快公布这三墓的全部原始资料，以期展开讨论，解决有关学术问题。出有“成周”等甲骨的96G108号坑，原报道从地层与出土器物字体等方面判定其年代亦为周初。这当然可以作为该城始建年代的下限不晚于周初的一个辅证，但同样也不能限定其上限不得早至晚商。最能说明董家林古城始建年代的过硬材料，是原报道称在城墙夯土内出有少量西周早期陶片的重要现象。如果该城是一次筑成的，或陶片出于最早期地层，且为夯土中年代最晚之陶片，而年代又确属周初，再结合城墙内护坡被三座周初墓打破的现象综合判断，自然足可得出该城只能兴建于周初的唯一结论。而上述几个假设，似乎都还有待于进一步得到证实。应当指出：周初或西周早期，仍然是一个不够确定的年代学概念，即使董家林古城确被敲定为兴建于周初，它仍与确定武王伐纣、召公封燕于公元何年之间有着相当的距离。因此，对有关发现在年代学上的意义，既不可估计过低，但也不可估计过高。

笔者认为，武王灭纣与封召公于燕之年，并不完全等于北京建城或建都之年。因为要说建

① 郭仁、田敬东：《琉璃河商周遗址为周初燕都说》，《北京史论文集》第一辑，1980年。

② 琉璃河遗址考古队：《北京琉璃河道址发掘又获重大成果》，《中国文物报》1997年1月12日第一版；赵福生：《琉璃河遗址访谈录》，《北京文博》1997年第1期。

城，在今日北京市范围内，在商代早就建成了燕亳与蓟邑两座城：要说建都，这两座城也分别是商代燕、蓟两国的都城。此外，武王灭纣、封召公于燕之年，也不完全等于姬周北燕实际建国、兴筑董家林古城之年。因为文献与考古资料都说明，召公封燕与召公之子实际代就封于燕可能并不同步，后者可能要滞后到成王初年。在1995年8月琉璃河燕文明国际学术研讨会上，笔者曾提交论文，根据琉璃河1193号大墓所出克器铭事燕六族中有位于今山东、河南交界处的永城市酂城镇一带的徐淮东夷古戲国族的重要线索，作出了克确为召公首位代就封于燕的元子、其至燕就封之年不得早于周初成王命周、召二公东征徐淮反夷获胜之年的判断①。如果董家林古城是召公元子克至燕后所新筑，那么该城的兴建之年，似乎同样也不得早于成王命周、召二公东征徐淮反夷获胜之年。即令将来能完全证实董家林古城乃易地另筑于周初，从而表明笔者所假设的董家林古城承袭商代燕亳的第一种形式（于旧城址上增修）不存在，但也不能排除其承袭的第二种形式（于商代燕亳城以内、以外或近侧另筑新城）存在的可能性。董家林古城的边长仅八百余米，比之与其地位相当的齐临淄故城、鲁曲阜故城边长达三千米左右者规模过于偏小，因此曲英杰先生推测董家林现已发现的古城或许只是原燕国初都的宫城②；北京大学的严文明教授在1995年8月琉璃河会议发言中，也提醒人们要注意在董家林古城附近是否还另有商城。以上两位先生的意见，笔者以为很值得重视。到底在董家林古城的外围或近侧是否还另外潜伏着一座商代的"燕亳"城，确实是一个值得追寻或弄清的问题。

由于在最近的发掘中发现城墙内护坡部分地段被西周晚期层位打破和护城河被包含有西周晚期陶片的淤泥层所覆盖，因此有关报道判定该城的废弃年代不晚于西周晚期的说法，笔者认为是大体正确而可信的。当然，从另一个角度推测，该城废弃年代也有可能早到西周中、晚期之际。至于其废弃的原因，由于文献缺载和相应考古发现的不足，目前还只能作一些推测。笔者认为，其第一种可能性，或是因遇洪水战乱一类的天灾人祸，该城已严重被毁，故而不得不弃旧图新。据报道，该城南垣已于早期被大石河洪水冲毁，如果其年代恰在西周中、晚期之际，则其事就不失为该城废弃之一由。第二种可能性，或是另外已寻得、占有了更为理想的新都，故而主动弃旧图新。而后这一种可能性，似乎与蓟城始为燕都的年代多少有点关系。

二、上都蓟城的兴废与迁徙

从《礼记·乐记》武王克殷反商未及下车而封黄帝之后于蓟，或《史记·周本记》武王封帝尧之后于蓟的有关记载分析，最晚在武王克殷前的晚商，蓟城就应已存在多年了。其城的始建年代，则是个未知数。至于姬周燕国何时始以蓟城为都，史无明文，难以确言。但周初武王时肯定没有把蓟封给召公作燕都，唐人陆德明《经典释文》中被武王封于蓟的黄帝之后即召公姬奭的说法也显然是靠不住的。从董家林燕国初都至西周中、晚期之际方始废弃的迹象分析，

① 陈平：《克器事燕六族集释考证》，《北京建城3040年暨燕文明国际学术研讨会文集》，北京燕山出版社，1997年。

② 曲英杰：《先秦都城复原研究》，黑龙江人民出版社，1991年，第287页。

宋人欧阳忞《舆地广记》中所谓武王先封召公于燕，成王更封召公于蓟为燕的说法，同样也是不可靠的。唐人张守节《史记正义》“蓟、燕二国俱武王立”、后“蓟微燕盛，乃并蓟居之”的意见虽差可称是，但燕人究于何时方始并蓟而居之、又于何时始以蓟为都?也是史无明文，还要靠我们去探求。前两年，我在一本小书中曾推测，燕并蓟为都之年或许在西周的中期或晚期①。最新的考古成果显示，燕国初都董家林古城的废弃年代最晚不晚于西周晚期②。那么，其最早也就完全可以早到西周的中期或中、晚期之际。如果假定燕人在废弃了董家林初都后就迁往蓟城的话，那么笔者前两年所作燕人以蓟为都在西周中期或晚期的推测，似乎侥幸还有几分道理。

笔者认为，琉璃河燕国初都被废弃的原因，更大的可能或许是那时燕人已先期攻占兼并了比起初都更为理想的都城——蓟城。从晚清光绪年间在卢沟桥、1976年在昌平白浮、1982年在顺义牛栏山三地均有带曩侯或曩、㠱（曩的异文）字样的有铭青铜器出土的情况分析③，夹在这三地之间的上古蓟城，很可能就是与曩形音两近而相通的商代北方大国箕国的都邑，也是当时中国北方最大的都邑。燕人兼并蓟邑后即以其为新都而弃其董家林初都，从情理上还是讲得通的。不过，从燕人并有蓟到以蓟为都，从以蓟为都到以蓟为上都，可能并非同时之事，其中或许还有一段年代间隔。并蓟有之，或在西周中、晚期之际；以蓟为都，或在西周晚期偏早；以蓟名曰上都，则有可能要晚到战国中期的燕昭王之世。

史学界在过去几年中曾有一个流传极广、影响极大的说法，说是燕国以蓟为都当始于春秋中期燕襄公或燕襄王之世。其唯一的根据，则是成书于战国晚期或秦代的《韩非子》一书中《有度篇》里的“燕襄王以河为境，以蓟为国”这样一句话。论者认为，史于燕国无襄王，故《有度》中“以蓟为国”（按：亦即为国都）的燕襄王，当是谥号为“襄”而仅见于春秋中期的燕襄公之误④。有的学者基于这一想法，在引用《有度》时干脆便将书中的“燕襄王”改成了“燕襄公”⑤；有的则直接便说，是春秋中期的燕襄王将蓟城当作了国都⑥。必须郑重指出：这一流行说法及其各种表现形式，从根本上讲都是错误的，有的甚至还属于一种常识性错误。首先，只是“《史记》”于燕无襄王，而决非“史”于燕无襄王。《汉书·武五子传》云：“旦燕国虽小，成周之建国也，上自召公，下及昭襄。”其中居于晚下之燕昭襄王，当即《韩

① 陈平：《燕史纪事编年会按》，北京大学出版社，1995年，第218页。

② 琉璃河遗址考古队：《北京琉璃河道址发掘又获重大成果》，《中国文物报》1997年1月12日第一版；赵福生：《琉璃河遗址访谈录》，《北京文博》1997年第1期。

③ 《殷周金文集成》15、9439；北京市文管处：《北京地区的又一重要考古收获——昌平白浮西周木椁墓的新启示》，《考古》1976年第4期；程长新：《北京顺义牛栏山出土一组周初带铭青铜器》，《考古》1983年第11期。

④ 韩嘉谷：《燕史源流的考古学考察》，《北京文物与考古》第二辑，北京燕山出版社，1991年。

⑤ 徐自强：《关于北京先秦史的几个问题》下，《北京史论文集》第2辑，北京史研究会，1982年。

⑥ 葛英会：《燕国的部族及部族联合》，《北京文物与考古》第一辑，北京文物研究所，1983年；北京市文物研究所：《骄傲与辉煌——纪念北京建城3040 年》，《中国教育报》1995年6月10日第4版；辽金城垣博物馆展厅陈列《辽金以前的北京》一章展板前言。

非子·有度》中的燕襄王。《战国策·秦三·秦客卿造谓穰侯章》云："君欲成之，何不使人谓燕相国曰：'因天下之力，伐雠国之齐，报惠王之耻，成昭王之功'。"《战国策》此章，仍完整保存在前些年湖南长沙马王堆汉墓出土的《战国纵横家书》第十九章《秦客卿造谓穰侯章》中。不同的是在《战国策》作"成昭王之功"之语，在《战国纵横家书》中赫然正写作"成昭襄王之功"①。这便以铁的证据表明：《纵横家书》中的燕昭襄王，就是《战国策》中的燕昭王；在历史上燕昭王有双谥曰燕昭襄王，就好比秦昭王亦有双谥作秦昭襄王一样；其谥号合之则为燕昭襄王，两析而言之，则一为燕昭王，另一为燕襄王；《韩非子·有度》中"以河为境，以蓟为国"的"燕襄王"，就是战国中期的燕昭王，而决非春秋中期的燕襄公之误。燕在战国中期的燕易王十年（公元前323年）始称王之前，从无国君称王②。因此，根本就不存在什么春秋中期的燕襄王，这乃是一个常识。总之，以《韩非子·有度》"燕襄王以河为境，以蓟为国"为据，将燕以蓟为都的起始年代定在春秋中期的燕襄公或所谓的"燕襄王"时期是完全错误的，此说应尽快予以纠正。此外，客观地讲，燕始以蓟为都之年，恐怕也不至于晚到战国中晚期的燕昭王之世。从董家林古城废弃于西周晚期的迹象看，燕国很可能在这时就已经以蓟为都了。当然，这只是一种推测，确否似乎还有待于将来进一步证实。

蓟城在西周中、晚期可能曾为燕都，于春秋早期末燕都可能曾随桓侯徙临易，于春秋晚期燕悼、共时可能曾徙都于蓟或中都，于战国中期文公时可能又曾徙易，而于战国中期昭王时曾徙都于易县下都武阳城，而同时兼有上、中二都。蓟城燕亡后，秦汉仍为蓟城至唐幽州，辽为南京。至金，拓其东西南三面为中都。元徙大都后，蓟城方最后废弃。明嘉靖后，复为北京外城所据。西晋元康时永定河冲垮蓟城东面，蓟城可能曾有过一次距离为一至二里余的水平东移（详论见下文有关章节和拙文《燕亳与蓟城的再探讨》）③。

三、关于"燕桓侯徙临易"

燕国除有可能在西周中、晚期之际曾把都城自今房山琉璃河董家林迁徙到位于今北京市区宣武门、和平门一带的古蓟城之外④，此后还曾有过多次迁徙。其中上距迁都蓟城最近的一次，有可能就是《世本》所载发生在春秋早期晚段的"燕桓侯徙临易"。考《史记·燕世家》载燕计有一桓侯、两桓公。先秦古籍于公、侯每相混，而《史记集解》将《世本》之语附于春秋早期晚段的燕庄公之父燕桓侯（公元前698～前691）名下，表明其作者刘宋裴骃认为"徙临易"的当即这位"桓侯"。然而，《集解》的上述认定是否可靠，却有待商量。郦道元《水经·易水注》云："易水又东，径易县故城南，昔燕文公徙易，即此城也。"史载燕前后有二

① 马王堆帛书整理小组整理注释：《战国纵横家书》，文物出版社，1976年。

② 《史记》之《周本纪》、《燕世家》；杨宽：《战国史》，上海人民出版社，1980年。

③ 陈平：《燕亳与蓟城的再探讨》，《北京文博》1997年第2期。

④ 北京市文物局考古队：《建国以来北京市考古和文物保护工作》，《文物考古工作三十年》，文物出版社，1979年。

文公，而战国中期的燕文公（公元前361～前333）之父恰为燕桓公，当然也可呼为燕桓侯，而临易与易又本为一地，故清儒张澍在给《世本》“燕桓侯徙临易”语作注时先引《水经注》上则，然后说：“是徙易者非桓侯矣。桓侯父宣侯，子庄公。”其言下颇有《世本》“徙临易”之“桓侯”非春秋时父宣侯子庄公之桓侯而应为战国时子为文公之桓公之意。汉人宋忠注《世本》燕桓侯所徙之临易曰：“今河间府易县是也。”汉河间府易县故城，《括地志》云，在唐幽州归义县东南十五里，其地即燕桓侯徙都之临易；清《一统志》云，其地在清保定府雄县西北，某地当即在今河北雄县西北。

1966年与1979年，位于河北雄县城西北11千米的容城县晾马台公社西北阳村，曾出土过春秋战国时期燕国的铜壶一、铜鼎一、铜壶盖二。一铜壶口沿阴刻有“左征”二字；一铜壶近铺首处阴刻有“西宫”二字，壶口与盖沿都阴刻有“右征尹”三字。简报的作者认为：这些文物年代属春秋战国时期，出土地点又位于燕地国都临易即易京一带，“西宫”等有铭铜器的出土为探讨燕国易京位置提供了珍贵的实物资料①。1981年春，河北容城县的考古工作者在晾马台乡进行了考古调查，结果在该乡南阳村又发现了“燕国城”和“晾马台”两座大型春秋战国时期燕国的台地文化遗址，征集清理出了有铭铜器、陶器及骨器等文物40多件。“燕国城”遗址出有带“易市”陶文的陶碗一件；1958年在南阳遗址附近曾出土过“燕王职戈”一件；1981年又于此发现铜鼎二、“西宫”铜壶一、“左征”铜壶盖一、铜簋一；1984年出土过燕首刀币百余枚；1988年又出土过铭为“燕侯载之萃锯”的铜戈一件、燕刀币二百余枚、铜凿、陶鬲、罐、豆、筒瓦等各类文物数十件，陶罐肩部也有“易市”陶文。在南阳遗址以东三千米的古易水今大清河西侧，在雄县城西北八千米的古贤村，还发现有“大城”遗址一座。古贤村原名古县村，即汉儒宋忠所言“燕桓侯徙临易”所在的汉河间府易县故城所在之村。古贤村古城仍在，分为“大城”与“南城”两城，“大城”南北长1000米，东西长1200米②。其分南、北两城的格局，与今河北易县燕下都武阳城分为东、西二城，赵都邯郸分为南、北大小二城，均十分相似。容城南阳遗址的“燕国城”与“晾马台”两处高台文化遗址，很可能也是南北二城的格局。铜壶上的“左征”“右征尹”，当系燕都内府之官署名；而“西宫”铜壶与“易市”陶器的发现，更与燕国之都城宫禁直接相关。种种迹象均足以说明，从河北雄县古贤村“大城”到容城晾马台“燕国城”之间，应为燕国古都临易与易京之所在。过去，有的学者曾以这一带所出铜器年代属战国中晚期与燕桓侯、燕文公时代不符合这一带尚无能确定其为燕易京之故城址为由，否定这里当为燕都临易与易京之所在，而将燕都临易与易京指为今河北易县的燕下都③。现在看来，这一类意见恐怕是不对的。南阳遗址位于容城县东十四千米、雄县城西北十一千米处，古贤村古城遗址位于雄县城西北八千米处，二者均与清《一统志》所指燕都临易在“今保定府雄县西北”的记载相符。带有“燕侯载”铭文的铜戈在南阳遗址的出土，说明南

① 孙继安、徐明甫：《河北省容城县出土战国铜器》，《文物》1982年第3期。

② 孙继安：《河北容城县南阳遗址调查》，《考古》1993年第3期。

③ 瓯燕：《试论燕下都城址的年代》，《考古》1988年第7期。

阳遗址有可能在早于燕文公五代的燕成侯载时或更早就已作了燕都。看来，《世本》"燕桓侯徙临易"和《水经·易水注》"燕文公徙易"的两则记载，也许都没有错。南阳遗址（包括晾马台）因出有早于燕文公五世的燕成侯载铜戈，有可能就是春秋早期燕桓侯所徙之临易；而其东三千米的雄县古贤村大城，则有可能就是燕文公所徙的易京。

"徙临易"的如果确实是春秋早期末的燕桓侯，则从时间上相距燕国初都董家林燕亳故城所废弃的西周中、晚期之际将近二百年。这近二百年燕都既不在董家林，也不在临易，出现了一段空白。这段空白，必须由另一座都城作为中间过渡。这座居中过渡的燕都，不可能是春秋战国之际才兴建的窦店古城燕中都，也不可能是战国早期才兴建的今河北易县的武阳城燕下都。最为理想而可能的选择，便是商代即已建成、后来被称作上都的蓟城。这就是为什么我们会认为董家林古燕都废弃于西周晚期早段后燕都最有可能往蓟城迁徙，然后春秋早期晚段桓侯再从蓟城迁都临易的理由。

燕都在春秋早期晚段的燕桓侯时曾经迁往临易，这在古文献中也是有据可凭的。据《左传》载，昭公七年（公元前535年）春，齐景公曾联合晋军大举伐燕而纳燕惠公，燕国新君悼公不得已而屈辱求和，与齐师会盟于濡上。这个如上，清儒顾栋高《春秋大事表》认为当在"今安州、任丘间"。其地正处临易所在容城、雄县间的古贤村与晾马台正南方约百里之遥。燕与齐盟于濡上，正是春秋晚期燕悼公时燕都恰在其正北不远的临易的确证，也正是春秋早期晚段燕桓侯曾徙都临易而延续至悼公时的确证。

至于燕桓侯自蓟城南徙临易的原因，据我推测，主要可能是为了躲避日益猖獗的"戎祸"。燕北迫蛮貉，与山戎、无终北狄诸部相邻。自春秋早期始，北戎诸部南侵燕、齐之势便愈演愈烈。桓侯之父燕宣侯五年（公元前706年），史有山戎越燕而伐齐之事①；桓侯之子燕庄公二十八年（公元前663年），史又有山戎病燕、齐桓公率师远征千里伐山戎以救燕之事②。蓟城在燕国五都中最为居北近戎，燕桓侯自蓟城将都邑南徙临易以避戎祸，也就是情理中事了。

四、中都"窦店古城"的兴废与迁徙

燕国自春秋早期晚段桓侯徙临易之后，其都城又曾作过多次迁徙。由于这些情况史阙有间，因此我们还只能作一些推测。燕既北迫于蛮貉，复又南边于强齐，是一个南北受敌的严峻局面。春秋中期初年的齐桓公北伐山戎救燕，使燕既一度缓解了来自北方戎狄的威胁，同时由于齐桓公时与燕修好，故而来自南边强齐的威胁暂时也还没有形成，燕国此后曾享受了一段平静的岁月。然而，好景不长，大约在百年之后春秋晚期的齐景与燕惠、悼之世，由于燕惠公于其六年因宠信奸佞而酿成内乱逃亡奔齐，齐景公便借纳惠公为名，于公元前536年和前530年两次邀约中原霸主晋国，联兵大举伐燕③。一霎时，在燕都临易城南，齐、晋大军压境，兵临城

① 《史记》之《周本纪》、《燕世家》、《齐世家》、《匈奴列传》。

② 《左传》庄公三十年、《史记》之《燕世家》与《齐世家》。

③ 《左传》昭公九年、《史记》之《燕世家》与《齐世家》。

下，形势岌岌可危。据我估测，燕都第一次从临易迁出，有可能就发生在齐景公第一次大举伐燕的次年（公元前535年）或稍后。迁都的直接原因，自然是此前齐、晋对燕的大举侵伐；其目的，也是为了远避来自南边强齐的军事威胁。这次迁徙发生后，临易作为燕国南边军事重镇仍存而未废，故而于其城中方有战国时代文物的发现。

至于这次燕都迁徙的去向，多半应由南向北，若不是重新迁回了故都蓟城，就是迁到了位于蓟城以南近百里、董家林初都以北数里的窦店古城燕中都。燕中都的名称，最早似见之于北宋官修地书《太平寰宇记》。在其书的卷六九《幽州良乡县》条，有“在燕为中都，汉为良乡县”之说。其中的燕，于文居汉代之前；而明《永乐大典》存《顺天府志》卷十三《良乡县》条又云：“春秋、战国时，在燕为中都，西汉置良乡县。”①明确指出文中的燕当是先秦姬姓之燕国，其为燕都则当在春秋、战国时期。这一点，与笔者将中都始为燕都之年推定在春秋晚期的燕悼公之世，无疑是吻合的。

以上两则文献中所说的作为燕中都及其后身的西汉良乡县，文献与考古资料均表明，它应当就是今北京市房山区窦店村西的那座“窦店古城”。因它又位于芦村东北，过去又曾称它为“芦村古城”。1957年至1958年，河北省文物工作队踏查该城后，了解到该城外城分为内、外两重，并初步判定其时代约在战国至汉代，名其为“芦村古城”②。1959年，北京市文物工作队再次调查此城，改名为“窦店古城”，判定大城的外墙为“郭”，探明大城内还设子城，从大城夯土中所出陶片推断大城的筑城年代“当是战国末期到西汉”，在汉为良乡县城③。1962年，北京市文物工作队第二次调查该城，进一步推断大城内之小城的兴建年代不早于辽代④。1986 年至1990年，北京市文物研究所拒马河考古队又先后两次对该城做了调查和试掘，结果进一步认定窦店古城的外围大城应兴建于战国早期，而废弃于北魏时期；外城以内的小城，则应兴建于北魏时期大城废弃之后，而废弃于五代⑤。

从以上历次调查、试掘的情形看，对大城的兴建年代似乎有渐次前提的趋势。战国早期与春秋晚期密迩相邻，许多遗物的形态均相近而难以截然划分。因此，窦店古城的兴建年代也并不排除在将来进一步试掘或正式发掘后再次前提到春秋晚期的可能。即使照目前该城大城兴建于战国早期的说法，也与明《顺天府志》所云其“春秋、战国时，在燕为中都”的记载和笔者春秋晚期燕都自临易迁中都的推断相去不远；如将来能进一步上提到春秋晚期，那就更加吻合不悖了。还有一点需做补充说明，窦店古城初为燕都时可能并未增“中都”之名，其“中都”之称或当得之于战国的燕昭王时期。

---

① 明《永乐大典》存《顺天府志》，北京大学出版社，1983年。

② 冯秉其等：《房山县古城址调查》，《文物》1959年第1期。

③ 刘之光等：《北京市周口店区窦店土城调查》，《文物》1959年第9期。

④ 北京市文物工作队：《北京房山县考古调查简报》，《考古》1963年第3期。

⑤ 北京市文物研究所拒马河考古队：《北京窦店古城调查与发掘报告》，《考古》1992年第8期；《燕中都城址调查与试掘》，《北京文物与考古》第三辑，北京市文物研究所，1992年。

五、关于"燕文公徙易"

燕都由蓟城或中都再次发生迁徙，我以为有可能是发生在公元前373～前333年战国中期燕桓公、文公之世的事情；其迁往之地，应为与其故都临易密迩相邻的汉河间府易县、今河北雄县城西北八千米的古贤村易都。造成这次迁徙的原因，有可能是此前燕国与其强邻齐国交兵曾取得的先后两次极为难得的胜利。其一，为《史记·燕世家》所载燕釐侯三十年（公元前373年）"伐败齐于林营"之役；其二，为《竹书纪年》所载燕文公七年（公元前355年）"齐师及燕师战于泃水，齐师遁"之役。

这两次难得的胜利，大大鼓舞了燕人的勇气与斗志，为巩固南土边防并谋求向南发展，似乎有必要、也有可能要迎强而上，将都城南迁。故而才有了燕桓公、文公之世重将国都迁回南边故都临易的壮举。故《水经·易水注》云："易水又东，径易县故城南，昔燕文公徙易，即此城也。"文公徙易的具体时间，我以为当在其七年（公元前355年）再次胜齐师之后。燕之易都与临易近在咫尺，古每以其为一地，皆在汉之河间府易县、今之河北雄县西北。但战国中期燕文公所徙之易都，好像并非完全因循沿用春秋燕桓侯所徙故都临易之旧，而有可能是在临易东侧数里外另起炉灶、重新构建的。这个易都，大约就是位于河北容城晾马台桓侯临易以东三千米、今河北雄县西北八千米的古贤村古城。文公徙易后，燕之故都蓟城、中都应皆存而未弃。它们作为燕土的重镇大邑，大约到燕昭王时又被正式命名作了燕国的上都和中都。

六、下都"武阳城"的兴废

自战国中期燕文公徙易以后，燕都在公元前312年或稍后的燕昭王初年，可能又迁往了位于今河北省易县的下都武阳城。大约与此同时，燕昭王又将旧都蓟城与窦店古城重加增修，与武阳城一道，依次将它们分别命名为燕国之上都、中都和下都。于是，燕国从此便同时而兼擅三都之盛。然而，从有关史书的记载分析，这三都的地位并不完全等同。其中上都蓟城最重，当为燕国之首都；下都武阳城次之，而中都居末。发生这次重大国都迁徙的原因，无疑应是公元前315年燕国的王哙、子之之乱。当时王哙搞禅让闹剧，主动让位于国相子之，太子平不服，起兵攻击，齐宣王乘乱兴兵大举伐燕，攻占易都达数年之久，"毁其宗庙，迁其重器"，在最后撤兵时可能又将易都夷为了平地。燕昭王当国亡都废之余继位，卧薪尝胆，招贤纳士，励精图治，志在克齐而雪耻。迁都于今河北易县之下都武阳城，复增益其上、中二都，便是其文治武功之一项。

关于今河北易县下都武阳城的兴建之年，前些年有学者总结为四说：其一为春秋早期燕桓侯徙临易说，二为战国中期燕文公徙易说，三为燕昭王所城说，四为战国末年燕太子丹续建说[①]。其中一、二两说，乃是将皆位于今河北容城、雄县之间为燕桓侯所徙之临易和为燕文公所徙之易误植在了下都武阳城名下，似当置而不论；第四说所言乃“续建”而非“始建”，也与我们讨论的议题不合；第三说即燕昭王所城说，本之于《水经·易水注》之“燕之下都擅武阳之名”“武阳盖燕昭王之所城也”的记载，影响最大，也最为学界所宗信。

随着燕下都考古发掘与研究的不断开展，学界对燕下都城的始建之年，见解也屡有更新。近年，有学者依据燕下都出土遗物多有早至战国中期伊始的迹象，将燕下都城始建之年定在了战国中期伊始[②]。如以通行的公元前475年为战国之始的话，战国中期伊始则当处于公元前390年前后的燕釐公在位期间。在近年刚出版的《燕下都》报告中，作者将春秋早期晚段燕桓侯所徙之临易当成了燕下都武阳城，将春秋早期当作了燕下都始建之年[③]。我们认为，从陈梦家先生开始的，否定将燕桓侯所徙之临易和燕文公所徙之易置于传统的汉河间府易县（今河北雄县西北），而将这二城置于今河北易县燕下都的说法[④]，由于近年雄县古贤村与容城县晾马台两处燕都古城及城中带有“易市”、“西宫”、“左征”、“燕王职”戈、“燕侯载”戈等字样文物的发现，已被证明为并不正确。而传统的临易与易都在汉河间府易县（今河北雄县西北）的说法，也已被证明为确凿有据。在这种情势下，似乎已不宜再坚持燕下都武阳城即燕桓侯所徙临易和燕文公所徙易的观点。从易县燕下都出土文物的时代看，确如报告所言，几乎自商代经西周而至春秋战国均有。燕下都有东西两城，报告认为当以东城为主，西城则是稍后为保卫东城而建的，所以东城的年代应当略早于西城。据报告介绍，西城夯土中出有战国早期的陶片，其兴建时间应不晚于战国早期，而东城的兴建就应当更早一些。那么，能不能因此就说燕下都东城始建于春秋时期了呢?我看可以。但能不能就说燕国以武阳城为下都就始于东城始建的春秋时期了呢?我看目前还证据不足，不能这么说。这是因为一座城市的建城与建都之年是相互关联而又相互区别的两回事。武阳西依太行边于三晋，南临平川面向三齐，北倚燕山前卫蓟都，其险要的战略地位，可能很早就使它成了边于燕南土的军事重镇和大城要邑；但它作为都城，特别是正式被定名为燕之下都，却似乎应是燕昭王时的事情。

历史上怯懦无为的国君遇兵祸强敌，往往迁都以避其锋，逃而远之；可是倘遇雄才大略的英主，则往往迁都而近敌，以便攻而取之，战而胜之。比如秦自庄公都西垂后，文公东猎陈仓、宪公东迁平阳、德公都雍、献公东进栎阳、孝公都咸阳，可谓步步东进，向山东诸侯逼近。正因如此，始皇方能最后完成一统大业。燕昭王之南进下都武阳，也是这样。唯其如此，他才能命乐毅率五国联军大败齐师与济西，破齐都临淄，下齐七十余城，一洗王哙之耻。下都虽南邻劲齐，却西依强盟赵国，进可攻而退可守。故燕昭之迁都武阳决非一时逞强，而是谋定而后动的壮举。

（原载于《北京社会科学》1998年第1期）

① 瓯燕：《试论燕下都城址的年代》，《考古》1988年第7期。

② 瓯燕：《试论燕下都城址的年代》，《考古》1988年第7期。

③ 河北省文物研究：《燕下都》，文物出版社，1996年。

④ 陈梦家：《西周铜器断代（二）》，《考古学报》第十册，1955年。

燕国下都的营建

傅振伦

一、前　　言

1929年11月，马衡教授、常惠先生和我调查了河北省易县境内的燕下都遗迹，1930年春又发掘了故城外老姥台。

1957年、1958年，河北省文物管理委员会、文化和旅游部文物局先后组织文物工作队在此进行勘察，对这一重要文化遗迹有了进一步的全面了解。1961年3月，国务院把它列为第一批全国重点文物保护单位之一。7月经过勘察试掘，绘制平面图。1964 年以来河北省文化局文物工作队又钻探故城内外遗址、古墓葬，并作重点发掘，深入研究。现在重新研究了先后出土的文物，参考了今人研究成果，草成此文，和同志共同商榷。

《汉书·地理志》说：“昔在黄帝，旁行天下，方制万里，画野分州，得百里之国万区。周爵五等而士三等，盖千八百国。”所谓国即部落方国。当西周封建燕国以前，在今河北中部以北的冀州幽州聚居的部族，名目不一，见于《春秋》《左传》《国语》者有山戎、屠何、孤竹、无终、令支、肃慎。《史记·五帝本纪》有北山戎、发（貊）、息慎（肃慎）。或为胡貉，或为九夷。还有共工氏之后的土方、后土。在金文中有曩（蓟）、共、北（邶）辛有易、福、守、孤竹、支、⿱。⿱即燕字。《左传》昭公九年詹桓伯说：“……及武王克商，……肃慎，燕亳，吾北土也。”《陈璋壶》铭亦有“燕亳”之文，盖燕亳也是本来族居北方的一个土方。至于燕的取名，一说谓来自燕山。皇甫谧《帝王经界记》说：“燕地，在燕山之野，故国取名。”燕部族徽号为“⿱”。

武王灭纣，“封建亲戚，以蕃宗周”。褒封姬姓召公奭于北燕（召公奭之子即第一代燕侯旨），封姬姓于南燕。燕字在甲骨卜辞和金文中作晏、匽、匽、郾，也有与族徽同见一器者。

北燕传四十四世（《史记索隐》误作四十二世），享国八百多年。燕始封地，徐才《宗国都城记》以为在燕山之野，李泰《括地志》以燕山在幽州渔阳东南六十里，常征《召公封燕及燕都考》以燕山在门头沟区大坊山，百花山一带，《史记正义》以为在北平无终县，《太平寰宇记》以为在易州北四十二里的涞水县。今房山琉璃河发现西周墓二百余所，也有燕王陵墓。今房山董家林村有古城，北垣长829米，似即燕，始封之地。

《史记·周本纪》说：“武王封尧之后于蓟，封召公奭于燕。”蓟燕既是二国，封地当不一处。旧说一在燕山，一在蓟丘，其后蓟微燕励，燕遂并蓟而居之（见《史记正义》）。后人不察。往往误认为召公奭初封于蓟。如《汉书·地理志》云：“广阳国蓟，燕国召公所封。”《水经注·瀔水篇》云：“昔周武王封尧后于蓟。……武王封召公之故国也。”《燕世家·索隐》云：“召公……后武王封之北燕，在今幽州蓟县故城是也。”（《资治通鉴·音注》同）以讹传讹，实不足取。《礼记注疏》说：“（周）封黄帝之后于蓟，今涿郡蓟县是也，即燕国之都也。孔安国、司马迁及郑皆云：燕国郡，召公与周同姓。案黄帝姓姬，君奭盖其后也，或黄帝之后封蓟者灭绝而更封燕郡乎？”这又是忽略《周本纪》封于祝、封于蓟、封于燕的全文而引起疑窦的。杨守敬熟悉地理沿革，立论详明切当。在《水经注疏》卷十三《瀔水篇》“蓟……武王封召公之故国也”条下说：“全（祖望）云：‘蓟与燕各是一国，其后燕并蓟耳。此（按指《水经注》）承班《志》之误’。守敬案：《史记·周本纪》：‘武王封尧之后于蓟，封召公奭于北燕，’是分燕、蓟为二国。而《乐记》谓‘武王封黄帝之后于蓟。’《经典释文》：‘黄帝姓姬，君奭其后也。’《汉志》谓‘蓟故燕国，召公所封。’则合为一。《史记·正义》：‘召公始封，盖在北平无终县，以燕山为名，后渐强盛，乃并蓟徙居之。’《寰宇记》：‘召公封燕，即今涞水县。’是燕、蓟本为二国之证。郦氏亦明知为二国，但注语措辞未当，遂若尧后召公同时并居一国者。若云‘召公之后亦国于此。’则无弊矣。”

召公之后并蓟而都于其地，也可称上都，似可肯定。但事在何时，史无明文。《韩非子·有度篇》说：“燕襄王（公元前657～前617年）以河为界，以蓟为国。”按1897年北京卢沟桥出土燕侯亚盉。1973年、1974年琉璃河西周早期墓发现燕侯铜器。1975年又发现西周初期有燕侯铭铜器三件，其大铜鼎有燕侯命馔堇太保于宗周庚申太保赏堇贝用作太子葵宝彝鬻等字。太保即召公。这说明了蓟在西周建国不久，非绝即灭，而燕即并而都之了。《史记·苏秦列传》记载苏秦说燕文侯的言辞：“今赵之攻燕也，发号施令。不至十日而数十万之军，军于东垣（《史记正义》云：‘赵之东邑，在恒州真定县南八里，故常山城是也。’），渡呼沱，涉易水，不至四五日而距国都矣。”自真定至蓟都有四五日路程，可见在文公二十八年（公元前334年）苏秦游说燕国时，国都在蓟而不在武水之阳。燕王喜二十九年（公元前226年）秦将王翦拔蓟，燕王及太子丹率其精兵，东收辽东而王之（见《史记·秦始皇本纪》）。那时这个都邑才陷于秦故。下都武阳城只是陪都而并不是首都。

蓟都故址。尚未发现。但《水经注》引证了《大魏诸州记》四段记载，说：“蓟城东北三百里，有右北平城”“蓟城东北一百四十里，有昌平城。城西有昌平河”“蓟城北七里有清泉河。清泉河上承桑干河，东流与潞河合。蓟东一十里有高梁之水者。其水又东南流入湿水也”“水又东流，与洗马沟水合。水上承蓟城西之大湖。湖有二源，水俱出县西北。平地导泉，流结西湖。湖东西二里，南北三里，盖燕之旧池也。”根据这些记载，不难推知蓟都的大概方位。清人顾炎武撰《京东考古录·考蓟》。据《水经注》《后汉书·彭宠传》《晋书纪》，以为古蓟在渔阳之西、广阳城内西北隅蓟丘。顾祖禹《读史方舆纪要》说：“宛平蓟城，今府治东，古燕都也。《记》曰：‘武王克商，封帝尧之后于蓟。’其后燕并蓟地，遂都于蓟，以城西北有蓟丘为名。”又说：“蓟丘在旧燕城西北隅，古蓟门也。《战国策》，‘蓟之丘，植于汶篁，’即此。今有二土阜，林木蓊郁。”今宛平北土城关地方，传说就是蓟都旧地。今按刘熙《释名》云：“燕，宛也。北方沙漠平广，山地在涿鹿山南，宛宛然，以为国都也。”又可知蓟都在宛平一带，亦即燕并蓟以后的燕都所在。

燕国于政治中心的首都之外，为了应付南方诸国，更先后营建了军事中心的中都、下都，以为陪都。

中都临易，在今容城境。按赵一清《水经注释》说：“自蓟迁临易水，谓之易京城，在易城西四五里。……墓上有井，世名易京楼。”《通典·州郡典》说：“归义县南十八里，即易京楼。”《史记正义》引《括地志》云：“易县故城在幽州归义县东南十五里，燕桓侯所徙都临易是也。”《读史方舆纪要》说：“废易县在今县（指雄县）北三十五里，本燕故邑也，春秋鲁庄公时燕桓侯徙于临易即此。”所指实即一地，这都是正确的。《水经注》说，“易水又东，径易县故城（按北魏易县在今雄县西北五十里）南，燕文公（燕有二文公，一在公元前554～前549年，一在前361～前333年）徙易，即此城也。”按之地望也在此处，惟迁都之事云在文公之时。按咸丰七年《容城县志》古迹门说：“城北十五里城子村，前有古城，周围七里，故老云窦建德筑；又说晾马台在县东二十余里杨延昭筑，以望马，基址现存。又按容城东南临雄县，所谓故城或即易京城。”1966年、1979 年容城晾马台公社北阳村台基出土东周壶、鼎等铜器数件，壶铭有“右征尹”“左征”“西宫”等字，壶盖有“左征”等字。我认为这就是燕中都所在。

《史记集解》引《世本》说桓侯迁临易。案《史记索隐》说燕有三桓侯，今考一在公元前697～前691年，一在前617～前602年，一在前372～前362年，第一桓侯以下都又称公，则迁临易以营中都之事似在第一个桓侯时。《世本》以为是说宣侯子庄公父在位七年的桓倏，约在公元前四世纪后半期。《读史方舆纪要》一则曰“良乡县，春秋时燕中都也”（本于《太平寰宇记》）。二则曰“废易县，鲁庄公时燕桓侯徙于临易”。其实顾氏所谓桓侯迁临易时间是正确的，以废易县为临易也是正确的，但以召公初都燕山为中都，则是错误的。

二、燕下都的营建

燕之下都在今河北易县城东南。《水经注·易水篇》以为建自昭王，再修于太子丹。它说：“易水又东径武阳城南。盖易自宽中历武夫关东出，是兼武水之称，故燕之下都，擅武阳之名。”按公元前247年时，燕与赵交换国土。燕以葛、武阳、平舒与赵，见《史记·赵世家》，此武阳在今固安西北，与郦氏所说的不是一个地方。“燕昭王之所城也”，“燕昭创之于前，（太）子丹踵之于后”。《上谷图经》说：“（易）州南有古燕国，广袤六十里，召公后皆都此，亦谓之古燕城。”《易水志》引《大清一统志》也说：“古燕城在州南五里，广袤六十里，相传昭王后都于此。东南内外皆有土台。”（《大明一统志》云“召公后都于此”，《清一统志》改为“昭王后都于此。”）今人依《水经注》及后来所修的地方志书也多以下都建于昭王，修于太子丹。

燕下都武阳城的创建，大约在公元前251年之前，到了昭王为了应付南方敌国才增拓扩建。

西周时，燕国疆域辽阔，国力雄厚，号为“钜燕”（见《山海经》）。襄公元年（公元前657年）残齐中山，“有燕则重，无燕则轻”（《韩非子》）。文公时，国富民强，称天府之国（苏秦语）。其后“外迫蛮貉，内措齐晋，崎岖强国之间，最为弱小，几灭者数矣”（《史记》）。公元前316年，燕王哙让国子相子之。子之为相三年，国内大乱，齐王令章子将五都之兵，助太子［案《史记索隐》说：“……《赵世家》云：‘武灵王闻乱，召公子职于韩，立以为燕王，使乐池送之。裴骃亦以此系（世）家无赵送公子之事。当是遥立职而送之，事竟不就。则昭王名平非职明矣。进退参详，是《年表》既误，而《纪年》因之而妄说耳。’但下都出土文物有郾王戠铭的兵器，所以昭王实名职，不名平］平息内乱。但构难数月，死者数万，众人恫恐，百姓离志”益陷水深火热之中（1978 年河北文物管理处发掘平山战国中山王厝墓铜壶铭文有“燕侯无道，子之不义，中山司马赒征燕”“大启邦宇，方数百里，列城数十”等语，可见子之篡燕，中山也乘机攻之）。燕人叛齐，共立太子，是为昭王。昭王既立，誓报齐国之仇，以雪国耻，复兴燕国。

这时的燕国在残破之后，内忧外患都很严重。不仅需要整顿内部，还要巩固国防。是时北方的东胡、山戎既已为秦开击破，却敌千里，修建了造阳直到襄平的北边长城。可是自秦崛起西方，在公元前四世纪的后半期即积极向关东侵凌山东六国，是一个极其可怕的敌国。公元前318年，五国之师反击函谷关，终至大败。前317年，秦败韩师于修鱼，斩首八万，虏其将鲠、申差，诸侯震恐。前314年，秦攻义渠，得廿五城。前313年秦攻赵，拔蔺，虏其将庄豹。前312年，秦败楚师，斩甲士八万，虏屈丐及列侯执圭者七十余人。在燕人的心目中，秦国是比齐、赵、中山还要凶恶的敌人。秦人攻燕，如东出函谷，必为赵国所阻，所以它势必取代部、雁门之路。从这里，可入蓟门，趋燕都，又可由灵丘入紫荆，切断燕师。燕国为了防秦，也是为了防备齐、赵、中山（昭王十七年，即公元前295年，燕与齐、赵共灭中山）都有在西南界扩建武阳军事重点的必要。这是政治和军事的需要。按在今安新县经徐水而西有今名为燕长城（筑于昭王十二年）之旧址，也是为此目的而兴筑者。

我国都城多依山傍水，且建在交通要冲，物产丰盈之区，正如《管子·乘马》所说：“凡立国都，非于太山之下，必于广州之上，高无近旱而水用足，下无近水而沟防省。因天材就地利。”下都也是如此，它有它的优点。在历史上也有相当基础。

从武阳的西北以至西南，三面都以太行山为屏障。这一山岳地带迤逦数十里，其东则为河北平原。它居高临下，有高屋建瓴之势。南有易水两道（中易水的武水和南易水的瀑河），北有濡水（五里河，即北易水），西北八十里有紫荆关，西南三十里有下关（今名送荆陉），都便于防守。北连蓟都，易于联系。南界齐、赵，适于应敌。这个由蓟通连齐赵的咽喉，是燕国南界的重要门户和屏藩，燕王决定修建下都于此，这是主要的理由。

武阳在修建下都以前，可能还是个重要旧邑。文物工作队在下都故城内发现春秋时代的残陶器和墓葬（东斗城一带），也发现战国早期居民区（故安城一带）、墓葬（九女台）和成侯兵器（郾侯载的戈）。《檀弓》载：有虞氏瓦棺，夏曰堲周。殷用棺，周始封土为坟。今故城东垣一带发现一些瓦棺，可见更早的时期这里已经有了居民了。《水经注》说："濡水又东径武阳城西北旧堨（壅土防水曰堨，穿墙以沟通水道亦曰堨），濡水支流南入城径柏冢西。冢垣城侧，即水塘也。……其水侧有数陵坟高壮，望若青丘。……以私意求之，当是燕之前故坟也。"这种推测大体是合理的。由此而言，武阳在营造下都以前，是个旧邑，燕王就在此基础兴建下都，也是因势制宜。

三、下都规模和遗址简况

《礼记 · 礼运》说："今大道既隐，以货力为己，大人世及以为礼，城郭沟池以为国。"燕下都有城（内城今东城），有郭（外城今西城）。内城有池防（护城河）。城内为宫城，王侯的宫室大部分在城内，招待贵宾的馆舍多在郭外。城内有官营手工业作坊和官僚贵族居住区。城内、郭内都有市民居住区。城外有监牢或刑场。城内、郭内都有封建统治阶级的葬区（城区内原有贵族墓，并未迁去）。《考工记 · 国人》反映了周代成规说："匠人营国，（郭）方九里，旁三门，国中九经九纬，经涂九轨，左祖右社，面朝后市，市朝一夫（郑玄注：方各百步）。"但燕下都营造形式已经打破了《周礼考工记》"面朝后市"的规制。

（一）城池

下都规模东大而西小，北垣斜向东南，不甚规整。这一不很规矩的城池是在旧邑基础上建立起来的。先筑城后筑郭，城郭成而池成（图一）。

下都城的北垣长4594米，总的方向是115°30′，东垣长4980米，方向23°，近北垣处方向8°25′。西垣长4630米，方向15°，南垣已知长度是2210米，方向102°30′，北门去东北角1800米，去东南角为3170米，宽20米，有路可通武阳台、张公台、望景台、老姆台。古时大道可容车二轨，大路容车三轨。今此路宽20米，为周尺86.6尺，当然它是容车三轨的"大路"了。今练台在北垣上，大约是兵士驻守和了望的地方。

东垣外10～60米的地方，有自北而南的护城河一道，宽20～40米，深4米。西垣外也有护城河，长4700米。宽度不一，北端宽40米，中端宽80米，南端宽90米。俗呼为"铜帮铁底运粮河"（土色黄，底土色黑）。河中堆积最厚处达3.9米。其水来自濡水，南注中易水。这就是《水经注》所说的濡水支流。城的西北角即《水经注》所说的旧堨。这类护城河，在湖北江陵纪南城及山西省闻喜县的大马古城及古魏禹王城。牛城古城都有发现，起保卫城池的作用。

在城西北角南1650米处，护城河东流入城，宽度70米，深及地面下2.5米。在长750米的东端，又分二支流。一支穿墙而北，沿城内东垣东行。其长5706米，宽60～80米，经张公台西折而汇为湖，湖径260米。此水不仅可供饮料，且可保卫宫室。塘湖也可能是当时统治阶级游眺的地方。另一支在武阳台西5500米处南折东行，于郎井庄穿东垣而注入东城的护城河。这一支

图一　燕子村南燕下都南垣遗址（1930年4月摄）

长4200米，宽约40米，下流宽仅10米。

下都之郭在城西。它的东垣即内城西垣，长4630米，方向22°。北垣长4452米，方向275°48′，中部突出的斗城，西面长471米，方向16°5′，北面长417米，方向284°10′，东面长450米，方向17°。西垣长3717米，方向4°50′。南垣由燕子村西折向南，涉中易水，就弯头村西口复东行，已知长度1755米，方向275°49′，宽40米。城角村附近的郭南垣，至今完好，高6.8米，厚3.2～7米，基部深入地下0.5～1.7米，版筑之迹犹存（图二）。

图二　燕下都南垣版筑之迹（1930年4月摄）

郭的西面，其中部是西门故址（图三）。此处路土向郭外延伸425米，向郭内延伸750米。

郭是城的外围，本当建在城的四周，惟下都南北为武水和濡水所限，不便向南北建造，所以筑在城西。下都内城略作正方形，惟北垣东部折向东南。外城较内城为小，亦略作方形，惟中部北垣北出，作斗柄状。城郭都不很规整，连在一起，遂形成今天所见的不很规则的长方形，这是限于地形不得不然的。也正如《管子》所说“城郭不必中规矩，道路不必中准绳。因天材，就地利”。

文物工作队发现城北垣外侧去东北角68米外和城角村郭南垣城东西4594米，南北3980米，周围17148米，郭在城西而不在外围，东西4452米，南北3717米，周围16338米。城和郭东西9046米，南北4980米，周围28052米，比孟子所说的大得多。陪都大于普通城邑，这是理所当然的。

《水经注》说武阳城东西二十里，南北十七里。按后魏尺长0.27881米，则二十里当为18364.3米，今约为17190米，二者相差无几。但十七里应当是7109655米，而今仅4710米，二数相去较远，可能是郦道元所见的下都南垣尚未全部残破，我们今天看到的已非其旧观了。

古代筑垣用板，相传始于商朝。《书序》说：“高宗梦得傅说，使百工营求诸野，得诸傅岩（今山西平陆县东二十里），作《说命》三篇（今其书不传）。”《孟子・告子下》说“傅说举于版筑之间”（又见《离骚》及《墨子・尚贤篇》）。商朝版筑法，一直流传到现在。

文物工作队勘查燕下都遗址时，在城北垣区东北角86米处，发现创都后修部分。其南面城垣厚10～20厘米，夯窝不很明显。其北面城垣厚10～11厘米，夯窝明显而密集，径4～5厘米。城角村的南郭最完整，高6.8米，是分段筑成的。其穿棍、穿绳和夹板等痕迹都很显明。郭很厚，版筑时由内而外或由外而内。当时垒筑大概是分组同时进行，以逐渐加宽夯层，所以它的纵面形成并列紧密的几道墙壁。筑板痕长1. 8米，宽0.18米（周尺二尺为一版）。

河北省文化局文物工作队勘查和钻探下都遗址时，还发现东城和西城道路五段，其路的最宽处为12米。按邯郸赵王城，道宽15外侧，都有后来修补的痕迹。考公元前316年，中山曾攻燕；《史记》载秦襄王五十六年（公元前251年），燕王喜使栗腹约欢于赵，既而又攻击之，赵将廉颇败之于鄗（今高邑县），追北五百余里，围燕（胡三省《通鉴音注》以为燕都蓟，赵人进围之。其实鄗去蓟周制八百里，追北五百里进而围之者似是下都，不是蓟城。昔犬戎之宗周之都，宫室宗庙尽成禾黍。赵既大破下都，充斥人头骨，武阳台西也有战国武士丛葬坑，安知不是这次惨遭杀戮的）。事后修葺城池，自意中事。我们看到的重修的痕迹，也许是公元前313年或前251年以后不久的遗痕。

图三　燕下都故城西门阙残迹（1930 年 4 月摄）

商代都城周七十里（见《孟子・公孙丑上》及《梁惠王下》）。周制似一度压缩。《逸周书・作雒解》说：“成周城方千七百二十文（含11.47里），郭方七十里。南系洛水，北因郏山。”可见东周都城一面是11.47里，周围不过46里，外围也不过70里。春秋时，一般的城周围不过九百丈（见《左传》隐公元年），即一面六里，周二十四里。但到了战国，则逐渐扩大。“千丈之城（一面6.86里），百家之邑相望焉”（赵夸语，见《战国策・赵策》），户口也增加了。“万家之县，百家之邑甚多”（《赵策》及《韩非子・十过篇》），还有“万家之都”（虞卿说赵王语，见《赵策》）。临淄是战国最繁盛都市之一，有七万户（见《史记・苏秦列传》）。燕下都的户数，恐亦有数万。

《孟子》说：“三里之城，七里之郭。”周尺长0.231米，三里为1039.5米，方三里为4158米；七里为2425.2米，方七里为9700.8米，这只是指普通城郭而言。今燕下都米，轨距180～230厘米，中山灵寿故城路宽11米，轨距1米，车行道用条石、块石及夯土上铺上砾石和陶片，这大概是为了改善行车条件的。

（二）宫室

在周制左庙右社，在贵族政治的宗法社会里，非常重视祭祀：祭天、祭地、祭时、祭祖。

周朝士以上都有宗庙，其住室则有二寝，曰路寝，曰小寝（又有燕寝、高寝）。士大夫祭于庙，庶祭于寝。兴工修建，先考虑宗庙，次及住室，所以《曲礼》说："将营宫室，先宗庙，次库厩（《史记·赵世家》说：'赵孝王十二年，邯郸廥焚。'徐广云：库厩之名。《索隐》云：'积刍藁之处。'），居室为后。"这是上古的习俗，燕国似也不例外。

燕国宫室见于文献者，有洞宫（见刘向《列仙传》，刘沧有《宿洞宫诗》），有禅台（薛氏《孟子章句》以为燕哙筑，让政于相子之处，一名尧舜台），有元英宫、磨室、宁台，（见《乐毅报燕王书》，《史记正义》引《括地志》云：燕元英、磨室二皆燕宫，在幽州蓟县西四里宁台之下）这是在蓟都的。

其建于武水之阳者，有五华台（即侯台，在今易县城内西北隅，相传是周武王创建以占天象者，唐人梁裕有《侯台记》）。燕昭王有碣石宫［见《史记》，在燕南界，《苏秦列传》载苏秦说燕文侯语有云"燕南有碣石、雁门之饶"。《太平寰宇记》卷六十七引《春秋后语》：郭愧谓燕王礼宾，先自隗始，乃为碣石，馆之台（指黄金台）前。而《正义》以为在幽州蓟西三十里宁台东，恐误。有灵台（《七国考》说昭王建，子时起，午时毕，又曰子午台），有黄金台（鲍照《鲍参军集》有《燕黄金台歌》。《上谷图经》说："黄金台，易水东南十八里，昭王置千金于台上以延天下士。"］，有仙台（《水经注》说："广昌县东南郎山有燕王仙台，台有三峰，甚为崇峻。旧言燕昭王求仙处。"即今狼牙山棋盘坨），有宗庙（《七国考》引《汉略》云："昭王三年，修其宗庙。"），文惠王有明光宫（见《十二国续史》）。太子丹有东宫、阳华宫（一作华阳宫，均见《燕丹子》）。按野老传说，不可全信。文献所记，故迹难考。据出土瓦当和兵器，仅有左宫、右宫、武库（出土有"十四年武库矛"）及右府尹尊等建筑名称可考。

战国建筑制度有关可靠的资料不多。《越绝书》记楚国春申君所营假君宫的规模说："前殿屋盖地东西十七丈五尺，南北十五丈七尺，堂高四丈，广丈八尺。后殿屋盖地东西十五丈，南北十丈二尺七寸，户高丈二尺。库东乡屋南北四十丈八尺。上下户各二。南乡屋东西六十四丈四尺，上户三，下户二。凡百四十九丈一尺，檐高五丈二尺，高二丈九尺，周一里二百四十一步。春申君所造。"今燕下都宫室遗址虽存，仅广袤可考，其余则难以考明了。

《水经注》所说南入城的濡水支流，大概是当时的护城河。它在城西北角南1650米处东出。靠着它的北面有"隔墙"一道，长4460米，宽约28米，方向110°，把内城划为南北二部分。隔墙内外有夯土宫室遗址多处，以武阳台为中心，也是最大的，又有杨家台、路家台、老爷庙台、望景台、张公台、朱家台、小平台。武阳、望景、张公和城外的老姆等台是大型宫殿主体，位于同一纵轴线上。武阳台是大型的主体建筑，其东南和西南有两处左右相对的宫殿建筑组群，分别由路家台、老爷台为主而组成，都是夯土，附近夯土建筑十五处，都围它筑成，有的是对称的。

武阳台有两层，下层高8.6米，上层高2.4米。台上东西140米，南北110米。有高40米的夯土埋没在地下，文化遗物层次显明。其东北1100米为小平台。其建筑面阔两间，进深两间。地面以草泥作成，屋顶以芦苇作成，上涂杂草泥，其外又涂上厚约一厘米的"三合土"，瓦即铺于其上。屋旁有井三座。就出土遗物而言，这里可能是个厨房。

1930年，燕下都考古团发掘老姆台时在顶端土阜东北角之下层深102米处，发见夯筑墙垣一道，自西北而东南。垣内杂以苇荻。垣的上端向北倾斜10°，北侧有木柱遗迹，充满木炭，直径0.25米，各柱相去2.5米，大约是焚于兵火的。柱迹附近发见简瓦“阑干砖”和条形和块状等残碎铜件。《战国策·赵策》载张孟谈之言曰：“董子治晋阳，公宫之墙皆以荻蒿苫楚廧之。公宫之室皆以炼铜为柱质。”大略与此相合。

路家台和杨家台之间，有建筑物两处，出口都在西北方。老姆台上层墙垣的出口也是在西北。不知道这是什么原因。

朱家台在隔墙上，也许是当时守卫和瞭望的哨所。

老姆台分四层，作阶梯状。自上而下，第一层高7米，东西90米，南北110米。第二层高7米，长宽各60米。三、四层共高5米。第三层东西30米，南北25米，台基南侧中央，有一道夯土路坡，南北长50米，东西宽30米。这是从内城北上登临之路。

在这一宫室建筑群的范围内和台址上，都发见大量的和多种的建筑品如仰置的板瓦，向下覆盖的简瓦以及瓦当、“栏杆砖”等。《天工开物·陶埏篇》论瓦的品类说：“最大者曰沟瓦，能受雨，不使漏也。垂于檐端者为滴水，下于脊沿者有云瓦，瓦掩覆背者有抱同，锁脊两头者有鸟兽诸形象。”这类遗物在下都都有出土。《营造法式》所谓“漏当火珠”的瓦钉，它是用于固定带瓦当的筒瓦于屋檐上，防其坠下。下都出土这些遗物也不少。

瓦类图案，制作不一。筒瓦的图案有模造者，有划刻者，有镶贴者，其花样都不一样。仅就瓦当而言，有黻文，有饕餮文（有有角者，有无角者，又有阴文和阳文），有双兽文（龙、螭、夔、鹿、狼等），有双鸟文（朱雀、凤皇），有双蝶文，有云山文，有𥶄文（似席文）。有的间杂着折枝或缠枝花卉，线条或委宛流逸或屈折工整。形象之美，自然成画。按瓦发明于夏，至周而大量应用。东周还有以陶瓦巨大建筑为地名者（如《左传》隐公八年（公元前512年）有瓦亭，定公八年（公元前502年）有瓦屋）。燕都有精美陶瓦，并不足异。

《考工记》说：“夏用世室，殷用重屋，周用明堂。”《诗·小雅》称周宣王作室，“如跂斯翼，如翚斯飞”。我们看到下都的建筑品，也可想象商代重屋和周屋檐翘起的形象，是相当富丽堂皇的。楚国先王之庙及公卿祠堂，图画天地山川神灵，琦玮僪佹及古圣贤怪物行事（见《楚辞·天问》王逸注）。按齐宣、燕昭皆好神仙，载在《史记·封禅书》。《拾遗记》也说：“昭王居正寝，召臣甘需志于仙道，欲以长生久视之道。”昭王建宫也许有这类的神仙壁画。又《韩非子·十过篇》说舜作漆器，这虽是传说，但漆几之名见于《尚书·顾命篇》，髹夹之名亦见《韩非子·外储说左上》，髹漆之法见于《周礼》春宫巾车所掌。这说明了周用漆是毫无问题的。新石器时代遗址和战国楚墓发见漆器，燕下都九女台墓也有彩绘漆皮的出土。燕宫髹漆自是意料中事，惜燕都残破经历了二千多年无法寻之了。

（三）仓库

《孟子·尽心下》说：“齐饥，宣王尝发棠邑之粟，以赈贫穷。”可见战国有了粮仓。

《战国策》和《史记·苏秦列传》载燕国粟支十年。下都也必建仓库。又当时各国兵器库都名武库，燕下都出土“上党武库”铭文的韩国铜敦，又出土“十四年武库”铭文的铜矛。下都既有冶铜作坊和铸造兵器的作坊。那么，下都建有武库，也是无可置疑的。

燕下都往往发现燕侯称王以后的剑、矛、戈等铜兵器，可能是武库藏品。就其铭文和制作形式，今人推知诸王之名。脮即易王，哙为王哙，职为昭王，戎人为惠王，詈为武成王，喜为王喜（见石永士《郾王铜兵器研究》）。出土者还有四年相邦戟，十六年剑和八年、十五年、廿九年相邦等剑。这可能也是出土于仓址的。

管仲相齐桓公，通轻重之权，他说：“民有余则轻之，人君欲之以轻，民不足则重之，故人君散敛以重，凡轻重敛散之以时则准平，使万室之邑必有万钟之藏，藏镪千万，千室之邑必有千钟之藏，藏镪百万。”可见东周各国不仅有粮仓，还有钱库。1948年10月，下都故安城发见明刀千余斤，那是当时的一个藏镪。

（四）馆舍

《资治通鉴》载：燕昭王于齐袭破燕之后，欲与贤士与共国，以雪先王之耻，乃为郭隗筑宫而师事之，于是士争趋燕。乐毅自魏往，剧辛自赵往。《水经注·易水篇》载武阳城有钓台、金台、小金台。“长庑广宇，周旋被浦。栋宇咸沦，础柱尚存。是其基构，可得而寻。访之耆旧，咸言昭王礼宾，广延方士。至如郭隗，乐毅之徒，邹衍、剧辛之俦，宦游历说之民，自远而届者多矣。不欲令诸侯之客，伺隙燕邦，故修建下都，馆之南垂……故雕墙败馆，尚传雕刻之石。”《太平寰宇记》卷六十七说：“金台在（易）县东南三十里，燕昭王所造，置金其上，以招贤士。又有西金台，俗呼此为东金台。西金台在县东南二十里，即燕王以金招贤士之所。小金台在县东南十五里，燕昭王所造，即郭隗台也。按《春秋后语》云：‘郭隗谓燕王礼贤，先从隗始，乃为碣石，馆之台前。’阑马台在县东南十五里。《水经注》云：‘小金台北有阑马台。’三公台在易县东南十八里。其台相去十六步，并高大，燕王所立，乐毅、邹衍、剧辛所游之处，故曰三公台。”今按所谓东金台指定兴城西金台陈村，今台上有燕王庙及碑记，西金台指武阳台，阑马台即老姆台，小金台及三公台指今张公、望景、杨家或路家等台。或云这些台基是燕王宫殿遗址，后人讹指为馆舍。其实燕人为了保护国家机密，招待宾客的馆舍多建于城外。

《水经注》说：“易水又东届关门城西南，即燕之长城门也。……易水又东历燕之长城。又东径渐离城南，盖太子丹馆高渐离处也（《太平寰宇记》云：“（易）州东南十六里有高渐离城，渐离故居也。”所记与此不同）。……武阳，盖燕昭王之所城也。……濡水又东南迳荆轲馆北，是其授首于荆轲处也。”“昔燕丹纳田生之言，尊柯上卿，馆之于此”（《太平寰宇记》云：“（易）州西七里有荆轲城，在荆轲山下。又南二里为樊馆山，相传樊于期授首处，俗曰血山。”），这些古迹都是在燕下都城外的。

在以上较大的建筑中，有一个值得注意的问题，即战国已经有了排水设备。这种陶制下水道管，昔人名之为“窦”。中国历史博物馆也有长安出土的这类东西。楚都亦时有发现。

武阳台上中央深5.4米处，有上下相接的陶管三节，每节长0.7米，母口径0.31米，子口径0.27米。台西侧断层中也有东西向的陶管，长100米以上。武阳台西北280米处，也发见陶管，似系桥下的涵洞。1930年夏，燕下都考古团发掘老姆台时，在第二层西南隅地下，发见陶管七节，横卧地上，互相衔接。每节长0.5米，口径0.48米。1958年，文物工作队也在此发见同样陶管，还有和它并行的一只更大的虎头陶窦。1930年，北董村民李姓说老姆台东低洼之处曾发见巨大陶水闸。中国历史博物馆也有陈子蓬旧藏的这类东西。这些遗物都是地下排水工程的另件。

（五）手工业作坊

《考工记》是周末作品，其所载的官办手工业工人，有攻木之工七，攻金之工六，攻皮之工五，设色之工五，刮摩之工五，搏埴之工二。燕国百工只有冶者见于《韩非子·外储说左上》。今据文物工作队勘查故城结果，则知其官办手工业作坊，有冶铁作坊，有兵器作坊，有铸造货币作坊，有制陶窑及作坊，有骨器作坊。围着下都内城的宫室区，自女儿台以东，南抵高陌村北，东到郎井村南，在这一从西北到东南的弧线上，基本上是手工业区的范围。

冶铁作坊有三区，一处在九女台南，两处在女儿台东。其中一处很大，面积约为170000平方米，其北部是居处。发见的铁器有工农生产工具，如斧、镢、奔、铲、锥、凿、犁等。

兵器作坊有二处。其一在武阳台西北750米一带，东西200米，南北700米，还有箭铤残范出土。其一在郎井村西南200米处，面积约30600平方米。东部断崖有窑炉一所，炉堂宽1.0米，窑底硬面厚0.3厘米，窑内堆积层厚0.5米，也发见了造镞和铤的陶范。出土铜兵器，有“郾侯载作锛币率”铭的戈，有胡上刻“王喜□”铭的戈，有内上有“郾王号戠之修锯”铭文的戈，有“三年肖子右工师”铭文的戈，有援中心有“棱共畋之戈”铭文的戈. 还有“郾王戠”和“郾王喜”等铜矛及铜尊、铜剑，又有“十四年戟”。出土的铜镞，形制不一，多带铁铤。根据战国纵横家苏秦和张仪游说列国的发言，统计山东六国的戍卒不下五百万人。燕文侯二十八年（公元前333年）时，燕带甲数十万，车七百乘，骑六千匹（见《战国策》及《史记·苏秦列传》与《资治通鉴》）。下都铸造兵器作坊的工作，一定是比较繁重的。

下都的铸造货布作坊，在高陌村西北300米地方，面积8000平方米，发见了明刀及其陶范。方折明刀币是比圆折者为晚。高陌村附近还发见铲布和山形文铜镜的陶范。故安城也有冶铜的地方。

陶器作坊仅发见一处。在郎井村东南30米处，面积102000平方米。残窑犹存，窑壁厚0.3米。陶器多压印铭文，或为纪年，或为职工姓氏，或兼印官属职名。铭文有作“十年十月”的，大约是昭王、武成王或王喜时官工所造。有作“二十三年十月”的，或系昭王、王喜时所造。

骨器作坊二处：一在女儿台东南，一在故安城鼓楼台。后者是属于战国早期的。

（六）居住区

东周末年，手工业、商业和农业已相当发达。《谷梁传》成公元年所谓士商工农的四民，有的住在城郭以内，燕国的情形或者也是这样。

燕国百工，已见上述资料。考燕国出产燕石（见《后汉书·应劭传注》引《阙子》），燕山又产婴石（见《山海经·北山经》），《左传》昭公七年有“燕以瑶瓮、玉椟、斝耳行成”之语，可知燕国必有从事辟山泽之利的虞人、玉人。《史记·苏秦列传》说燕国出裘，狗、马，《燕丹子》说有千里马，大概就是《史记·李斯列传·索隐》所说的駃騠下都出土大量明刀，还有安阳、安邑、兹氏半口等别国货币，说明下都经商的人颇多。

燕国职官见于记载者，有相（相见于《战国策·燕策》，或称丞相，见《史记·赵世家》，或曰相邦，见《韩非子》，出土品有郾王相邦剑和矛戟），有将军、上将军（见《燕世家》），有亚卿（见《燕策》），有客卿（见《史记·乐毅列传》），有太傅（见《燕策》），有三百石吏（见《燕世家》），有舍人，有冶者（见《韩非子》），有境吏（见《燕策》）。这些人也多寓居在都城。

下都居民区多是战国中期的。有早期或早到西周的（当时还是一个邑）。西汉以后仍有居民。居民区最大者在高陌村北，其面积约四万平方米。最小者为老爷庙台区，仅2100平方米。

高陌村南、北沈村东、东沈村东以及故安城西和北面，文化堆积层很厚，这是战国早期的堆积。这里发见的板瓦、筒瓦、瓦当很少，可判明它是一般居民或工人的居住区。东沈村东有一区南北700米，东西480米，文化堆积层厚3.8米，窖藏多方形、圆形，椭圆者极少。根据所出陶器、石器、骨器等制作，大约是属于西周时期的。这是早于战国的居民地址。

故安城鼓楼台一带，居民稠密，一处就有井四十眼。虽然发见西周陶鬲、石镰，但东周以至汉代的遗物最多。这是西周至汉代的居民点，也是文化遗存最丰富的都邑。

城内西南、中部、东部和东北等处，居民区多属战国时期（包括老爷庙台小区）。北于坻村西及郎井村西北的区域，东西480米，南北430米，堆积层厚2米。这里有板瓦、筒瓦、瓦当，这种情况与他处不同，大约这里定有瓦屋，和他处的茅屋有别。这可能是一部分官吏居住的地方。

郭内东南角有居住址二处：一在西沈村北，东西300米，南北800米，文化层厚0.6～2米；另一在燕子村东北340米处，东西125米，南北320米，文化遗品堆积层厚0.3～1米。

（七）监狱

统治阶级多方镇压人民。男子入于罪隶，女子入于舂藁，甚或投诸丛棘，拘以缧绁。《周礼》掌囚、掌戮、司隶、司厉等职，都是残民以逞的刽子手。1930年北董村有位农民说村北（一说北斗城北）曾发见带有铁制桎梏的人骨多具。那里不是监狱，便是刑场。惜地点失考，无由勘探了。

（八）贵族葬区

《史记·赵世家》载赵肃侯十一年（公元前335年）起寿陵，这是王侯坟陵的开端。古者统治阶级的墓不封土为坟，封土则始于周末，见于《檀弓》。

城内九女台，《水经注》指为燕代以前故坟。河北文物工作队钻探，知为战国早期墓葬。修建下都时，未曾迁去。女儿台和狐狸台等土丘或系建都以来的侯王墓。

1964年5月，文物工作队发掘了九女台北排五座坟之一，其封土高约7.6米，其上平正，南北38.5米，东西32米，皆土筑成。墓室四壁均系夯土垒筑，煅使坚。东西南三壁深至4.95米处为白灰杂蚌壳屑筑成的二层台，台高2.7米，宽1.2米。北壁也是经火烧坚、宽1.2米、高3.8米的平台，安置随葬的明器。此祭坛南侧下方，又有一白灰掺蚌屑堆成的平台，与上述白灰的二层台相同，并与东西两个二层台相连，构成长方圹室。其方向为16°。底长方形，东西66米，南北5.25米，底部铺以厚0.02米的黑炭一层。墓室内充满火煅土块，它上面是3米以上的煅土末夯成的填土。虽然曾被盗掘，但仍有大量陶器和骨蚌器及彩绘漆片，陶器图案，有彩绘的几何文，有刻划的垂叶、山形、绹、索、飞兽等文，有模印的饕餮、蟠螭、对凤、垂叶、雷文等图样。这是战国早期之墓。

有了厚葬之风，才有盗墓之事。《汉书·地理志下》说："赵中山，……大夫相聚游戏，悲歌慷慨，起则椎剽掘冢，作奸巧，多弄物。"《淮南子·览冥训》说："晚世之时，七国异族，诸侯制法，各殊习俗。纵横间之，举兵而相角，攻城滥杀，覆高危安。掘坟墓，扬人骸，大冲车，高重京，除战道，便死路。"这说明战国士大夫阶级的堕落情况以及当时力役赋敛并急、人不聊生、冒死作奸犯科的趋势。既然风行偷坟掘墓的事情，燕国贵族继续把他们的葬区设在城内，也是保安的措施。

按召公奭封于燕，九传至惠王（惠侯）（公元前841～前827），以下都称侯，桓侯（公元前697～前691）以下又都称公，易王（公元前332～前321）始皆称王。

按古代昭穆之制，女儿台，狐狸台等或是昭王祖父易王以来的葬所。下都故城南有解村，村南有大冢，其前有土丘十四座。在大冢中掘出头骨二千余级，他无所有。这可能是燕与他国在下都南易水战役中阵亡士卒之墓。

1964年2月，文物工作队在中易水南岸周任村和定兴县落宝村附近发见了战国早期的墓葬群。墓区较大，分布密度，东北55米，南北300米，总面积165000平方米。经过铲探，发见了480墓，大部分是战国时期长方形露天的竖穴土坑墓，填土都经过夯打。这墓区在城外。或是战国官吏等葬地。

燕下都建筑规模和遗迹情况，大致如此。

综观燕下都建筑布局，它反映了燕国当时是南方一个政治和经济中心。它北有濡水，南有武水，东西两城外都有护城河。以武阳台为中心的建筑组群，其北侧筑有横亘东西的"围墙"。这都是有意识的安排，起着保卫城池和宫室的作用。武阳台北有望景台、张公台和老姆台三个大型主体建筑，前后排列，主次分明。台基的广大，建筑器材的丰富，证明了下都宫室格局的雄伟豪华。在宫室周围，环以各种国家所掌握的官办工业作坊。而市民和官吏则住在去宫室较远的地区。监狱、刑场设在城外。较高级统治阶级的墓地安排在城内辟静角落。一般官吏墓地则设于城外。这等大规模、有系统的都市布局，充分反映了战国中期以后燕国封建政治权利的强大。至于城郭之大，土方工程之巨，也是当时社会经济向前发展的一个重要标志。

四、燕下部的军备

燕下都是一个军事中心。战国时期是连年争战、干戈不息的年代，较大的战役也很多。就涉及燕国者而论，在这二百五十多年中，其战役有魏伐燕一，赵伐燕一，燕伐齐一，伐赵一，齐伐燕三，楚伐燕一，秦伐燕三。山东六国，燕最小弱，所以全国力量都集中于防守自卫上。

下都西为长城，南临易水。为了防备齐赵南来以及秦人由紫荆入关，在这里必布署了很大的兵力。把下都建筑在这里，也是理所当然的。下都城东七里有金台陈村的夯土台基，北六里东茹堡亦有之，可能也是外围的防卫哨所。

按西周入据中原后，开始用车战。载在《诗》《书》《左传》者，可考而知。周八家为井，出车一乘。《诗·鲁颂》说："公车千乘，公徒三万。"可见兵车一两，配备兵士三十人。其后仅配备十人。所以《孟子》说："武王伐纣革车三百两，虎贲三千人。"《左传》闵公三年说："齐公子无亏戌，率车三百乘，甲士三千人。"昭公元年说："以什供车。"昭公十年说："百两必千人。"这是春秋时一般情形。鲁昭公元年（公元前541年）变车战为步兵。"毁车崇卒"（见《左传》）。"山东之卒被甲以会战"（张仪语）。自三家分晋，又有了骑兵。因此当时论军事力量．往往以步、车、骑数并举。

燕在文公二十八年时（公元前333年），地方二千里，带甲数十万，车七百乘，骑六千匹（见《燕策》及《史记》）。易王十年（公元前323年）扩充到了万乘之国（见《孟子》）。驻守在下都的兵力，可能是占全的。《史记》载齐都临淄七万户，户三卒，有卒二十一万。估计下都之卒亦必廿万上下。

周时寓兵于农，讲武季节，初有定制。《国语·周语上》说："平日三时务农，一时讲武。"《左传》隐公五年说："春蒐夏苗，秋弥冬狩，用农隙以讲武。又三年治兵。"杜预《左传注》："四时以农隙讲武，三年而大习。"遇有战争，则征兵出兵车，服兵役。战国时期，征调颇繁，农民的大部分时间用在集中训练和防守。今下都故城外有老姆台，俗称拉马台或练马台，即《水经注》的阑马台。台东曾发现陶井二十余座，台址东曾积有马粪数十车。乾隆《易水志》以为它是"燕王登殿简阅兵马处，"颇为可信。又运粮河故道西，郭中空旷，出土古物不多，有人以为其地有兵马城，今故城西南角内仍有军营村。言亦近理。

五、燕下都市容和社会情况的推测

东周各国都鄙制度，有见于《管子》《鹖冠子》《商君书》者，《左传》也有记载（如襄公三十年）。诸国虽不一定相同，但由此也可推见梗概。

都邑，城为内城，郭为外城。城内为里，外城内为乡，外城外为郊，郊外为遂。郊、遂是农民和耕田所在。农民聚为村落。乡官有里正、伍老（见《韩非子·外储说右》）。又《周语》引夏令曰："九月除道，十月成梁。"又引周制曰："列树以表道，立鄙食以守路。国有郊牧，疆有寓望，薮有圃草，囿有井池。”燕国制度，也大略类此。

战国时期，在北方齐都临淄和赵都邯郸，是畸形发展，所谓繁盛的都市。《齐策》载：“临淄之中七万户，下户三男子，三七二十一万。……临淄甚富而实，其原无不吹芋鼓瑟、击筑弹琴、斗鸡走犬、六博蹹踘者。临淄之涂，车毂击，人摩肩，连衽成帷，举袂成幕，挥汗成雨。家敦而富，志高而扬。”《汉书·地理志》载：“赵、中山，……大夫相聚游戏，悲歌慷慨，……多弄物，为倡优。好弹弦跕躧，游媚富贵，偏诸侯后宫。”想见当时都城的景象。燕下都想必也是有类似的情况。

燕下都城内居民，除了统治阶级以外，有士工商虞。郭内则有农民和其他居民。

古人“晨出汲水于井，故陈百物于井边以便交易，故曰‘市井’”（见《史记·平准书·正义》）。除市井外，燕国或有定居的市廛。下都曾出土千斤以上的明刀币，还发见别国货币，下都商业之盛，可见一斑。

后汉人荀悦撰《汉纪》，叙述周秦以降小民不事生产、社会败坏的情况说：“国有小民，各修其业。不由小民之业者谓之奸民。……世有三游，德之贼也。立气势，作威福，结私交，以立强于世者谓之游侠。饰辩辞，讹诈谋，驰逐于天下，以要时势者谓之游说。以色取仁，以合时好，连党类，立虚誉，以为权利者谓之游行。凡此三游之作，生于季世，周秦之末尤甚焉！”这种社会腐败现象，也必表现在燕下都内，最突出的是见于《史记·刺客列传》和《燕丹子》的记载。“荆轲之燕，爱燕之狗屠及善击筑者高渐离。日有狗屠及高渐离饮于燕市。酒酣以往，高渐离击筑，荆轲和而歌于市中，相乐也。已而相泣，旁若无人。……燕国有勇士秦午阳，年十三，杀人，人不敢忤视。”由此可见《周礼》教官司虣以属游饮于市之禁，久已驰于燕市了。

《汉书·地理志》又说：“春秋之后，灭弱吞小，并为战国，稍增讲武之礼，以相戏乐，用相夸视，而秦更名角抵。”（《太平御览》引《汉武故事》也说：“角抵戏，六国所造，秦并灭天下而增损之。”）又说：“齐愍以技击强，魏惠以武卒奋，秦昭以锐士胜。”（又见《荀子·议兵篇》）燕和齐是邻邦，这种风俗也必是与燕国所共有的情况，惜无原始文献以资考信而已。

主要参考文献

傅振伦：《河北易县燕下都考古记》，《地学杂志》1929年第4期。
傅振伦：《燕下都发掘品的初步整理与研究》，《考古通讯》1955年。
傅振伦：《燕下都遗迹考》，《地学杂志》1933年第2期。
河北文物工作队：《河北易县燕下都故城勘察和试掘》，《考古学报》1965年第1期。
中国历史博物馆：《燕下都故址调查报告》，《考古》1965年第1期。

（原载于《中国国家博物馆馆刊》1993年第1、2期）

容城南阳遗址与东周燕国易城

张　丽

一、南阳遗址的考古发现

南阳遗址位于容城县城东约14千米、雄县县城西北约11千米处，东距大清河3千米。1981年春季，文保所工作人员在晾马台乡进行考古调查时，在该乡南阳村附近发现几处较大的古代遗址并征集、清理出铜器、陶器等文物40多件，特别重要的是有的文物上有铭文和陶文。

1958年以来，南阳遗址附近经常发现东周时期文物，主要为铜器和陶器，为分析探讨遗址的性质，提供了重要依据。

1958年出土“燕王职戈”一件。

1981年前后又发现铜鼎二件；“西宫”铜壶一件；“左征”铜壶盖一件。

1984年又出土“燕首刀币”100余枚。

1988年秋，南阳遗址西南700米的“西河子”，又出土铜戈2件，“郾侯载之萃锯”铜戈一件，铜凿1件，铜带钩一件，燕刀币200余枚，玉柱形器5件等。

铜器之外，还采集到一批较完整的陶器，主要有鬲、鼎、豆、尊、筒瓦、碗、罐、纺轮等，另有骨锥、角器及动物遗骨等。其中比较重要的文物如以下列举。

“西宫”铜壶　通高50厘米，口径13厘米，底径17厘米。短颈，鼓腹，深圈足，肩部有对称的铺首衔环。壶身自上至下有明显的母范接口，壶口微敞，颈部饰对角蕉叶纹四组，腹部饰带纹四周，带纹之间的地纹饰蟠螭纹。在第二道带纹近左铺首处，有阴刻“西宫”。壶盖为凸形，小平顶，外缘饰圆环纹、重环纹，平顶下为带纹一周，带纹下饰蟠螭纹。盖上有对角的卷首夔龙立耳四个（残两个）夔龙头向外，盖下着子口。壶口与盖沿上均阴刻“右征尹”。右铺首处又有一“匽”字。

铜鼎　高27.5厘米，口径24厘米，腹径27.5厘米。长方附耳，圜底鼓腹，蹄形三足。身着子口，腹饰一周凸弦纹。底饰带纹，带纹中心饰“十”字纹。盖肩部饰凸弦纹一周，凸弦纹上有对角半环形钮三个。钮身中间凸起脊带，脊带上饰重环纹，钮顶凸起乳钉，乳钉上用红铜丝镶嵌涡纹，盖中间设有活环提梁，环身饰重环纹、云雷纹。鼎身烟炱严重，厚达0.2厘米，重6.6公斤。

“郾侯载之萃锯”铜戈　形体较大，援略上昂呈弧形，中脊隆起，援刃近前端较宽大，援近阑处有凸起倒“山”形纹。长胡，胡刃有波状纹孑刺。阑内有三个长方形穿。内稍向上举，内下缘有凹刃，内有两穿。内上铭文二行六字“郾侯（载）（之）萃锯”。全长27.8、援长18.5、内长9.3、援宽3.3、内宽3.4厘米。

“左征”铜壶盖　与“西宫”铜壶盖基本相同，只是略小些，盖上饰夔龙立耳三个（残一个），夔龙头向里。盖沿阴刻“左征”。

根据器物形制特征，上述出土遗物的年代当在东周时期，属于东周燕国文化遗存。夯土台基址和筒瓦是存在大型建筑的实物证据，“西宫”铜壶及“郾侯”铜戈等重器的存在，则反映了南阳遗址的等级及性质非一般普通类聚落遗址。南阳遗址的调查者即推测认为，该遗址的地理位置与燕国都城“临易”、汉时的“易京”相近，出土的这些“西宫”铜壶、铜鼎等器物，可能与燕国“易都”有关①。

二、易城与易都

南阳遗址面积广大，出土的“燕侯”铜戈、“西宫”铜壶等重要文物，显示着遗址性质的特殊性，即当非一般普通聚落遗址，至少应属于一座东周城邑遗址。

《史记·燕世家》集解引《世本》曰：“桓侯徙临易。”又注“宋忠曰今河间易县是也”。宋忠所言的易县，属于东汉河间国，治所在今容城古贤村一带。易县，秦代初置，属广阳郡。西汉沿置，属涿郡。秦汉的易县，来自于东周燕国的易邑。据此，则临易即今雄县、容城交界处一带，与南阳遗址的位置基本相合。

《水经注·易水》曰：“易水又东迳武阳城南……故燕之下都，擅武阳之名。……武阳盖燕昭王之所城也。……易水又东迳易京南。汉末公孙瓒害刘虞于蓟下时，童谣云，燕南垂，赵北际，惟有此中可避世。瓒以易地当之，故自蓟徙临易水，谓之易京，城在易城西四五里。……易水又东，径易县故城南。昔燕文公徙易，即此城也。”据此，关于易之地，似乎存在易京与易县两个城池，易京在西，易县居东，两城相距仅四五里。此与南阳与古贤的间距基本相合，因此则南阳遗址似乎包括双城。那么，桓侯与文公徙易之易，到底是易京还是易县呢？有学者推证，南阳一带为燕桓侯所迁的临易，而古贤村一带则为燕文公所徙的易。对于这个问题的深入探讨，目前的考古及文献资料似乎都难以得到满意明确的答案，但如果笼统言之，燕桓侯与文公所迁的易，即今广义的南阳遗址一带，当无多大问题。如此，出土遗物及相关文献互相印证，南阳遗址即秦汉之易县故城，亦即东周燕国之易城，曾经一度为燕都所在。

但也存在有不同的意见。陈梦家认为，雄县临易，易县亦临易，故所谓“临易”亦可以指今易县。今雄县是否曾为燕都，尚待实物的证明。因此，燕都于易水之上的易县，此为下都。更有学者认为，桓侯与文公所迁徙的易，均是今易县境内的燕下都。《燕下都》的研究者论述

① 孙继安：《河北容城县南阳遗址调查》，《考古》1993年第3期。

更详：燕桓侯徙临易是燕国第一次迁都，也是燕下都首次见于文献记载，考证认为临易在雄县西北之说不符合历史背景，燕下都一带自商代时即为“有易”或“易”所在，因此桓侯所迁临易即今燕下都无疑。而燕文公徙易是燕国第三次迁都，也是燕下都第二次见之于文献记载，此次所迁之易，仍是今易县的燕下都，燕文公所建设的易乃燕下都的前身。

然而更多的学者还是坚持临易乃易县故城之说，认为将燕下都视作燕桓侯所迁之临易及燕文公所迁之易的看法是不可信的，临易与易均在今南阳到古贤村一带，燕下都在战国时只称“武阳”而绝不称“临易”或“易”，该地称“易”乃是隋代改名“易州”之后。

南阳遗址是否为易都，由于目前尚未确凿的考古发现证据，此问题可存疑以待今后的考古工作。但眼下的考古资料似乎已足够于易城的推证，即南阳遗址当为燕国之易城似无多大问题。

首先，南阳遗址所处位置重要，面积广大，文化层堆积厚，出土遗物等级较高，这些因素均显示着该遗址非普通村镇类聚落遗址，应属于城镇以上规模的城邑聚落。

其次，铜壶铭文“西宫”“右征尹”等，指向宫殿与衙署类性质的建筑或机构，而陶文“易市”则明确了易城邑的存在。

《左传》昭公七年：“齐侯次于虢。燕人行成，……盟于濡上。”杜注：虢，燕境。濡水，至河间鄚县入易水。此二地均在今任丘西北一带。齐国伐燕国，燕国不敌而赂齐求和，故盟于濡水之畔地近易水一带。此可作为南阳遗址为燕国重要城邑的旁证。《括地志》：“易县故城在幽州归义县东南十五里，燕桓侯徙都临易是也。”唐代归义县，治所在今容城东王路村一带。易县故城即南阳遗址一带。因此，种种线索表明，南阳遗址应即东周燕国的易城所在。

但是也应当看到，南阳遗址至今未经过正式的考古发掘，迄今为止的考古线索均是调查采集或征集所得，故此难免存在不少的局限性，尚缺乏判定遗址属性的一些根本性实证，比如城垣遗迹、宫殿基址、大型墓葬等，另外还有遗址本身的结构布局及确切性质等等，所有这些都有待于今后考古方面的直接证据。

三、小　结

容城南阳遗址的考古线索非常重要和明确，遗址规模、夯土建筑遗迹及出土遗物等等，均表明遗址性质当属一大型城邑遗址，并且与相关古文献所记载的东周易城互相印证。因此，南阳遗址应即东周燕国的易城。至于其是否曾为燕都，还有待于今后的考古发现。

（原载于《文化研究》2017年第6期）

对北燕都城临易位置及其年代的探讨

孙继安

北燕，是周初封召公的一个古国，姬姓。出土文物皆“匽”。公元前十一世纪分封于燕山之野，故国名曰燕。又因为有南燕，而曰北燕。传四十四世，灭于秦，共有八百多年的历史。燕国强时成为战国七雄之一，所辖范围相当于现在的北京、天津、河北省北部以及辽宁等省与朝鲜为邻。其国都的迁徙是，初都燕，后迁蓟，营建中都，后併蓟，还迁徙临易，并修建下都。对临易的年代是早于蓟还是晚于蓟?临易也称易都，为什么只一度迁徙临易燕国也称“易”呢?其位置到底在哪里？历史文献记载较乱，史学界看法不一。这是燕国历史上一重大课题，本文试就近几年来的考古发现，参照历史记载，在前人研究的基础上，对北燕都城临易的位置及其年代，谈点粗浅看法，以供热心这一问题的同志们参考。

一、历史文献记载

《史记·周本纪》载：“武王……乃褒封黄帝之后于祝，帝之后于蓟，……封召公奭于燕。”《史记·周本纪·正义》说：“按周封以五等之爵，蓟燕二国俱武王立，因燕山，蓟丘为名，其地足自立国。蓟微燕盛，乃并蓟居之，蓟名遂绝焉。”《宗国都城记》说：“周武王封召公奭于燕。地在燕山之野，故国取名焉。”《括地志》说：“燕山在幽州通阳县东南六十里。”指明古燕位置在今河北玉田县一带。《史记·正义》也说：“召公始封，盖在北平无终县（也是说在今玉田县西北），以燕山为名。后渐强盛，乃并蓟徙居之。”燕国盛时所辖范围，《汉志·地理志》说：“召公封于燕，后三十六世与六国俱称王，东有渔阳、右北平、辽西、辽东；西有上谷、代郡、雁门；南有涿郡之易、容城、范阳、北新城、故安、涿县、良乡、新昌及渤海之安次。”

对燕都临易位置的记载。《史记·燕召公世家》载：“宣侯十三年卒，子桓侯立。桓侯七年卒，子庄公立。”《集解·世本曰》：桓侯徙临易。宋忠曰：“今河间易县也。”就是指后汉时的河间国易县。《读史方舆记要》说：“雄县北废易县，是春秋鲁庄公时（公元前693～前662年）燕桓侯徙于临易的地方。”还说：“废易县，在今县（雄县）北三十五里，本燕都邑也，春秋鲁庄公时燕桓侯徙临易即此。”清代顾祖禹两次指出燕都临易的位置在雄县北废易县，并说燕中都的位置是："良乡县，春秋时燕中都也。"据琉璃河近几年来的考古发现，燕中都可能于此。

《水经注》说："易水又东，径易县故城南，燕文公徙易。即此城也。"后魏时期，雄县西北的古县（贤），仍属易县。古县大城东侧紧靠易水河（现曰大清河）。郦道元说易县故城，可能指古贤大城。从这里得知，易县还来过一位文公。燕有二位文公，一位在公元前554～前549年；一位在公元前361～前333年。据《史记·苏秦列传》载："今赵之攻燕也，发号出令，不至十日而数十万大军，军于东垣（《史记·正义》：'赵之东邑，在恒州真定县南八里，故常山城也。'渡呼沱，涉易水，不至四、五日路程，而距国都矣。"自真定至燕国都城，需四、五日路程，）还要涉过易水，推测在文公二十八年（公元前334年）苏秦游说燕国时，燕文公没有在易都，就是说似是公元前554～前549年时燕文公徙易。

赵一清《水经注释》说："自蓟徙临易水，谓之易京，城在易城西四、五里。"他认为由蓟都迁徙临易后，临易便曰易京，并指出易京在易城西边四、五里。这句话很重要，他与笔者发现的南阳遗址即出土铜器地点一致。《史记正义》引唐代张守节《括地志》："易县故城在幽州归义县东南十五里，燕桓侯所徙都临易是也。"归义县治所是今晾马台东南十五里，按地是指今发现的古贤遗址。《中国古今地名大辞典》载："归义县唐置。五代晋时入辽。仍曰归义。金并入归信。故城在河北雄县西北三十五里。"归义县金时并入归信县，故城地址当是今晾马台。归信款说："五代晋时归义县入辽，周分故城南界置雄州及归义县于此。"上述几家都认为燕桓侯所徙临易是雄县西北，赵一清更明白的指出桓侯徙临易后，便曰易京。今发现的南阳遗址方位，距离都与《水经注释》相合。《嘉靖雄乘》载：后汉献帝兴平二年（195年），公孙瓒城易京，围堑壕筑京高十丈，崇楼铁门，乃兵法百楼不攻。由此而推测，于195年，公孙瓒又在原来的基础上把易城抬高加固，以防袁绍的攻击。南阳遗址北坡，现仍比周围地表高2～3米，公孙瓒可能是把此地加高。这些与《中国古今地名大辞典》注易京也大致相同，它是临易位置一旁证。

范文澜著《中国通史》说"成王把召公的儿子封燕（故都在易河北易县，后迁都蓟，北京）"。他认为燕故都是易，河北易县，但没说清是雄县西北的故都易，还是今易县下都武阳，后来迁蓟。关于燕故都易，有些专家学者也有这种说法，不知出于何处。有些燕货币注易，易字货币很多，燕境内有南、北、中三条易水河，所以燕也曰易吧?《中国历史地图集》把春秋时期北燕都城符号标在北京西南注"蓟"；雄县西北"临易"也标都城符号注2。据上述历史文献资料所见和现在发现遗物反映的年代推测，我认为这样较妥。

上述对燕易都位置的记载，都认为在今雄县西北。但一种说是易县故城（古贤遗址），一种说是故城西四、五里的易京（南阳遗址）。对北燕易都的时间，有的认为易早于蓟；有的认为由蓟迁徒临易，其时间大体在燕桓侯在位时的公元前697年至燕文公在位时的公元前549年之间。

二、近来的发现与考证

随着文物考古工作的不断深入，燕国文物的不断发现，为我们探讨燕国历史提供了新的资料。琉璃河西周燕国墓地的几次发掘，燕侯铜器及车马坑的出土，都表明它是燕国早期一个重要城邑。与容城出土文物比较，它早于容城这些文物好多年。

一九五八年容城出土“燕王职戈”一件，现存河北省博物馆。七九年露出“西宫”铜壶一件，铜鼎一件，“左征”铜壶盖一件。八一年又出土铜鼎一件。铜器出土地点南六千米的向村，八二年出土铜簋一件。随着文物的发现，我们对铜器出土地点及其附近，作了些调查，发现较大的周汉遗址三处，并清理、征集到四十多件文物，现把遗址概况简单介绍如下。

南阳遗址：铜器出土地点位于容城县城东14千米；雄县县城西北11千米的南阳村西北250米处。遗址面积约三万平方米。因这里地势较高，是一片废墟，当地群众历来在这里取土，现已下挖2米左右，西侧有遗址未动。调查时在用土区发现一个残留深16厘米，长50厘米，宽32厘米的灰坑，我们清理出骨锥一件，陶纺轮一件。在附近捡到铁斧一件。地表面陶片很多，以泥质灰陶为主，器形有豆、罐、鬲等。按陶质、器形、纹饰等方面看，有春秋、战国时期特征。南侧有一条故河道，当地群众称它“后河”。与后河相通，东面有约两万平方米的一个大坑，流至西北阳、东北阳村缩窄，从两村中间穿桥而过。

铜器出土地点南0.5千米的南阳村南100米处，有一台地，北坡比周围地表面高2.5米；南坡比一般地表面高0.5米，南北长700米左右。东面边沿清晰，高0.7米左右，往西300米后地势低缓平展，边沿模糊不清。由西南方向大河村而来有条故河道，宽50米，河漕比地表面低1.5米左右，绕台地西侧奔“后河”，当地群众称它为“西河子”。台地南300米，也有一支从大河村而来的故河道，群众称它为“南河沟”。南河沟在台地南拐向东北方向，奔大先王、小先王村中间，注入拒马河，群众称这段为“东河”。台地的情况是：东部地质较硬，庄稼长势不好，其中有二百多亩种了数年苜蓿。在一座砖窑处发现，其文化层深一米左右。在台地周围暴露出的遗迹有：台地东北角有三堆大小基本相同的红烧土，椭圆形，直径1.8米左右，高0.16米。北坡露出灰坑两个，清理出燕刀币一枚、铜镞两枚、骨锥两件、砺石一件。在台地北坡断面的上部，采到带有“易市”戳印的陶钵一件。在台地周围还采到陶豆二件，陶鼎一件，陶尊一件。征收到较完整的陶壶、陶鼎、陶鬲、陶豆、陶罐等器物30多件，这些器物都带有春秋、战国、汉代时期特征。其中还有一件陶罐肩部有“易市”戳印。八四年六月份，台地东侧的砖厂取土，露出枣树、槐树等木棍30多根，长40～90厘米，粗直径20厘米左右。据发现者讲，这些木棍东北、西南向平放着，长3米多，很有次序。出土木棍皆用不利器械砍剁，没有用锯痕迹。南不远处还露出许多燕刀币，皆碎，据在场人讲，估计有100多枚，我们只征收到三枚。

晾马台遗址：铜器出土地点北2.5千米，有一座土丘高台，位于晾马台村西北隅，晾马台即此台，唐代时，是归义县治所。土台面积约一万五千平方米，南北宽100米，东西长150米。此台比周围地表面高3至5米，四周陶片很多，以粗绳纹褐陶为主，灰陶次之。近年来出土红铜翘首刀1把，褐陶罐1件、红陶涂黑陶衣盖豆2件、球形盖豆2件、陶鬲2件。台上现在有晾马台乡政府、晾马台中学、拖拉机站、修配厂、面粉厂等单位。

晾马台西一千米的南剧村，发现燕国名将剧辛墓碑。

古贤（县）大城遗址。铜器出土地点东稍偏南三千米的古贤村西北50米，有“大城”遗址，即史书所载“大易故城”。古贤村南为“南城”。在20世纪30年代城墙曾高出地表面2米左右，“大城”与“南城”相连，南北宽约1000米，东西长约1200米。“大易故城”东侧紧靠大清河（古易水）。在20世纪40年代左右，因河水泛滥，城墙大部分被水冲毁，只残留西北角部分和东南的一段，平地淤积了很厚的黄沙土。因残留的部分城墙是黏土，人们打坯、修房都用黏土，在20世纪五、六十年代，仅存的部分城墙也被群众挖平。据调查时试掘，部分城墙基址尚存，城墙基址附近，有很多人头大小的河卵石，据传说是筑城时用的“城基石”。古贤南200米，有地名叫“仓敖”，据说是本城储存粮食的所在地。《雄县县志》载：“古县（贤）城在西北十五里，故址犹存，汉易县也，易京城即今城。晋改易县为易城县，属河间郡，东晋仍之，后魏又称易，属高阳郡，北齐天保七年省易县入莫县，易之名遂废。”

三、几 点 看 法

参照上述所引史料记载，依据近几年来发现的历史文物，对北燕别都临易的位置及其年代有如下看法。

① 北京琉璃河西周墓地出土的文物，早于容城出土文物，前者出土物从器形、纹饰及铭文字形等方面看，都带有西周早期特征，说明它是燕国早期一个重要城邑。容城出土的铜戈、铜壶、铜鼎等器物，有明显的春秋、战国时期特征，拿两地出土铭文对照一下更易看出。

② 北燕都城临易的年代。史籍称古贤大城遗址为“大易故城”，最早称“易”。南阳、古贤等处旧属雄县所辖，现属于容城县。按《史记》载燕桓侯徙临易，其父宣侯，其子庄公，其间应是第一个燕桓侯，年代是公元前697～前691年间。《读史方舆纪要》载是春秋鲁庄公时燕桓侯徙于临易，鲁庄公时的在位年代是公元前698～前662年间，《雄县县志》载：周武王克商三年，封召公奭于北燕，（周）庄王三年燕桓侯徙都易。如无误，周庄王三年应是公元前694年，就是燕桓侯即位四年时，迁徙临易营建别都。上述《史记》《读史方舆纪要》《雄县县志》三种史书记载完全相符。燕桓侯徙临易当定公元前694年。

据《水经注》“易水又东通易县故城南，燕文公徙易即此城也”。据推测，此城还来过一文公。据苏秦说燕文公言语而论，应是第一位文公徙易，其年代是公元前554～前549年之间。

周武王在公元前十一世纪分封诸侯，不久燕并都于蓟，以此而论，燕桓侯、燕文公徙易都在春秋时期，易都晚于燕故都蓟三百多年。

③ 燕易都与易京城是南阳遗址。据南阳遗址暴露出的遗迹、遗物看比古贤遗址丰富的多，尤其是“西宫”铜壶与两件“易市”陶文的出土，为我们查找燕易都提供了线索。这种说法与《水经注释》中“自蓟徙临易水，谓之易京，城在易城西四、五里”也完全相符。

据踏察与试掘看，台地周围的“四河”，是否是燕易都或后来的易京城的护城河呢?当地群众称这一台地为“燕国城”，还把北坡叫“城坡”，南坡叫“城岗”，东南角叫“城嘴”。《嘉靖雄乘》载：“杨关城（当地方言‘燕国城’的谐音）在县西北二十三里，南阳村南一里……唯时发现古砖瓦，非近代物，史传不载莫能详也。”南阳遗址不但暴露出的遗迹、遗物多，有西宫、易市等文字出土，而且台地北坡地势较高，与南阳村的平房顶相等，大有“盛修营垒楼观”之势。

④ 晾马台是燕易都的主体工程之一，与燕下都的阑马台（老姆台）、邯郸赵王城的南将台一样，可能为燕桓侯、燕文公检阅兵马用的土筑高台。

综上所述，虽把三处遗址个个加以推测，但总的来看，这三处遗址只隔六千米。自五八年以来，又不断有铜器出土，还有“易市”等陶器佐证。结合上述材料，笔者认为，由这三处遗址为主，构成北燕都城临易。从出土器物所反映的年代来看，基本上属于春秋、战国至汉代时期。就是说自燕桓侯、燕文公徙易后，此处曾一度营建，后来也并未废弃。据“易市”陶器证实，秦汉时这里仍可能有交易的市场。

但这只是根据遗址地貌、出土文物、史书记载而进行的初步探讨，确定北燕都城临易位置和年代是燕国史上的重大事件，要弄清这些问题和临易真正全貌，还要靠今后的考古发掘来证实。

附记：笔者发现铜器及遗址后，曾去中国历史博物馆找傅振伦先生请教，本文引用的文献史料，有些是他介绍的。

（1984年燕文化学术研讨会论文）

从考古发现看雄安的历史文化特色

张文瑞

雄安新区位于河北省保定市东北部，涉及雄县、容城、安新三县及任丘、高阳县部分区域。源于太行山北部的潴龙河、瀑河、唐河、漕河等八条河流，汇流于白洋淀。在这些河流的作用下，雄安新区西部为永定河、拒马河、滹沱河等出太行山后形成的冲—洪积扇构成的山前倾斜平原，东部为冲积平原，受河流作用的影响，形成许多洼地和缓岗的地势。雄安新区特殊的地理环境，形成了具有地域特色的历史文化。

一、新石器时代

该地区人类活动的历史最早可上溯到2万年前的旧石器时代晚期，1988年在涞水发掘的北边桥遗址，曾发现人类化石和动物骨骼、石制品等。距今1万多年前，发现了年代最早的有陶新石器时代文化遗址——徐水南庄头遗址。早全新世晚期，白洋淀及其附近地区沉积转变为河流相沉积，气候变得寒冷干旱，湖泊严重收缩，人类生存环境发生严重变化，形成了一段人类发展的空白期。在距今8000年前后的中全新世，被称为“全新世大暖期”，人类社会发展进入新石器时代早期偏晚阶段，这一时期发现了易县北福地一期文化和容城上坡一期文化遗存。以北福地一期文化为代表，发现了房址、祭祀场、灰坑等人类文化遗存。北福地一期文化与河北南部磁山文化出土陶器器物组合基本相同，但器物纹饰、形制等具有地域性。同时，北福地一期文化遗存伴出燕山北部兴隆洼文化因素。

新石器时代中期代表性文化遗存（距今7000～6500年）有容城北城村、北庄、安新留村遗址下层等。北城村遗址发现了房址、灰坑和灰沟等遗迹。这一阶段，生产力较为发达，陶器器型丰富多样。与其文化面貌类似的文化遗存在北京，天津，河北易县、涞水、正定、磁县、永年、武安等地都有发现。这说明，冀中南地区此时已形成一个面貌较为统一的文化区，雄安新区所在的白洋淀周围属于这一文化区的腹地。

新石器时代中晚期（距今6500～6000年），雄安新区代表性遗存是留村上层文化遗存。该文化遗存属于后冈一期文化，其分布范围广大，西北达张家口蔚县、阳原、崇礼等县，北到廊坊市，并跨过燕山，影响到内蒙古赤峰和辽西的红山文化，东到沧州，南到邯郸，包括保定、石家庄、邢台等地均有分布，其分布范围几乎涵盖了燕山以南、太行山以东河北中南部全部区域。

雄安新区新石器时代晚期早段（距今6000～5500年）代表性遗存是任丘三各庄新石器文化遗存。这类遗存与陕西庙底沟文化相像，年代亦相当，该类遗存在河北发现较少，仅在曲阳、宣化、蔚县、正定有所发现。在河北发现的庙底沟文化遗存应是庙底沟文化向东部渗透的结果。

新石器时代晚期晚段（距今5500～5000年）以午方遗址第二层堆积为代表。该阶段文化内涵与豫北冀南的大司空类型之间有许多相同或相似之处，一些器物与纹饰又与辽西地区的小河沿文化有密切的关系。同时，在一些器物纹饰方面又体现出山东大汶口文化特征。

新石器时代晚期末段（距今5000～4000年），黄河北支分流沿太行山东麓冲积扇前缘注入古白洋淀，因河流泥沙不断淤积，古白洋淀的水域不断退缩，这或许与当时的气候环境因素有关。这个时期的文化遗存并不多，经过多年的考古调查和发掘工作，龙山时期及其向夏时期过渡阶段的遗存可谓少之又少。雄安新区范围内只在午方、河西等地有所发现。

二、夏商周时期

夏时期遗存在雄安广泛分布，容城和安新境内发现10余处夏时期文化遗存，从文化面貌来看，既有中原二里头文化因素，又有北方夏家店下层文化因素，山西先商文化因素和山东岳石文化因素亦有所体现，呈现多元文化格局。

商周时期，中原文化占主导地位，但分布于京津地区的本地土著文化也成为该地区文化的一个特色。尤其是西周时期，当地的土著文化——先燕文化已经形成一支强大的力量，不断向东扩展。

三、春秋战国时期

据《史记·燕召公世家》载，“召公奭与周同姓，姓姬氏。周武王之灭纣，封召公于北燕”，燕国始于西周。“顷侯二十年，周幽王淫乱，为犬戎所弑”，东周开始。至“穆侯十八年卒，子宣侯立。宣侯十三年卒，子桓侯立，桓侯十三年卒，子庄公立”。桓侯时，发生了一件大事，《史记集解》在燕桓侯条下称：“《世本》曰：‘桓侯徙临易。’宋忠曰：‘河间易县是也。’”宋忠为东汉人，东汉时的河间（国）易县，即今容城县东部南阳、古贤及雄县西部一带。《括地志》载：“雄县北废易县，是春秋鲁庄公时（公元前693～前662年）燕桓侯徙于临易的地方。”还说：“废易县，在今县（指雄县）北三十五里，本燕都邑也。春秋鲁庄公时燕桓侯徙临易即此。”

在容城南阳和晾马台两处春秋战国时期文化遗址附近，曾征集到刻有铭文的铜器和陶器。器身有“易市”陶文的陶碗，铜器有“燕王职戈”、铸有“西宫”铭文的铜壶、“左征”铭文的铜壶盖和“燕侯载之萃锯”铭文的铜戈等。“西宫”铜壶的发现，说明南阳遗址应为国都宫殿建筑之所在，铜壶上的“左征”“右征尹”铭文中的“征”应为燕国内府官署名，左、右为分工司职。“易市”陶文或与“临易”“易都”相关。据《史记》载，燕侯为战国时期的燕成侯（公元前450～前434）。这说明，从公元前697年燕桓侯迁都到临易，直至前434年，临易一直存在。

战国时期，雄安三县均属燕国地域。燕以易水长城为界，南属赵，北属燕。赵筑葛城，燕筑三台城、浑泥城。这里说的葛城即现今的安州，而浑泥城则在新安。

在雄安三县，发现春秋战国时期燕文化遗存数十处，文化面貌基本相同，说明春秋战国时期，雄安所处区域具有文化的连续性。在战国时期，燕、赵、齐、中山等国以及与北方的东胡、戎狄等民族之间互动频繁，在雄安存在赵、齐、中山以及北方民族文化因素，也在情理之中。

秦汉时期，地域一统，文化一脉。雄安新区秦时属广阳郡等，因秦之历史短暂，目前尚未发现明确属于秦代的遗存。汉属涿郡、河间国等地。目前，在雄安新区所在区域发现了大量汉时期遗存，且分布范围广大，并与战国时期遗址分布地域相同。汉代遗址数量之众说明当时冀中平原经济发达、人口稠密，而其多与战国遗址重合可能意味着当时多系先前本地人的延续，同时，也是文化的传承和延续。

四、隋唐时期

隋唐时期，雄安历史文化发展进入稳定期，置县数明显增加。隋朝时，雄安辖境分属鄚县和渔县。唐朝建立后，于武德五年（622年）雄县地改置归义县。其后复置遒县，天宝元年（742年）、改名容城。如意元年（692年）于葛城置武昌县，后改名为唐兴县。

隋唐代时期遗存、遗迹仅见于唐代墓葬和砖井等。墓葬基本为砖室墓，有单室和多室墓，墓室多呈椭圆形，个别残留穹隆式顶。散见泥质红陶、灰陶、白釉瓷等残片。砖井发现多处，圆形居多，另有椭圆形。文化性质与其他地区发现的文化遗存别无二致。鄚州城是雄安新区保存较好的唐代城址。

五、宋辽时期

北宋时期，宋辽以白沟为界，为抵御辽军的进犯，宋在白洋淀沿线的雄州、霸州、信安分设三关（即瓦桥关、益津关、淤口关）。出于军事需要，太平兴国六年（981年）正月，遣八作使郝守浚分行河道，抵御辽境者，皆疏导之，又于清苑界开徐河、鸡巨河五十里入白河，自是“关南之槽，悉通济焉”。六宅使何承矩正知雄州，向朝廷建议：“自雄州东际于海，多积水，契丹患之，未曾敢由此人，每岁数扰顺安军。”在何承矩的建议下，宋太宗淳化四年（993年）三月，发诸州镇兵18000人给其役。凡雄、冀、霸州，平戌、兴堪六百里，置斗门，引淀水灌溉。

咸平三年（1000年），何承矩又建议："今顺安西至西山，地虽数郡，路才百里，纵有丘陵冈阜，亦多川渎泉源，因而广之，制为塘泺，自可息边矣。"在杨延昭和何承矩的统率下，白洋淀广为屯兵，设立寨、营、垒、堡、口，挖沟开河，习武屯田。历经几十年的人工治理，建阡陌，浚沟洫，河通淀，淀连河，建成自边吴淀至泥沽海口（今天津一带）绵亘七州郡、屈曲九百里，深不可行舟，浅不可徒涉的"塘泺防线"。

宋代对白洋淀的治理尤为重视，"塘泺防线"和屯田并举，对边缘塘泊设置了专门管理机构"河北屯田司""边缘安抚司"。在白洋淀北界以燕长城遗址为基础，筑起一条沿淀通往霸州几百里的堤防。同时，还修筑淀南堤，据康熙《安州志》载："州城北，易水之滨有古堤，东自边村而下延新安、雄县，南自板桥而下接蠡县，以防九河之水，传为宋时所筑。"

宋辽时期，雄安新区属于宋、辽南北政权的交界地带，战略地位极为重要，宋辽遗存军事色彩浓郁，大量与军事防御设施如关隘、地道、城址、堡寨、堤坝等有关遗存发现是历史的真实写照。宋辽边关地道是雄安新区这一时期最为著名的发现。以邢村边关地道为代表，青砖结构，内部结构复杂，由甬道和洞室构成，在一定间隔距离内设置较大洞室，甬道与洞室之间设翻眼相通，另有夹壁墙、掩体、闸门等军事专用设施。地道内置通气孔、置灯处、翻眼、内室、隐体等设施。雄县现存城墙为宋代所筑。安新安州城墙始建年代亦为北宋。陈阳庄城堡系夯土筑成，夯层厚约14厘米，北距拒马河0.5千米。史载宋筑此堡以拒北辽。《文献通考·田赋七》："又置堡寨，使其分居，无寇则耕，寇来则战。"古寨堡的寨墙上建有寨门、射孔等，构成了一套完备的防御体系。寨内有齐全的生活设施，除建有足够的堡垒式民房外，寨民生活所需和防御必备的水井、马坊、粮仓、炮台、药库等也都一应俱全。清严如煌《三省边防备览·策略》："自寨堡之议行，民尽倚险结寨，平原之中亦挖濠作堡，牲畜粮米尽皆收藏其中。探有贼信，民归寨堡，凭险拒守。"

六、元明清时期

元代遗存数量较少，仅存数处地点。明清时期，雄安新区属保定府，为京畿重地。文化遗存发现较多，类别多样，有城墙、居址、墓地、砖塔、凉亭、寺庙、祠堂、戏楼等多种形式。山西村白塔、陈调元庄园、陈子正故居是该时期重要的文物遗存。

明清时期，雄安涌现出许多仁人志士，如"浩气还太虚，丹心照万古"的杨继盛、明末清初理学大儒孙奇逢、秉公执法按察使陈德正，清朝女诗人王淑昭、武学大师陈子正等。

雄安新区文化发展史是人们不断利用自然，改造自然的历史，也是不同区域历史文化的交流史，更是中华优秀传统文化不断传承发展的历史，"弘扬中华优秀传统文化，延续历史文脉"也是我们的历史责任。

（原载于2018年12月《雄安研究》第一期）

雄安先秦文化演进与社会发展

洪　猛　张文瑞

雄安新区规划范围涉及河北省雄县、容城、安新三县及周边部分区域。新区的设立使这一区域获得了千载难逢的发展机遇。资料显示，这里很早之前就是人类繁衍生息之地，历史悠久，文化丰富，文物遗存众多。加强雄安历史文化研究，有助于更好地保护弘扬中华优秀传统文化、延续历史文脉，对于促进雄安城市文化建设具有显著价值。

迄今为止，该区域已发现300余处重要古文化遗址。现有材料已能勾勒出一个较为清晰的“考古雄安”，大大丰富了对于雄安历史文化的认识。其中，雄安先秦时期历史文化因相关古籍文献极为匮乏，考古学资料显得尤其重要，基本上是了解当时社会面貌的唯一史料。然而，迄今专门关于雄安先秦历史文化演进的考古学系统梳理还比较有限，更鲜见对不同时期社会特点的专门总结，致使目前对于雄安区域早期历史的了解较为不足。

本文在以往研究基础上，借由出土材料从考古学视角着重探索雄安先秦文化脉络及相关社会发展内容，以增进对雄安早期历史的认识，并冀望有助于进一步推动冀中南地区先秦时期考古学文化的深入探索，以及为传承利用雄安传统文化等提供一些基础性认识。需要说明的是，雄安历史文化发展与周邻地区尤其是环白洋淀地区息息相关。本文在分析具体问题时，会选择性借助周邻地区一些重要内容来弥补雄安考古发现之不足。

一、最早的人类活动迹象

1987年，安新县三台乡三台村一古河道砂层中发现一件晚旧石器时代的人类股骨化石，伴生的有鹿、犀等动物化石、树化石等，有些鹿角上具有人工砍砸痕迹[①]。这一发现说明，雄安区域早在1万年之前的旧石器时代晚期就已有人类活动，处于晚期智人阶段，属于目前所见雄安最早的人类存在迹象。有限的材料显示，当时很可能主要是狩猎经济，先民已较为熟悉骨角类材料的特性，并用以制作工具。

① 龙进：《河北安新县发现人化石》，《化石》1987年第4期。

从更大的地理范围来看，同属广义白洋淀流域的房山周口店①涞水北边桥②等地已发现有晚期直立人、早期智人和晚期智人化石，文化遗存十分丰富。可见，雄安西北侧一带古人类出现史至少远达数十万年前，并延续不断。雄安区域或至迟在旧石器时代晚期就已是人类繁衍生息之地。

二、脉络清晰的新石器时代文化

约在公元前1万年左右，旧石器时代开始向新石器时代过渡。依据文化内涵，参照有关编年体系，雄安邻近区域新石器时代大致可分为早期（约B.C.10000—B.C.6500年）、中期（约B.C.6500—B.C.5000年）、晚期（约B.C. 5000—B.C. 3000年）、末期（约B.C.3000—B.C.2000年）等四个阶段。

（一）新石器时代早期

雄安区域范围内目前尚未发现新石器时代早期遗存。不过，邻近的徐水南庄头遗址是一处著名的新石器早期遗址，距今1万年左右，考古发现了早期陶片、磨制石器、磨制骨器、大量动物骨骼、烧烤和用火痕迹等③。南庄头等遗址显示，雄安邻近尤其是其西北侧区域对于研究中国北方地区旧石器时代向新石器时代过渡、陶器起源、农业起源以及家畜饲养业的开始，具有十分重要的意义④。

（二）新石器时代中期

雄安区域本阶段遗存发现不多，分别以上坡一期⑤和梁庄下层⑥为代表。

上坡一期遗存，遗迹仅见灰坑一种，个别灰坑似房址迹象。陶器皆夹云母陶，以红褐色为主，有少量灰黑色和黑色陶器，陶色一般不纯，常见压印或刻画的几何形图案。器形只发现直腹盆和平顶支脚。石器中长椭圆形磨盘、长圆柱体磨棒、长条形双面刃斧、长舌形铲具有代表性⑦。

梁庄下层遗存，发现少量灰坑，出土陶片分夹砂和泥质灰陶两类，夹砂陶比重略大。器表多素面，仅夹砂陶有少量乳钉纹饰，器表多被刷抹。基本为平底器，器形有直腹盆、直口壶、折沿罐、敛口钵、支脚等。

---

① 贾兰坡：《周口店遗址》，《文物》1978年第11期。

② 姚秀珍：《北边桥遗址》，《保定文物》，中国文史出版社，1999年。

③ 保定地区文物管理所等：《河北徐水县南庄头遗址试掘简报》，《考古》1992年第11期。

④ 河北省文物研究所等：《1997年河北徐水南庄头遗址发掘报告》，《考古学报》2010年第3期。

⑤ 河北省文物研究所等：《河北容城县上坡遗址发掘简报》，《考古》1999年第7期。

⑥ 段宏振：《容城上坡遗址的发掘》，《北福地：易水流域史前遗址》，文物出版社，2007年。

⑦ 保定地区文物管理所等：《河北安新县梁庄、留村新石器时代遗址试掘简报》，《考古》1990年第6期。

以往多将以上两种遗存混同认识。然从文化内容分析，梁庄下层遗存很可能系在上坡一期遗存基础上融合其他因素的产物，二者具有内涵和年代差异。总体而言，以上两种遗存与北福地一期遗存①相类，处于磁山文化阶段，但文化性质究竟属于磁山文化②，还是应单独析出③，目前尚存争议。与周邻地区新石器时代中期遗存相比，上述几种遗存表现出甚强的相似性，属于同一文化圈，以“直腹盆—平顶支脚”为基本标志，组合在一起共同意味着此时期冀中南文化区特征之凸显。从与周邻地区对比的角度分析，上坡、梁庄、北福地等有关遗存似更接近统一归入磁山文化类型，其间以及与磁山遗址④的诸多差异，可能主要是基于分布地域或文化发展阶段的不同。

从有限的考古发现分析，雄安领近新石器时代中期先民已实现定居生活，具有黄河流域同时期社会内涵的一般特点⑤。房屋为一种圆形半地穴式的窝棚式建筑，面积一般不大。生产工具以石器为主，虽已广泛使用磨制石器，打制石器仍占有相当数量。磨制石器表面较规整，器身修治平整或者刃部磨光，有助于提高工效。石器类型以铲、镰等农业生产工具居多斧也可能用以农耕。用于加工谷物类的石磨盘、石磨棒较为盛行。考古发现了少量骨器，如骨锥等，制作精细，体现了骨质工具在当时生活中具有重要作用。陶器形制已脱离陶器产生时的最初形态。炊器的广泛使用说明，当时应已推广熟食。陶器的流行，从另一个方面体现出定居生活的稳定性。总之，这一阶段的雄安先民当具有了农业为主的相对稳定的生活，日常生计水平已脱离新石器时代初始阶段的原始性。

（三）新石器时代晚期

新石器时代晚期可细分为初段（约B.C.5000～B.C.4500年）、早段（约B.C.4500～B.C.3900年）、中段（约B.C.3900～B.C.3500年）、晚段（约B.C.3500～B.C.3000年）等四个阶段。

雄安区域的新石器时代晚期初段遗存较丰富，代表性地点有北城⑥、北庄⑦等多处。考古发现房址为半地穴式，平面形制大多长方形或正方形，门道样式多。石器以磨盘、磨棒、石刀、石镰等较具代表。骨器有针、锥等。陶器中泥质陶占大多数，另有夹砂陶、夹蚌陶、夹云母陶等，以红陶为主，纹饰有指甲纹、楔点纹、刮抹纹、划纹等。器形以红陶钵、红陶釜、素面

---

① 河北省文物研究所：《北福地：易水流域史前遗址》，文物出版社，2007年。

② 安志敏：《略论华北的早期新石器文化》，《考古》1984年第10期。

③ 段宏振、张渭莲：《北福地与磁山——约公元前6000—前5000年黄河下游地区史前文化的格局》，《文物》2006年第9期。

④ 河北省文物管理处等：《河北武安磁山遗址》，《考古学报》1981年第3期。

⑤ 张忠培、严文明：《中国远古时代》，上海人民出版社，2010年。

⑥ 中央民族大学民族学与社会学学院等：《北城村：冀中平原的新石器时代文化》，科学出版社，2014年。

⑦ 容城县文物保管所：《河北容城县北庄遗址调查报告》，《文物春秋》1996年第2期。

盆为大宗。本段遗存与易县北福地①、房山镇江营②③、正定南杨庄④、永年石北口⑤、磁县下潘汪⑥等地同期遗存相类，被称作北福地文化⑦、北福地二期文化、镇江营一期文化⑧或镇江营文化⑨，文化面貌明显具有新石器时代中期向仰韶时代过渡的性质。从有关遗存地点分析，冀中南地区本阶段形成了一支极具地域特色的考古学文化，雄安所在的白洋淀周邻接近这一文化的核心区域。

雄安新石器时代晚期早段遗存以留村上层为代表。陶器分夹砂和泥质两系，后者居多，以平底器为主，流行指甲纹、坑点纹、刻划纹等。夹砂陶多红褐色，器型有鼓腹罐、鹰嘴状耳罐、扁方柱形和三棱锥形鼎足、匕形器等。泥质陶以红色为主，器型有支脚、厚方唇缸、敛口罐、大口直领罐、高领壶、束颈瓶、浅腹碗、红顶钵等。本段遗存属后冈一期文化⑩，但较具区域特点，与上阶段遗存联系亦甚为紧密。后冈一期文化大致以太行山东麓古黄河下游地区为中心，分布范围较广。雄安区域此时所属的考古学文化，空间范围较本地区上一阶段文化分布有所扩大。雄安新石器时代晚期中段遗存以三各庄遗址发现⑪为代表。陶器多泥质红陶，彩陶突出，有敛口钵、斜腹盆等器型的彩陶片，多饰红褐色彩，纹样有圆点、弧边三角等。这类遗存与庙底沟文化相像[25]。此区域目前经过发掘的此类遗存极少，尚难总结出较多有别于核心区庙底沟文化的地域个性。同类遗存还见于曲阳钓鱼台⑫⑬等，另在清苑、正定等地亦有迹象，共同体现出此时中原腹地彩陶文化对太行山东麓冀中地区的播化与影响。

雄安新石器时代晚期晚段遗存以午方一期⑭、东牛⑮等为代表。陶器以夹砂红褐陶和泥质红陶为主，器表多素面磨光，纹饰多刮抹而成的不规则形条状纹，另有细绳纹、弦纹、方格纹等，存在少量施红色彩的彩陶器。主要器型有素面深腹罐、敞口斜壁筒状罐、敛口折腹钵、敞

---

① 拒马河考古队：《河北易县涞水古遗址试掘报告》，《考古学报》1989年第3期。

② 北京市文物研究所：《北京市拒马河流域考古调查》，《考古》1989年第3期。

③ 北京市文物研究所：《镇江营与塔照》，中国大百科全书出版社，1999年。

④ 河北省文物研究所：《正定南杨庄—新石器时代遗址发掘报告》，科学出版社，2003年。

⑤ 河北省文物研究所：《河北永年石北口遗址发掘简报》，《文物春秋》1989年第3期。

⑥ 河北省文物管理处：《磁县下潘汪遗址发掘报告》，《考古学报》1975年第1期。

⑦ 段宏振：《太行山东麓地区新石器时代早期文化的新认识》，《文物春秋》1992年第3期。

⑧ 秦存誉、袁广阔：《镇江营一期文化的起源及其相关问题蠡探》，《黄河·黄土·黄种人》2016年第20期。

⑨ 于孝东：《试论镇江营文化》，《文物春秋》2007年第4期。

⑩ 段宏振：《白洋淀地区史前环境考古初步研究》，《华夏考古》2008年第1期。

⑪ 沧州市文物局：《沧州文物古迹》，科学出版社，2008年。

⑫ 董增凯、孟昭林：《河北省曲阳县发现彩陶遗址》，《文物参考资料》1955年第1期。

⑬ 赵印堂、杨剑豪：《曲阳县附近新发现的古文化遗址》，《考古通讯》1955年第1期。

⑭ 河北省文物研究所：《河北容城县午方新石器时代遗址试掘》，《考古学集刊（第5集）》，中国社会科学出版社，1987年。

⑮ 段宏振：《容城东牛新石器时代遗址》，《中国考古学年鉴（1998）》，文物出版社，2000年。

口平底碗、大口平底盆、长颈广肩壶等。这类遗存在白洋淀周邻多有发现，与平山中贾壁[①]等遗存面貌基本一致。同类遗存主要分布于拒马河与滹沱河之间的冀中地区，相对周邻文化呈现较为明显的独立性，可称之为午方类型[②]。午方类型反映出冀中地区文化在庙底沟文化彩陶浪潮之后渐显地域化意味。

由上可知，雄安区域新石器时代晚期文化遗存丰富，脉络清晰，序列完整，每个阶段都呈现较为独特的遗存面貌和文化联系。从目前考古发现分析，这一时期的雄安先民以种植农业为主，同时辅以渔猎及采集等。但由最晚时期的遗址发现的生产工具仍以石斧居绝对多数来看，新石器时代晚期的雄安先民基本上还处于砍倒烧光的农业耕作阶段。农业的发展为获取食物之外的生产活动奠定了一定基础，如在午方遗址发现有一定数量的陶纺轮，可反映先民纺织劳作存在状态。生产技术和方式的改进，贯串新石器时代晚期始终。以制陶业为例，本阶段陶器多采用泥条盘筑，口部经轮修或刮抹修整。陶器的制作方式和技术水平已非新石器时代中期可比，而且初段的北城遗址均以泥质陶为主，并且较为注重器表装饰。当时的雄安先民在日常社会作业外，已具有较强的审美意识等，如午方遗址出土大量的陶环，不排除就是装饰习俗的有关反映。相对新石器时代中期的进步，更深刻地体现在社会组织上。北城遗址聚落形成已有一定的规划和设计，房址呈现分组现象，不同组房址之间存在比较明显的空白区域界线，可能反映了家庭乃至家族等社会组织的存在。近7000年前居住在北城村落的人群，应当属一定社会规范所维系起来的统一的社区群体。这些社会发展内涵与仰韶时代周边地区具有较强共性。

（四）新石器时代末期

新石器时代末期可分为早段（约B.C.3000—B.C.2600年）和晚段（约B.C.2600—B.C.2000年）。

雄安新石器时代末期早段遗存以上坡二期、午方二期等为代表。陶器大致分夹砂陶、夹云母陶、泥质陶三类，多为红褐色，颜色不均，器表除素面外有指甲纹、弦纹、乳钉纹和附加堆纹等，尚存少量彩陶，有S纹和连弧三角纹。器型有敛口钵、筒状罐、敞口盆、侈口盂、高柄豆、圈足盘、直口杯、敛口瓮、甑等，器耳甚多。这类遗存属于燕山南麓的雪山一期文化，并且表现出与燕山迤北小河沿文化较强的相似性。本阶段文化内容表明，此时冀中地区遗存与燕山南北地区同期文化有较强的关联。

雄安新石器时代末期晚段遗存罕见，午方遗址可能有这一阶段的遗存。周邻同期遗存以任丘哑叭庄一期内容[③]最为重要。哑叭庄遗址的发现，极大扩充了对白洋淀区域龙山时代文化的认识。这类遗存陶器多泥质灰陶，以绳纹及弦断绳纹为主，磨光及篮纹亦较多，主要器型是鼓腹甗、深腹鬲、深腹罐、小口双耳瓮、圈足盘等。从有关报道的资料来分析，

---

① 滹沱河考古队：《河北滹沱河流域考古调查与试掘》，《考古》1993年第4期。

② 文启明：《午方新石器时代遗存的发现和认识》，《考古学集刊（第5集）》，中国社会科学出版社，1987年。

③ 河北省文物研究所等：《河北省任丘市哑叭庄遗址发掘报告》，《文物春秋》1992年增刊。

哑叭庄类遗存既表现出龙山时代华北东部文化大区的共性，亦有诸如流行鸡冠耳罐、深腹鬲等个性，其年代下限已入夏代。目前暂不将其归入龙山时代其他文化，可称之哑叭庄类型。可隶定为一个新的文化类型说明，白洋淀周邻区域此时的文化面貌具有一定的独特性。

目前，雄安邻近新石器时代末期遗存不多，但相对于本地区新石器时代晚期社会表现出明显的进步。陶器制作技术明显提高，午方二期陶器虽仍以手制为主，但轮修成分增大，哑叭庄类型轮制陶器发达，磨光黑陶数量不少。石器除少量细石器外几乎都是磨制加工，其种类和形态更加多样化。玉器制作工艺有所发展。骨器、牙角器、蚌器等大多做工细致。从器物的功能分析，社会生产和组织形态均前进了一大步。炊器已见有陶鬲，加热食物更为便利。石铲较为轻薄，更加适宜翻地。石刀比例甚大，连同石镰，反映了收割在当时农业生产作业中占有重要地位。纺轮、网坠、陶球、鱼钩、鱼鳔、骨针、蚌锯等众多小件，体现了生业方式和手工业的多样化。用于远射的石镞，数量比例不少，可能意味着不同聚落或社会化冲突的加剧。先民已使用玉质装饰品。卜骨反映了占卜风俗和宗教活动的存在。午方遗址发现的深5米以上的水井并不排除就属于这一时期，或许说明了此时雄安先民已开始使用地下水，也可能是因聚落人口增加、社群规模扩大之需要。总之，本阶段的雄安区域如同周邻广大地区一样，社会明显趋于复杂化。

三、夏商时期边域文化特色明显

夏商时期，雄安区域文化遗存可分为三个阶段，分别是夏时期、早商时期和晚商时期。

夏时期文化遗存较多，主要有白龙[①]、上坡、辛庄克[②]等10余处。房址有方形斜坡门道半地穴式。发现有埋葬牛骨架现象。陶器主要是夹砂和泥质陶，多见灰褐色和灰色，细绳纹、磨光、素面陶比例较大。代表性器物有带腰隔甗、卷沿袋足鬲、侈口深腹罐、敞口盆、细高柄豆等。类似遗存在冀中地区较多发现，代表了一个相对独立的文化类型。但在考古学界存在归属先商文化的保北类型[③]和单独命名为下岳各庄文化[④]的不同认识。

早商时期文化遗存发现较少，以辛庄克二期为代表。仅见零散陶器，典型器形是夹砂褐陶侈口折沿绳纹鬲，沿面多有凹槽，绳纹较粗，多圆锥状实足跟。文化性质属于二里岗文化台西类型[⑤]。

晚商时期代表性遗存有上坡四期、辛庄克三期、申明亭晚期等。文化内涵可分为两种。一种是中原殷墟文化因素，代表性陶器有侈口折沿夹砂绳纹鬲、侈口折沿大口罐、小口长颈广肩罐、折沿方唇簋、弦纹浅盘豆、深腹甑等；一种是北方文化因素，以夹云母褐陶高领附加堆纹

---

① 保北考古队：《河北省容城县白龙遗址试掘简报》，《文物春秋》1989年第3期。
② 保北考古队：《河北安新县考古调查报告》，《文物春秋》1990年第1期。
③ 沈勇：《保北地区夏时代两种青铜文化之探讨》，《华夏考古》1991年第3期。
④ 张翠莲：《论冀中北部地区的下岳各庄文化》，《文博》2002年第3期。
⑤ 王立新：《早商文化研究》，高等教育出版社，1998年。

鬲、夹云母柱状平跟鬲足等为指征性器物。

雄安区域的夏时期遗存约当夏中晚期或稍晚，早商时期遗存属二里岗上层晚段，晚商时期遗存多为殷墟三、四期尤其是殷墟四期，下限可至西周初。总体看，遗存年代还存在较多缺环。但现有考古材料脉络较为清晰，已能大致勾勒出雄安区域夏商时期历史发展的基本逻辑。雄安夏时期遗存虽然归入先商文化尚存争议，但较多器类尤其是鬲、甗等，的确表现出与豫北冀南同期文化有较强的共性，显示了与先商文化较深的亲缘关系。早商期遗存相对单纯，与核心区商文化性质一致，体现了早商文化在冀中地区的拓展。此时雄安所在的冀中大部基本纳入到中原商文化统辖之下。晚商时期文化构成多元，但在比例上以殷墟文化为主，上坡遗址是目前所知晚商文化分布较北的地点。雄安夏商遗存除了在一定程度上体现"商系文化"演进外，还有复杂性的一面。像夏时期遗存还包含北方地区早期青铜文化因素、山东一带的岳石文化因素、晋中地区白燕文化因素等；晚商期遗存上揭的北方文化因素应具体来自围坊三期文化。可见，雄安夏商遗存对于探索"商系文化"与周邻文化尤其与北方文化的交互作用，具有重要价值，体现了鲜明的边域文化特色。

目前所获得的可反映雄安夏商生业经济和社会特征的考古材料较少。农业生产工具中，数量最多的是收割用的石镰和石刀，往往形体较薄，通体磨光，其次是中耕用的铲。上坡兽骨坑，很可能是一种祭祀行为，在某种程度上可反映当时畜牧业的存在状态。常见的镞、网坠、鱼钩等说明，渔猎业是经济生活的重要组成。夏商时期属于青铜时代，这里发现了小型铜质工具或武器。陶器仍然是最大宗的遗物，说明制陶业较为发达。陶纺轮普遍存在，或意味着纺织业的盛行。占卜是当时重要的社会行为。上坡发现的房址居住面经过修整，内设灶，形制相比新石器时代略显考究，但仍是半地穴式居住方式。

从有限的材料中尚难以对雄安夏商社会作出较多归纳。总体来看，对比同时期周邻地区，这里的夏商文化不够发达。此种情况，一方面可能受制于考古发现，另一方面当是远离夏商王朝核心区、边域状态下普通族群聚落社会形态的自体反映。

四、两周时期中原文化与燕文化的拓展

雄安区域除晚商期文化遗存个别年代可能已入西周外，已报道的材料中确为西周时期的遗存几乎不见。目前仅在晾马台、张堡等少量地点见有个别同时期陶器。周邻地区西周遗存，仅有哑叭庄M2等零星资料。对比其他时段，该区域内外西周文化的稀缺颇引人瞩目。

西周时期，距雄安区域相对较近的考古学文化主要是西周燕文化和张家园上层文化。从目前考古发现来看，二者分布范围明显偏于西北。基于任丘哑叭庄和满城要庄[①]等的地理位置及遗存内容，雄安邻近此时应属中原西周文化系统，但是否归入燕文化圈，尚待更为扎实的考古学证据和进一步的研究。

① 河北省文物研究所等：《河北满城要庄发掘简报》，《文物春秋》1992年S1期。

不止于西周时期，除徐水大马各庄[①]、南阳遗址[②]相关零星遗存外，雄安附近显属春秋时期的遗存亦寥寥无几。其文化内涵基本上属东周燕文化。

有关春秋时期雄安区域的历史记载，最重要者当属燕国“桓侯徙临易”。南阳遗址因其有城墙线索、夯土遗迹、周邻出土青铜礼器以及“燕王职”“西宫”“易市”等铭文或陶文等内容，多被学术界指向“临易”所在[③]。目前关于这一对应最大问题是年代。“桓侯徙临易”，约当春秋早期，南阳遗址能否确有不晚于这一时期的对应性发现，至为关键。

雄安区域目前发现的战国前后遗址约有数十处，最重要者即南阳遗址。遗址台地断崖有夯土迹象，台地表面有很多陶片，曾采集到较完整的陶鬲、陶鼎、陶豆、陶尊、筒瓦等文物多件，附近多见带字款的器物。其他同时期地点，多出土泥质灰陶绳纹罐、泥质灰陶豆、夹砂红陶鬲、夹砂红褐陶釜、绳纹瓦等残片，以及铜刀币、铜带钩等。遗存文化内涵，体现出浓郁的战国燕文化风格。

雄安区域战国燕文化重要发现还有燕南长城，贯通容城、安新、雄县三县，代表性地点有黑龙口燕长城、新安古长城等。目前已基本弄清燕南长城的分布范围、年代和建筑结构。长城墙体多系黏土夯筑而成，普遍保存较差[④]。

由上可知，雄安两周时期遗存总体反映了中原文化和燕文化不断深入的演进历程。西周伊始，周文化强势进入太行山东麓地区，迅速改变原有文化格局。冀中北部的北方文化代表张家园上层文化已偏于燕山南麓一线，无力南扩。雄安所在的环白洋淀地区西周遗存主要源于周文化和商文化。燕文化逐渐形成的同时，亦向周邻扩张，春秋早中期至少已实现了对白洋淀西侧的包围。虽然现在尚无法证实，但亦不宜简单否定燕国可能曾都于现今雄安域内。战国时期尤其是战国晚期的文化面貌较为明朗。雄安区域范围内燕南长城的大跨度分布以及众多东周燕文化遗址存在，说明此时本地区对于燕国而言属于人口密布、着力拓展的战略要冲之地。另有两个现象值得注意：一是这一地带习称“燕南赵北”之地，但赵文化有关的遗存却极为罕见，或说明其时赵国对雄安之地更多的是军事或政治势力的渗透与掌控，并未伴有大规模移民或文化排布；二是战国遗址多与汉代遗址重合，至少二三十处地点皆呈现如是情形，这可能意味着后来本地的汉人多系先前战国时人的延续[⑤]。

雄安区域西周和春秋前期遗存缺乏，尚难总结出较多的社会内涵。战国前后的资料虽不够系统，却透露出与之前时代大不相同的社会变革。屡见具有地域风格的复杂青铜礼器、青铜刀币，书写文字已较为成熟，大型夯土建筑前所未见，流行用瓦，聚落连片分布并具有等级差异，出现如长城等大规模军事工程等。这些重要现象说明，战国时期雄安区域社会发展程度是以往所不可比拟的，代表了先秦时期本地社会发展的最高水平，并且背后有明显的区域集团乃

① 河北省文物研究所等：《河北徐水大马各庄春秋墓》，《文物》1990年第3期。

② 孙继安：《河北容城县南阳遗址调查》，《考古》1993年第3期。

③ 段宏振：《白洋淀地区考古学文化的演进历程》，《中国文物报》2017年5月19日。

④ 保定地区文物管理所：《保定地区文物资料汇编》，内部资料，1981年。

⑤ 张文瑞：《雄安编年·让文物说话》，《河北画报》2018年6月1日。

至国家行为的推动。

五、结　　语

上文分旧石器时代、新石器时代、夏商时期、两周时期四个阶段，从考古学角度对雄安区域1万年前至秦统一前的文化遗存作了梳理，进一步明晰了其先秦历史演进历程。总体来看，雄安区域先秦历史文化呈现如下六个方面的基本特点。

其一，雄安先秦文化遗存丰富，演进脉络清晰。该区域发现了自1万年前旧石器时代晚期至战国晚期多个阶段的多种文化遗存。较为重要的地点有二三十处，遗存内容较为丰富。结合学术界研究归纳总结出这一区域较为完整的历史演进脉络及相关内容，极大地扩充了有关雄安历史文化的认识。

其二，雄安先秦文化遗存时空分布呈现明显的不平衡性。已有考古发现中，属于新石器时代、夏时期、战国时期等阶段的遗存较多，而早商期遗存较少，西周时期遗存甚为匮乏。在空间分布上，容城、安新较多，雄县一带除燕南长城外，迄今确认的先秦遗址极少，西南侧远远多于东北侧。这种不平衡的空间分布，在一定程度上反映出先秦时期雄安先民主要生活在太行山东麓邻近的山前地带。为此，应强化诸如环境考古等研究，以厘清影响本地文化进程的背景因素。

其三，雄安先秦文化属于冀中文化区的典型代表。从先秦时期区域文化的角度，狭义的雄安地区并不能单独划归为某一历史文化区，而应该将其视为环白洋淀区域的一部分。上文内容亦透示出深入认识雄安文化，应将其置于广义的白洋淀流域来理解。这一水系生态环境优良，历史发展悠久，文化遗产丰富，在一定程度上属于古代遗存集中区。雄安区域文化为白洋淀文化区的基本体现。从水系流域的角度，白洋淀文化区几等于冀中文化区。前文揭示的雄安文化脉络，实际上在相当程度上已代表了冀中地区先秦时期文化发展的历史进程。

其四，雄安先秦文化呈现明显的文化边域特点。先秦时期的雄安区域，处于南北文化碰撞地带，文化面貌呈现较强的边域性特征。这一情形，在雄安先秦多个阶段文化演进中均有所体现。例如，新石器时代晚期中段，雄安属于庙底沟文化播化区；晚商时期，这里大致处于商文化分布最北部；战国时期，本地位于燕文化东南边缘。南北文化对峙与碰撞的格局，在雄安区域后世诸如宋辽时期等历史发展中亦有鲜明体现。

其五，雄安先秦文化体现多地因素融汇的文化面貌。雄安一带地理环境的开阔性有利于周邻文化在此传播、交流，形成多种文化的交汇区。从考古学遗存来看，雄安先秦时期受到中原文化和北方文化的影响最为充分，前揭先秦文化的边域性已某种程度上体现了这一特点。除此之外，雄安区域先秦时期也受到来自海岱文化区和三晋文化区等影响，比如哑叭庄类型与山东龙山文化多有相似，夏时期文化有来自太行山西麓的某些因素等。

其六，雄安先秦社会演进呈现不断进步的总体发展态势。现有材料显示，雄安区域至迟在七八千年前已实现了主要基于农业发展的定居生活。在其后约五六千年的历程中，虽然若干细节有待填补，但从大的时段发展来看，生业水平、器物制作、建筑技术、聚落形态、文化信仰、职业范围等多方面均呈现不断飞跃，社会内涵逐渐丰富，社会结构相应逐次发生质的变化。如同其他地区，先秦时期的雄安已很好地体现了文化发展、文明孕育、早期国家控制等过程。

总的来说，丰富的文物遗存实证了雄安早在先秦时期就是人类宜居之地，并且在长期的发展中逐渐孕育出具有区域特色的历史文化。对于文献阙如的“先秦雄安”，借助考古学资料，可窥视其中若干片段。本文在之前研究基础上对雄安先秦历史文化脉络及其所呈现的社会发展作了梳理与归纳，冀望能对推进有关的学术研究，深入了解和传承利用雄安历史文化，有所裨益。

（原载于《河北学刊》2020年第6期）

太行山东麓走廊地区的史前文化

段宏振

一、为什么称之为走廊地区

将太行山东麓南北狭长的低山丘陵和山前平原地区称为一条走廊，主要是基于地理环境因素和文化背景因素两方面的考虑。

即使从今天的地理位置观察，太行山东麓地区也基本呈一条南北向走廊态势：西靠太行山脉，东临渤海、黄河和泰山，是南北方陆路交通的重要通道。如果追溯到史前时代，太行山东麓地区的走廊形态就更加形象和凸显，具体说来就是正处于太行山脉与古黄河之间。据谭其骧教授的研究，汉代以前至少可以上推到新石器时代，黄河下游一直是取道河北平原注入渤海的[①]。古黄河当时向北大体流经今天的浚县、内黄、大名、曲周、巨鹿、深县、蠡县、高阳、安新、霸州等县境，古黄河与太行山脉之间大约有70～120千米不等的低山丘陵与平原地带，这就是史前时代地理意义上的太行山东麓走廊。

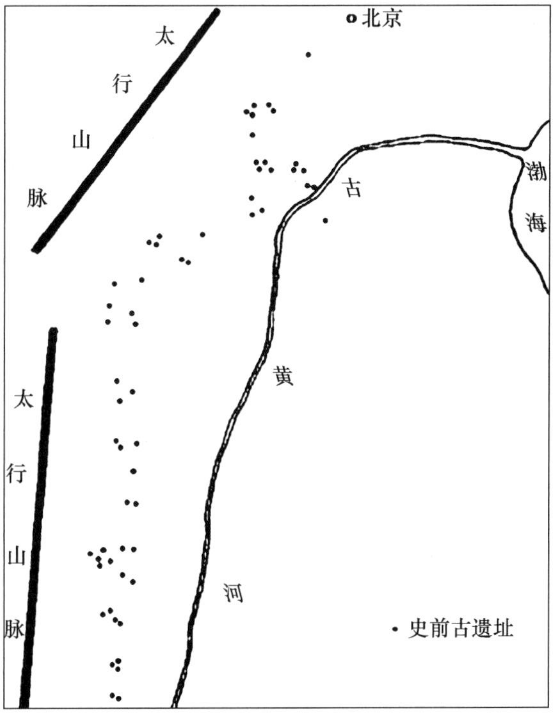

图一　史前时代太行山东麓走廊地区形势示意图

在考古学文化研究领域，这条走廊并非单纯地理意义上的一个地貌单元，它直接影响着史前文化的分布、交流，进而影响到史前文化的内涵与面貌。20世纪丰富的史前考古发现表明，中国史前文化从总体面貌上大致可分为六大文化区系：北方、中原、东方、东南、南方、西南[②]；

① 谭其骧：《西汉以前的黄河下游河道》，《历史地理》1981年创刊号。

② 苏秉琦：《中国文明起源新探》，商务印书馆（香港），1997年，第29页。

或分为燕辽、中原、海岱、江浙、两湖、巴蜀等[①]。太行山东麓走廊地区正处于北方、中原、山东三个文化区之间的夹缝地带，也就是说处在不同考古学文化区系间的走廊地带，此乃史前时代文化意义上的太行山东麓走廊。

地理走廊应该是文化走廊形成的主要原因之一。地处走廊地区的考古学文化显示着复杂而特殊的内涵与面貌，其所属文化区系的不稳定性，其谱系发展的不连贯性等等，无不渗透着特殊的走廊地理位置所带来的影响。

二、走廊地区史前文化发展编年

1. 旧石器时代文化

太行山东麓低山丘陵地带旧石器遗址很少，平原地带迄今为止尚无发现明确的旧石器时代遗址，而在更西部的山地河谷地带有不少的旧石器遗址或地点。

2. 新石器时代早期早段文化（约B.C.10000～B.C.8000年）

这一时期的遗址发现的很少，目前仅在徐水南庄头村发现一处。这是北方地区第一次发现地层清楚、年代最早的有陶新石器遗存，年代经测定为公元前8000年以前[②]。1997年对南庄头遗址进行了正式发掘，重要收获是发现了用火的遗迹和获取陶片四十余片。用火遗迹是一条自然小沟和附近的红烧土面，上面分布着烧过的树干、木炭、破碎的动物骨骼、石块和陶片等。出土遗物有陶片、石器和石料、骨器以及大量的动物骨骼。陶片的陶质均系夹砂陶，颜色不纯，灰色或褐色，质地疏松，火候低。器表除素面外，纹饰有绳纹、堆纹和刻划纹。器形可分辨出有平底直口或微折沿的罐类。石器主要是石磨盘和石磨棒。骨器以磨制精致的骨锥为代表。动物骨骼多为肢骨碎片，推测为人类食用的残留。南庄头遗址年代早，其文化内涵对研究新石器早期人类的生存方式、陶器起源以及当时的生态环境都具有重要的意义。

3. 新石器时代早期晚段文化（约B.C.6500～B.C.5500年）

南部是以武安磁山遗址代表的磁山文化，北部是以易县北福地一期和容城上坡遗址一期为代表。磁山遗址经过1976～1977年、1978年、1985～1988年、1994～1998年等多年连续性发掘，获得了丰富的考古资料[③]。磁山文化的遗迹非常丰富，磁山遗址发现有半地穴式房址、石器陶器组合堆积、石片砾石堆积、窖穴和灰坑等，其中尤以大量的深井式直壁竖穴状的深窖穴和石器陶器组合堆积最具特色。有的深窖穴底部堆积着大量腐朽的粟的遗存，反映了旱作农业的发展。石器陶器组合堆积一般由石斧、石铲、石磨盘、石磨棒和陶盂、支脚、三足钵、双耳

① 严文明：《东方文明的摇篮》，《农业发生与文明起源》，科学出版社，2000年。

② 保定地区文物管理所、北京大学考古系等：《河北徐水县南庄头遗址试掘简报》，《考古》1992年第11期。

③ 河北省文物管理处等：《河北武安磁山遗址》，《考古学报》1981年第3期。

壶等组成，这些堆积往往许多组相邻连成一片，其确凿性质尚待研究。磁山遗址的器物群以石磨盘、石磨棒、夹砂褐陶盂和支脚最具代表性，晚期泥质红陶双耳壶和三足钵的数量有所增加。磁山文化的生存年代据C^{14}测定，约在公元前6400～前5400年左右①。

磁山文化的遗址发现的较少，且主要集中在冀南地区的名河流域②。冀中地区易县北福地一期③、容城上坡一期④，其陶器群也是以盂和支脚为代表，但与磁山遗址的相比存在差异，主要表现为：北福地一期和上坡一期陶器群器类单调，主要是盂和支脚两种类型，陶盂上所饰的纹饰主要为刻划和压印的几何形纹饰，此与磁山形成区别；另外，不见流行于磁山遗址的有足石磨盘等器形。此种差异或因时间或因地域，但其浓厚的北方色彩大概是一种地域性差别。

4. 新石器时代中期前仰韶时代文化（约B.C.5500～B.C.4800年）

这一时期的北福地二期文化，是略晚于磁山文化阶段而早于仰韶时代的考古学文化，其与周边的北辛文化和赵宝沟文化的年代大体相当⑤。主要遗址有：房山镇江营一期⑥、易县北福地和七里庄、涞水炭山⑦、徐水文村⑧、安新留村⑨、正定南杨庄⑩、任县卧龙冈⑪、永年石北口等⑫。陶器群以夹砂红褐陶釜和支脚最具典型性，其次有泥质红陶钵、壶和盆等。无论从地层关系上，还是从器物演化轨迹上观察，都反映出北福地文化是后冈一期文化的直接前身。

5. 新石器时代中期仰韶时代早期文化（约B.C.4800～B.C.4000年）

这一阶段属后冈一期文化，主要遗址有安阳后冈⑬、磁县界段营⑭、武安赵窑⑮、永年石北

① 中国社会科学院考古研究所：《中国考古学中C^{14}年代数据集（1965—1991）》，文物出版社，1991年；蔡莲珍：《C^{14}年代的树轮年代校正——介绍新校正表的使用》，《考古》1985年第3期。

② 河北省文物管理处等：《河北武安名河流域几处遗址的试掘》，《考古》1984年第1期。

③ 拒马河考古队：《河北易县涞水古遗址试掘报告》，《考古学报》1988年第4期。

④ 河北省文物研究所等：《河北容城县上坡遗址发掘简报》，《考古》1999年第7期。

⑤ 段宏振：《太行山东麓地区新石器时代早期文化的新认识》，《文物春秋》1992年第3期。

⑥ 北京市文物研究所：《镇江营与塔照》，中国大百科全书出版社，1999年。

⑦ 河北省文物研究所等：《河北容城县上坡遗址发掘简报》，《考古》1999年第7期。

⑧ 商志刚主编：《徐水县文物志》，徐水县文化局，1989年。

⑨ 保定地区文物管理所等：《河北安新县梁庄、留村新石器时代遗址试掘简报》，《考古》1990年第6期。

⑩ 河北省文物管理处：《正定南杨庄遗址试掘记》，《中原文物》1981年第1期。

⑪ 河北省文物研究所等：《任县卧龙冈遗址调查简报》，《文物春秋》1990年第4期。

⑫ 河北省文物研究所等：《河北永年石北口遗址发掘简报》，《文物春秋》1989年第3期；《永年县石北口遗址发掘报告》，《河北省考古文集》，东方出版社，1998年。

⑬ 中国科学院考古研究所安阳发掘队：《1971年安阳后冈发掘简报》，《考古》1972年第3期。

⑭ 河北省文物管理处：《磁县界段营发掘简报》，《考古》1974年第6期。

⑮ 河北省文物研究所：《武安赵窑遗址发掘报告》，《考古学报》1992年第3期。

口[①]、正定南杨庄[②]、安新留村等[③]。文化遗物有石器、骨器和陶器等。石器分打制和磨制的两种，种类有斧、铲、刀、镰和镞等。陶器以泥质红陶为主，次为夹砂褐陶和灰陶。器表以素面为主，有少量的弦纹、划纹和彩陶。器型以各式的钵为主，多为敛口或直口，圜底或小平底，常见红顶式钵。鼎和罐是仅次于钵的器种，其次还有盆、细颈瓶和双耳壶等。彩陶多见于钵类陶器上，红彩为主，次为黑彩，图案有带状纹、多组竖线纹、平行线组合的斜三角纹和网纹等。

6. 新石器时代中期仰韶时代中期文化（约B.C.4000 ~ B.C.3500年）

此段文化遗存与仰韶文化庙底沟类型的面貌有些相似，目前发现的较少，曾被河北的考古工作者称为仰韶文化“钓鱼台类型”[④]。除曲阳钓鱼台外，还有武安安二庄和招贤、任丘三各庄等遗址。这些遗址出土的彩陶与庙底沟类型的比较相似，可视为庙底沟类型彩陶向太行山东麓地区传播的一个重要代表[⑤]。

7. 新石器时代中期仰韶时代晚期文化（约B.C.3500 ~ B.C.3000年）

这一时期南部地区属大司空类型文化遗存，主要遗址有安阳大司空[⑥]、邯郸百家村[⑦]、磁县下潘汪[⑧]、界段营，邢台柴庄[⑨]、永年名关等[⑩]。文化遗物有石器、骨器和陶器。陶器以泥质和夹砂的灰陶为主，其次是泥质红陶和夹砂红陶。器表以素面或磨光为主，纹饰主要是篮纹，还有少量的绳纹、划纹和堆纹。有一定数量的彩陶，彩色以红彩和棕彩为主，图案主要有弧形三角纹、平行曲线纹、蝶须纹、水波纹、同心圆纹和锯齿纹等，主要施于钵盆类陶器上。陶器以平底器为主，主要器形有折腹盆、曲腹钵、高领罐等。

---

① 河北省文物研究所等：《河北永年石北口遗址发掘简报》，《文物春秋》1989年第3期；《永年县石北口遗址发掘报告》，《河北省考古文集》，东方出版社，1998年。

② 河北省文物管理处：《正定南杨庄遗址试掘记》，《中原文物》1981年第1期；另见孟昭林：《河北正定县南杨庄卧龙冈彩陶文化遗址》，《文物参考资料》1955年第11期；郑绍宗：《有关河北长城区域原始文化类型的讨论》，《考古》1962年第12期；唐云明：《试谈有关河北仰韶文化中的一些问题》，《考古》1964年第9期；文启明：《略谈河北仰韶文化南杨庄类型》，《考古与文物》1985年第4期。

③ 保定地区文物管理所等：《河北安新县梁庄、留村新石器时代遗址试掘简报》，《考古》1990年第6期。

④ 董增凯等：《河北省曲阳县发现彩陶遗址》，《文物参考资料》1955年第1期。
赵印堂等：《曲阳县附近新发现的古文化遗址》，《考古通讯》1955年第1期；段宏振：《试论华北平原龙山时代文化》，《河北省考古文集》，东方出版社，1998年。

⑤ 段宏振：《试论庙底沟类型彩陶的传播》，《文物春秋》1991年第1期。

⑥ 中国科学院考古研究所安阳发掘队：《1958—1959年殷墟发掘简报》，《考古》1961年第2期。

⑦ 罗平：《河北邯郸百家村新石器时代遗址》，《考古》1965年第4期；段宏振：《试论华北平原龙山时代文化》，《河北省考古文集》，东方出版社，1998年。

⑧ 河北省文物管理处：《磁县下潘汪遗址发掘报告》，《考古学报》1975年第1期。

⑨ 唐云明：《河北邢台柴庄遗址调查》，《考古》1964年第6期。

⑩ 河北省文物研究所：《河北永年县名关遗址试掘简报》，《文物春秋》1990年第4期。

北部地区的房山镇江营三期[①]、容城午方和东牛等遗址，也发现了类似大司空类型文化的遗存[②]。但这些遗存表现出有别于冀南的较浓厚的地方特色，如陶器群中除了类似大司空文化的器形外，还存在大量的刮条纹筒形罐、带舌状或柱状器耳的罐和盆、敛口罐和小口斜肩鼓腹双耳彩陶瓮等一批具有独特特征的器类。经调查，以午方和东牛遗址为代表的遗存，在冀中一带有较广泛的分布，它们的文化性质应至少是大司空文化内的一个地域类型，或者可能是一支新型的文化。

8. 新石器时代晚期龙山时代早期文化（约B.C.3000 ~ B.C.2600年）

此阶段文化遗存目前发现的较少，主要以永年台口遗址一期遗存为代表[③]。陶器以灰陶为主，器表除素面磨光外，纹饰以篮纹较多，其次是绳纹，器型主要有罐、瓮、盆、钵等，存在少量彩陶。

9. 新石器时代晚期龙山时代晚期文化（约B.C.2600 ~ B.C.2000年）

南部地区以安阳后冈[④]、邯郸涧沟和龟台[⑤]、磁县下潘汪[⑥]、永年台口遗址等为代表，北部地区以任丘哑叭庄[⑦]、涞水北封[⑧]、房山镇江营四期[⑨]等遗址为代表。涧沟遗址发现有人骨架层叠枕压的丛葬坑，人骨上有砍痕或烧痕，显属非正常死亡。另外在房址内还发现有砍痕和剥皮痕的人头骨，表明当时可能存在剥人头皮的习俗，反映了龙山时代复杂的社会形态。涧沟遗址还发现大量的家猪头骨，标志着养畜业的发达。陶器以夹砂和泥质的灰陶为主，其次是泥质黑陶。器表纹饰以绳纹和篮纹较多，方格纹次之，素面磨光也占相当的比例。器型以平底器为主，主要有深腹罐、小口瓮、大口瓮、甗、盆等，另外还有少量的鬲、鼎、斝等陶器。

三、史前文化的走廊地域色彩

史前文化遗址绝大多数分布在走廊地带，古黄河以东的沧州、衡水地区史前遗址罕见。地理走廊应是导致古文化遗址分布亦呈走廊形态的主要原因之一，另一个主要原因是文化区系走廊的背景。两种因素的相互作用，使太行山东麓史前文化呈现出鲜明的走廊地域色彩。其主要表现为：

---

① 北京市文物研究所：《镇江营与塔照》，中国大百科全书出版社，1999年。

② 河北省文物研究所：《河北容城县午方新石器时代遗址试掘》，《考古学集刊（第5集）》，中国社会科学出版社，1987年。

③ 河北省文化局文物工作队：《河北永年县台口村遗址发掘简报》，《考古》1962年第12期。

④ 中国社会科学院考古研究所安阳发掘队：《1979年安阳后冈遗址发掘报告》，《考古学报》1985年第1期。

⑤ 北京大学、河北省文化局邯郸考古发掘队：《1957年邯郸发掘简报》，《考古》1959年第10期。
河北省文化局文物工作队：《河北邯郸涧沟村古遗址发掘简报》，《考古》1961年第4期。

⑥ 河北省文物管理处：《磁县下潘汪遗址发掘报告》，《考古学报》1975年第1期。

⑦ 河北省文物研究所等：《河北省任邱市哑叭庄遗址发掘报告》，《文物春秋》1992年增刊。

⑧ 河北省文物研究所等：《河北涞水北封村遗址试掘简报》，《考古》1992年第10期。

⑨ 北京市文物研究所：《镇江营与塔照》，中国大百科全书出版社，1999年。

1. 所属文化区系的不稳定性

太行山东麓走廊地带的史前文化自始至终没能形成一个独立的连续发展的文化区，它不仅因时间分属于不同的文化区系，而且在南北地域上还有区别。

新石器时代早期早段的南庄头遗存，目前无论是在横向分布上，还是在纵向联系上，都还是一个比较孤立的代表。南庄头出土的直口罐类隐约显示着与上坡遗址的直壁陶盂或许有某种联系，但眼下的考古发现似乎还不允许有更多的推测，它们之间还有相当长的时间距离。

新石器时代早期晚段，南部是磁山文化，北部是北福地一期文化。代表它们文化内涵的典型物陶盂，事实上应是一种平底的筒形罐类。从这一意义上讲，此时的走廊地区宏观上应属北方筒形罐文化区系统。北部北福地一期、上坡一期单调的器类、几何形刻划纹饰、无足石磨盘等浓厚的北方色彩正说明了这一点。由此推测，磁山遗址所表现出来的与上坡类型差异的南部特点，应是受临近的裴李岗文化的影响所致。如果要强调陶盂与筒形罐之间的细微差别的话，可将此时的走廊地区称为盂系统文化区—— 一个相对独立的文化小区，总体上还应隶属于筒形罐文化区。

前仰韶时代的北福地二期文化和仰韶时代早期的后冈一期文化，属一种釜鼎系统文化。此与山东文化区釜鼎文化系统的北辛文化和大汶口早期文化有些相似，宏观上应属同一个文化区系。虽然此时亦受中原文化区的很大影响，但主流似乎仍是东方的，这一时期的走廊地区属山东文化区系统控制。

钓鱼台一类与仰韶文化庙底沟类型相似的遗存目前发现的较少，对其内涵性质还难以详论。不过就眼下的资料分析，似乎这一阶段中原文化区系的影响力较大。

仰韶时代晚期的走廊地区是一个相对独立的特殊地域。南部的大司空类型遗存虽与中原地区的秦王寨类型有相似之处，但自身的色彩似乎更突出一些。北部的午方、东牛一类遗存更是充满了自身特点和北方因素。因此，这一时期走廊地区的考古学文化可能具有较强的相对独立性，换言之，就是与北方、山东、中原等大文化区存在较大的差异性而自成一个独立小区。如此，走廊地区这一时期属一文化小特区。其与北方、中原、山东等大文化区相比，所处的地位是不一样的，当属次一等级的文化区。不仅如此，走廊北部地带以东牛遗址为代表具有鲜明个性的遗存，还很有可能属一支独立的文化，不妨暂称之为东牛文化①。这正反映了走廊地区此时地域文化个性化的张扬。

与仰韶时代晚期一样，龙山时代的走廊地区也是一个相对独立的特殊地域。以罐、瓮等平底器为主要特征的走廊地区龙山时代遗存，与以鬲、斝为特征的中原区龙山文化和以鼎、鬶、杯为特征的山东区龙山文化，形成了鲜明的对照区别②。走廊地区再次形成与中原、山东、北方等文化大区相区别的一个相对独立的文化小特区，走廊地区文化的地域性比仰韶晚

① 段宏振：《白洋淀地区环境演变与史前文化遗址的分布》，待刊。

② 段宏振：《试论华北平原龙山时代文化》，《河北省考古文集》，东方出版社，1998年。

期得到更大程度的张扬。这一格局无疑直接影响到后来的夏、先商、夏家店下层等文化的形成与分布。

2. 谱系发展的不连贯性

所属文化区系的不稳定性必然导致文化谱系发展的不连贯性，换言之，就是文化发展进程中的断裂现象。

以陶盂为特征的磁山文化、北福地一期及上坡一期与以陶釜为特征的北福地二期文化之间，似乎不存在文化谱系的发展联系，它们之间就是一种文化断裂现象。究其原因，两者分属不同的文化区系。釜系统的北福地二期文化大概是东方文化区系侵入走廊地区，驱逐取代而并非继承了盂系统文化。

后冈一期文化上承北福地二期文化，两者一脉相承，是同一种文化的延续与发展。文化谱系发展在它们之间没有断裂。

后冈一期文化之后的钓鱼台一类遗存似乎又呈另一种面貌，两者间区别较大，似不存在承继关系，走廊地区再次出现文化断裂现象。推测原因，应是中原文化区系此时取代了东方文化区系，占领了走廊地区。

大司空类型文化与钓鱼台一类遗存之间的关系，目前由于资料所限，还难以详论。这一时期走廊地区的文化面貌除彩陶与中原区文化有些相似点外，更多方面表现出的是独立的色彩，这在北部的东牛文化中尤为突出。从这一点上讲，此时走廊地区的文化与前期文化之间还是一种断裂。

大司空类型文化与龙山早期遗存之间可能存在着发展继承关系，篮纹灰陶、罐、瓮、盆等大概是它们之间的纽带。相对独立的走廊地带文化小区从大司空时期开始，到龙山中晚期时期得到进一步发展。但需要指出的是，龙山时代的走廊地区虽与北方、中原、山东文化区系相区别，但其与三大文化区系的关系并不是等距离的，从总体上看，其与中原文化区系的关系最为亲近。

史前的走廊地区没有形成自始至终连续发展的独立文化区，也没有一成不变隶属于某个文化区系，因此文化谱系的发展多次发生不连贯的断裂现象。

3. 文化内涵的中介性

苏秉琦教授曾指出，从华山脚下，经汾水—桑干河谷地，是中原与北方文化区连接的通道①。事实上，太行山东麓走廊地区应是另一条连接中原与北方的通道。不仅如此，走廊地区还是东方、中原、北方的互通式连接通道。它从地理位置上为东西方、南北方文化之间的联系交流提供了一个桥梁，不同文化区系势力范围在这一地区的此消彼长，更是不同文化区系之间相互影响渗透的一个重要机会。走廊地区成为一条联络中介地带，它的文化面貌也呈现出不少的中介特征，兼备有东西南北方的因素。

---

① 苏秉琦：《中国文明起源新探》，商务印书馆（香港），1997年，第132页。

磁山遗址晚期开始大量出现小口双耳壶、三足钵等山东和中原区的文化因素，上坡类型中的石容器、几何形刻划纹饰等因素来自北方区。北福地二期—后冈一期文化基本属东方区系，但其文化内涵中含有中原、北方区的因素。独特的大司空类型文化，其彩陶明显受中原区的影响。特殊的东牛文化，其刮条纹筒形罐、小口斜肩鼓腹双耳彩陶瓮等显属北方区因素。龙山时代遗存中既含有鬲、斝等中原区因素，又有鬶、鸟首足鼎等山东区因素。

史前文化内涵的中介性使其文化面貌与性质复杂化，加深了这一地区史前文化不稳定的走廊色彩。

四、走廊地区：中国史前文化区系之间关系研究的一个模式

中国史前文化区系之间关系研究是建构中国史前史的一个重要方面。严文明教授指出，这些文化区常常与我国古史传说中的各部落集团的活动区域相联系，实际上是一种民族文化区的萌芽[①]。六大文化区系之间的关系因地理位置环境、因文化性质等因素存在着多种模式，太行山东麓走廊地区应是文化区系之间关系状态的模式之一。北方、中原、山东三大文化区系之间在走廊地区所展现的关系状态大致有如下几种形式：

1. 排斥性

排斥性是指不同文化区系之间互相排斥，不能兼容共存。走廊地区史前文化所属文化区系的不稳定性和谱系发展的不连贯性，即是排斥性的最好体现。例如，北福地二期—后冈一期釜鼎系统的东方区文化的入侵，将磁山—北福地一期及上坡一期盂系统的北方区文化驱逐取代，排斥在走廊地区之外。

2. 兼容性

总体排斥并不等于绝对没有局部兼容；排斥驱逐的过程也是一种接触和碰撞，既然有接触，必然就有互相影响的吸取和兼容，哪怕只是微量的融合。例如，占据走廊地区的北福地二期—后冈一期文化中，既有少量前期磁山—北福地一期系统文化的残留因素，也存在一些北方区赵宝沟文化的因素。

3. 疏远性

排斥性和兼容性既是矛盾的，又有统一的一面——接触性，因为没有接触，就谈不上排斥与兼容。接触的反面是疏远，疏远性就是远距离对峙，这是各文化区系之间在走廊地区关系状态的另一种表现。这种状态使走廊地区有机会在大文化区系之间成为一个暂时的小文化特区，即利用大文化区系之间的疏远性间隙，发展自己独立的文化系统。例如，仰韶时代晚期，独特的大司空—东牛文化在走廊地区发展起来，形成大文化区系之间的一种特殊的夹层文化。

---

① 严文明：《中国史前文化的统一性与多样性》，《文物》1987年第3期。

4. 多边性

多边性是指在走廊地区，每一个文化区系面对的不是单一的一个文化区系，而是两个文化区系。北方、中原、东方三大文化区系在走廊地区可以说呈三足鼎立之态势，每一方所面对的都是另外两方。这就是文化区系间的多边性，文化区系间的排斥、兼容、疏远都有可能是多边的。这是各文化区文化内涵复杂化的主要根源之一。

上述几种形式只是文化区系之间关系状态的文化表面现象，究其背景根源或是部落部族间战争、或是迁徙游移、或是联盟合并、或是分化瓦解等等。探讨这些问题将是中国史前史研究中的重要方面。

（原载于《河北考古文集（二）》，北京燕山出版社，2001年）

白洋淀地区考古学文化的演进历程

段宏振

一、白洋淀的形成与全新世自然环境变迁

白洋淀是华北平原现存最大的常年积水湖泊。白洋淀地区这一区域概念来自于自然地理学领域的白洋淀流域，包括汇流形成白洋淀水域的8条河流所构成的扇形水系区域，范围大致在太行山东麓的拒马河与滹沱河之间，差不多亦即今天保定市的全部行政区域，以及任丘市一带。此乃广义的白洋淀地区概念，而一般所常用的人文地理意义上的狭义概念主要是指环白洋淀水域周围的平原地区，主要涉及容城、雄县、安新、徐水和任丘等区域。这也是本文内容所论及的地理范围。

白洋淀的成因一直以来备受地理学界的关注。目前比较统一的研究成果认为，全新世中期以前，白洋淀所在地域尚未形成大面积的连片水域，其古地理环境是古黄河北岸的浅平洼地，存在许多游移的不稳定的潴水洼淀，而出现大面积统一水面并具固定形态的白洋淀乃是人类历史活动的结果。具体说来就是北宋年间的为防御辽军而进行的大规模筑堤与围河，为白洋淀的形成奠定了基础。

自然环境变迁直接影响着人类文化的生存方式与发展面貌。作为典型的冲积低平原与浅湖沼地貌形态的白洋淀地区，是研究全新世环境变迁及古环境与古文化相互关系的重要地域。全新世白洋淀地区的古环境演变可为3个阶段。距今11000 ~ 8000年的早全新世，气候主调冷干，植被为以松为主、间以少量阔叶树的森林草原。冲积扇出现，古河道发育，局部洼地淤积为水面。距今8000 ~ 3000年的中全新世，气候温暖湿润，植被为以松、栎为主的针阔叶混交林草原，沼生、水生植被大量增加。喜暖、喜湿、喜沼泽动物也大量增加。河网密布，沼泽、洼地、牛轭湖发育。距今3000年以来的晚全新世，气候趋向温凉偏干，阔叶林与沼生、水生植被减少，洼地湖沼水域收缩。多年来该区域考古发现的资料证实，全新世气候暖湿与冷干的交替变化，直接影响到遗址分布的数量和所处的地貌位置，亦即影响到人类对居住点的选择，与此同时也影响着史前文化的经济生活类型。

白洋淀地区古地理环境的另一个重要特点是该地域在汉代以前属于古黄河下游地区，北流经河北平原入海的古黄河与西面的太行山脉之间，形成一条南北向狭长的地理走廊，而白洋淀

地区正处于这条走廊的北端前沿。自然地理意义的白洋淀流域孕育并影响着人文地理意义的白洋淀文化区，白洋淀地区成为河北古文化遗存分布最密集的文化区之一（图一），并且深受太行山东麓地理走廊的影响而具有浓厚的走廊文化特性。

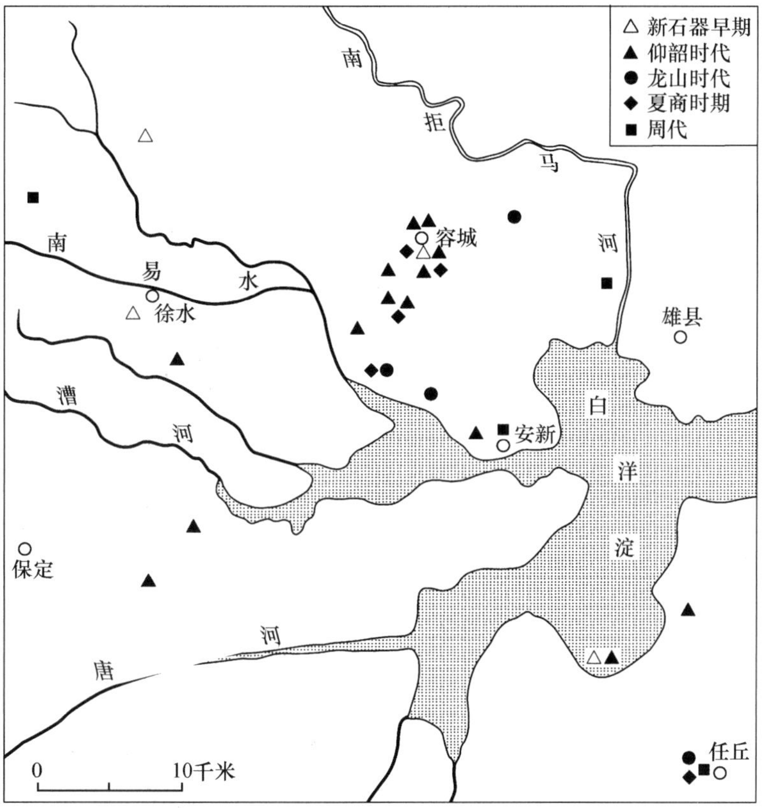

图一　白洋淀地区先秦时代遗址分布示意图

二、史前时代的太行山东麓走廊文化

距今约12000～4000年间的史前时代，白洋淀地区生存传承着繁荣的新石器时代文化。

已发现的考古文化遗存，大致可分为8个连续发展的阶段。

1. 新石器时代早期早段文化（约B.C.10000～B.C.8000年）

目前仅发现徐水南庄头遗址。出土早期陶器，对研究新石器时代早期人类的生存方式、陶器起源以及当时的生态环境都具有重要的意义。

2. 新石器时代早期晚段文化（约B.C.6500～B.C.5000年）

遗址数量较少，主要有容城上坡一期、安新梁庄下层等。典型遗迹发现有房址，典型遗物有石磨盘、石磨棒、装饰几何形纹饰的陶直腹盆和支脚等（图二）。此类遗存属北福地一期文化系统，同时与磁山文化也有一些相似之处，时代亦应大致相当。

3. 新石器时代中期前仰韶时代文化（约B.C.5000～B.C.4700年）

遗址数量骤然增多，以安新留村遗址下层和容城北城遗址为代表，另外还有安新梁庄上

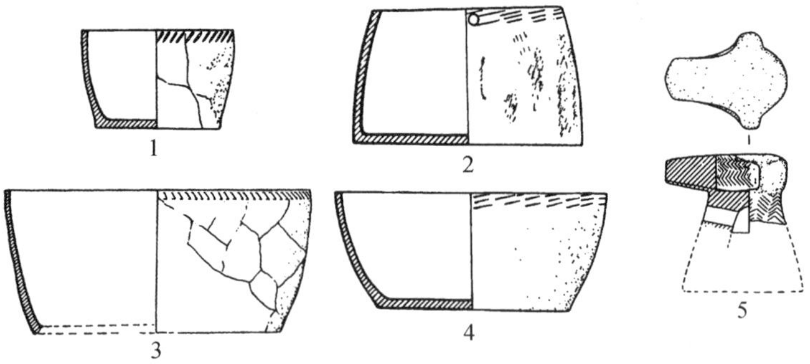

图二　新石器时代早期陶器（均自容城上坡一期）

层，容城北庄、沟西遗址等。典型遗迹有房址，代表性遗物为陶釜和陶支脚，其次有钵、壶、盆、罐等。该类遗存早于后冈一期文化，略晚于北福地一期文化，属于一支前仰韶时代文化遗存，可称其为北福地二期文化。

4. 新石器时代中期仰韶时代早期文化（约B.C.4700～B.C.4000年）

遗址发现的较少，以安新留村遗址上层为代表。典型陶器有红陶钵、盆、壶、罐、鼎等。文化性质属后冈一期文化。

5. 新石器时代中期仰韶时代中期文化（约B.C.4000～B.C.3500年）

遗址发现的很少，目前只有任丘三各庄遗址一处。代表性陶器为彩陶钵、盆等，多饰红褐彩，图案有弧形三角、圆点等。与仰韶文化庙底沟类型有不少相似之处，年代亦应大体相当。

6. 新石器时代中期仰韶时代晚期文化（约B.C.3500～B.C.3000年）

遗址数量很多，以容城午方一期为代表，另有容城东牛、沟西、南庄等。典型陶器为筒形罐和彩陶，以红彩为主，图案常见条带纹、三角形纹、网纹和斜条纹等（图三）。彩陶与大司空类型文化有些相似，年代也大致相当。

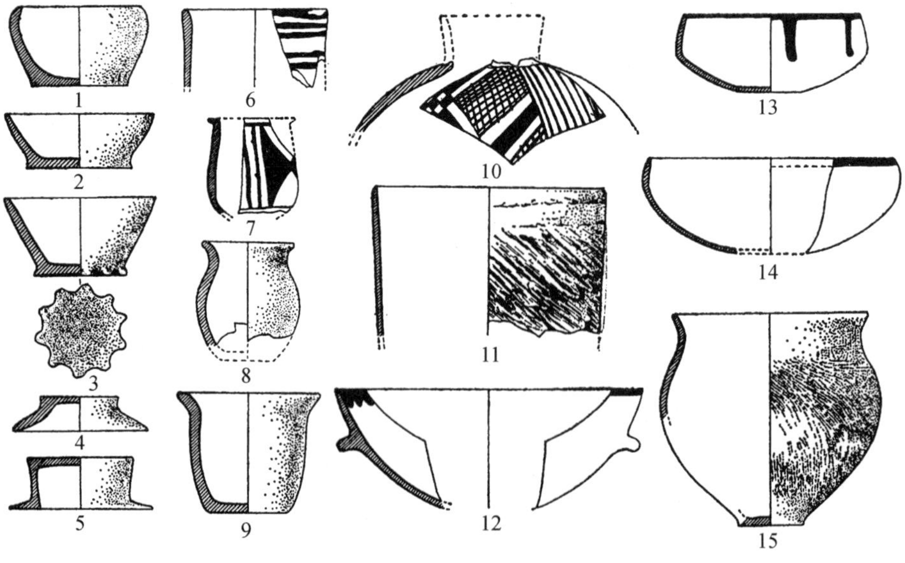

图三　仰韶时代晚期陶器（均自容城午方遗址）

7. 新石器时代晚期仰韶时代末期文化（约B.C.3000～B.C.2600年）

遗址很少，主要有容城上坡二期、徐水瀑河等。发现遗物有夹砂夹云母红褐陶罐、盆和泥质褐陶钵，有少量彩陶等。属仰韶末期向龙山时代过渡文化遗存，约相当于庙底沟二期，文化性质基本属于雪山一期文化。

8. 新石器时代晚期龙山时代文化（约B.C.2600～B.C.2000年）

遗址较多，以任丘哑叭庄遗址一期为代表，另有容城河西，安新申明亭、涞城等。陶器群以灰陶和黑陶为主，流行绳纹、篮纹和方格纹，器形以各式的瓮、罐类平底器为主（图四）。与冀南地区的龙山时代遗存有不少相似之处，时代亦大体一致，属于后冈二期文化。

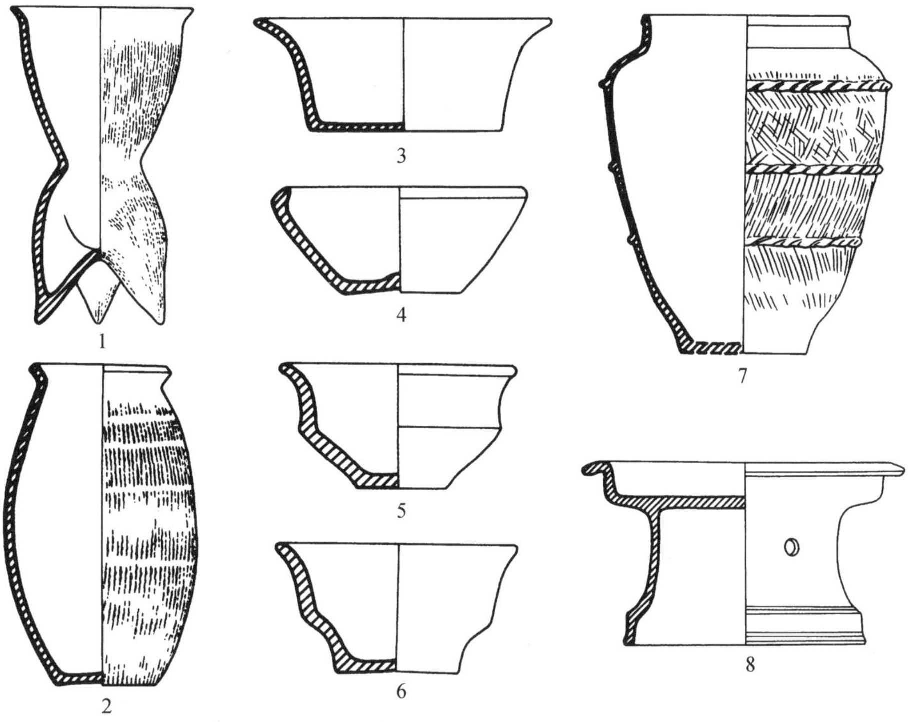

图四　龙山时代陶器（均自任丘哑叭庄遗址）

上述8个时期的考古学文化遗存代表了白洋淀地区史前文化发展的8个阶段。这一编年体系基本上是连续的，它是研究这一地区史前文化的年代标尺。南庄头是本地新石器文化的起步。北福地一期文化代表着太行山东麓史前文化的第一个高峰。北福地二期文化是后冈一期文化的直接前身，两者前后紧密相继，成为太行山东麓新石器时代的标志性文化。

三各庄遗存应是庙底沟类型彩陶向太行山以东地区传播的结果。以午方、东牛遗址为代表的遗存，虽与冀南地区的大司空类型有不少相似之处，但同时更具有本地的乃至北方的色彩。以哑叭庄一期为代表的龙山遗存，与冀南地区的龙山文化基本相似，应同属华北平原地区龙山文化系统。

白洋淀地区新石器文化的发展轨迹显示着自然环境变迁的深刻影响，尤其表现在聚落分布及其数量方面。前仰韶和仰韶晚期的聚落遗址数量多且分布广，此时期恰巧大致对应于中全新世的两次冷期，而处于全新世大暖期盛期的仰韶早期和中期的的遗址数量反而很少。这种现象正说明气候变化导致的湖沼涨缩，对史前人类居住方式产生了巨大的影响。

纵观白洋淀地区的新石器时代文化遗存，文化谱系发展表现出断裂性和复杂性，文化面貌不仅具有鲜明的地域性，还始终包含有一些北方地区文化遗存的因素。所有这些特征归结起来就是具有走廊文化的鲜明特性，这正是因为该地区处于太行山东麓走廊地带，是中原与北方、山东与黄土高原等四方考古学文化交互影响之地，因此这一地域的新石器文化在发展与传承进程中必然饱含了浓厚的走廊文化色彩。

三、夏商周王朝的北疆文化

夏商西周三代，华夏王朝鼎盛于中原腹地，其灿烂文化影响波及四方，地处古黄河下游的白洋淀地区介于华夏与戎狄之间，属于中原王朝的北疆。因此，该地三代时期的考古学文化继续保持着史前以来的复杂特性，仍然具有鲜明的走廊文化特色。

夏代时期的考古学文化遗存比较丰富，主要遗址有安新辛庄克一期，容城上坡三期，白龙、午方、任丘哑叭庄二期等。典型陶器群为灰陶绳纹高领鬲、甗、盆和豆等（图五）。

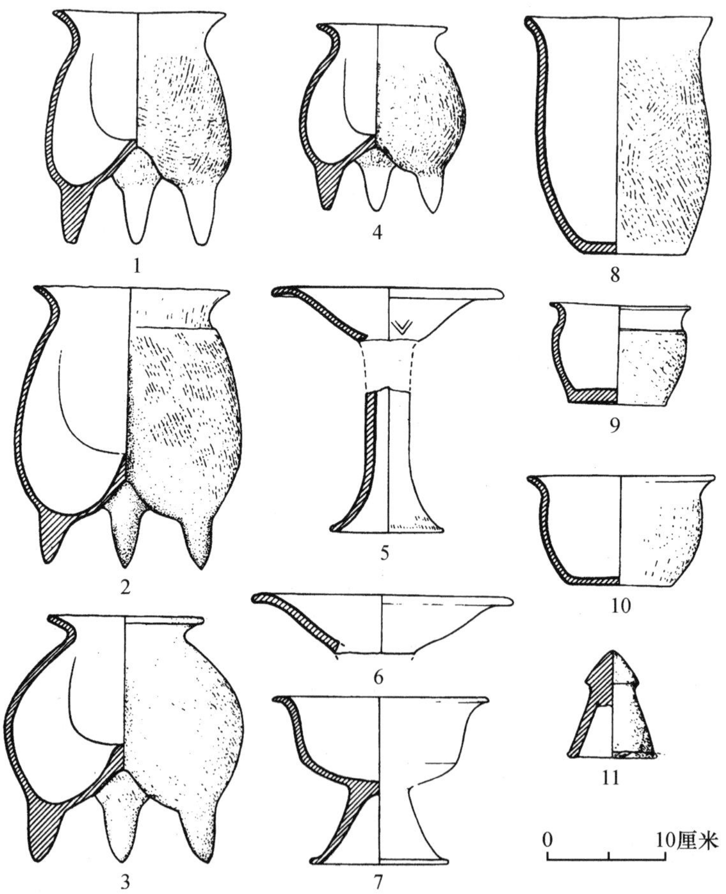

图五　夏代时期陶器（均自容城上坡三期）

文化面貌介于先商文化与夏家店下层文化之间但独具个性，亦即属于中原文化系统与北方文化系统交接地带的特殊文化，被称之为下岳各庄文化。

商代时期的文化遗存比较复杂，至少包含两个文化系统。属于中原商文化体系的有容城上坡四期、任丘哑叭庄三期等，年代集中于商代晚期。典型陶器与殷墟遗存基本相似，主要有绳纹袋足鬲、簋、盆、瓮等（图六）。文化性质与殷墟文化同属于一个体系，但包含有某些北方文化的因素，如上坡遗址四期发现的绳纹花边鬲等。属于北方文化系统的主要遗址有安新辛庄克二期，典型陶器有绳纹袋足高领花边鬲、大口盆等，文化性质属于北方系统的围坊三期文化。

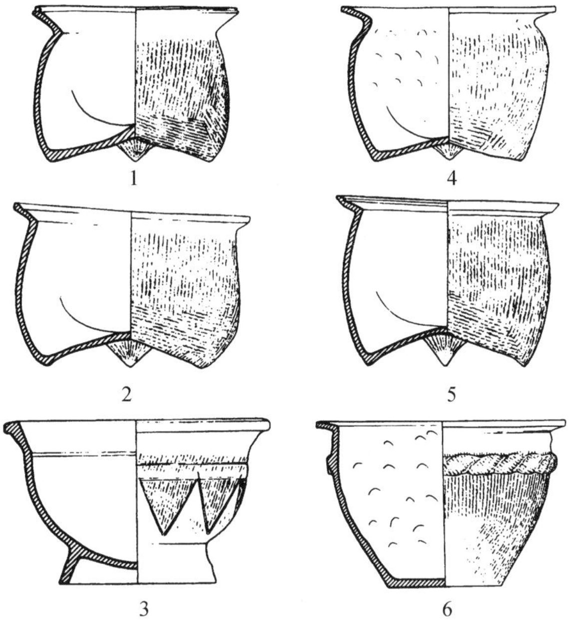

图六　商代陶器（均自容城上坡四期）

西周初立，即分封燕国经营北方，因此燕国成为周王朝的北方屏障。然而关于西周之燕的历史记载语焉不详，燕都之外的考古遗存也寥若晨星。白洋淀地区西周时期的遗址发现很少，主要遗址有任丘哑叭庄四期等，出土陶器有绳纹袋足鬲、罐等，文化性质属于中原西周文化。

白洋淀地区三代时期考古学文化的走廊色彩，较史前时期呈现出更多的南北流向特征，具体表现为或属于中原系统文化而含有较多北方因素，或属于北方文化系统而包含某些中原因素，或介于中原与北方之间而自成独特一系。此与中原繁盛的夏商周王朝具有强烈的文化凝聚与辐射作用有关，中原文化向北方的引进与传播主要是通过太行山东麓走廊进行的，而白洋淀地区恰正是这条走廊北端的门廊地带，南北两支系统的文化在此碰撞、对峙与融合，不仅形成当地独具地方色彩的走廊文化，而且对中原三代文化的发展与丰富也具有十分重要的促进意义。

四、东周燕国的南境文化

进入东周，燕国之迹屡见于史，考古学遗存也丰富多彩。据史载，春秋初期燕桓侯迁都临易。战国时期的大部分时间，燕国的南疆以易水为境，白洋淀地区正处于燕国的南境地带。

春秋时期的燕国遗存发现的较少，主要有容城南阳遗址一期、徐水大马各庄墓地等。典型陶器有柱足鬲、袋足鬲、罐等。战国时期的燕国遗存较为丰富，主要有容城南阳二期，安新北刘庄、徐水遂城、任丘哑叭庄五期等。典型陶器有绳纹筒形釜、罐、豆等。

南阳遗址面积巨大，现存有多处大型的夯土建筑基址遗迹，四周城墙遗迹也存有线索可寻。曾发现随葬有青铜礼器和陶器的墓葬，出土铜鼎、壶、戈等，其中有铭文“燕王职戈”“西宫”等，一些陶器上有戳印的“易市”字样。种种线索表明，南阳遗址很有可能即战国时期的易，亦即春秋初期桓侯所迁都的临易。

战国时期，燕国南境的另一个著名标志就是沿易水修建的燕南长城。燕国的北长城主要防御东胡与山戎等北方部族，而南长城则主要是面对赵与齐。考古发现的燕南长城遗迹，西起易县太行山下，向东蜿蜒经徐水、容城、安新、雄县、文安等，直至大城，总长近260千米。这条易水长城不仅是燕国的南境线，同时也是燕赵两大王国的分界线，更是燕赵两支重要文化交流融合的前沿地带。

东周燕国文化的构成以中原和燕国本地成分为主体，同时含有一些北方文化因素。易水及长城、易都与下都武阳等，共同构成了东周燕国的南境文化。白洋淀地区战国时期的燕国南境文化，不仅饱含赵齐等中原诸侯国的同质文化渊源，同时也夹杂某些北方戎狄部族的文化因素，但同时更具有春秋以来燕国文化的本地特色。这也是自史前以来走廊文化传统的长期延续。

五、秦代以后的文化遗存

秦统一六国，广置郡县，白洋淀地区属广阳郡易县。西汉时置幽州刺史部，白洋淀地区分属容城县与易县。东汉时该地域又归冀州刺史部，自此直至北朝，该地即处于幽州冀州之间的边际区域，或冀州或幽州或分而属之。幽冀虽是行政分野，但其中先秦燕赵边际的历史痕迹依然可寻。北宋时期，宋辽以白沟河为界对峙相持，白洋淀地区即成为宋王朝的北疆边防地带。金代以后，随着北京成为京师都城，白洋淀地区因此进入京畿地区。

汉代的河北平原经济发达，人口与城镇稠密，此种景象如实地反映在考古遗存方面。容城、雄县、安新等区域保存有较多的汉代墓群，一些墓地的封土尚存。这些墓葬的主人多属于西汉涿郡或东汉河间国的贵族，随葬品中常见铜器和彩绘或饰釉陶器，代表着幽冀两州边际地区的汉文化特色。

北宋时期最著名的考古遗存当属雄县发现的地道遗址。地道连接雄州与霸州，长度约35

千米，构造为砖砌券顶，洞宽与高大多约为1～1.5米，存有灯龛、通气孔等附属设施，以及瓷碗、瓶、缸等生活用具。这些地道既可用于驻军防御，也可用来传递联络，当属北宋边防工事类遗存。

防御辽军的工事不仅挖掘地道，还有大规模的筑堤与围河，因此而形成了稳固的统一的大面积水域的白洋淀，有些地段的围堤顺势利用了战国时期的燕南长城墙体。因此可以说，现今的白洋淀水域本身即是一处大型的古代土建工程遗迹。另外，宋辽相持于白洋淀地区，几乎是前代燕赵分野、商文化与北方文化对峙于这一地域的历史重演。此正是太行山东麓地区连绵不绝的走廊特性文化的具体表现。

六、结　语

太行山东麓走廊地区是中原与北方两大古文化区交流沟通的重要途径，而白洋淀地区则是这条走廊中的重要中间节点，自史前以来南北两种系统的文化时常在这一地带发生迎面接触，从而形成文化走廊中的文化边际区。考古发现所见这一地区自1万年以来的古文化遗存，其文化面貌及性质特征既有太行山东麓文化区域的走廊文化共性，也存在着白洋淀地区文化的突出个性：即文化演进传承过程中呈现出长期的边际性特征。这一文化特性的主要表现是，数千年来的文化发展进程始终处于南北两种不同文化板块与体系之间的接壤地带，亦即两个文化区系之间的夹缝地带。随着南北交界的游移变更，所属文化区系时而变换，在两种文化的碰撞、对峙、交锋、融合等背景下，导致白洋淀地区的文化属性常常具有兼容性色彩。然而正是在这种融合与拒绝、兼容与保持的文化交错中，白洋淀地区古文化的发展呈现出奇异的光彩，甚至造就了白洋淀大面积稳固统一的水域本身。

（原载于《中国文物报》2017年5月19日）

新形势下如何做好南阳遗址保护工作

张　丽

南阳遗址是春秋战国时期一处重要遗址。面积420000平方米，位于县城14千米的南阳村南200米处，其西、南、东均有古河道，近30年来已征集到有铭文的“西宫”铜壶（图一）、“左征”铜壶盖（图二）、铜鼎（图三）、“燕侯载之萃锯”铜戈（图四）、燕刀币、有“易市”字样的陶器等一批重要文物，这些器物都具有燕文化风格，其地理位置也与史记中所记载的燕国都城“临易”相近，具有较为重要的历史和学术价值。2006年5月被列为全国重点文物保护单位。

图一　“西宫”蟠螭纹铜壶

图二　战国“左征”铜壶盖

图三　战国“+”字纹铜鼎

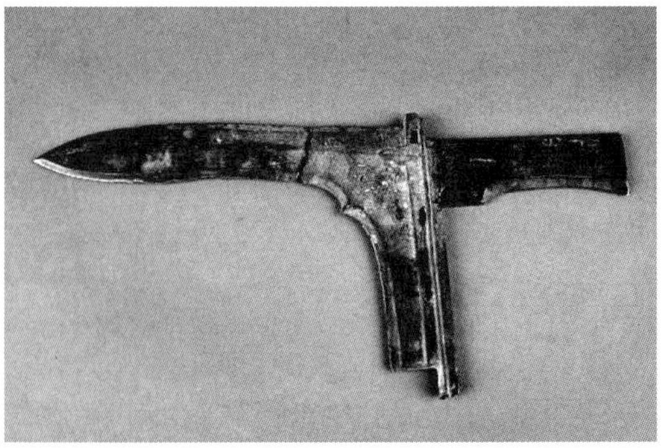

图四　战国“燕侯载之萃锯”铜戈

几十年来，我们从以下几个方面对南阳遗址加强保护。

一、宣传《文物保护法》，增强文物保护意识

进入20世纪80年代，农村经济结构发生了很大变化，社会上盗掘古墓、古文化遗址，文物走私现象十分猖獗，而面对如此严峻的形势，我们考虑必须唤起当地干部、百姓的文物保护意识，让全民来保护文物才是行之有效的办法。于是我们找到村委会签订了文物安全责任状，同时委派村民田铁刚同志作为义务保护员，并签订保护员责任书，发放通讯工具，及时向文保所反馈南阳遗址保护情况。利用村宣传喇叭宣传《文物保护法》和相关人员定期座谈学习交流。30多年来，南阳遗址没有遭到任何破坏，许多专家学者来南阳遗址考察都称赞说遗址保护得这么好，真是难得啊。

二、处理好文物保护与当地经济发展的关系

南阳村是率先利用做毛绒玩具、衬衣等副业富起来的村庄之一，2007年部分村民就在遗址重点区域种起了树木。我们考虑到遗址上种树会对遗址造成破坏，经过和村委会协商沟通、和村民做工作，宣传文物保护法增强保护文物的意识，于2011年，将树木全部砍伐，恢复原貌耕种农作物，遗址得到了很好的保护。

三、保护与发展同步进行

随着雄安新区的设立，习近平总书记高度重视文化历史文脉的传承，并身体力行地推动文物保护工作，强调要像爱护自己的生命一样保护好历史文化遗产。南阳遗址在国际国内有较高的知名度。2017年4月28日，容城南阳遗址2017年度考古工作计划获国家文物局批复。国家文物局副局长宋新潮、省文物局局长张立方多次来南阳遗址指导文物工作。2017年5月28日，省文物局在南阳遗址召开河北雄安新区文物保护与考古工作现场推进会，并成立雄安新区文物保护与考古工作站，宋新潮副局长为工作站揭牌并授旗。同时，中央电视台、河北电视台、容城电视台现场进行了相关报道。

随着对南阳遗址考古工作的全面展开，将进一步搞清容城南阳遗址性质、范围和布局，推进遗址保护利用提供重要基础支撑，对雄安新区的建设规划具有重要意义。我们期待着一座世界级遗址公园展现在世人面前。我们要不辱使命，持续不断地做好南阳遗址的保护工作。

以上只是我们做了一些应该做的文物工作，取得了一些成绩，这和各级领导专家的大力支持是分不开的。今后我们要和其他兄弟单位一道，携起手来共同把文物保护工作做好、做实。

（原载于《西江文艺》2017年第5期）

河北地区距今9000年的核桃果核

张元真

一九八九年三月二十七日，河北徐水县文物管理所的杨永贺同志来信北京自然博物馆。告之在河北容城县张楚营村的沙坑中发现古树群。为此，北京自然博物馆（以下简称我馆）的张元真、翟红、安玉民与周国兴于一九八九年五月十三日前往现场考察。

在杨永贺和容城县文物管理所孙继安两位同志的陪同下，考察了古树出土现场，并作了发掘，除运回古树标本多株外，还从原生层中发现核桃果核标本近三十件。其中完整的果核标本五件，鉴于完整的核桃果核标本在史前遗址中殊为少见、特作报告如下。

一、核桃果核的年代

此次考察了两处现场，谷庄与沟西两沙坑，均在离容城县城不远的西北部，古树及核桃果核采自离地表8米以下的灰白色细砂层中，细砂层尚未见底。砂层中间局部含粘土块及黑色含炭腐蚀质薄层。与古树同时出土的还有破碎的鹿角与大型哺乳类的肢骨骨片，呈亚化石状态。

核桃果核经北京大学考古系年代测定实验室的原思训同志测定，距今年代为9345 ± 480年。

据已发表的资料考查，目前已知核桃果核出土的史前考古纪录有河南新郑裴李岗文化遗址中有距今7000年前的核桃壳碎片，未见种属的鉴定报告。

内蒙赤峰市（原昭乌达蒙）敖汉旗兴隆洼遗址出土有核桃楸果核（Juglans mand shurica），距今年代经C^{14}测定为7240 ± 95年，在距此遗址不远处的敖汉旗宝国吐乡小山遗址中亦有核桃楸果核发现，距今年代稍晚，为6150 ± 85年。

北京平谷县新石器时代考古遗址中亦发现有核桃果核，距今年代在6000年以上，中国科学院植物研究所的孔昭宸同志疑其为河北核桃（ Juglans hopeiensis）

四川冕宁野海子发现距今6000年的核桃，据称为“深纹核桃”。

江苏宁镇丘陵宝华山全新世地层中有已炭化的核桃果核，距今年代为5000年。

辽宁岫岩北沟遗址，距今4600年，亦有核桃果核出土。此外在江西修水新石器时代晚期与浙江吴兴新石器时代晚期均发现炭化的山核桃壳。

根据以上不完全的统计可以获知，自距今7000多年来核桃果核在新石器各期遗址中已有较多的发现，表明野生核桃早已成为史前人类的食物。此次在谷庄、沟西所采的核桃果核虽然出自古河床（属拒马河流域）的沙土层中，但与之伴生的有疑为人工破碎的动物肢骨和鹿角残片，而且果核中有些标本具明显的火烧痕迹，故不排除是史前人类烧烤所致的可能，因此，这批标本可说是目前已知最早的史前人类食用的野生核桃果核。

二、鉴定与描述

所采的核桃果核标本中，形态上可分为两类，一类为长卵圆形，一类为近似球形，经初步鉴定，前者为核桃楸，后者可认为是河北核桃，初步描述如下。

1. 核桃楸（ Juglans mand shurica Marim ）

属于此种标本的采到20多件，其中2件保存很完整，其余均为半个果核或碎片，完整果核呈长卵圆形，先端呈锐尖，果核外表有8条不太凸起的纵脊，部分标本由于磨蚀纵脊已不清晰，各脊间有不规则的横脊形成了折皱与凹陷，纵脊中有两条最为显著，系果核的缝合线，其正中有较深的纵沟，沿此纵沟可将果核整齐地分为两半，内果壁光滑，具规则的空室，果壳及隔膜均厚、硬，为厚骨质，隔膜具很窄小的2空隙，测其中一个最完好的标本，长径23.2毫米，最大横径21.3毫米，最小横径20.7毫米。与现代核桃楸相比，果核外观形状相似，但体积要小的多，接近于现生种的小型个体，现生种标本的长径为25～50毫米，另外现生种隔膜中具2空隙，而在谷庄所采到的果核隔膜虽可分辨2空隙，但空隙很小。可与此标本相比较的为内蒙赤峰市遗址中的核桃楸果核，其编号为F123（2）：15的标本，果核呈卵圆形，长径23.0毫米，最宽横径18.0毫米。

2. 河北核桃？（ Juglans hopeiensis ？ ）

属于此种标本的有四个完整的果核，其中一个果核有火烧所致的烧痕破孔。这些标本的形状呈球形，果核外表具八条纵脊，刻纹较细致，与核桃楸果核相比明显不同，现代河北核桃的外表刻纹更为雅致，故又名“麻核桃”。其果核内壁所具的空室形状和硬骨质的隔膜与上述核桃楸的描述又颇为相似。这些标本的长径17.0～22.3毫米，最大横径16.8～25.3毫米，最小横径15.3～22.6毫米，比现生种的标本小得多。

三、讨　　论

由容城谷庄和沟西两砂坑中采到的核桃果核标本是值得重视的，首先，它是继裴李岗文化遗址和内蒙兴隆洼遗址之后所发现的更早时期带有人工痕迹的核桃果核标本，说明了新石器时代早期的先民早已将核桃作为食物，它的历史至少可追溯到距今9000多年前。我国内地栽培核桃的由来，各学者说法不一，自从四川距今6000年冕宁地区找到核桃后，有些专家提出四川的栽培核桃可能并非外来，而有其自身的起源，这也就使我们推测，华北地区的栽培核桃也可能有自身的起源。据有关资料获知，远在更新世早期，山西午城黄土的孢粉谱中就有核桃出现，至中新世中期，在周口店北京人遗址中从底砾层往上，第6～7层、4屋、2层中的孢粉谱中均有核桃孢粉粒的存在，那时北京人已采摘很小的朴树子食用，故然不排除食用核桃的可能，但尚未获得直接的证据。而在较晚的平谷新石器时代遗址中，出现距今6000年的核桃果核，说明核桃生长在华北地区有悠久的历史，而为史前人类食用也有较长时间，故不排除华北地区食用核桃有自身起源的可能。

其次，容城地区地处白洋淀区的北面，属于温带大陆性季风气候区，年均温度为12.1ºC，年降雨量在547毫米，原始森林早已被破坏殆尽。虽然此次在容城地区采的古树种尚未鉴定，同层的孢粉亦未分析，但核桃壳的出现仍不失为一重要线索。由此可追溯到9000年前，这一地区曾适宜土质肥沃，气候湿润的落叶乔木生长，它们可能与其它乔木树种共同组成温带落叶阔叶和针叶混交林，表明当时的气温要较现在略高。

再者，这批标本虽已初步被定为核桃楸和河北核桃两种，但后者尚不能作最终认定。对河北核桃的起源曾有两种不同的见解，A.Rehder与胡先骕曾认为它可能是普通的核桃（Juglan-regia）与核桃楸的杂交种，亦有人提出它更接近于核桃楸，与后者的差异是微乎其微的，认为将它作为核桃楸的一个变种更为合适。容城的果核标本是在河北地区继平谷考古遗址之后，再次发现的更早时期的标本，虽然目前仅限于果核标本，但它们的时间较早，似乎作为人工杂交的可能性不那么大，据此我们推测河北核桃为核桃楸的一个变种的可能性更大，但这个问题有待进一步研究。

主要参考文献

陈柏泉：《江西地区历史时期的森林》，《农业考古》1985年第2期。
杜怡斌：《河北植物志》，河北科学出版社，1986年。
孔昭宸等：《内蒙古敖汉旗兴隆洼遗址植物的初步报告》，《考古》1985年第10期。
匡可任等：《中国植物志》，科学出版社，1979年。
李璠：《中国栽培植物发展史》，科学出版社，1984年。
刘振亚：《我国古代北方果树资源的利用与西北半干旱地区农业开发的展望》，《农业考古》1985年第1期。
尹祖棠：《北京植物志》，北京出版社，1984年。
张玉忠：《新疆出土的古代农作物》，《农业考古》1983年第1期。
中国科学院植物研究所：《中国高等植物图鉴》，科学出版社，1983年。

（原载于1992年《北京人第一头盖骨发现六十周年文集》）

河北省容城县出土战国铜器

孙继安　徐明甫

容城县晾马台公社西北阳村社员，于1966年和1979年在村西南先后掘出战国时期的铜壶一个，铜鼎一个，铜壶盖两个，现已收集到县文化馆。

铜壶、铜鼎出土点相隔20米，铜壶出土时少盖。1979年挖出的铜鼎内，装有铜壶盖，大小两个。大盖与铜壶吻合，盖上铭文与壶口处铭文相同。小盖口沿处阴刻“左征”二字（图二，4）。

铜壶通高50厘米，口径13厘米，腹围86厘米，底径17厘米（图一）。短颈，鼓腹，深圈足，肩部有对称铺首衔环。壶身自上至下有明显母范接口，壶口微敞，颈部饰对角蕉叶纹四组，腹部饰带纹四周，带纹之间饰蟠螭纹。在第二道带纹近左铺首处，有阴刻“西宫”二字（图二，3）。壶盖为凸形，小平顶外缘饰圆环纹、重环纹，平顶下为带纹，带纹下饰蟠螭纹。盖上有对角卷首夔龙立耳四个（残两个），盖下着子口。壶口与盖沿上都阴刻“右征尹”字样（图二，1；图二，2）。重7公斤。

图一　铜壶

1　2　3　4

图二　铭文

1. 壶口沿铭文“右征尹”　2. 大壶盖铭文“右征尹”

3. 铜壶腹部铭文“西宫”　4. 小壶盖铭文“左征”

图三　铜鼎

铜鼎高27.5厘米，口径24厘米，腹径27.5厘米。长方附耳，圆底鼓腹，蹄形三足。身有子口，腹饰凸弦纹一道，底饰带纹一周，带纹中间饰十字纹。盖肩部饰凸弦纹一周，上饰对角半环形钮三个，钮身中间凸起脊带，上饰重环纹，钮顶凸起乳钉，上饰涡纹。盖中间设有活环提梁一个，环身饰重环纹、云雷纹。鼎身烟炱严重，厚达0.2厘米，重6.6公斤（图三）。

这些文物年代属春秋战国时期。出土地点从地理位置来看，位于燕地易京一带。易京在春秋晚期叫临易，临易曾是北燕的国都。铜器上如“西宫”等铭文，对我们进一步研究燕文化，以及探讨战国时期燕国易京位置，提供了珍贵的实物资料。

（原载于《文物》1982年第3期）

河北南阳遗址出土的蟠螭纹铜壶

穆　强

保定市博物馆的文物陈列中，有一件河北省容城县晾马台乡南阳村南阳遗址出土的蟠螭纹铜壶。铜壶为圆形，盖为子口，中部鼓起，周边有S形纽四个，饰蟠螭纹一周。壶口沿微外侈，颈较细而内收，溜肩，鼓腹，高圈足。肩两侧各有一兽首衔环，环横截面为扁圆形。颈部饰云雷纹，肩至腹部饰宽弦纹带，间以细密的蟠螭纹。肩部弦纹带上刻有铭文“西宫”二字。壶通高约48厘米，口径14厘米，底径18厘米（图一～图三）。容城县文物管理所收藏。

图一　蟠螭纹铜壶

图二　蟠螭纹铜壶铭文

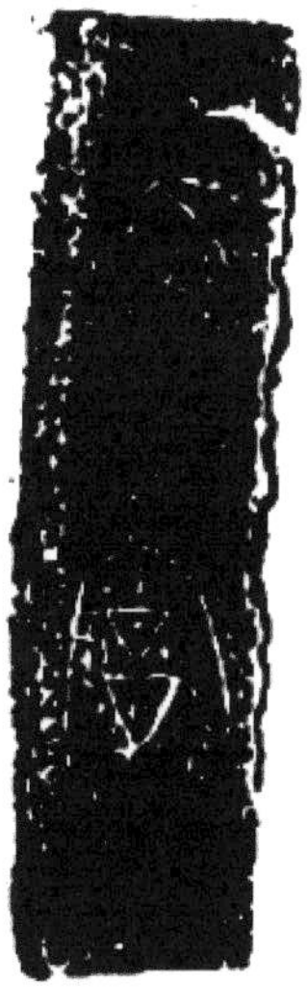

图三　蟠螭纹铜壶拓片（原大）

出土铜壶的南阳遗址，面积约56万平方米。1981年春，河北省考古工作者发现并对其进行调查，清理出这件铜壶及其他铜器、陶器、骨器等文物40多件，较为重要的器物有铜鼎、壶、戈、镞、刀币，陶鬲、豆、罐及骨锥等。其中几件有铭文，如“西宫”铜壶、“燕王职”、“燕侯载”铜戈和“易市”陶罐等。这些器物的形制、纹饰及铭文具有春秋时期燕国风格，地理位置也与文献所载燕国都城临易相近，具有较为重要的研究价值，遗址有待进行正式发掘。1982年，此遗址被列为河北省重点文物保护单位。

（原载于《文物》2002年第1期）

东周有铭兵器考述三则

杨　博

一、玄　翏　戈

传器1926年出于河北曲阳，容庚先生谓陶祖光先生四百金得自河北曲阳[①]。战国早期吴系器物。本器援长15.2厘米，胡长9.9厘米，内长7.2厘米，依拓本胡上二穿，内较长，阑部突起，直援尖锋（图一）。胡上刻铭“玄翏”（图二）。《集成》编号为17・10910。

图一　玄翏戈

图二　玄翏戈铭文拓片

“玄翏”是一种金属原料的名字，金属原料（如玄镠、赤膚）+之+用戈（戟）是这类戈戟铭文的格式，其中“玄”“之”“用”三字为鸟篆体。目前所见均为吴楚器物，除本器外，如《东周鸟篆文字编》收录器号153之“玄膚戈”[②]、山西出土之“玄膚之用戈”[③]、湖北团山出土之“翏铝玄用戈”[④]等，都表示它们是由“玄翏”“玄镠”“玄膚”这样的金属原料制成的。“玄”“膚”表示颜色，“翏”“铝”为金属原料，或有称“玄膚”“赤膚”之“膚”者

① 容庚：《鸟书考补证》，《燕京学报》第17期。

② 曹锦炎、张光裕编：《东周鸟篆文字编》，香港翰墨轩，1994年，第7页。

③ 陶正刚：《山西地区出土的吴越青铜器及其研究》，《吴越地区铜器研究论文集》，香港两木出版社，1997年，第208、209页。

④ 襄樊市博物馆：《湖北襄阳团山东周墓》，《考古》1991年第9期。

是假膚为铝，与表颜色之“膚”字同义别[①]。镠为锡，铝为铜，至于“玄翏”当是“以调剂之青铜”[②]。

据施谢捷《吴越文字汇编》，此戈定为吴国器物[③]，或说其出土于陕西长安郊外[④]，未详所据，不取。

按传器出于河北曲阳。曲阳，战国时期赵邑，因其在太行山曲之阳，故名，据《中国古今地名大辞典》，其地在今河北曲阳县西，沙河之东。据《史记·赵世家》，赵武灵王二十一年（前305年）攻中山，“赵与之陉，合军曲阳，攻取丹丘、华阳、鸱之塞”，即指此地。西汉时于此地置上曲阳县[⑤]。

按，《国语·吴语》及《左传·哀公十三年（前483年）》中有“黄池之会”的记载[⑥]，言代表晋国的晋卿赵简子与吴国或者说赵与吴约定“好恶同之”。又《左转·哀公二十年（前475年）》，“十一月，越围吴。赵孟降于丧食”[⑦]。赵、吴为友邦，故闻越围吴，时任赵君的赵襄子“降于丧食”，此盟国亡国之礼也。

另，文献记载中有赵襄子部属有延陵生者，如《战国策·赵策》：赵襄子“乃使延陵生将车骑先之晋阳”[⑧]。《史记·赵世家》又云：“（孝成王）十八年（前248年），延陵钧率师从相国信平君助魏攻燕。”[⑨]而吴国著名的贤公子季札的封地即是延陵，封号延陵君。《左传·襄公二十九年（前544年）》记季札曾出访鲁、齐、郑、晋、卫诸国，在晋就同赵文子甚是相得。故而我们推测，吴国亡国之后当有很大部分吴国贵族携带宝器投奔友邦赵氏，古人又有因封地为氏之习俗，延陵生应该就是延陵君季札的后代，而延陵钧则应是延陵生之后代，此玄翏戈或是当时携来之物，其出于河北曲阳也是说得通的。

二、安朮右矛

本为柯昌泗旧藏，据柯昌泗拓本跋，己未年直隶遂城故墟出土。战国时期器物。本器通长17.6厘米，銎径2.6厘米，窄叶尖锋，有脊和血槽，长銎筒（图三）。骹部铸铭文“安朮右”3

---

① 李家浩：《攻吴王光韩剑与虞王光戈》，《古文字研究》第17辑，中华书局，1989年，第138～146页。

② 黄盛璋：《“执齐”及其和兵器铸造关系新考》，《古文字研究》第15辑，中华书局，1986年，第253～276页；黄锡全：《“夫铝”戈铭新考——兼论铸器所用金属原料之名称》，《古文字论丛》，台北艺文印书馆，1999年，第175～192页。

③ 施谢捷：《吴越文字汇编》，江苏教育出版社，1998年，第547页。

④ 吴镇锋：《陕西金文汇编》，三秦出版社，1989年，第51页。

⑤ 戴均良编：《中国古今地名大辞典》，上海辞书出版社，2005年，第1151页。

⑥ 王树民、沈长云点校：《国语集解》，中华书局，2002年，第553页；杨伯峻：《春秋左传注（修订本）》，中华书局，1990年，第1674～1679页。

⑦ 王树民、沈长云点校：《国语集解》，中华书局，2002年，第553、1716页。

⑧ 何建章：《战国策注释》，中华书局，1990年，第604页。

⑨ （汉）司马迁：《史记》，中华书局，1999年，第1483页。

字（图四）。《集成》编号为18·11490。

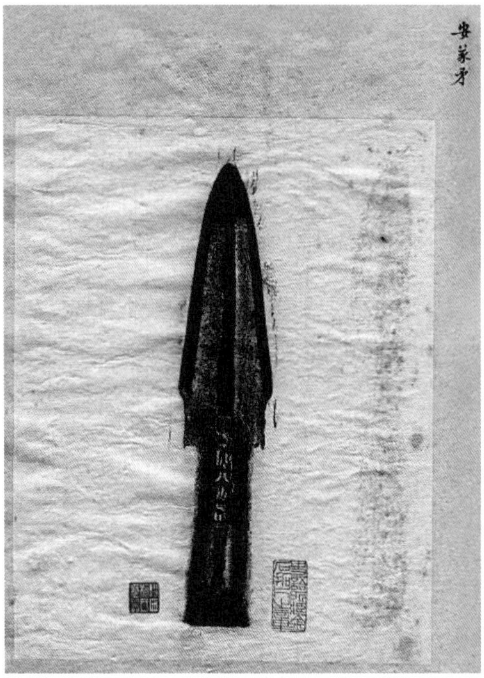
图三　安朮右矛

图四　安朮右矛铭文拓本

己未年即1919年，直隶遂城故墟为河北省徐水县遂城镇。查《括地志》卷2有云："易州遂城，战国武遂城也。"①《史记·赵世家》又云："悼襄王二年（前243年），李牧将攻燕，拔武遂、方城。"②知遂城此地曾先属燕后属赵。矛骹部铸铭文三字"安朮右"。据《中国古今地名大辞典》，遂城在今河北省徐水县中部偏西北，为遂城乡驻地。战国燕在此地建武遂城，后称遂城。隋、唐、五代为遂城县治所。徐水县旧名安肃县，五代始设，今徐水县政府仍在安肃镇③。如此，"安朮"当与"安遂"有关。"朮"同"术"④，术，上古船母物韵；遂，上古邪母物韵。《礼记·学记》有云："家有塾，党有庠，术有序，国有学。"⑤此处"术"即通"遂"，属音近通假。且先泰文字中"朮""术""遂"均写作一字，则"安术"即是"安遂"。"右"当为"右库"之省。

我们推测，悼襄王二年（前243年）赵占领武遂、方城后，可能将此地易名为"安遂"，或取"安定遂城之意"。因此地靠近燕境，当亦曾在此地设左、右库以制兵，所制兵器有铭文"安朮右"，当类于"甘丹上"（邯郸上）。降至五代时期，可能即分为二地，一名安肃，一名遂城。此矛或当属赵器。

① 贺次君：《括地志辑校》，中华书局，1980年，第107页。
② （汉）司马迁：《史记》，中华书局，1999年，第1484页。
③ 戴均良编：《中国古今地名大辞典》，上海辞书出版社，2005年，第1151、2924、2452页。
④ 冷玉龙编：《中华字海》，中华书局，1994年，第3页。
⑤ （清）孙希旦撰，沈啸寰、王星贤点校：《礼记集解》，中华书局，1989年，第957页。

三、右洀州还矛

1966年河北雄县出土，现藏河北省博物馆，春秋时期燕系器物。本器通长17.7厘米。尖锋，有脊，两面开刃，椭圆形銎，骹前端有一小孔（图五）。脊旁铸铭文4字“右洀州还”（图六）。《集成》编号18・11503。

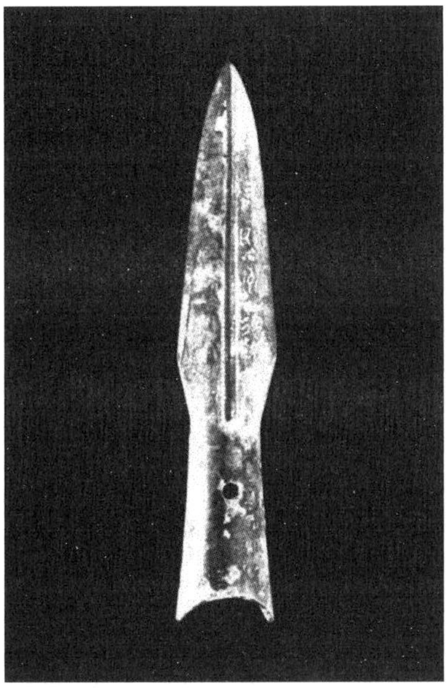

图五　右洀州还矛

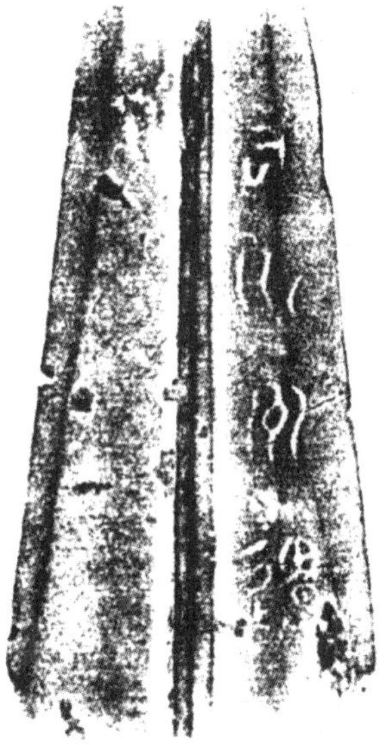

图六　右洀州还矛铭文拓片

《史记・燕召公世家》云：“桓侯七年（前691年）卒，子庄公立。”《集解》引《世本》“桓侯徙临易”条，宋忠注：“今河间易县是也。”①此外，《读史方舆纪要》卷12、《括地志》卷2、《太平寰宇记》卷70等都有“桓侯徒临易”之记载②。“临易”，除前引宋忠注为“今河间易县是也”，唐李泰《括地志・归义县》云：“易县故城在幽州归义县东南十五里，燕桓侯徒都临易是也。”③《太平寰宇记》卷70：“归义县，汉易县之地也，属涿郡。按今县东南十五里有大（易）故城，是燕桓侯之别都。”④又《嘉庆重修一统志・保定府・雄县》条云：“雄县……战国时，燕易邑，汉置易县，属涿郡，后汉属河间县……唐武

① （汉）司马迁：《史记》，中华书局，1999年，第1295页。

② （清）顾祖禹撰，贺次君、施和金点校：《读史方舆纪要》，中华书局，2005年，第518页；贺次君：《括地志辑校》，中华书局，1980年，第106页；（宋）乐史撰，王文楚等点校：《太平寰宇记》，中华书局，2007年，第1413页。

③ 贺次君：《括地志辑校》，中华书局，1980年，第107页。

④ （宋）乐史撰，王文楚等点校：《太平寰宇记》，中华书局，2007年，第1413页。

德五年改置归义县，属幽州。”[①]清后雄县之名一直沿用至今未改，故可知“临易”地望当在今雄县一带。

近年来，河北雄县西北8千米的古贤村发现两座战国古城，古贤村北今属河北容城县的晾马台乡南阳村发现两座大型春秋战国时期台地遗址，更是印证了史籍的记载。古贤村大小两座古城的南北布局和燕下都分东西二城相类；南阳村所出战国时期带有“西官、左征、右征尹”等表示燕国公宫、官署铭文的铜壶，带“燕侯载之萃锯”、“燕王职戈”等铭文的铜戈，特别是肩部带有“易市”陶文的陶罐[②]，说明“临易”地望确实在今之河北雄县、容城交界的古贤村与南阳村一带，至迟到战国初年，此地犹为燕都。此说陈平、曲英杰诸家亦有论述[③]。

右涉州还矛当属燕矛。我们知道，春秋时山戎曾越燕而伐齐。又公元前664年，山戎伐燕，齐桓公为救燕“遂北伐山戎，剃令支，斩孤竹而南归”[④]，其时当燕庄公二十七年，距“桓侯徙临易”约30年左右，故燕国徙都很可能是为躲避山戎的侵扰。右涉州还矛可能即制作于燕国迁都临易之后，为都城守军的常备武器。

（原载于《文物春秋》2011年第2期）

---

① （清）穆彰阿，潘锡恩等纂修：《大清一统志・嘉庆重修一统志》第1册第12卷，上海书店影印，1985年，第550页。

② 孙继安、徐明甫：《河北容城县出土战国铜器》，《文物》1982年第3期；孙继安：《河北容城县南阳遗址调查》，《考古》1993年第3期。

③ 陈平：《燕国风云八百年》，北京出版社，2000年，第40～42页；曲英杰：《燕都燕城及临易考》，《史记都城考》，商务印书馆，2007年，第232～236页。

④ 王树民、沈长云点校：《国语集解》，中华书局，2002年，第233页。

河北容城发现三批燕国货币

容城县文物保管所

近几年来，河北省容城县连续发现三批燕国货币。其形制、铭文各不相同，现简述如下。

① 1985秋，晾马台乡南阳砖厂取土，露出“尖首刀”币百余枚。我们闻讯赶到后，只征收到三枚。这三枚刀币呈蓝锈色，面、背皆无字，弧背。一种通长15.2厘米，重19.3克；一种刀首较前一种短1.1厘米，重15.9克。

② 1985年11月，贾光乡东张楚村村民在村南一断面上发现罗列有序的刀币245枚，重约4.1公斤。刀币表面呈绿锈色，三枚面、背无文，多数面文为“明”字，有10枚“明”字字体斜长。其中8枚无背文。这批刀币背文共有四十种（图一、图二）。刀币通长13.6～14厘米，形状基本相似。据考，刀币第一字多数为“右”“左”二字无疑，第二字是数字还是地名，有待研究。

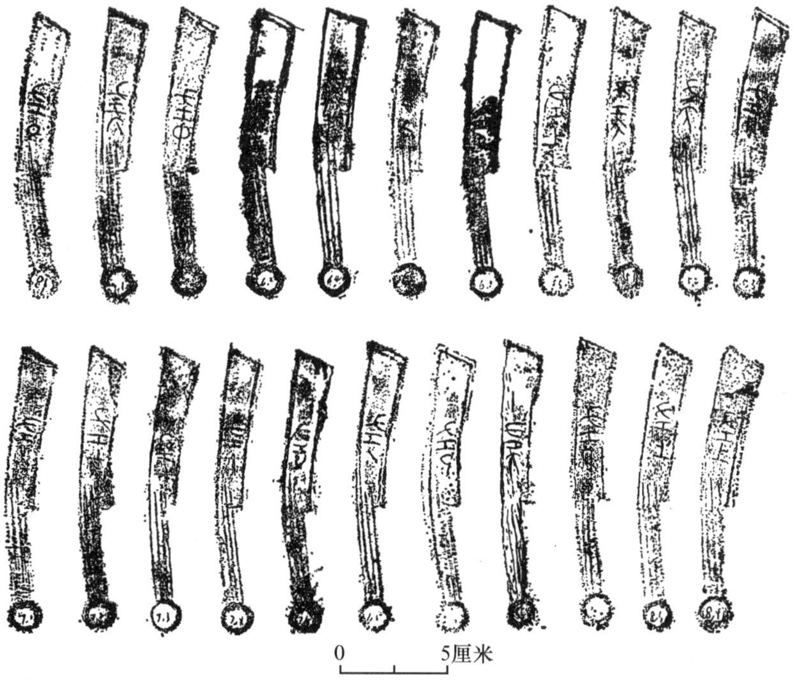

图一　刀币各种背文拓本

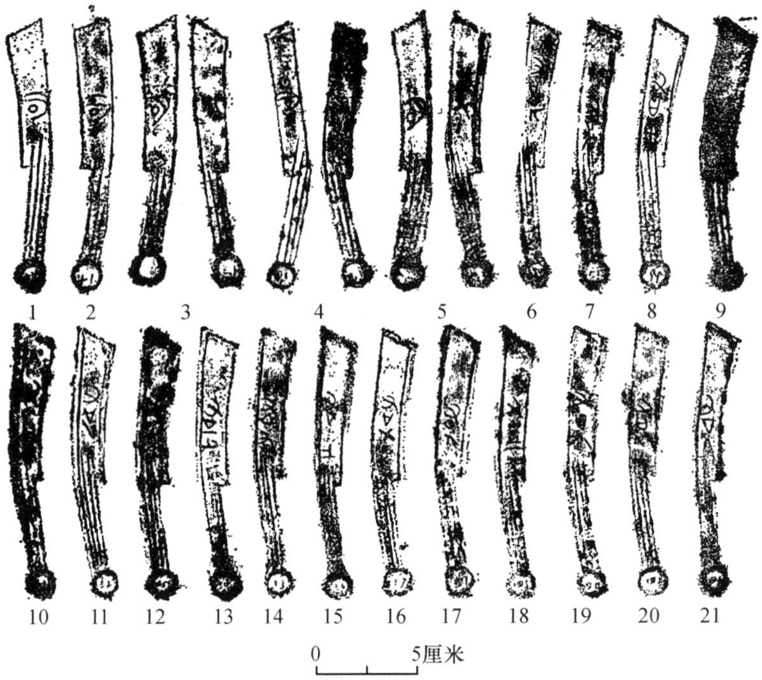

图二　刀币拓本

1～5. "明"刀币及背文　6～21. 其他各种背文

③ 1978年春，城关乡北城村群众在村西取土，在0.6米深处挖出小灰陶罐一个，内有燕（折背）刀币8枚，这些刀币表面呈灰绿色，像涂有一层腊质。刀首近平首状，刀柄较宽，刀柄纵纹伸至刀身，刀背硬折。八枚刀币面文相同，七枚无背文，通长在13.2厘米左右。

出土的这三批燕国货币，从其形状和伴出物看，其时间有早晚之分。南阳遗址出土的无字"尖首刀"，年代可能为春秋时期，是燕国早期货币。东张楚遗址出土的"弧背刀"，除伴随露出的有粗绳纹秃袋足鬲外，不见战国晚期遗物，其年代可能为春秋战国之交。北城出土的"折背刀"，据泥质灰陶罐看，其年代为战国晚期。春秋战国时期，容城县于燕国南陲，近年来连续出土三种不同的燕国货币，说明当时的货币早晚已有连续性。通过这些发现，并可看到当时燕国生产力已很发达，贸易也很繁荣。

刀币拓本由王亚飞同志拓制。

执笔：孙继安

（原载于《考古》1994年第5期）

河北容城县发现四批燕国货币

容城县文物保管所

在河北省容城县境内，自1976年至1990年间，先后出土四批约600余枚燕国货币。这些货币虽都属燕刀，其形状基本相同，但年代有前后之分。经观察比较，这些货币的铭文、色彩、大小也不尽相同。尤其是罗河村出土的刀币，除多数无面文外，其中七枚面文各异。现根据出土时间顺序，简单报告如下。

1976年春季，城关乡北城村群众，在村西取土时，距地表0.6米深处发现一件绳纹灰陶罐，内盛燕国货币百余枚。这些刀币表面呈灰兰色，像有层腊质。面文为“[illegible]”字，背文各不相同，特殊的有“[illegible]”、“又”、“[illegible]”字的，其它背文因后面还有发现，不再例举。刀首近平形，刀柄较宽，柄上有两道纵纹，纵纹从刀环处伸至刀身。有的刀背硬折，习惯称“折背刀”，通长13.5厘米，重15.2克（图一）。

图一　北城出土

1985年秋季，晾马台乡南阳砖厂取土时，发现燕国“尖首刀”币百余枚，县文物保管所征集到三枚。这三枚刀币表面呈兰绿色，面、背皆无文字。弧背，个体较大，首尖（图二）。

1985年11月份，贾光乡东张楚村谢宝玉兄弟二人在村北取土，发现罗列有序刀币203枚。这些刀币表面有绿锈，面文多数有“[illegible]”字，只有8枚无面文，其中10枚面文“[illegible]”字欹斜而长。背文较复杂，有两枚“[illegible]”字，其它背文为“[illegible]”、“[illegible]”、“[illegible]”、“[illegible]”、“二”、“[illegible]/\”、“[illegible]/”、“[illegible]\”、“[illegible]”、“[illegible]X”、“[illegible]”、“[illegible]”、“[illegible]”、“左”、“左一”、“左丨”、“左/”、“左\”、“左[illegible]”、“左[illegible]”、“左[illegible]”、“左上”“左[illegible]”、“左八”等30多种。这批刀币一般通长14厘米，其中最长的14.2厘米；最短的13.6厘米。形状基本相似，重13～16克（图三）。

1989年秋末，张市乡罗河村民在村东南挖土取沙时，在沙层中露出铜戈3件、玉柱形器4件、铜带钩1件、铜凿1件、燕刀币200余枚和陶罐、鹿角斧等物。

这些刀币尖首、弧背，个体较大的通长16.5厘米；最小的14.6厘米，重15克左右。面文不

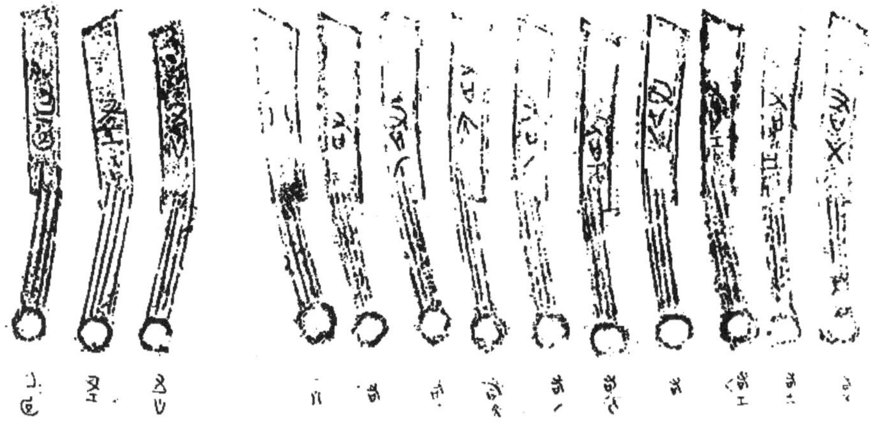

1

图二　南阳出土

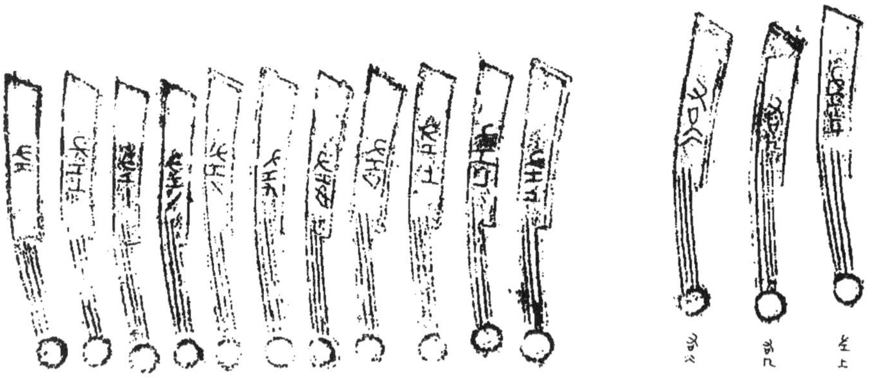

2　　3

图三　东张楚村出土

同，有“上”、还有“5”、“北”、“卜”、“人”、“卜”和“○”，均无背文。刀背廓外突。同时出土的一件铜戈有铭文“燕侯载之萃锯”。查史略记载，燕侯载为燕成侯（王）是燕国第三十二世诸侯王，在位是公元前465～前449年间。这批刀币，其年代可能与燕成侯时期相近（图四）。

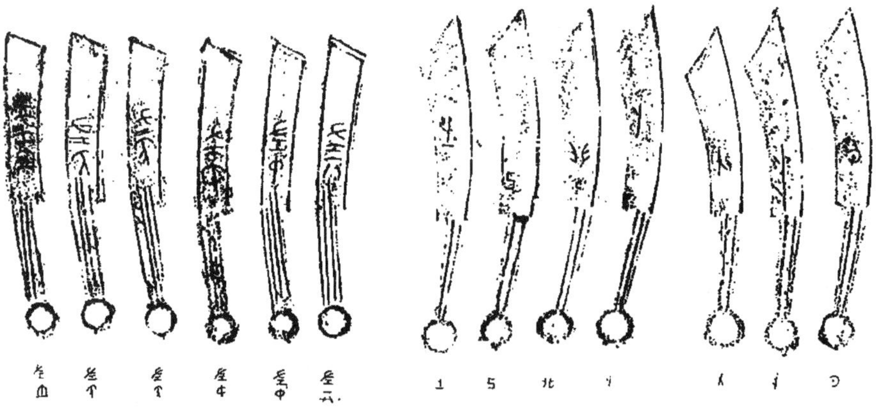

图四　罗河村出土

容城县出土的四批刀币，据笔者分析，南阳砖厂出土“无字尖首刀”年代最早，约为战国早期，是燕国早期货币。罗河出土的刀币面文没有“明”字，也无背文，其年代晚于南阳出土的刀币。东张楚出土的“弧背刀”，面文多数有“明”字，但背文不同。背文多数第一字为“左”“右”二字，第二字是数字还是地名有待研究。年代约为战国中、晚期。北城出土的“折背刀”年代最晚，约为战国末期。

这四批燕国货币，反映出燕国货币由“无字尖首刀”演变为不同面文的“弧背刀”；再由不同面文的货币固定为“明”字刀币；最后演变为个体较小的“折背刀”。

执笔：孙继安

（原载于《文物春秋》1992年第1期）

其他

容城县文物单位简介

1—A_1　上坡遗址（容城镇上坡村南200米·新石器时代、夏商·省文物保护单位）　位于一高出附近地面的高岗地上。面积约10万平方米。文化层厚1～3米。1981～1982年发掘。文化遗存包括新石器时代、夏、商三个时期。遗迹发现有灰坑和房址。新石器时代出土遗物有石器、骨器和陶器。石器有石磨盘、石磨棒、石斧和石镰等。陶器以夹砂红褐陶为主，器表多饰有刻划或压印的几何形纹饰，主要器形有盂和支脚等。与磁山文化遗存非常相似。夏代时期文化遗存的陶器以夹砂和泥质灰陶为主，其次是泥质黑陶，器表除素面磨光外，多饰绳纹，主要器形有鬲、罐、盆、豆等。商代的陶器以夹砂和泥质灰陶为主，器表多饰绳纹，主要器型有鬲、罐、盆、簋、瓮等（见《考古》1999年第7期）。

2—A_2　北庄遗址（东牛乡北庄村东北300米·新石器时代·县文物保护单位）　1984年调查发现。面积约5万平方米。暴露遗迹有灰坑。采集遗物有石铲、石磨棒、骨锥、骨针和陶器残片。陶器以夹砂红褐陶和泥质红陶为主，器表多为素面，可辨器型有钵、盆、釜、支脚、双耳壶等。属仰韶时代早期文化遗存。

3—A_3　北城遗址（容城镇北城村南800米·新石器时代、东周）　1989年调查发现。面积约7万平方米。文化层厚1米。暴露遗迹有灰坑。采集新石器时代遗物有石刀、石磨棒和陶器残片。陶器以夹砂红褐陶和泥质红陶为主，器表多为素面，可辨器型有釜、钵、盆等。属仰韶时代早期文化遗存。另采集有东周时期的泥质灰陶鼎、壶、豆等陶器。

4—A_4　沟西遗址（容城镇沟西村北10米·新石器时代、东周）　1989年调查发现。面积约3万平方米。暴露遗迹有灰坑。采集新石器时代遗物有夹砂红褐陶素面罐、泥质红陶钵、盆等，另外还有少量饰红彩的彩陶器。属仰韶时代文化遗存。采集东周时期遗物有夹砂红褐陶绳纹鬲和泥质灰陶罐、豆、鼎等陶器。

5—A_5　午方遗址（容城镇午方村西·新石器时代、夏商·县文物保护单位）　1981年调查发现。1982年、1997年两次发掘。面积约10万平方米。文化层厚1米左右。新石器时代遗存的遗迹发现有灰坑，出土遗物有石器、骨器和陶器。陶器以夹砂和泥质红陶为主，器表以素面磨光居多，纹饰有刮条纹、绳纹等。存在一定数量的饰红彩的彩陶器，图案常见有条带、斜条和网纹等。主要器型有钵、盆、罐、碗和壶等。属仰韶时代文化遗存。夏商时期的遗迹发现有灰坑和水井。出土遗物以陶器为主，陶质以夹砂和泥质灰陶居多，其次是夹砂褐陶和泥质黑陶，器表多饰绳纹，器型有罐、豆、盆、瓮、甗等（见《考古学集刊》第5集）。

6—A_6　南庄遗址（东牛乡南庄村西100米·新石器时代）　1984年调查发现。面积约4万平方米。文化层厚1米。暴露遗迹有灰坑。采集遗物为陶器残片，以夹砂红褐陶和泥质红陶为主。器表除素面磨光外，纹饰有刮条纹等。存在少量饰红彩的彩陶器。可辨器型有钵、盆、罐、环等。属仰韶时代文化遗存。

7—A_7　东牛遗址（东牛乡东牛村南200米・新石器时代・县文物保护单位）　1986年调查发现，1997年发掘。面积约6万平方米。文化层厚1米。遗迹发现有灰坑。出土遗物有石器和陶器残片。陶器以夹砂红褐陶和泥质红陶为主，器表除素面磨光外，纹饰有刮条纹、细绳纹等。有少量饰红彩的彩陶器，图案有条带、三角等。主要器型有钵、盆、罐、壶、环等。属仰韶时代文化遗存。

8—A_8　河西遗址（张市乡河西村西侧・新石器时代）　1986年调查发现。面积约4万平方米。文化层厚1米。暴露遗迹有灰坑。采集遗物有夹砂灰褐陶篮纹罐、泥质黑陶磨光盆等残片。属龙山时代文化遗存。

9—A_9　白龙遗址（东牛乡白龙村西・夏商・县文物保护单位）　1984年调查发现，1986年试掘。面积约4万平方米。遗迹发现有灰坑。出土遗物主要是陶器残片，以夹砂和泥质灰褐陶为主，器表除素面外，多饰绳纹，主要器型有鬲、甗、罐、盆、豆、瓮等（见《文物春秋》1989年第3期）。

10—A_{10}　东小里遗址（小里乡东小里村东500米・夏商）　1989年调查发现。面积约24万平方米。暴露遗迹有灰坑。采集遗物有陶器残片，以夹砂和泥质灰陶为主，器表多饰绳纹，可辨器型有鬲、罐、盆、钵、豆等。

11—A_{11}　南关遗址（容城镇南关村西南400米・夏商）　1989年调查发现。面积约3万平方米。暴露遗迹有灰坑。采集遗物有陶器残片，以夹砂和泥质灰陶为主，器表多饰绳纹，可辨器型有鬲、罐、盆、豆等。

12—A_{12}　大张堡遗址（八于乡大张堡村东北20米・商代）　1989年调查发现。面积约2万平方米。暴露遗迹有灰坑。采集遗物有石斧、石铲和陶器残片。陶器以夹砂和泥质灰陶为主，器表多饰绳纹，可辨器型有鬲、罐、盆、簋等。

13—A_{13}　北郑遗址（张市乡北郑村东40米・商周）　1989年调查发现。面积约2万平方米。暴露遗迹有灰坑。采集遗物有夹砂和泥质灰陶绳纹鬲、罐、盆和素面豆等残片。

14—A_{14}　晾马台遗址（晾马台乡晾马台村西・商周・省文物保护单位）　位于一高出附近地面约3～5米的高台地上。1977年调查发现。面积约2万平方米。文化层厚1～2米。暴露遗迹有灰坑。采集遗物有蚌刀、骨鱼镖、铜镞和夹砂与泥质灰陶绳纹鬲、罐、盆等残片。

15—A_{15}　东关遗址（容城镇东关村东10米・商周）　1989年调查发现。面积约1万平方米。暴露遗迹有灰坑。采集遗物有夹砂和泥质灰陶绳纹鬲、罐等残片。

16—A_{16}　王村遗址（小里乡王村东南50米・周代）　1989年调查发现。面积约7万平方米。采集遗物有夹砂和泥质灰陶绳纹鬲、罐和素面豆等残片。

17—A_{17}　南阳遗址（晾马台乡南阳村南200米・东周～汉・省文物保护单位）　位于一高出附近地面约0.5～3米的高岗地上。面积约74万平方米。文化层厚1米。1958年以来，时常出土一些东周时期的重要文物，如"燕王职戈"、铜爵、铜壶和刀币等。1981年调查。暴露遗迹有灰坑和红烧土堆积。采集遗物主要是陶器残片，以泥质灰陶为主，可辨器型有鬲、鼎、豆、壶、盘、罐、瓮等。征集遗物有铜器鼎、壶、刀币，陶器壶、豆等。其中陶器上有戳印的"易市"字样。遗址主体遗存属东周时期，延续时间可能到汉代。据史载，战国时期该地域有易城，秦置易县。该遗址可能与古易城和易县有关（见《考古》1993年第3期）。

18—A_{18} 东张楚遗址（贾光乡东张楚村南10米·东周～汉） 1989年调查发现。面积约2万平方米。暴露遗迹有灰坑。采集遗物有铜刀币和泥质灰陶绳纹罐、盆、筒瓦、豆及夹砂红褐陶釜等残片。

19—A_{19} 罗河遗址（张市乡罗河村东南30米·东周） 1989年调查发现。面积约1万平方米。采集遗物有铜戈、铜带钩、铜凿、铜刀币以及泥质灰陶绳纹罐、瓮等陶器或陶器残片。

20—A_{20} 北城西遗址（容城镇北城村西50米·东周） 1989年调查发现。面积约8万平方米。暴露遗迹有灰坑。采集遗物有铜刀币、夹砂红褐陶釜、泥质灰陶绳纹板瓦、筒瓦、罐、盆和素面豆等残片。

21—A_{21} 平王遗址（平王乡平王村东北10米·东周～汉） 1989年调查发现。面积约1万平方米。暴露遗迹有灰坑和瓮棺葬。采集遗物有夹砂红褐陶釜和泥质灰陶罐、盆、豆等残片。

22—A_{22} 燕南长城遗址容城段（县城西南角、东南角·战国·省文物保护单位）1984年、1996年调查发现。长城分布于黑龙口乡黑龙口村、平王乡留通村南，呈西—东和西北—东南走向。长城西由徐水县南邵庄入境，沿公路东行进入黑龙口乡黑龙口村，村西墙体已被叠压于公路之下，村北墙体地表已无存，村东墙体较为明显，跨越萍河（瀑河下游）向东延伸至安新境内，长约3千米。长城又由安新县大阳村向东进入容城留通村南白洋淀中的哈横岛上，略呈西北—东南走向，复向东南经容城、安新、雄县三县交界进入雄县境，长约4千米。容城境内长城总长约7千米。墙体黑褐黏土夯筑，底宽约6米，顶宽约4米，残高1.5米，夯层0.2～0.25米。保存较差。

23—B_1 城子墓群（贾光乡城子村西南50米·汉代） 面积约3万平方米。暴露小型砖室墓16座，1984年清理其中5座。出土随葬品有陶罐、鼎、壶、奁及五铢钱、铜印章等。

24—B_2 东牛墓群（东牛乡东牛村西·汉代） 面积约2万平方米。封土近平，暴露墓葬多为砖室墓。曾出土铜镜、铜印章、陶壶、陶罐、五铢钱等。

25—B_3 南张墓群（南张乡南张村南100米·汉代） 面积约1万平方米。暴露砖砌单室墓1座。经清理出土彩绘陶鼎、陶盘、陶壶、陶釜、五铢钱等。

26—B_4 沙窝墓群（平王乡沙窝村北50米·汉代） 面积约5000平方米，封土已平。暴露3座小型单室砖墓，布局不规则，均坐北朝南，曾出土铜镜、铜带钩、陶壶、陶盆、陶罐等。

27—B_5 羊定墓群（平王乡羊定村西10米、村东20米·汉代） 总面积约1万平方米。村东多为砖室墓，村西多为瓮棺墓。曾出土五铢钱、半两钱、彩绘陶壶、陶罐、陶盘、陶博山炉等。

28—B_6 昝村汉墓（平王乡昝村西南400米·汉代） 面积约500平方米。此墓已破坏，为多室砖墓，前后由5个墓室组成。中间主室内有两具尸骨，其余较小，放置随葬品。出土有铜镜、铜带钩、铜尺形器和陶罐、炉、魂瓶、五铢钱等。

29—B_7　梁氏墓（野桥乡沙河村西北 · 元代）　墓已无存，有墓碑1通，大理石质，高1.48米，宽0.87米，厚0.07米，呈抹角长方形，碑阳上刻篆书“大元”两字，下刻隶书“奉议大夫保定路总管府治中骁骑尉追封容城县子梁公茔”，至正十年（1350年）立。碑已移至沙河村西大坑砌在水簸箕处，碑阴文字不明。

30—B_8　王家营明墓（晾马台乡王家营村南10米 · 明代）　面积约600平方米，封土已平。墓前石象生等已埋入地下，墓西尚存一石柱。据传墓主姓王，系明代侍郎，新城县白沟镇人。

31—B_9　何思文家族墓地（大河镇大河村 · 明代）　何思文，嘉靖年间都察院右佥都御史大同巡抚。墓地面积约1200平方米，封土均平，已有3座墓被毁。墓地尚存嘉靖三十七年（1558年）立“敕命”碑1通，青石质，螭首，通高3.25米，宽0.97米。碑文内容为皇帝敕御督察院右佥都御史何思文巡抚宣府等处督边屯田等事宜。另存残墓碑1通，字迹已损。

32—B_{10}　剧辛墓（晾马台乡南剧村西 · 时代不详）　传为战国剧辛墓。剧辛，燕（赵）国人，《战国策》《容城县志》均有记载。此墓封土存高约2.8米，直径约10米，墓南立碑1通，碑阳楷书“先贤燕大夫剧先生讳辛墓”，其右刻小字2行“剧先生燕（赵）国人，因燕昭王筑黄金台求贤先生于赵往……”等，记其事迹，康熙三十七年（1698年）立。此碑后移至晾马台村，现已佚。

33—C_1　百岁石坊（东牛乡白龙村内 · 清代）　清乾隆年间立。汉白玉质，两柱单门、单额、无楼。宽3.5米，高3.2米。两柱正面分别镌“一枝耐岁寒”“九州□□□”。横额正面刻“文武百官到此下马”。额顶中央嵌一石，上刻“圣旨”二字。

34—D_1　午方经幢（容城镇午方西庄村内 · 北宋）　现存汉白玉质八角形幢身一节，高1.58米，各面宽0.2米。上刻楷书《般若波罗密多心经》及造幢愿文等。

35—D_2　龙祠感应碑（东小里乡黑龙口村 · 元代）　元至正元年（1341）立。青石质，圭首、座佚，高1.5米，宽0.86米，厚0.16米。额篆“龙祠感应”，碑文楷书，记创建龙王祠缘由经过及龙王显灵，有求必应等。

36—D_3　梁公茔碑（野桥乡沙河村西140米 · 元代）　元至正十年（1350）立。汉白玉质，方首抹角、座佚，高1.5米，宽0.82米，厚0.17米。碑首篆书“大元”二字，碑身隶书大字“奉议大夫保定路总管府治中骁骑尉追封容城县子梁公茔”，下款小字“大元至正十年立”。

37—E_1　容城烈士塔（容城镇北大街路东 · 1946年 · 县文物保护单位）　为纪念该县在抗日战争中牺牲的烈士而建。塔为水泥结构，方形，高10米。正面书“革命烈士永垂不朽”，四周镶嵌石碑，上镌刻800余名烈士姓名和碑文。台基四角各立烈士碑一通，刻刘济民等7位烈士传略。

38—E_2　北后台烈士陵园（贾光乡北后台村西北200米 · 1946年 · 县文物保护单位）为纪念抗日战争中为国捐驱的烈士而建，1974年重修。陵园座北朝南，占地1680平方米，前部建有高13米的烈士塔，水泥构结，塔顶有三战士持枪雕像，塔底层内立烈士碑1通。碑为石质，高3.5米，宽1米，厚0.15米，碑文记载了八路军三十二团在永安河两岸永清、安次、宛平一带与侵华日军英勇作战的事迹。塔后甬道两侧为烈士墓地，有墓一百余座，130通烈士墓碑分立墓前。

（原载于《中国文物地图集》（河北分册）下，文物出版社，2013年）

容城县不可移动文物名录

序号	名称	时代	分布面积/长度	级别	所有权	具体位置
1	南阳遗址	周代	420000平方米	国家级	国家所有	河北省保定市容城县晾马台镇南阳村南
2	晾马台遗址	商周时代	15000平方米	省级	国家所有	河北省保定市容城县晾马台镇晾马台村西
3	黑龙口燕南长城	战国	100余米	省级	国家所有	河北省保定市容城县小里镇黑龙口村东400米
4	午方遗址	新石器时代—商周	100000平方米	县级	国家所有	河北省保定市容城县晾马台镇午方西庄村西侧
5	北庄遗址	新石器时代—商周	60000平方米	县级	国家所有	河北省保定市容城县容城镇东牛北庄“阴顶子”处
6	白龙遗址	新石器时代—商周	40000平方米	县级	国家所有	河北省保定市容城县容城镇白龙村西500米
7	东牛遗址	新石器时代	30000平方米	县级	国家所有	河北省保定市容城县容城镇东牛村南100米
8	陈阳庄城堡	宋代	13000平方米	县级	国家所有	河北省保定市容城县八于乡西陈阳庄街中
9	北后山烈士陵园	现代	2174平方米	县级	国家所有	河北省保定市容城县贾光乡北后台村西北200米
10	容城县革命纪念馆	现代	2664平方米	县级	国家所有	河北省保定市容城县县城上坡村西
11	城内烈士塔	现代	100平方米	县级	国家所有	河北省保定市容城县城内
12	杨继盛故里祠	清代		县级	国家所有	河北省保定市容城县八于乡北河照村中
13	八于北遗址	金代	24000平方米	无	国家所有	河北省保定市容城县八于乡八于村北50米
14	八于东遗址	汉代	6000平方米	无	国家所有	河北省保定市容城县八于乡八于村东80米
15	北河照遗址	战国、金	9600平方米	无	国家所有	河北省保定市容城县八于乡北河照村南100米
16	大南头遗址	战国	8000平方米	无	国家所有	河北省保定市容城县八于乡大南头村西300米
17	大张堡西遗址	战国	4000平方米	无	国家所有	河北省保定市容城县八于乡大张堡村西100米
18	大张堡遗址	汉代	8000平方米	无	国家所有	河北省保定市容城县八于乡大张堡村西南20米

续表

序号	名称	时代	分布面积/长度	级别	所有权	具体位置
19	西张庄墓地	唐代		无	国家所有	河北省保定市容城县八于乡西张庄村南200米
20	小南头遗址	战国、金	4000平方米	无	国家所有	河北省保定市容城县八于乡小南头村南200米
21	薛庄遗址	战国、汉	5000平方米	无	国家所有	河北省保定市容城县八于乡薛庄村西南500米
22	北城遗址	宋、金	4000平方米	无	国家所有	河北省保定市容城县容城镇北城村东南300米
23	北城墓群	清		无	国家所有	河北省保定市容城县容城镇北城村南100米
24	北城南遗址	战国、汉	12000平方米	无	国家所有	河北省保定市容城县容城镇北城村南100米
25	北城西南遗址	战国、汉	8000平方米	无	国家所有	河北省保定市容城县容城镇北城村西南20米
26	大白塔遗址	战国、汉至宋金	4000平方米	无	国家所有	河北省保定市容城县容城镇大白塔村北50米
27	大白塔墓地	清代		无	国家所有	河北省保定市容城县容城镇大白塔村东北50米
28	东牛东北遗址	战国、汉	20000平方米	无	国家所有	河北省保定市容城县容城镇东牛村东北1000米
29	东牛遗址	战国、汉	16000平方米	无	国家所有	河北省保定市容城县容城镇东牛村西南400米
30	东庄遗址	新石器时代	20000平方米	无	国家所有	河北省保定市容城县容城镇东庄村东北50米
31	后营遗址	汉、金	12000平方米	无	国家所有	河北省保定市容城县容城镇后营村南80米
32	午方北庄遗址	战国、汉	15000平方米	无	国家所有	河北省保定市容城县容城镇午方北庄村东200米
33	北后台遗址	战国、汉	20000平方米	无	国家所有	河北省保定市容城县贾光乡北后台村西300米
34	城子遗址	战国、汉	15000平方米	无	国家所有	河北省保定市容城县贾光乡城子村北50米
35	城子南遗址	汉、唐	8000平方米	无	国家所有	河北省保定市容城县贾光乡城子村南200米
36	东张楚北遗址	汉代	10000平方米	无	国家所有	河北省保定市容城县贾光乡东张楚村北50米
37	东张楚东北遗址	战国、汉	15000平方米	无	国家所有	河北省保定市容城县贾光乡东张楚村东北1000米
38	高家庄西遗址	战国、宋	8000平方米	无	国家所有	河北省保定市容城县贾光乡高家庄村西50米
39	沟市墓地	唐		无	国家所有	河北省保定市容城县贾光乡沟市村南20米
40	沟市遗址	汉代	12000平方米	无	国家所有	河北省保定市容城县贾光乡沟市村南30米
41	沟市南遗址	汉代	20000平方米	无	国家所有	河北省保定市容城县贾光乡沟市村南600米
42	王家庄遗址	战国、汉	60000平方米	无	国家所有	河北省保定市容城县贾光乡王家庄村西150米
43	贾光遗址	宋代	5000平方米	无	国家所有	河北省保定市容城县贾光乡贾光村西南600米

续表

序号	名称	时代	分布面积/长度	级别	所有权	具体位置
44	刘家庄西北遗址	春秋、汉	20000平方米	无	国家所有	河北省保定市容城县贾光乡刘家庄村西北200米
45	西张楚遗址	战国、汉	4000平方米	无	国家所有	河北省保定市容城县贾光乡西张楚村东100米
46	西张楚西遗址	战国、汉	13000平方米	无	国家所有	河北省保定市容城县贾光乡西张楚村西100米
47	东王庄遗址	西周、战国	4000平方米	无	国家所有	河北省保定市容城县晾马台镇东王庄村西300米
48	晾马台明月禅寺遗址	战国、汉	8000平方米	无	国家所有	河北省保定市容城县晾马台镇晾马台村西北100米
49	刘合庄遗址	战国、汉	15000平方米	无	国家所有	河北省保定市容城县晾马台镇刘合庄村西南300米
50	南剧遗址	战国、汉	20000平方米	无	国家所有	河北省保定市容城县晾马台镇南剧村西南200米
51	南阳西南遗址	战国、汉	12000平方米	无	国家所有	河北省保定市容城县晾马台镇南阳村西南300米
52	辛庄遗址	战国、汉	7000平方米	无	国家所有	河北省保定市容城县晾马台镇辛庄村西50米
53	北张遗址	战国、汉	12000平方米	无	国家所有	河北省保定市容城县南张镇北张村东200米
54	北张墓地	不详		无	国家所有	河北省保定市容城县南张镇北张村东200米的台地上
55	李茂东北遗址	汉代	8000平方米	无	国家所有	河北省保定市容城县南张镇李茂村东北100米
56	李茂太阳佛殿遗址	清	3000平方米	无	国家所有	河北省保定市容城县南张镇李茂村东北100米
57	李茂遗址	战国、汉	3600平方米	无	国家所有	河北省保定市容城县南张镇李茂村东北100米
58	万古寺遗址	不详	600平方米	无	国家所有	河北省保定市容城县南张镇李茂村南
59	李茂西遗址	宋、汉	8000平方米	无	国家所有	河北省保定市容城县南张镇李茂村西4000米窑厂西侧
60	南张东遗址	战国	40000平方米	无	国家所有	河北省保定市容城县南张镇南张村东300米
61	南张楞严寺遗址	清	700平方米	无	国家所有	河北省保定市容城县南张镇南张村东北50米
62	南张南遗址	战国、汉	15000平方米	无	国家所有	河北省保定市容城县南张镇南张村南80米
63	沙河东南遗址	战国、汉	5000平方米	无	国家所有	河北省保定市容城县南张镇沙河村东南1000米
64	沙河遗址	金、清	4000平方米	无	国家所有	河北省保定市容城县南张镇沙河村西100米
65	沙河西南遗址	战国、汉	10000平方米	无	国家所有	河北省保定市容城县南张镇沙河村西南300米
66	东野桥遗址	汉、宋	8000平方米	无	国家所有	河北省保定市容城县南张镇东野村东南300米
67	郭村遗址	战国、汉	20000平方米	无	国家所有	河北省保定市容城县平王乡郭村村西50米
68	郭村西南遗址	战国	15000平方米	无	国家所有	河北省保定市容城县平王乡郭村西南400米

续表

序号	名称	时代	分布面积/长度	级别	所有权	具体位置
69	王村遗址	战国、汉	20000平方米	无	国家所有	河北省保定市容城县小里镇王村东南50米
70	王村南遗址	汉代	9600平方米	无	国家所有	河北省保定市容城县小里镇王村南20米
71	王村东南遗址	新石器时代	4800平方米	无	国家所有	河北省保定市容城县小里镇王村小学东南50米
72	新庄窠遗址	宋、汉	8000平方米	无	国家所有	河北省保定市容城县小里镇新庄窠村西南2000米
73	北郑遗址	战国、汉	15000平方米	无	国家所有	河北省保定市容城县大河镇北郑村东北100米
74	河西遗址	商、战国	7000平方米	无	国家所有	河北省保定市容城县大河镇河西村南100米
75	南文北遗址	战国、汉	8000平方米	无	国家所有	河北省保定市容城县大河镇南文村北250米
76	南文东遗址	战国、汉	10000平方米	无	国家所有	河北省保定市容城县大河镇南文村东500米
77	南郑遗址	战国、汉	8000平方米	无	国家所有	河北省保定市容城县大河镇南郑村东北50米
78	南郑南遗址	战国、汉	12000平方米	无	国家所有	河北省保定市容城县大河镇南郑村南50米
79	孙村遗址	战国、汉	6000平方米	无	国家所有	河北省保定市容城县大河镇孙村北侧100米
80	西里南遗址	战国、汉	4800平方米	无	国家所有	河北省保定市容城县大河镇西里村南100米
81	张市遗址	战国、汉	10000平方米	无	国家所有	河北省保定市容城县大河镇张市村南100米

（2014年9月1日容城县人民政府公布）

容城县文物精品

红陶敞口陶罐　新石器时代（高20厘米，口径13厘米）午方遗址1982年出土

陶支脚　新石器时代（长19厘米，宽13厘米，高25厘米，圆直径12厘米）　北城村遗址2007年出土

红顶陶盆　新石器时代（高18.5厘米，口径37厘米）北城村遗址2007年出土

红陶钵　新石器时代（高13.5厘米，口径23厘米）北城村遗址2007年出土

石斧　新石器时代（左：长6.7厘米，宽5厘米
右：长6.2厘米，宽4厘米）　北城村遗址2007年出土

石斧　新石器时代（长26厘米，宽8厘米）
北城村遗址2007年出土

石磨盘　新石器时代（长45厘米，宽28厘米，高10厘米）
石磨棒　新石器时代（长28厘米，直径5厘米）
上坡遗址1981年出土

龙山乳状陶鬲　新石器时代（高21厘米，口径14厘米）
上坡遗址1981年出土

“四山”纹铜镜　战国（直径10.2厘米）
上坡遗址1982年采集

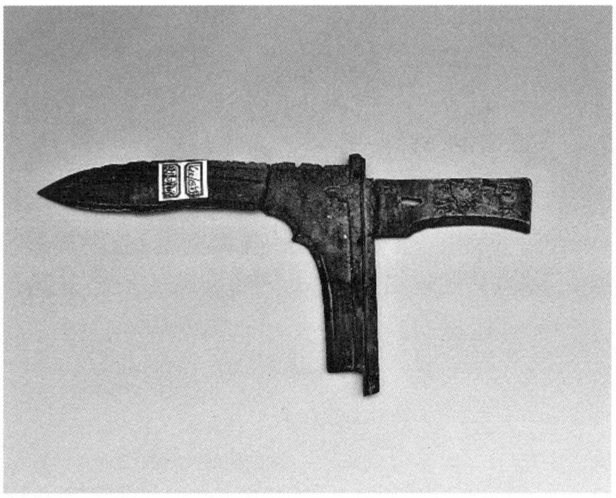

“燕侯载之萃锯”铜戈　战国（长28厘米）
罗河村1989年出土

弦纹铜鼎　战国（高27.5厘米，腹径25厘米）
南阳遗址1981年出土

铜凿　战国（长14厘米，宽3.8厘米）
罗河村1989年出土

"西宫"蟠螭纹铜壶　战国（高50厘米，腹径86厘米）
南阳遗址1981年出土

筒状陶鬲　战国（高27厘米，口径13厘米）
上坡遗址1981年出土

直内三穿铜戈　战国（长20厘米）
罗河村1989年出土

陶盘　战国（高3厘米，口径18厘米）
上坡遗址1981年出土

陶匜　战国（高8厘米，长22厘米）
上坡遗址1981年出土

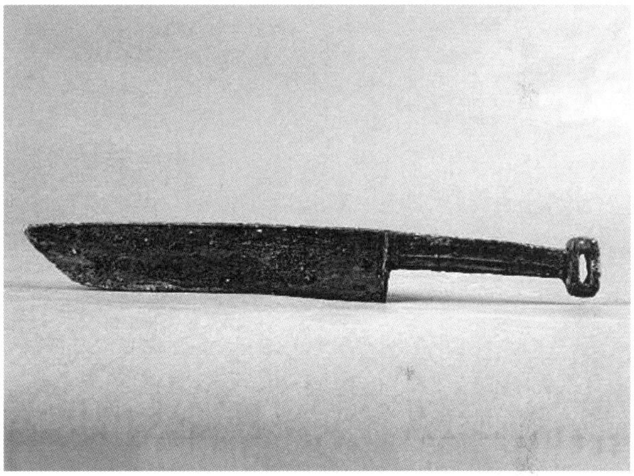

弦纹铜刀　商（长23.5厘米，宽3厘米）
上坡遗址1981年出土

唐三彩壶　唐（高10厘米，口径10厘米）
南阳唐墓1983年出土

箕形陶砚　唐（长12厘米，宽9厘米）
南阳唐墓1983年出土

人物故事镜　宋（直径13厘米）
1988年征集

赵记昭明镜　宋（直径8厘米）
剧村1983年出土

九叠篆书都统之印　金（高6厘米，宽7.8厘米）
西堑村1985年征集

白釉黑彩龙纹大罐　元（高41厘米，口径18厘米）
南阳遗址1983年出土

后　记

《雄安·容城考古与历史文化研究文辑》是容城县文物事业历史上第一部专业书籍。编写《雄安·容城考古与历史文化研究文辑》把文物资料整理出版，服务当代，留与后人，是我们作为文物工作者的历史责任，也是多年以来的夙愿，直至今日终得以实现。

《雄安·容城考古与历史文化研究文辑》共收录考古报告16篇，文物、文化研究16篇，其他3篇，共计20多万字。旨在全方面反映文物考古工作者几十年来所取得的研究成果，并为历史研究人员查找相关资料提供便利，促进文物考古及容城历史文化研究工作的开展。

本书所收作品除《河北容城县北张遗址发掘报告》独立发表，略作修改及《对北燕都城临易位置及其年代的探讨》未发表外，全部是在正式出版物上已经发表的作品。所以，在内容上除少量文稿经原作者修订外，我们只对个别明显的失误或部分错别字作了校改，图片全部以原印刷品为基础翻印，力求保持作品的原貌，形式上则根据出版图书的要求及全书统一的原则，对文章格式、体例作了适当调整，并力求数字、标点图号、注释等形式的一致。需要说明的是，由于原作报道材料，文章体裁、作者风格及发表时间不同，本书形式上只能达到相对的统一；受原图片清晰度、印刷质量、保存现状及其他条件的限制，部分黑白片和线图重印后效果亦不甚理想；此外限于我们的业务水平及其他原因，我们虽倾尽全力，但仍难免存在疏漏和失误，敬请作者和读者谅解，并提出批评和指正。

本书的问世，是与容城县委、县政府的大力支持分不开的。在本书的编纂过程中，我们得到了很多领导和专家的帮助与支持。县委常委、宣传部长陈丽策划指导编辑出版工作，河北师范大学党委书记戴建兵对本书的定名提出了宝贵建议，河北省文物局副局长韩立森帮助协调出版社和资料搜集，河北省文物考古研究院院长张文瑞全面指导，河北省文物考古研究院段宏振研究员，提出了许多指导性意见，河北省图书馆党委书记靳志军、国家博物馆分馆建设领导小组办公室主任黄琛、河北省文物考古研究院副院长张晓峥、高建强研究员、雷建红副研究员、河北大学李文龙教授在资料查找过程中，给予了很多帮助。同时，也得到了科学出版社的大力支持，在此一并致以诚挚的谢意！

张　丽

2021年10月9日